IN-FLIGHT FOOD & BEVERAGE SERVICE

항공 기내식음료 서비스 실무

Cengage

In-flight Food & Beverage Service Practice

Lee Chi Min
Park Soo Mi
Park Min Ja

ISBN-13: 978-89-6218-496-9

Cengage Learning Korea Ltd.
14F YTN Newsquare 76 Sangamsan-ro
Mapo-gu Seoul 03926 Korea

Printed in Korea
Print Number: 03 Print Year: 2023

IN-FLIGHT FOOD & BEVERAGE SERVICE

항공 기내식음료 서비스 실무

이지민 • 박수미 • 박민자 지음

Cengage

Australia • Brazil • Canada • Mexico • Singapore • United Kingdom • United States

저자 소개

이지민
인하대학교 대학원 경영학과 졸업(경영학 박사)
대한항공 객실승무부 객실사무장
대한항공 객실훈련원 상위클래스전문과정 강사
인하공업전문대학 항공운항과 겸임교수
국가직무능력표준(NCS) 세분류 개발위원
현) 신구대학교 항공서비스과 부교수

박수미
동명대학교 대학원 관광학과 졸업(관광학 박사)
대한항공 객실승무부 객실승무원
현) 부산여자대학교 항공운항과 조교수
부산여자대학교 국제교류센터장
사단법인 부산관광미래네트워크 정책위원

박민자
세종대학교 관광대학원 관광경영학과 박사과정수료(관광학 석사)
대한항공 객실승무부 객실사무장
신구대학교 항공서비스과 겸임교수
인하공업전문대학 항공운항과 외래강사
현) 경북전문대학교 항공서비스과 조교수

항공 기내식음료 서비스 실무

초판 1쇄 발행 | 2020년 12월 30일
초판 3쇄 발행 | 2023년 3월 8일

지은이 | 이지민, 박수미, 박민자
발행인 | 송성헌
편집기획 | 김민정
발행처 | 센게이지러닝코리아㈜
등록번호 | 제313-2007-000074호(2007.3.19.)
주　소 | 서울시 마포구 상암산로 76 YTN 뉴스퀘어 14층
이메일 | asia.infokorea@cengage.com
홈페이지 | www.cengage.co.kr

ISBN-13 | 978-89-6218-496-9

정가 27,000원

머리말

1919년 8월, 런던-파리 구간에서 승객들에게 제공된 간단한 샌드위치 박스는 2020년 2월, 서울-프랑크푸르트 구간의 일등석에서 서양식 풀코스 디너 정찬 메뉴와 와인 소믈리에의 와인 이야기가 함께하는 최상급 와인 서비스로 변화되었다. 당시 항공기 제작사였던 영국의 Handley Page Transport가 처음으로 제공한 이 샌드위치 박스는 기내식의 효시가 되어 오늘날 항공 기내식 케이터링 전문회사 LSG Sky Chefs에서 전 세계 유수의 호텔 셰프들로 구성된 기내식 자문단이 개발·선정한 메뉴와 최상급 서비스로 발전한 것이다.

21세기를 살고 있는 우리는 먹고 마시는 일을 통해 기초적인 생리적 욕구를 충족하던 수준을 넘어서, 그 맛을 느끼고 즐기는 과정에서 안전, 소속감과 애정, 더 나아가 존경과 자아 실현이라는 더 큰 가치를 부여하고 더 원대한 욕구의 만족을 기대한다. 이와 같은 차원 높은 식음료 서비스에 대한 승객들의 요구에 부응하기 위해 전 세계의 항공사들은 물적·인적 서비스의 차별화나 고급화 전략으로 고객을 유치하고자 한다. 그리고 이를 위해 식품 안전에 대한 연구를 기본으로 클래스별 분류에 의한 고객화 수준 결정, 적절한 메뉴의 개발과 선정, 기내식의 운영과 관리 등 고객 서비스의 과학화, 체계화에 주력하고 있다.

최근 급변하는 제반의 산업 환경을 고려할 때 항공사들은 Post-COVID 시기의 항공 수요자 식음료 소비 패턴의 변화, 국내외 항공사들의 신규 노선 취항과 국내시장 진입의 추이, 개인별 요구에 맞춘 테마별 여행상품의 증가 등 주요 관련 이슈에 대한 탐색을 토대로 기내 식품 위생 안전 및 식음료 서비스 부문의 적용 방안을 연구할 필요가 있다고 사료된다.

이러한 항공사의 변화에 따른 서비스 전문 및 실무 지식을 항공 서비스 관련 학과 학생들이 습득하는 데 도움을 주고자 이 책을 집필하게 되었다. 3인의 저자가 각자의 항공사 실무경험과 다년간의 강의 교육내용을 국가직무능력표준(National Competency Standards, NCS)을 기반으로 재구성하고, 최근 항공 서비스 현장의 실무내용과 사례까지 담아 내는 공동 연구의 일환으로 완성하게 되었다. 독자들이 항공 기내 식음료 서비스의 기본적인 이해를 바탕으로 서양 식음료 이론을 확립하고, 현장에서 직무 수행이 가능하도록 하는 데 중점을 두었으며, 이를 위해 국내 및 외국 항공사의 구체적 사례를 제시했다.

1장에는 기내식의 전반적인 이해를 돕고자 항공 기내식의 일반적 개요, 기내 식음료의 내용과 메뉴, 식품 위생과 관리 지식을 수록했다. 2장에는 항공 기내 음료의 이론과 실무로 서양 음료 문화의 이해, 알코올성·비알코올성 음료의 특성을 구분하여 다뤘고, 3장에는 항공 기내식의 이론과 실무로 서양식 문화의 이해와 서양식의 특성을 소주제별로 구분하여 설명했다. 그리고 2, 3장의 마지막 절에는 클래스별 기내 음료와 기내식의 서비스 절차와 방법을 각각 설명하면서 이에 대한 실물 사진을 삽입하여 실제적인 서비스 스킬 배양을 도모했다. 무엇보다 이 책이 전문 지식과 현장 지식, 이론과 실무를 연결하는 다리가 되어, 식음료 서비스 직무 역량을 갖춘 서비스 전문가, 항공업계를 빛낼 서비스 귀재가 배출되기를 바라는 저자들의 간절한 마음을 담았다.

이 책이 출간되기까지 조력해 주신 센게이지러닝 권오영 차장님과 김민정 대리님 그리고 사진 작업과 내용 감수를 도와주신 대한항공과 진에어 관계자 분들, 사진 제작과 교정 작업을 도운 명혜리 박사와 제자 도연·세연에게 이 지면을 빌어 감사의 마음을 전한다. 마지막으로, 완성도 높은 집필을 위해 각자의 의견을 개진하고 조율하며 함께 연구하고, 동기에게 저자 서문을 양보해 준 사랑하는 수미와 민자에게 감사와 사랑을 전한다.

2020년 12월

저자 이지민

차례

chapter

1

항공 기내식의 이해

Understanding of In-flight Meals

1절 | 항공 기내식의 개요

항공 기내식이란 항공사가 목적지까지 운항하는 동안 항공기 내에서 승객에게 제공하는 식사와 음료를 말한다. 기내식은 항공기가 출발하기 전에 기내식 공급회사(Caterer)에 의해 생산된 식사와 음료를 항공사별 고유의 기물을 이용하여 기내에 탑재하며, 적정 서비스 시점이 되면 항공 객실 승무원이 탑재된 내용물을 기내주방(Galley)에서 적절하게 마련하여 계획된 서비스 절차에 따라 승객에게 제공한다.

서비스 접점

해당 기업의 서비스 품질에 대한 인식에 결정적 역할을 하는, 고객이 서비스 기업의 종사자나 특정 자원과 접하는 모든 순간을 말하며, 이를 진실의 순간(Moment of Truth)이라고도 한다.

객실 승무원이 승객에게 제공하는 기내 서비스는 항공사의 대 고객 서비스 부문 가운데 서비스 제공시간이 상대적으로 가장 길고 **서비스 접점**이 다수 발생하기 때문에 승객의 항공사 서비스 품질 평가에서 주요한 항목으로 상당한 비중을 차지한다고 할 수 있다.

오랜 항공여행에서 공복감을 느낄 시점에 제공되는 한 잔의 칵테일과 고급스러운 서비스로 제공되는 맛있는 디너정찬은 항공사의 서비스 품질 제고에 지대한 영향을 미칠 것이다. 또한 국적 항공사의 우아하고 세련된 국제적 수준의 기내식 서비스 제공은 해당 항공사의 서비스 품격을 격상시킬 뿐만 아니라 나아가서 국위를 선양하는 데도 한몫을 한다.

1. 기내식 서비스의 역사

1919년 8월에 런던-파리 구간의 정기 항공노선에서 샌드위치, 과일, 초콜릿 등을 종이상자에 담아 승객에게 제공한 것이 기내식 서비스의 효시가 되었다. 이후 몇몇 항공사들이 기내식 서비스의 필요성을 인식하고 서비스를 시도하게 되었다.

1927년 7월에 에어유니언 항공은 랍스터 전채요리, 찬 닭고기와 햄, 니스샐러드, 아이스크림과 과일, 그리고 샴페인과 와인, 커피로 메뉴를 구성해서 승객에게 식음료를 제공했고, 1928년에 팬아메리칸항공은 플로리다-쿠바 아바나 구간에 식당 칸을 따로 마련하고 식음료 서비스를 했다. 웨스턴에어라인은 지상 식당에서 주문한 음식을 기내에서 공급하는 방식을 택했다.

1950년대에 들어 **제트엔진**이 장착된 대형 항공기를 보유한 항공사들이 기내식 서비스의 질적 향상을 추구하기 시작했다. 1958년에 팬아메리칸월드항

> **제트엔진**
> 기관 내부에서 연소시킨 고온의 가스를 제트노즐에서 분출시켜 그 반동력을 추진력으로 사용하는 열기관이다.

공(일명 팬암항공)이 뉴욕-파리 구간에서 승객들에게 메뉴 선택권을 주었고, 1970년 1월에 뉴욕-런던 논스톱 비행 편에서는 지상 케이터링(Catering)부에서 준비한 음식을 기내주방에서 준비하여 객실 승무원이 제공하는 방식의 서비스 표준화가 이루어졌다.

항공사의 기내식 서비스의 역사를 정리해 보면, 항공운송업 초기의 항공사는 기종의 소형화와 서비스 설비의 미비로 서비스 운영상의 어려움을 겪거나 중간 기착지의 공항 식당에서 일부 서비스를 대체하여 운영했다. 20세기 중반, 항공기 제작 산업의 발달과 함께 기체가 대형화되고 장시간 운항이 가능해져 기내식 제공 설비와 기내식 케이터링 산업도 점차 성장하게 되었다. 그리고 최근에는 고객의 개인별 기호에 맞는 식음료 서비스를 개인의 선택에 따라 7성급 호텔의 최고급 서양식 레스토랑 수준으로 제공하게 된 것이다.

Sorbis / Shutterstock.com

20세기 초반에는 음식 서비스가 어려운 항공기 구조 등의 이유로 정도의 차이가 거의 없을 정도로 항공사의 물적 서비스가 흡사했다. 그러나 항공 수요의 증가로 인한 산업의 발전으로 항공사 간 경쟁이 점차 과열되면서 21세기에 들어서는 전 세계의 항공사들이 자사만의 독특하고 새로운 아이디어를 반영한 차별·고급화 전략으로 고객을 유치하려는 움직임이 활발해지고 있다.

유수의 항공사들은 고객에게 과거에 경험하지 못했던 새로운 물적 서비스를 제공하는 데 주력하고 있으며 그중에서도 기내식이 최근 들어 가장 치열하게 고급화, 차별화하여 경쟁하고 있는 부문이라 할 수 있다. 과거와 달리 최근 고객들은 기내식을 단지 기본적인 식욕 충족의 수단이 아니라 맛을 느끼고 즐기는 행복의 매개체로 인식하고 있다. 따라서 항공사들은 승객들의 음식 문화에 대한 인식의 변화와 차원 높은 식음료 서비스에 대한 요구에 부응하기 위해서 자사의 서비스 철학을 담은 정선된 메뉴의 선정에 노력하고 있다.

Prometheus72 / Shutterstock.com

2. 기내식의 특징

기내식 서비스는 항공사가 승객에게 제공하는 일련의 서비스 중 하나이다. 성공적인 기내식 서비스를 위해 객실 승무원은 항공기 운항 중에 발생할 일반 승객들의 생체적 적응 및 반응도에 대한 세심한 파악, 한정된 비행시간 내 제공이라는 제한적 시간, 지정된 기내 설비 활용이라는 공간적 제약 등의 환경적 특수성을 충분히 파악하고 서비스에 임해야 한다.

언어, 식습관, 종교가 다른 수백 명의 승객들을 동시에 만족시킬 메뉴의 식사를 탑재하여 고객들의 기본적인 식욕을 충족시키는 서비스를 하는 것은 상당히 어려운 일이지만 그만큼의 보람과 가치가 있는 일이다. 따라서 항공사들은 승객 모두가 공통으로 즐길 수 있는 식사 메뉴를 선정해서 제공하는 것이 일반적이며 기내식의 맛과 신선도를 유지하는 일을 매우 중요시한다.

항공 수요가 늘어나고 상용 고객이 증가함에 따라 승객의 선호도나 계절 등 여러 가지 여건에 따라 일정기간 제공된 메뉴를 다른 메뉴로 교체하고 있으며 메뉴의 변경 방식은 항공사마다 다르다. 단거리 구간의 경우에는 승객들이 동일 구간을 자주 이용하는 경향을 반영하여 메뉴를 자주 변경하게 된다. 예컨대, 4개의 메뉴를 3개월 동안 7~14일 단위로 계속 바꾸는 것이다.

장거리비행 구간을 다수 보유한 항공사들은 한 달이나 두 달 주기로 **메뉴 사이클 제(Cycle Menu)**를 운영한다. 메뉴 사이클의 예로 Two-cycle System과 Three-cycle System이 있다. Two-cycle System은 일 년에 두 번 변경하는 것으로, 여름철 메뉴(Summer Menu)는 4월에, 겨울철 메뉴(Winter Menu)는 11월에 변경한다. Three-cycle System은 1·2월에 Cycle 'A' Menu, 3·4월에 Cycle 'B' Menu, 5·6월에 Cycle 'C' Menu, 7·8월에는 다시 Cycle 'A' Menu의 순으로 주기적으로 변경한다.

메뉴 사이클 제
(Cycle Menu)

음식의 식단을 주기적으로 바꾸어 미리 짜여 있는 메뉴에 따라 같은 음식을 제공하는 방식으로 주로 단체 급식에 사용한다.

제공된 메뉴에 대해서는 수시로 고객만족도조사를 하여 식음료 서비스의 질에 대한 평가를 실시하며, 선정된 타입별 메뉴를 새롭게 구성하기 위해 식음료 관련 전문가를 포함한 항공사 관계자들이 새로운 메뉴에 대해 품평하고 시연해 보는 프레젠테이션(Presentation) 자리를 마련한다.

그 밖에도 승객이 종교 또는 건강상의 이유로 특별 식사를 원하는 경우에는 예외적으로 개별 희망 식사를 준비하여 제공하고 있고, 기내식에 곁들여 제공되는 음료와 주류 또한 승객에게 즐거움을 주는 물적 서비스의 하나로 손꼽힌다.

이와 같이 저마다의 서비스 철학을 담은 정선된 기내식의 품질 우수성은 항공사의 서비스 품질을 평가하는 데 중요한 요소로 작용한다. 따라서 각 항공사는 타 항공사와의 서비스 차별화를 위해 다양한 메뉴 개발과 품질 향상에 노력을 기울이고 있다.

3. 기내식의 종류

1) 비행 소요시간에 따른 분류

항공 기내식은 비행 소요시간에 따라 Hot Meal과 Cold Meal로 나누어진다. Hot Meal은 비행 소요 예정시간이 2시간 이상인 경우에 제공되는 식사 형태로 일부 내용물을 재가열하여 서비스하며 Cold Meal은 비행 소요 예정시간이 2시간 이내의 비행구간에서 내용물을 재가열하지 않고 그대로 제공하는 식사이다. 그리고 비행구간에 따라 서비스 횟수도 다르다. 구체적인 내용은 다음과 같다.

비행 소요시간에 따른 식사 제공 횟수

- 비행 예정시간 6시간 이내: 1회 제공
- 비행 예정시간 6시간 이상: 2회 제공
- 비행 예정시간 12시간 이상: 3회 제공

2) 서비스 시간에 따른 분류

항공 기내식은 출발지의 현지시간을 기준으로 식사 서비스 시간에 따라 다음과 같이 분류하며, 이때 식사의 메뉴나 탑재비율은 해당 노선의 특성, 예를 들면 비행 소요시간, 승객의 국적 분포, 메뉴 선택 시 선호도에 대한 통계자료에 근거하여 구성한다.

기내식 형태	기내식 코드	서비스 시간
Breakfast	BRF/BT	오전 5~9시
Brunch	BRCH/BH	오전 9~11시
Lunch	LCH/LH	오전 11~오후 2시
Snack	SNK/SK	오후 2~6시 / 오전 1~5시
Dinner	DNR/DR	오후 6~10시
Supper	SPR/SR	오후 10~오전 1시

3) 사전주문에 따른 분류

항공 기내식은 승객의 식사 사전주문 여부에 따라 일반식(Normal Meal)과 특별식(Special Meal)으로 구분된다. 일반식은 비행 전 사전주문 절차를 거치지 않고 항공기에 탑승한 모든 승객에게 제공되는 식사를 말하며, 특별식은 승객 개인의 건강상의 이유, 종교상의 이유 등으로 비행 전에 특정한 음식을 주문했을 때만 제공이 가능하다.

승객은 항공편 예약 시 원하는 특별식을 미리 주문하면 탑승하는 날 항공기에서 원하는 식사를 제공받을 수 있다. 항공사가 해당 특별식을 마련하기 위해서는 일정 시간이 필요하므로 해당 편 항공기 출발 최소 24시간 전까지는 사전 요청이 이루어져야 한다.

4) 추가비용에 따른 분류

항공 기내식은 제공되는 기내식이나 음료의 비용을 승객이 추가 지불할 것인지 여부에 따라 구분할 수 있다. 국내 **FSC(Full Service Carrier)**들은 기내에서 제공하는 모든 식음료의 제공비용을 항공요금에 포함시키고 있으나, 외국 FSC는 일반석에 탑승한 승객들을 대상으로 일부 알코올 음료를 유상으로 제공하기도 한다.

LCC(Low Cost Carrier)는 FSC와는 구분된 저비용 경영전략을 추구하는 항공사로, 책정된 항공요금이 비교적 낮은 편이다. 따라서 항공사가 기내식 제작에 들이는 비용은 낮아지게 마련이다. 국내외 항공사마다 기내식 제공 및 운영 방식이 상이한데, 국내 LCC들은 자사의 규정에 의해 비행시간에 따른 일반 기내식을 제공하고 추가로 기내 판매 식사인 즉석 간편식이나 스낵, 음료를 요구하는 승객들에게 유상으로 판매한다. 판매한 기내식은 승객이 취식 가능하도록 승무원이 준비해 드리는 방식으로 서비스한다.

FSC(Full Service Carrier)
주어진 항공요금으로 일련의 식음료 및 엔터테인먼트 서비스 등을 풀(Full) 서비스로 제공하는 고품질 서비스 경영전략을 추구하는 항공사

LCC(Low Cost Carrier)
제공하는 서비스나 운영비용을 줄여 고객에게 다소 저렴한 가격으로 항공권을 공급하고 투자 대비 수익을 극대화하는 저비용 경영전략을 추구하는 항공사

EQRoy / Shutterstock.com

Easy Jet 항공사의 기내식 메뉴

5) 좌석등급에 따른 분류

(1) 일등석 식사(First Class Meal)

일등석의 식사는 격조 높은 최고급 호텔 레스토랑 수준의 정통 서양식 코스별 서비스를 추구한다. 식음료 서비스 관련 전문지식과 세련된 매너를 갖춘 일등석 전담 승무원이 제공하는 서비스와 함께, 식사 메뉴의 구성, 식사와 함께 제공되는 음료와 서비스 기물에 이르기까지 최상위 클래스에 걸맞은 고객화된 서비스를 제공한다.

Sorbis / Shutterstock.com

항공사들은 서비스 이미지 제고 및 일등석 승객의 요구에 부응하기 위해 자사만의 특별한 서비스 철학을 담고자 노선별로 다양한 고급 메뉴 개발, 신선한 식자재 공급, 와인 및 음료 선별에 심혈을 기울이고 있다. 몇 가지 예를 들면, 일등석 기내식음료 서비스의 고품질화를 위해 대한항공에서는 수석 소믈리에가 해당 비행 편에 서비스되는 와인에 대한 이야기를 들려주며 항공여행을 함께 하고, 스위스항공과 아시아나항공은 셰프가 직접 탑승하여 고객이 원하는 요리를 해준다.

(2) 비즈니스석 식사(Business Class Meal)

일등석 서비스와 이코노미석 서비스의 혼합 서비스 스타일인 세미코스 서비스(Semi-Course Service)가 기내식음료 절반에 걸쳐 실시되며, 일부 코스는 일등석과 유사한 프레젠테이션 서비스(Presentation Service)가 이루어진다.

국적 항공사들은 상위클래스 메뉴의 차별화를 위해 최근 한류 및 한식의 세계화 추세에 부응하여 한식 메뉴 개발에 주력하고 있다. 대한항공에서는 한식 메뉴로 비빔밥, 영양밥, 꼬리곰탕, 간장게장, 낙지덮밥, 비빔국수, 동치미국수, 오미자화채, 막걸리 쌀 빵, 홍삼차 등을 제공하며, 심지어 복날을 전후로 해서는 삼계탕, 여름에는 냉콩국수도 서비스한다. 아시아나항공도 한국인과 외국인 모두에게 인기 있는 궁중정찬, 콩나물밥과 순두부탕, 묵밥, 영양쌈밥 외에도 추어탕, 복산적, 두릅산적, 새우산적과 같은 다양한 메뉴를 제공하며 '하늘 위의 한정식 레스토랑'을 실현하고 있다.

(3) 이코노미석 식사(Economy Class Meal)

이코노미 클래스에서는 일반적으로 서양식을 기본으로 하며, 서비스 스타일은 기본 식판(Basic Tray)에 내용물을 세팅하여 서비스하는 방식이다. 저녁이나 점심식사는 정식코스를 한상차림으로 서비스하며, 아침식사는 미국식 아침 메뉴(American Breakfast Menu)로 구성된 식사를 1/2사이즈의 Half Tray에 제공한다.

국내 항공사와 한국에 취항하는 일부 외국 항공사에서는 불고기, 갈비, 비빔밥, 미역국, 햇반, 낙지덮밥, 비빔국수, 찹쌀떡, 김치, 고추장 등의 한식을 일반석에서도 서비스하며 노선별로 주요 승객들의 선호 메뉴를 파악하여 항공사 기내식 메뉴 구성에 반영하고 있다.

4. 기내식의 제조와 관리

항공사에서 기내식을 제조하는 생산파트는 케이터링(Catering) 부서이다. 항공사의 규모나 경영전략에 따라 자체적으로 케이터링 부서를 마련하는 경우와 전문 케이터링 업체에 기내식 생산 외주를 주는 경우가 있다.

대한항공은 자사와 외국 항공사 40여 곳의 식사를 공급하는 300억 원대의 주방 설비를 보유한 100여 명의 전문 셰프, 직원 700여 명 규모의 기내식 센터를 운영하고 있다. 1969년에 국제선 취항과 함께 샌드위치와 음료 제공을 시작으로, 1975년부터 국내에 취항하는 외국 항공사의 기내식을 공급할 수 있게 되었고, 김포에 1986년, 부산에는 1987년에 기내식 센터를 준공했다.

EQRoy / Shutterstock.com

이어 2000년 인천국제공항 건립과 함께 시공된 인천센터는 첨단 기내식 설비를 보유하게 되었다. 김포센터에서는 일반석의 더운 음식과 제빵류를, 인천센터에서는 일부 상위클래스 식사와 특별식, 찬 음식, 후식을 생산하며 이원화된 생산으로 운영의 효율을 꾀하고 있다.

아시아나항공은 자체 개발한 메뉴를 독일 루프트한자 항공의 자회사인 기내식 공급업체 '**LSG Sky Chefs**'의 한국지사에 위탁해 기내식을 생산한다. 자체 케이터링 센터를 보유한 항공사들도 모기지가 아닌 취항지에서는 현지 기내식 케이터링 업체에서 먹거리를 조달하는 것이 일반적이며 동일 얼라이언스 제휴사들 간에 상호협조체제를 유지하는 경우가 많다. 이러한 경우에 각 항공사 기내식 사업부 담당자는 각 취항지의 케이터링 시설을 수시로 방문해 주문된 메뉴의 생산이 위생 기준을 준수하고 있는지를 점검하게 된다.

기내식 센터에서 조리된 음식은 미리 결정된 무게와 모양에 맞춰 포장한 후 미생물 번식을 막기 위해 **블래스트 칠러(Blast Chiller)**에서 영상 3~5°C 이하로 급속 냉장을 하게 되고, 항공기 탑재 전까지 출하 대기실에 냉장 보관한다. 이러한 급속 저온 냉각 및 보관 시스템은 기내식 제조 후 최소 2~3시간, 최대 12시간 뒤에나 승객들이 취식하기 때문으로 음식의 변질 우려를 제거하기 위함이다.

LSG Sky Chefs

세계적인 거대 규모의 케이터링 회사 중 하나로 승객에게 다양한 요리를 맛보는 경험을 선사하기 위해 프리미엄 기내식부터 풀 트레이 메뉴, 식사, 간식까지 모든 가격대의 케이터링 프로그램과 맞춤형 음식 솔루션 제공을 목표로 하고 있다. 항공사 케이터링 분야 외에도 기차와 라운지 케이터링, 고객 환대, 운송산업 컨설팅, 관련 물류 서비스 사업 등을 하고 있다.

블래스트 칠러 (Blast Chiller)

세균 성장으로부터 비교적 안전한 저온으로 신속하게 음식을 냉각시키는 방법

Bildgigant / Shutterstock.com

1) 항공 기내식 제조과정

일반적인 케이터링 작업을 위한 세부 담당 조직으로는 주어진 메뉴에 따라 기내식을 조리하는 조리팀, 지정된 기내식과 기물을 매뉴얼(Manual)에 따라 포장하는 바 패킹(Bar Packing)팀과 생산된 기내식을 기내 카트에 승객 수에 맞게 세팅하는 트레이 세팅(Tray Setting)팀이 각각 분리되어 있다. 그리고 비품 하기

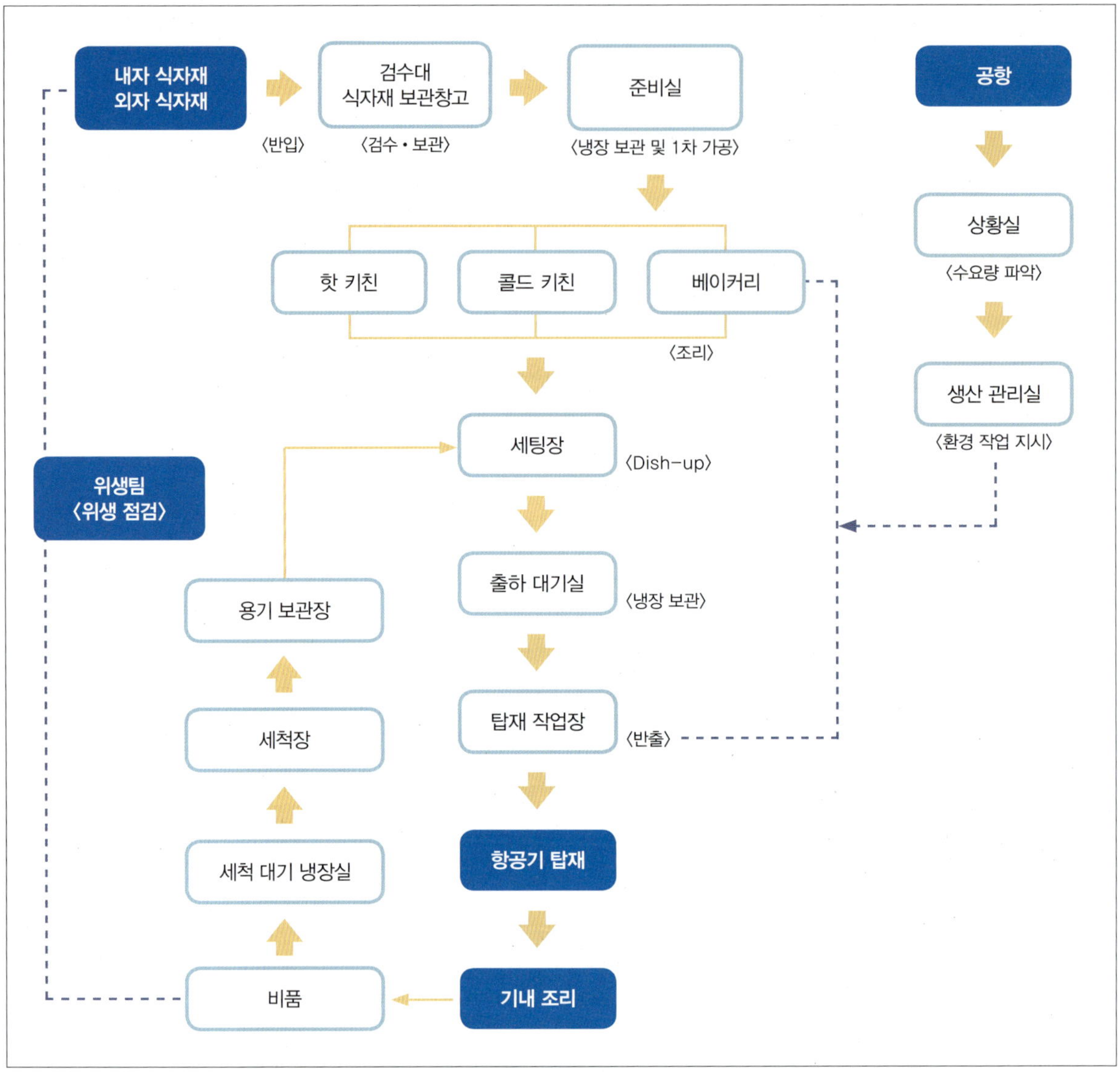

항공 기내식 제조과정

> **HACCP**
> Hazard Analysis and Critical Control Point의 약자로, 식품의 원재료 생산부터 최종 소비자의 섭취 전까지 각 단계에서 생물학적, 화학적, 물리적 위해요소가 해당 식품에 혼입되거나 오염되는 것을 방지하기 위한 위생관리 시스템

및 세척을 담당하는 업무도 세심하게 분담하여 실시하고 있다.

그중 조리팀은 샌드위치나 샐러드, 과일 등을 만드는 콜드 키친(Cold Kitchen), 지지고 볶고 삶는 핫 키친(Hot Kitchen), 각종 제빵류를 만드는 베이커리(Bakery)로 나뉜다. 조리를 마친 기내식을 그릇에 담아서 트레이에 세팅하는 동안 작업장의 실내온도를 18°C 이내로 유지하여 제조과정에서의 음식 변질을 막고 있으며 디시업(Dish-up)된 음식과 트레이 세팅(Tray Setting) 작업을 마친 기내식은 5°C 이하의 냉장고로 옮겨진다.

항공사들은 식자재의 구매에서부터 저장, 조리, 판매에 이르기까지 철저한 위생관리를 보장할 수 있는 **HACCP** 시스템을 운영하고 있다.

앞서 설명한 항공 기내식의 제조과정을 정리하면 다음과 같다.

Dmitry Birin / Shutterstock.com

| 콜드 키친(Cold Kitchen)

Dmitry Birin / Shutterstock.com

| 베이커리(Bakery)

| 핫 키친(Hot Kitchen)

| 바 패킹(Bar Packing)

Dmitry Birin / Shutterstock.com

| 디시업(Dish-up)

Dmitry Birin / Shutterstock.com

| 트레이 세팅(Tray Setting)

2) 항공 기내식 운영절차

PMI
(Preliminary Meal Inform)

항공편 출발 48시간 전, 상황실에서 각 작업장으로 전달하는 해당 출발일의 승객 예약자 수에 맞게 작성된 사전 기내식 주문관련 정보

PMO
(Preliminary Meal Order)

항공편 출발 24시간 전, 각 작업장에 전달되는 항공기종, 클래스별 기내식 수량, 특별식 등의 구체적인 정보가 포함된 기내식 주문서

FMO
(Final Meal Order)

해당 항공편 출발 6시간 전까지 받은 기내식 주문내역을 담은 양식

항공여행을 결정한 승객이 해당 편에 탑승하고 자신의 좌석에서 기내식을 제공받기 위해서는 항공 기내식 센터에서 정성을 다해 생산된 기내식이 해당 항공기에 탑재되기까지 일련의 절차를 거치게 된다.

항공 기내식 제조 및 운영절차를 살펴보면, 일차적으로 해당 비행편 탑승객의 예약상황에서 기내식 수요량을 파악한 상황실은 항공기 출발 48시간 전에 **PMI(Preliminary Meal Inform)**를 작성하여 기내식 작업 지시를 총괄하는 생산관리실에 전달하게 되고 이에 따라 각 작업장(Section)에서는 작업이 시작된다.

작업장에서는 조장의 통제하에 **PMO(Preliminary Meal Order)**에 따라, 생산부에서는 핫 키친(Hot Kitchen), 콜드 키친(Cold Kitchen), 베이커리(Bakery)로 나뉘어 각각 해당 식사(Meal)를 생산하고, 세팅(Setting)장에서는 생산된 Meal을 그릇에 담고(Dish-up), 트레이(Tray)에 세팅(Setting)하여 기내용 카트(Cart)에 승객 수에 맞게 탑재 준비를 하며, 바 패킹(Bar Packing)장에서는 계획된 기내식 서비스에 필요한 음료와 기물을 준비한다. 보통 아침 출발 항공기는 전일 야간에 작업을 완료하고, 저녁 출발 항공기는 당일 오전 내에 준비 작업을 완료한다.

항공기 출발 최종 6시간 전에 **FMO(Final Meal Order)**를 하달하는 상황실은 담당 조장에게 전날 및 당일 아침에 작업을 완료한 카트(Cart) 내의 기내식(Meal) 개수를 다시 확인한 후, 출하 대기실의 냉장실과 냉동실로 이동·보관하여 기내식 운반차량(Food Car) 탑재 전까지 신선도를 유지하여 보관한다. 기내식 탑재 담당자는 탑재 작업장에서 기내식, 기내 음료, 기타 서비스 물품과 기물 등이 담긴 카트(Cart)를 기내식 운반차량(Food Car)을 이용하여 항공기로 운반하게 된다.

탑재관리 담당자(Loading Supervisor)는 상황실의 FMO(Final Meal Order) 접수 종료 후, 추가 탑승객이 발생할 경우에 해당 수만큼의 추가 식사(Add Meal)를 확인한 후 기내식 운반차량에 추가 탑재하게 되며, 항공기로 직접 이동하여 객실 승무원과 식사(Meal)의 총 탑재량을 확인하고, 항공기 출발 전까지 승객의 변동 상황을 주시하여 추가 식사와 서비스 물품 등의 추가 지원 요청에 대응한다. 성공적인 지원 작업으로 항공기가 출발한 후, 상황실에 탑재 상황 종료를 통보하면 기내식 케이터링 부서의 기내식 탑재 지원이 끝나게 된다.

kickimages / iStock.com

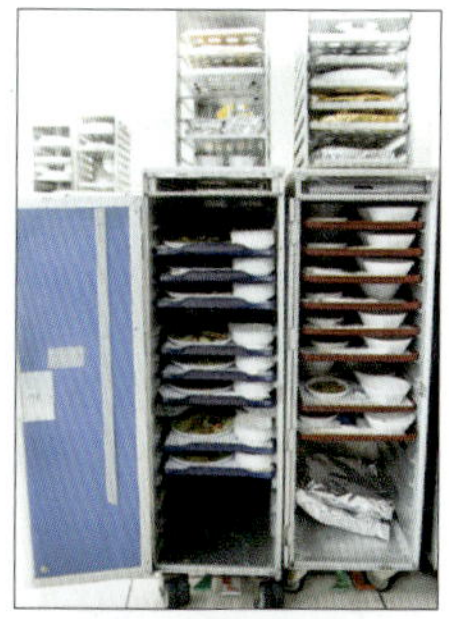

kickimages / iStock.com

sarah1810 / Shutterstock.com

Ceri Breeze / Shutterstock.com

3) 항공 기내식 위생관리

항공 기내식은 항공기라는 특수 환경에서 제공되기 때문에 운반부터 탑재, 관리, 제공에 이르기까지 담당자의 특별한 주의가 요구된다. 따라서 항공 기내식 센터에서는 식재료의 입고부터 보관, 준비, 조리, 세팅, 기내 탑재, 기내 조리, 하기, 세척에 이르기까지 최첨단 설비와 정밀 컴퓨터 시스템으로 식자재 검사를 실시하며, 국내외 위생기준과 자체 위생기준을 정해 세밀하게 관리하고 있다.

수백 명이 제한된 공간에서 일시에 취식하기 때문에 기내에서 발생하는 작은 위생상의 문제라도 대형사고로 이어질 수 있으며, 개인의 건강 상태에 따라 치명적일 수 있고, 환자가 발생했다고 해도 즉각적으로 비행 도중에 착륙을 결정할 수 없고 간단한 응급조치가 가능할 뿐이다. 이런 특수성으로 인해 기내식의 위생은 탑승객 다수의 생명과도 직결될 수 있으므로 기내식 생산 및 운영관리 담당자와 이를 제공하는 객실 승무원의 철저하고 까다로운 위생 관념은 필수적 요소이다.

(1) HACCP 시스템

HACCP란 'Hazard Analysis Critical Control Points'의 약자로, 식품의약품안전청에서는 이를 '식품위해요소 중점관리기준'이라 일컫는다. HACCP는 위해분석(HA: Hazard Analysis)과 중요 관리점(CCP: Critical Control Point)으로 구성되는데, HA는 위해가능성이 있는 요소를 찾아 분석하고 평가하는 것이며, CCP는 해당 위해요소를 방지 및 제거하고 안전성을 확보하기 위해 중점적으로 다루어야 할 관리방법을 말한다.

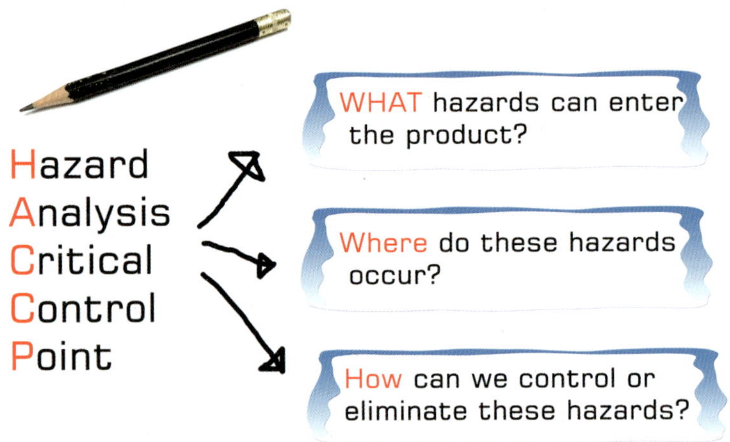

| HACCP(식품위해요소 중점관리기준)

전체적으로, HACCP란 식품의 원재료 생산에서부터 제조, 가공, 보존, 유통 단계를 거쳐 최종 소비자가 섭취하기 전까지 각 단계에서 발생할 우려가 있는 위해요소를 규명하고, 이를 중점적으로 관리하기 위한 중요 관리점을 찾아서 자주적이며 체계적이고 효율적인 관리로 식품의 안전성(Safety)을 확보하기 위한 과학적인 위생관리체계라고 할 수 있다.

1960년대 초에 미국 NASA(미항공우주국)가 미생물학적으로 100% 안전한 우주식량을 제조하기 위해 필스버리(Pillsbury)사, 미 육군 나틱(Natick) 연구소와 공동으로 HACCP를 실시한 것이 최초이다. 이후 1971년, 미국식품보호위원회에서 처음으로 그 내용이 공표되었고, 그 방식은 1973년 미국 FDA(보건후생성 소속 연방정부기관)에 의해 저산성 통조림 식품의 GMP(Good Manufacturing Practice)에 도입되어, 미국 전역의 식품업계가 그 도입을 논의하게 되었다.

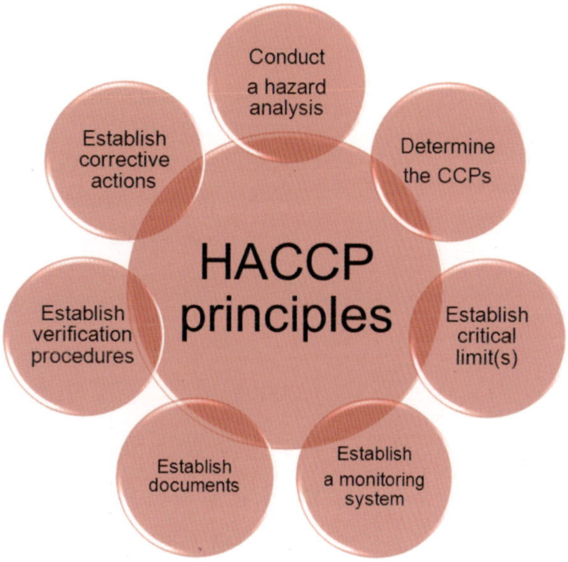

HACCP의 7원칙

1980년대에는 NASA의 식품보호위원회로부터 HACCP의 채택을 권고받아 미국 각계 정부기관과 미 육군 나틱 기술개발연구소, 대학, 민간 전문가로 구성된 식품 미생물기준 전문자국위원회가 설치되어 일반화되었고, 1989년에는 HACCP의 지침 설정과 HACCP의 7원칙이 제시되었다. 1993년 7월, CODEX(국제식품규격위원회) 제20차 총회에서 'HACCP 시스템의 적용지침'을 채택하여 각국에 HACCP 도입을 권고함에 따라 HACCP는 전 세계에 빠른 속도로 확산되기에 이르렀다.

(2) 항공사의 HACCP

기내식은 낮은 기압, 좁은 공간이라는 특수 환경과 조리 뒤 3시간에서 12시간 이후까지 제공 가능해야 한다는 조건을 고려하면서 맛과 향, 위생을 유지하기 위해 급속 저온 냉각 시스템을 적용한 조리과학의 결정체라 할 수 있다. 각 항공사에서 승객에게 제공하는 기내식을 생산하는 케이터링 센터는 식품 위생관리 부문에서 전 세계적 기준이 되고 있는 HACCP(식품위해요소 중점관리기준) 규정을 엄격히 적용하고 있다.

대한항공은 2000년 식품의약품안전처로부터 국내 최초로 단체 급식 부문에서 '제1호 우수 HACCP 관리업체'로 인증받고 기내식을 위생 면에 있어서 국제 규정에 손색없이 제조하고 있으며, 2008년에는 서비스 식품의 품질에 대한 완벽한 보장과 기내식 위생점검 강화를 위해 식품안전연구센터를 설립하여 납품업체를 대상으로 한 HACCP 기술교육, 각종 식자재 분석, 납품업체의 현장점검 등을 실시하고 있다.

항공사 케이터링 HACCP 12항목

CCP2: 식재료의 구매
CCP3: 저온 저장
CCP4: 해동
CCP5: 준비과정-온도 · 분리
CCP6: 식품 접촉 표면 세척과 소독
CCP7: 개인 위생
CCP8: 채소 세척 소독
CCP9: 조리과정
CCP10: 냉각
CCP11: 식품열장, 재가열
CCP12: 출하 대기, 출하, 탑재

2000년대 초, 공항 이전에 따른 운영비용 부담을 줄이기 위해 기존 김포공항 화물청사 앞에 있는 기내식 센터 시설을 대량생산 용도로 사용하고, 인천 신공항 기내식 시설은 밀 트레이(Meal Tray) 세척, 트레이 세팅(Tray Setting), 탑재 등의 공항 운영 용도로 이원화해 운영하고 있다. 공급에 있어서 부분적으로 김포와 인천을 연계하고, 항목별로 두 곳을 독립시킨 것이다.

일반석의 더운 음식(Hot Meal)이나 제빵류는 김포 기내식 센터에서 대량 생산하여 매일 인천으로 수송하고, 인천 기내식 센터는 일부 일등석과 프레스티지석 기내식과 특별식, 추가 음식, 대부분의 찬 음식(Cold Meal)과 후식류의 직접 생산과 모든 기내식의 세팅 업무를 수행함과 동시에 기용품 등을 함께 탑재 및 하기하는 운영 센터로서의 기능을 담당하게 했다.

이러한 분리 운영 개념은 에어프랑스의 자회사인 파리공항의 '서브에어 키친(Servair Kitchen)', 프랑크푸르트 공항의 '엘에스지 스카이 셰프(LSG Sky Chefs)' 및 암스테르담의 '케이엘엠 플라이트 키친(KLM Flight Kitchen)' 등 유럽의 선진 기내식 업체에서 이미 실시하고 있으며, 생산시설 이원화 운영에 대한 경제성과는 물론 위생관리에도 효과가 있다고 입증되었다.

2절 | 항공 기내식음료의 내용

1. 서양식

서양식은 한상차림인 우리나라 식문화와는 매우 대조적으로 코스(Course)로 이루어진다. 신선하고 우수한 품질의 재료를 바탕으로 각 코스가 개성 있는 메뉴(Menu)로 구성되며, 각 코스별 메뉴는 맛과 풍미에 있어서 나름대로 질서와 미를 추구한다. 앞서 언급한 바와 같이, 전 클래스에서 서양식을 제공하는 대부분의 항공사들은 서양식의 본래 특성을 최대한 살려 승객들에게 고품질의 서비스를 제공하기 위해 노력하고 있다.

대부분 식사의 양은 가볍게(Light) 시작해서 차츰 늘어나고(Heavy) 다시 가벼운 정도로 마무리하며, 식사의 맛은 식욕을 촉진할 수 있는 단맛이 적은 드라이(Dry)한 맛에서 소화가 잘되는 달콤한(Sweet) 맛으로 구성하며, 코스별 메뉴는 고객의 식사 흐름과 속도에 맞추어 적절한 타이밍에 제공한다.

국제화 시대에 걸맞게 여러 나라의 전통요리들이 부각되고 있으나 서양식에서는 아직까지 프랑스 요리가 세계적으로 가장 유명하고 그 진가를 인정받고 있다. 항공사들은 기내식 코스 메뉴를 선정함에 있어서 맛과 향, 모양의 삼박자를 갖춘 정선된 요리법, 예술성의 차원까지 다루는 요리의 깊이, 요리 분야에 '고품위 서비스' 개념을 처음으로 접목한 정통 프랑스식 코스요리를 기본으로 계획하여 제공하고자 하며, 다양한 고객들의 기내식에 대한 요구와 기대에 부응하기 위해 세계 각국의 전통요리 메뉴 개발과 항공 객실 승무원의 식음료 서비스 교육을 실시하고 있다.

Sorbis / Shutterstock.com

tartanparty / Shutterstock.com

1) 서양식 메뉴의 종류

(1) 정식(Table D'hote, Full Course) 메뉴

정식(Table D'hote)은 제공하는 식당에서 코스별로 정해진 메뉴를 식사 순서대로 서비스하는 식사이다. 가격이나 메뉴의 내용에 따라 여러 개의 코스를 구성하여 구분하기도 한다. 일명 '풀 코스(Full Course)'라고도 하며 기본적으로 식전주(Aperitif), 전채요리(Appetizer), 수프(Soup), 생선요리(Fish), 메인요리(Main Dish), 샐러드(Salad), 디저트(Dessert), 식후 음료(Beverage)로 구성된다.

전통 프랑스 요리의 만찬코스는 식전주에서 식후주(Digestif) 서비스까지 12개의 코스로 진행되었으나 근래에는 비슷한 요리를 생략하거나 통합하여 7~9개 코스로 진행되는 추세이다.

정식 메뉴는 아 라 카르테(A La Carte) 메뉴에 비해 요리의 단위당 가격이 저렴하고 세트 메뉴(Set Menu)이기 때문에 주문이 용이하며, 음식 제공이나 조리 과정이 일정하여 효율적인 면이 있지만 메뉴를 구성함에 있어서 식재료나 소스 혹은 조리법이 중복되지 않도록 유의해야 한다.

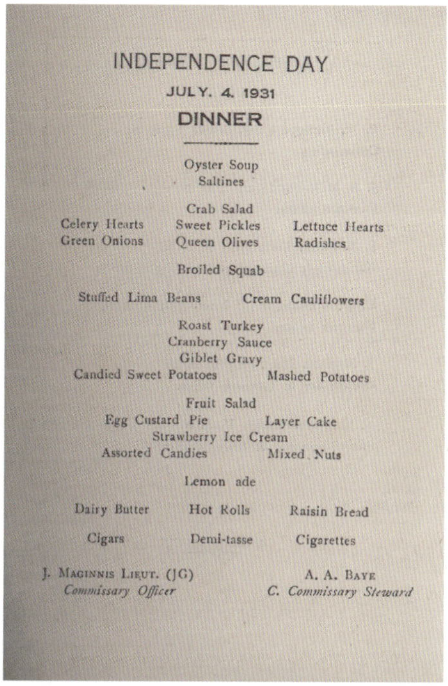

INDEPENDENCE DAY
JULY. 4. 1931
DINNER

Oyster Soup
Saltines

Crab Salad
Celery Hearts | Sweet Pickles | Lettuce Hearts
Green Onions | Queen Olives | Radishes

Broiled Squab
Stuffed Lima Beans | Cream Cauliflowers

Roast Turkey
Cranberry Sauce
Giblet Gravy
Candied Sweet Potatoes | Mashed Potatoes

Fruit Salad
Egg Custard Pie | Layer Cake
Strawberry Ice Cream
Assorted Candies | Mixed Nuts

Lemon ade

Dairy Butter | Hot Rolls | Raisin Bread

Cigars | Demi-tasse | Cigarettes

J. Maginnis Lieut. (JG) — *Commissary Officer*
A. A. Baye — *C. Commissary Steward*

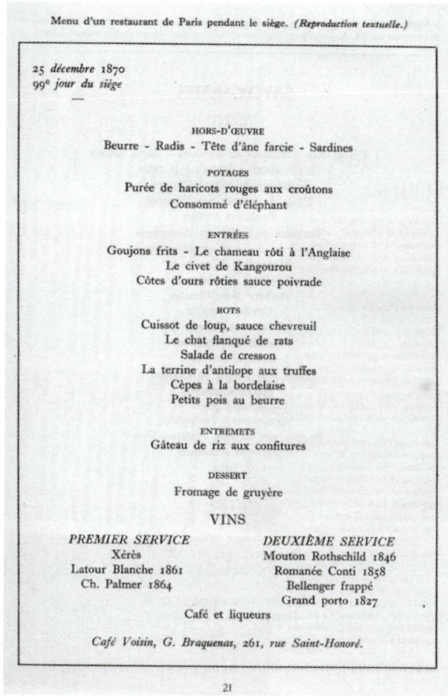

Menu d'un restaurant de Paris pendant le siège. *(Reproduction textuelle.)*

25 décembre 1870
99e jour du siège

HORS-D'ŒUVRE
Beurre - Radis - Tête d'âne farcie - Sardines

POTAGES
Purée de haricots rouges aux croûtons
Consommé d'éléphant

ENTRÉES
Goujons frits - Le chameau rôti à l'Anglaise
Le civet de Kangourou
Côtes d'ours rôties sauce poivrade

ROTS
Cuissot de loup, sauce chevreuil
Le chat flanqué de rats
Salade de cresson
La terrine d'antilope aux truffes
Cèpes à la bordelaise
Petits pois au beurre

ENTREMETS
Gâteau de riz aux confitures

DESSERT
Fromage de gruyère

VINS

PREMIER SERVICE
Xérès
Latour Blanche 1861
Ch. Palmer 1864

DEUXIÈME SERVICE
Mouton Rothschild 1846
Romanée Conti 1858
Bellenger frappé
Grand porto 1827

Café et liqueurs

Café Voisin, G. Braquenas, 261, rue Saint-Honoré.

21

(2) 일품요리(A La Carte) 메뉴

일품요리는 정식과 같이 이미 짜인 메뉴에 의해 식사가 제공되는 것이 아니라 고객의 주문을 받아 개별적으로 요리를 제공하는 것을 말한다. 고객의 기호에 맞는 다양한 메뉴를 코스별로 각각 주문하거나 자유롭게 먹고 싶은 코스의 메뉴만을 선택할 수 있다는 장점이 있으나 단위당 가격이 정식 메뉴에 비해 다소 비싸다.

(3) 뷔페(Buffet) 메뉴

뷔페 메뉴는 우아하고 멋있게 장식된 요리를 고객의 기호에 따라 일정한 가격을 지불하고 마음껏 먹을 수 있는 형식으로 제공되며 '셀프 서비스(Self Service)' 형식으로 운영된다. 그러나 와인(Wine), 위스키(Whiskey), 일부 서비스 제외 음료 등 고객이 주문해서 마시는 음료는 별도로 계산하도록 되어 있다.

보통 커피나 차, 비알코올 음료 등은 웨이터의 서비스를 통해 무료로 제공되며 생선회, 생선초밥, 갈비코너 등은 요리사가 직접 조리하여 신선하게 제공함으로써 고객의 욕구를 충족시키도록 운영되고 있다.

(4) 특별요리(Chef's Recommendation, Special Menu) 메뉴

특별요리 메뉴는 고기 요리를 중심으로 미리 짜인 메뉴로 '데일리 스페셜 메뉴(Daily Special Menu)'라고도 한다. 매일 주방장이 준비하여 추천하는 요리로, 고객의 기호에 맞추어 양질의 재료, 저렴한 가격, 때와 장소, 계절에 맞게 메뉴에 변화를 주어 고객에게 제공하는 것이다.

합리적인 가격, 알찬 메뉴 구성, 준비된 메뉴의 신속한 서비스 제공으로 고객에게 인기가 있으며, 재고 식재료의 활용가능성과 고객의 흥미 유발로 인한 매출증대로 경영성과까지 기대할 수 있다.

2) 서양식의 코스별 내용

(1) 전채요리(Appetizer, Hors D'oeuvre)

전채요리는 식사 순서에서 제일 먼저 제공되는 요리로 불어로는 오르되브르(Hors D'oeuvre)라고 한다. 이 요리는 본 요리를 더욱 맛있게 먹을 수 있도록 식욕을 돋우어 주기 위한 목적으로 제공되기 때문에 주로 빛깔과 모양, 맛을 조화롭게 갖춘 간단한 요리로 구성된다. 식전에 제공되면서 미식가들의 흥미를 가장 많이 유발하는 코스로, 다양한 조리법과 재치 있는 기술로 미각과 시각을 동시에 만족시킬 수 있도록 꾸며진다.

사용되는 식재료는 세계적으로 유명한 3대 전채요리인 철갑상어 알(Caviar), 거위 간(Foie Gras), 트러플(Truffle)에서 새우(Shrimp), 고등어(Mackerel), 연어(Salmon)까지 다양하며, 메뉴 선정 시 메인요리와의 조화, 타액 분비의 촉진으로 취식 시 맛을 돋우는 역할 등을 고려한다.

Agent Wolf / Shutterstock.com

(2) 수프(Soup)

풀 코스에서 수프는 전채요리 다음에 나오는 요리로, 전채요리가 본래 메인 코스에서 벗어난 성질이 강하므로 본격적인 식사 개시를 알리는 코스가 된다. 수프란 말은 중세 시대 프랑스에서 빵을 의미했다. 당시 사람들은 소스, 와인 등을 수프(Soup)라는 빵에 부어 먹었다고 한다. 일반적으로는 서양 요리의 국을 총칭해서 수프라 하며 수프 중 맑은 것은 콩소메(Consome), 걸쭉한 것은 포타주(Potage)라 한다.

(3) 브레드(Bread)

서양식 디너에서 빵은 코스요리 중 가장 먼저 서비스되며 매 코스요리 중간에 수시로 먹어서 다음 코스의 음식 맛을 잘 느낄 수 있게 한다. 여러 음식의 고유의 맛을 감지하기 위해 입안에 남아 있는 맛을 깔끔하게 씻어내는 역할도 한다. 따라서 수프요리(Soup Course)부터 메인요리(Main Dish)까지 계속 서비스되는 것이 일반적이다. 빵의 종류는 토스트(Toast), 패스트리(Pastry), 디너 롤(Dinner Roll), 모닝 롤(Morning Roll) 등으로 다양하다.

(4) 샐러드(Salad)

샐러드는 앙트레(Entree) 전후에 제공되며, 라틴어 'Sal'에서 유래되어 신선한 야채에 소금을 가미했다는 뜻이다. 산성인 육류의 섭취 전후에 알칼리성인 야채를 섭취함으로써 영양의 균형을 도모하는 역할을 한다. 또한 야채 위에 소스로 곁들이는 드레싱(Dressing)은 샐러드의 맛을 한층 높이며, 육고기의 포화지방산이 혈관 내 콜레스테롤 수치를 증가시키는 작용을 샐러드의 주재료인 식초와 식물성 오일류에 포함된 불포화지방산으로 억제하는 기능도 한다.

(5) 주요리(Main Dish)

디너 코스 중 가장 중심이 되는 요리를 말한다. 주로 앙트레(Entree), 야채(Vegetable), 스타치(Starch) 세 부분으로 구성되며, 앙트레는 요리의 주요 부분을 이루는 육류(Meat), 가금류(Poultry), 해산물류(Seafood) 등으로 조리되며, 스타치는 곡물, 감자 등 주로 탄수화물을 함유한다. 그중 감자가 가장 많이 사용되며 쌀(Rice)과 면(Noodle)도 많이 사용된다. 마지막으로 야채는 각각의 독특한 색채와 향을 염두에 두고 서비스된다. 야채가 영양소의 균형을 맞추고 앙트레를 시각적으로 돋보이게 하는 역할도 하기 때문이다.

(6) 디저트(Dessert)

디저트의 어원은 불어 드세뵈르(Desservir)로 '치우다', '정돈하다'라는 뜻이다. 디저트를 제공할 때는 이전 코스에서 사용된 테이블의 모든 기물을 제거하고 깨끗하게 정돈한 후 서비스한다. 단맛을 함유하고 있어 식욕을 억제하고 입안을 개운하게 하여 식사를 마무리하는 기능을 하는 것으로 아이스크림(Ice Cream), 케이크(Cake), 파이(Pie), 과일(Fruit), 치즈(Cheese) 등의 찬 디저트(Cold Dessert)와 푸딩, 크레이프 수제트(Crepe Suzette) 등과 같은 따뜻한 디저트(Hot Dessert)가 있다.

(7) 커피와 차(Coffee & Tea)

이디오피아의 '카파(Kaffa)'라는 말에서 유래된 커피는 쓴맛, 떫은맛, 신맛, 구수한 맛이 조화를 이루는 음료로 피로해소와 혈액순환에 도움을 주는 성분이 함유되어, 특유한 맛과 향으로 세계인의 대표적인 기호 음료가 되었다. 차(Tea)는 커피나 코코아와 같이 강한 맛은 없지만 섬세하고 독특한 향을 지닌다. 디저트 후의 음료로는 주로 커피가 애용되지만 커피를 즐겨 하지 않는 사람은 차를 선택한다. 커피와 차는 계속 리필 서비스(Refill Service)를 해야 하며, 홍차는 레몬 또는 신선한 우유와 함께 서비스한다.

2. 한식

한식은 유구한 역사와 함께 이어온 우리 문화유산 중의 하나로 지리적 여건과 기후 변화 등의 영향을 받으며 향토성과 지방색이 짙은 음식들이 개발되었다. 또한 시대의 흐름에 따라 전파된 종교와 새로 도입된 문물의 영향을 받으면서 분야별로 다양한 한식 문화가 발전했다고 할 수 있다. 쌀을 주식으로 김치, 된장찌개, 불고기 등의 음식이 역사와 함께 유지되어 온 것이 한식의 특성이라 할 수 있다.

한식의 구체적인 특성은 우선 주식과 부식이 완전히 분리되며 음식의 간을 중히 여기는 것이다. 조미료와 향신료를 비교적 많이 첨가하며 따라서 섬세하고 미묘한 손동작이 요구된다. 일상식에서는 독상 중심의 한상차림이 주를 이루며 아침식사와 저녁식사를 중시한다. 마지막으로 김치, 장과 같은 저장식품의 발달을 빼놓을 수 없다.

▼ 대한항공의 클래스별 한식 메뉴 예시

클래스	구분	메뉴	노선
일등석	전채류	수삼냉채	중장거리 노선
	주요리	갈비찜, 불갈비, 불고기, 닭찜	
	탕류	도가니탕, 꼬리곰탕, 설렁탕, 북엇국, 미역국, 해장국, 삼계탕	
	밥류	비빔밥, 잡채밥	
	후식	약식, 찹쌀떡, 두텁떡	
	음료	수정과, 식혜	
	죽류	쇠고기죽, 전복죽, 조개관자죽, 기타 면류(우동)	
비즈니스석		비빔밥, 불갈비, 불고기, 갈비찜, 전복죽, 해장국, 흰죽, 잡채밥, 매운맛 닭고기 등	단거리 노선 (일등석/비즈니스석)
일반석		비빔밥, 불갈비, 불고기, 갈비찜, 매운맛 닭고기 등	

1) 주식류

(1) 밥

쌀을 주재료로 하여 만든 한국인의 주식으로 흰밥, 보리밥, 찰밥, 콩밥, 오곡밥, 잡곡밥, 팥밥, 감자밥, 고구마밥, 밤밥 등 종류가 다양하다. 흰 쌀밥이 주류를 이루지만 콩 등의 잡곡을 섞어 잡곡밥을 짓기도 하며, 독특한 풍미를 살리기 위해 감자, 고구마, 밤을 섞기도 한다.

(2) 죽

오래전부터 주식으로 발달한 죽은 곡류를 이용한 유동식 음식으로, 일찍부터 발달한 주식의 한 가지이다. 죽은 주식으로서만이 아니라 보양식, 환자식, 이유식 등 쓰임새가 넓고, 궁에서는 탕약을 드시지 않는 날에 초조반으로 올리기도 했다. 이러한 죽은 그 재료가 다채롭고 종류 또한 다양하여 흰죽, 두태(豆太)죽, 장국죽, 오패 조류죽, 비단죽, 미음 등이 있다.

(3) 면류

우리나라의 전래풍습에서는 면 요리가 생일, 혼례, 빈례용 음식이었다. 냉면, 온면, 비빔국수가 있으며, 국수 장국상에는 전, 잡채, 병과류, 음청류와 같은 음식을 기본 품목으로 하고 국수 장국이나 냉면을 차린다. 수교의, **편수**, 어만두 등의 만두 종류도 다양하다.

편수(片水)
물 위에 조각이 떠있는 모양이라고 하여 붙여진 이름으로 여름에 차게 해서 먹는 네모진 모양의 만두

2) 부식류

(1) 국(탕)

국은 밥과 함께 먹는 기본적인 부식의 일종이며, 반상차림에 반드시 있어야 하는 것으로 국과 탕은 같은 말이며 찌개와는 구별된다. 국을 선정할 때에는 계절, 밥의 종류와 반찬의 내용 등에 따라 맛과 색채감, 영양소가 균형을 이루도록 고려해야 한다. 맑은장국, 토장국, 곰국, 찬국 등의 종류가 있다.

(2) 찌개

궁중 용어로는 '조치'라 하며, 3첩 반상에는 올리지 않고, 5첩 반상에는 한 가지, 7첩 반상에는 두 가지(새우젓찌개와 된장이나 고추장찌개)를 놓는다. 젓국찌개, 고추장찌개, 된장찌개 등의 종류가 있다.

(3) 구이

가장 기본적인 조리법으로서 우리나라에서는 일찍부터 '적'이라는 조리법에서 발달했다고 본다. 대표적인 구이는 불고기라 하겠으며, 궁중에서는 '너비아니'라 했다. 소금구이와 양념구이의 종류로 나뉜다.

(4) 찜

다양한 재료(어패류, 채솔, 수조육류 등)를 이용하여 만들 수 있으며, 반상, 교자상, 주안상 등에 차려진다. 갈비찜, 생선찜, 닭찜, 우설(牛舌)찜, 송이찜 등 종류가 다양하다.

(5) 조림과 초

가장 일반화된 밥반찬에 적합한 조림은 그 역사가 비교적 짧은 조리법으로 궁중요리에서는 '조리니'라고 한다. 조림의 간은 주로 간장으로 하지만, 살이 붉고 비린내가 강한 생선 등은 고추장을 섞어서 조린다. 초란 조림과 같은 방법으로 요리하지만, 조림의 국물에 녹말가루를 풀어 넣어 엉기도록 한 것이다.

(6) 산적(적)

산적 또는 적이란 고기를 꼬챙이에 꿰어서 굽는 음식의 총칭이다. 오늘날 불고기라는 음식의 뿌리이기도 한 산적은 제사상과 폐백상에는 필수적이고, 일상상차림에도 많이 쓰이고 있다. 육산적, 어산적, 섭산적, 송이산적, 떡산적, 닭산적, 두릅산적, 화양적 등이 있다.

(7) 나물

우리나라의 나물은 반상차림의 필수적인 찬물의 하나로 채소, 산채, 들나물 등을 데치거나 찌거나 볶아서 여러 가지 양념을 넣어 만든 음식이다.

© Getty Images Bank

(8) 회

어패류를 날것 또는 데쳐 조리하지 않은 채로 회즙에 찍어 먹도록 한 음식이다. 다양한 어패류가 횟감으로 이용되며, 내수면에서 잡히는 민물고기도 회의 중요한 재료가 된다. 회를 찍어 먹는 장으로는 겨자즙, 초간장, 초고추장 등을 쓰고 있으나, 고추가 사용되기 전에는 겨자즙에 생강, 파, 산초 등을 섞어서 썼다. 회는 만드는 재료에 따라 어패류 회, 육류 회, 채소류 회 등과 조리법에 따라 생회와 숙회가 있다.

(9) 젓갈

염장법을 이용한 저장식품의 하나인 젓갈은 칼슘 근원 식품이며, 독특한 맛과 풍미 외에도 소화가 잘되며 식욕을 돋워 주는 식품이다. 반찬용 젓갈은 주로 조개류를 이용하여 만들며, 황석어, 잔 새우, 멸치 등의 생선은 김치용 젓갈로 담근다.

(10) 김치

세계에 자랑할 만한 우리나라의 김치류는 식물성과 동물성 식품이 조화롭게 배합된 발효식품으로, 채소가 부족한 비타민과 유기산, 칼슘을 공급해 주는 필수적인 저장식품이다. 지역에 따라서는 닭고기, 돼지고기를 이용하는 특수한 김치도 있다.

3) 한식의 상차림

(1) 반상

밥을 주식으로 하는 상이며, 식사는 밥, 탕, 김치, 간장, 조치(찌개, 찜) 등의 기본식과 반찬류, 후식으로 이루어진다. 반상은 반찬의 수를 첩수라 하여 그 수에 따라 3첩 반상, 5첩 반상, 7첩 반상, 9첩 반상, 12첩 반상으로 나뉜다.

(2) 교자상

축하연이나 각종 모임 등에 쓰이는 상차림이며 많은 인원이 함께 식사하는 방법이다. 교자상을 차릴 때는 모임의 종류나 성격에 맞는 요리를 선택하여 손님의 식성과 기호에 맞게 조리한다. 여러 사람이 함께 식사할 수 없는 요리는 피하는 것이 좋다.

(3) 면상

면상은 가정에서는 점심을 차리는 상으로, 상업 요리로는 연회용으로 차리는 상으로 이용된다. 온면, 냉면, 떡국 등 간단한 음식이 주식이므로 편(떡), 숙과류 등으로 양을 보충하고 열량도 채우도록 한다. 면상에는 마른찬, 짠 반찬 등은 사용하지 않으며 큰 자극 없이 먹을 수 있는 요리를 차려 내는데, 온면상에는 찜, 전, 편육, 김치, 정과, 떡, 약식, 잡채, 강정 및 약과가, 냉면상에는 쇠고기 전골, 전, 편육, 김치, **떡수단**, 화채가 어울린다.

> 떡수단(水團)
>
> 멥쌀가루로 만든 흰떡을 작고 동그랗게 경단 모양으로 만들어서 녹말가루를 입힌 뒤, 끓는 물에 삶아 꿀물에 띄워 마시는 음료. '흰떡수단'이라고도 한다.

(4) 죽상

죽상은 주로 아침식사나 소화가 어려운 환자식으로 이용된다. 흰죽은 김치 또는 동치미, 마른찬, 북어무침, 간장과 함께 내고 잣죽은 동치미, 튀각, 소금, 꿀과 차리면 좋다.

© Getty Images Bank

4) 한국 차(茶)와 음청(飮淸)

(1) 한국 차

- 꿀차: 끓는 물에 꿀을 타고 그 위에 실백을 띄운다.
- 인삼차: 인삼을 곱게 썰고 대추, 황률과 함께 물 5~6컵을 붓고 그릇에 은근한 불로 오래 달여서 두 컵쯤 되면 따른다. 여기에 꿀을 넣고 실백을 띄워 낸다.
- 유자차: 팔팔 끓는 물에 유자청을 타고 실백이나 석류알을 띄운다. 유자를 썰어 재워 둔 유자청이면 유자편을 한 쪽씩 띄워도 좋다.
- 모과차: 모과의 껍질을 벗기고 속을 꺼낸 다음 얇게 썰고, 대추와 함께 푹 고아서 국물을 따르고 꿀이나 설탕을 넣고 실백을 띄운다.
- 귤피차: 귤껍질과 생강을 저며 함께 물을 붓고 달여서 따르고, 꿀이나 설탕을 타고 실백을 띄운다.
- 생강차: 생강을 얇게 저머서 물을 붓고 푹 달여서 받친 다음, 설탕이나 꿀을 타고, 채 썬 대추, 얇게 저민 호두, 실백 등을 띄운다.
- 계피차: 계피를 잘게 부수고 생강과 함께 푹 달인 후 받쳐서 꿀이나 설탕을 타고, 실백이나 대추 채 썬 것을 띄운다.
- 결명자차: 결명자 열매를 볶아서 물을 붓고 달인 차이다.

- 온초탕: 대추와 생강을 함께 푹 달여 받쳐 꿀을 타서 제공한다.
- 구기자차: 구기자 열매를 달인 차이다.

(2) 음청

우리나라의 전래 음료에는 엿기름물로 밥알을 삭히는 식혜와, 오미자즙이나 꿀물, 과즙 등에 과일점, 꽃잎, 면, 보리떡 등을 띄우는 화채류, 생강 끓인 물을 이용하는 수정과, 향설고, 그리고 곡물을 이용하는 미숫가루 등이 있다.

(3) 식혜

엿기름가루를 우린 물에 따뜻한 밥을 섞어서 보온하면 밥이 삭아서 단맛이 나고 밥알이 떠오른다. 그 물을 달여 받친 것에 밥알을 띄운다.

(4) 꿀물 화채

예부터 우리 민족은 청량음료로 꿀물을 많이 애용했다. 각색으로 물들인 찹쌀가루를 익반죽하여 소를 넣고 둥글게 빚어서 삶은 원소병에 꿀물을 부어 마시기도 했으며, 가래떡을 잘게 썰어 녹말가루를 묻혀 삶아 건져 낸 떡수단을 꿀물에 띄워서 먹기도 했다. 그리고 유자, 복숭아, 앵두, 수박 등 제철의 과일을 꿀이나 설탕에 재웠다가 꿀물에 띄워서 마시기를 즐겨 했다.

(5) 오미자화채

잘 익은 오미자를 끓여서 식힌 미지근한 물에 담가 하룻밤 놓아 두면 진달래 빛으로 우러난다. 여기에 꿀과 끓여 식힌 물을 넣어 색과 맛을 조절한다. 오미자는 신맛, 쓴맛, 매운맛, 단맛, 짠맛의 다섯 가지 맛을 가진 열매로 붉은색과 산뜻한 신맛이 있어 그 식과 맛을 우려낸 즙액은 청량음료로 적합하며 강장, 진해의 약효도 있다. 오미자를 이용한 음료에는 진달래화채, 가련화채, 배화채, 밀감화채, 복숭아화채, 보리수단, 창면 등이 있다.

(6) 생강 끓인 물을 이용한 음료

생강은 특유한 향미 때문에 향신료로 이용되고, 차나 편강으로도 이용된다. 그리고 예부터 수정과 배숙, 향설고 등의 음료에 이용되어 왔다. 수정과는 생강을 얇게 저며 계피와 통후추를 넣어 끓여서 식히고 여기에 곶감을 넣어 맛이 우러나도록 한 것이며, 배숙은 껍질 벗긴 배에 후추를 박아 놓고 저민 생강을 끓인 물에 설탕과 함께 넣어 다시 끓여서 만든 것이다.

3. 특별식

승객에게 서비스되는 기내식은 시간적, 공간적 제약 속에서 좀 더 많은 승객을 만족시키기 위해 보편적으로 선호도가 높은 메뉴로 구성된다. 따라서 일부 승객의 특별한 요청에 의해 준비, 제공되는 기내식은 전체 승객의 만족도를 배가시키는 데 필요 불가결한 요소이다.

특별식(Special Meal)은 종교, 기호, 연령적 제한, 건강상의 이유로 일반적인 기내식에 제한을 받는 승객의 특수한 요구에 의해 기내에 탑재되는 특별 기내식이다. 또한 생일, 결혼, 크리스마스, 신년 축하를 위한 특별 메뉴도 여기에 포함된다.

항공사들은 일반적으로 최소한 비행기 출발 24시간 이전에 특별 기내식을 주문하도록 하고 있다. 객실 승무원은 특별식이 해당 승객의 주문내용에 맞게 제공되도록 하기 위해 **SHR(Special Handling Request)**을 확인해야 한다.

SHR(Special Handling Request)

탑승객에 관한 정보가 기재된 서류로, 특별 서비스를 요청한 승객들의 인적 사항, 서비스 요구사항 등을 알 수 있다. 이외에 VIP, CIP, UM(Unaccompanied Minor), TWOV(Transit Without Visa), 상위클래스 승객, 환자, 단체 등의 정보 확인이 가능하다.

How to Book a Special Meal

If you have a specific diet, you can choose from our range of special meals instead of from our onboard menu. Simply book a special meal up to 24 hours ahead of your flight through Manage Your Booking.

Some of our special meals aren't available in Economy Class on flights lasting less than two hours.

You won't need to book a child's meal or baby meal in advance unless they have a specific diet as we automatically identify children and infants within a booking.

All our meals are halal certified.

Special occasion?
Spend a little extra and celebrate an occasion with cake and champagne. Call us 48 hours ahead of your flight to make the arrangements and we'll bring a treat to your seat.

에미레이트 항공 홈페이지에 공개된 특별식 주문 요령

IATA(국제항공운송협회)

International Air Transport Association의 약자로, 항공운수산업의 권익 대변과 정책 및 규제 개선, 승객 편의 증대, 항공사 안전운항 지원, 항공운임의 결정 및 정산 등을 수행하기 위해 1945년에 설립된 국제 민간 항공회사 단체로 본부는 캐나다의 몬트리올에 있다.

IATA의 공식 특별식 코드

코드	명칭	코드	명칭
BLML	Bland Meal	DBML	Diabetic Meal
GFML	Gluten-free Meal	HFML	High Fiber Meal
LCML	Low Calorie Meal	LFML	Low Fat Meal
LPML	Low Protein Meal	LSML	Low Sodium Meal
NLML	No Lactose Meal	PRML	Low Purine Meal
AVML	Asian Vegetarian Meal	VGML	Vegan Vegetarian Meal (strict)
VLML	Lacto-ovo Vegetarian Meal	RVML	Raw Vegetarian Meal
HNML	Hindu Meal	KSML	Kosher Meal
MOML	Moslem Meal	BBML	Baby Meal
CHML	Child Meal	FPML	Fruit Platter Meal
SPML	Macrobiotic Meal	SFML	Seafood Meal

1) 영유아식과 아동식

(1) 영유아식(Baby/Infant Meal)

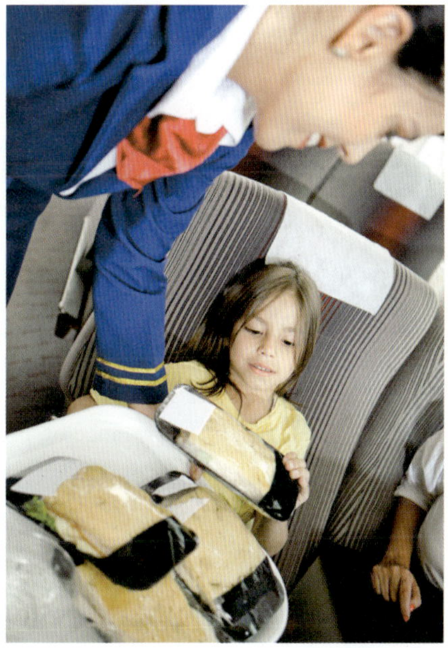

생후 9개월부터 만 2살 미만의 영유아에게 제공되는 특별식이다. 주스류, 우유, 이유식 등이 제공되나 일부 브랜드 제품만을 서비스하므로 유아를 동반한 승객은 가능한 한 미리 확인하고 대비하는 것이 필요하다. 장거리 구간에는 특별식 주문과는 별도로 항상 영유아식과 유아용품이 탑재된다. 12개월 미만의 영아를 위해서는 주로 아기용 액상분유와 주스가, 12개월에서 24개월 사이의 유아를 위해서는 아기용 주스 혹은 퓌레(Puree) 상태로 제조된 이유식이 제공된다.

(2) 아동식(Child Meal)

만 2세 이상부터 12세까지 어린이용 식사로 햄치즈버거(Ham & Cheese Burger), 치킨너겟(Chicken Nugget), 피자(Pizza), 스크램블드 에그(Scrambled Egg), 애플 크레이프(Apple Crepe), 스파게티(Spaghetti), 팬케이크(Pan Cake), 샌드위치(Sandwich), 김밥, 자장면, 만두 등 어린이들이 선호하는 식단을 제공한다.

Sergey Kohl / Shutterstock.com

Baby and Child Meals

Child Meal (CHML)

- This meal may be ordered for children between the ages of two and 12 years. A special request for a vegetarian child meal can be provided only upon contacting Emirates service centre.
- It can contain chicken, fish, pasta, vegetables, chocolate, crisps, crackers, milk and dairy products, and fruit and fruit juices.
- It does NOT contain highly seasoned food and rich sauces.

Baby Meal (BBML)

- This meal is available on board for infants less than two years old. A standard range of proprietary brands of baby meals are available on Emirates flights. Milk formula is also available, however we encourage parents to carry food familiar to and preferred by their babies.
- Please note that we cannot sterilise bottles or provide sterilised water on board, however bottled water is available.
- It can contain strained food, vegetables and meats.
- It does NOT contain any highly seasoned food, food with fish, wheat, citrus fruits or solid foods.

에미레이트 항공이 제공하는 유아 및 아동식에 대한 안내

2) 종교식

(1) 힌두밀(Hindu Meal)

쇠고기를 먹지 않는 힌두교도를 위한 특별식으로 비채식 인도 승객이 주문하는 경우가 많다. 음식 조리 시 쇠고기, 송아지고기, 돼지고기를 사용하지 않고 양고기, 가금류, 해산물과 생선류를 사용한다.

(2) 동양 채식(Asian Vegetarian Meal/Vegetarian Hindu Meal)

종교상 계율에 따라 육류를 먹지 않는 채식주의자들의 특별식으로 인도인이나 불교 승려들이 대부분을 차지한다. 그러나 요즘은 건강상의 이유로 주문하는 경우가 늘어나는 추세이다. 식사 재료로 유제품 사용은 가능하나 계란은 사용하지 않는다.

(3) 모슬렘밀(Moslem Meal)

돼지고기를 먹지 않는 이슬람교도의 특별식으로 중동 지역 및 인도네시아, 말레이시아 사람들이 주로 요구한다. 음식 조리 시 돼지고기 부산물이 포함된 식품 및 알코올 사용을 금지하며 쇠고기, 양고기, 가금류 등은 회교 율법에 따라 준비된 재료만 사용한다.

(4) 코셔밀(Kosher Meal)

유대 정교 신봉자의 식사로 율법에 따라 조리하며 돼지고기, 조개류, 갑각류 등을 사용하지 않고 쇠고기, 양고기도 기도를 올린 것에 한하여 사용한다. 따라서 닭고기나 생선이 주로 사용되며 Bread 대신 'Matzo'라는 건빵이 쓰인다. 모든 식기는 일회용 기물을 이용한다.

코셔밀의 경우는 특별식의 서비스에도 좀 더 세심한 주의가 요구된다. 항공기 출발 전 갤리(Galley) 담당 승무원이 특별식(Special Meal) 탑재 여부를 확인해야 하며, 식사 서비스 시에는 포장된 박스(Box)를 승객이 보는 앞에서 개봉해야 한다. 그리고 데워야(Heating) 하는 앙트레(Entree)는 승객에게 조리시간을 여쭈어 보고 데우도록(Heating) 한다.

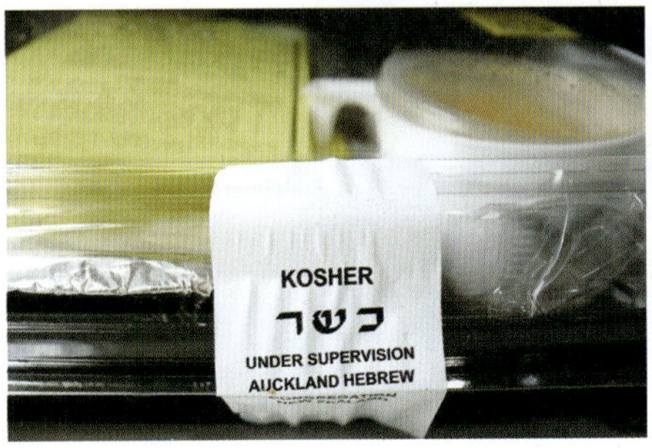

ChameleonsEye / Shutterstock.com

g215 / Shutterstock.com

Religious Meals

Indian Vegetarian Meal (AVML)

- This meal is available for vegetarian passengers. It is usually aromatic and spicy, and incorporates flavours from the Indian sub-continent.
- It can contain all types of vegetables, fresh fruit, dried fruits, legumes, dairy products, tofu, cereal, grains and vegetarian gelatine.
- It does NOT contain any type of meat or by-products, fish, shellfish, eggs or animal gelatine.

Non-Vegetarian Hindu Meal (HNML)

- This meal is available for passengers who follow Hindu custom. Meals are non-vegetarian and prepared in Indian culinary style.
- It can contain lamb, chicken, fish, eggs, milk, dairy products and cereals.
- It does NOT contain veal, beef or by-products, or raw or smoked fish.

Kosher Meal (KSML)

- For passengers who follow Jewish custom. Kosher meals are prepared to comply with Jewish dietary requirements. Passover meals cannot be guaranteed.

에미레이트 항공이 제공하는 종교식에 대한 안내

3) 야채식

(1) 서양 채식(Western Vegetarian Meal)

서양 채식은 유제품 및 계란은 사용 가능하다는 점에서 동양 채식과 차이를 보인다. 물론 다른 동물성 식품은 사용하지 못한다.

(2) 완전 채식(Strict Vegetarian Meal)

육류, 계란, 우유, 버터 등 동물성 음식류를 일체 먹지 않는 엄격한 채식주의자의 식사이다. 요즘은 다이어트를 이유로 열량이 적은 음식을 주문하는 승객이 증가하고 있다.

(3) 생채식(Raw Vegetable Meal)

완전 채식과 생식의 개념을 결합한 것으로 모든 동물성 식품이나 자연상태에서 가공·변경·고온 조리된 식품이 제외된 식사이다.

© Getty Images Bank

© Getty Images Bank

© Getty Images Bank

Vegetarian Meals

Vegan Meal (VGML)

- This Western style vegetarian meal excludes animal-derived ingredients.
- It can contain all types of vegetables and fresh fruits, legumes, grains, cereals, vegetarian gelatine and tofu.
- It does NOT contain any animal products or by-products such as eggs, dairy products, animal gelatine and honey, or any type of meat or fish.

Raw Vegetable Meal (RVML)

- This meal consists of a combination of raw vegetables and fruits.
- It can contain raw vegetables and fruits, salads and vegetable juices.
- It does NOT contain meat, poultry, fish, seafood, eggs, dairy products, highly processed foods, additives and preservatives.

에미레이트 항공이 제공하는 야채식에 대한 안내

4) 건강을 위한 식사 조절식

(1) 당뇨식(Diabetic Meal)

당뇨증 환자를 위한 음식으로 지방 섭취량을 제한하여 조리 시 '당'이 포함된 설탕, 꿀 등의 사용을 금지한다.

(2) 무자극식(Soft Blend)

무자극성 음식으로 위염, 위궤양 환자를 위한 특별식이다.

(3) 유동식(Liquid Diet Meal)

씹거나 삼키는 기능에 문제가 있는 고객을 위한 식사로 미음, 주스, 요거트, 액상 형태의 유동식이다.

(4) 저열량식(Low Calorie Meal)

비만 중 또는 다이어트를 원하는 승객의 체중조절을 목적으로 제공되며, 열량이 높은 식사의 제공을 금지하고자 튀기는 조리법은 사용하지 않고 지방 함량이 적은 육류, 저지방 유제품을 사용한다.

(5) 저콜레스테롤식(Low Cholesterol/Low Fat Meal)

일일 지방 섭취량을 제한하고 콜레스테롤 함량이 높은 재료는 사용하지 않으며, 기름 사용을 제한하기 위해 찜, 굽기 등의 조리법을 이용한다. 저콜레스테롤, 저지방, 심장질환, 동맥경화 등 성인병 환자에게 제공되며 지방이 포함된 버터, 기름을 제거하지 않은 육류의 사용을 금지한다.

Sorbis / Shutterstock.com

Sorbis / Shutterstock.com

(6) 저염식/염분 비포함식(Low Sodium/Salt Free Meal)

일일 염분 섭취량을 제한한 식사로 고혈압, 신장염 환자에게 제공되며, 소금 및 소금이 포함된 식품의 사용을 제한하거나 금지한다.

(7) 저단백질식(Low Protein Meal)

일일 단백질 섭취량을 40g 이하로 제한한 식사로 육류, 계란, 유제품 등 단백질의 함량을 제한한다.

(8) 저퓨린식(Low Purine Meal)

일일 **퓨린** 섭취량을 제한한 식사로 퓨린 함량이 높은 육즙, 등푸른생선 등은 제한한다.

> **퓨린**
> 질소를 포함하는 방향성 헤테로 고리 화합물로 그 자체로는 천연에는 존재하지 않지만, 각종 유도체가 되어 커피콩, 카카오열매, 찻잎 등에 함유되거나 동물체에도 요소, 구아닌의 형태로 존재한다.

(9) 우유 비포함식(No Dairy Products Meal)

우유가 들어가지 않으며 우유 분해 효소가 없는 체질의 승개을 위한 음식이다.

(10) 글루텐 제한식(Gluten Intolerant Meal)

글루텐 함량을 엄격히 제한한 식사로 글루텐이 함유된 밀, 호밀, 보리, 귀리, 맥아 대신 쌀, 감자, 고구마, 옥수수, 콩을 사용한다. 3세 이하의 내장 질환 소아용 식사로 글루텐이 전혀 들어가지 않는 특별식(Gluten Free Meal)도 준비되어 있다.

(11) 고섬유소식(High Fiber Meal)

일일 20~25g의 식이 섬유소를 포함한 식사로 전곡류의 빵과 시리얼, 생과일, 콩류 등이 제공된다.

(12) 저자극식(Bland Meal)

소화가 쉽고 위장 자극이 적은 식사로 위장 장애, 소화 기능이 저하된 승객을 위한 식사이다.

Medical and Dietary Meals

Bland Meal (BLML)

- This meal is available for passengers who suffer from gastric discomfort. It contains low-fat food items, is non-spicy and has low dietary fibre.
- It can contain grilled lean white meat, fish, cooked vegetables, fruits such as water melon and melons, poached eggs, egg white omelette, low seasoned food, soft bread and low-fat dairy products.
- It does NOT contain garlic, onions, cabbage and cauliflower, spices (such as black pepper or chilli), fried and fatty foods, raw and dried fruits and nuts, citrus fruits, whole grains, raw vegetables, highly seasoned meats, pickles and excess sugar.

Diabetic Meal (DBML)

- This is a low-sugar meal for passengers suffering from diabetes (high sugar levels).
- It can contain grilled lean white meat, fish, high fibre foods, wholegrain cereals (brown rice, whole meal pasta, quinoa, barley and cracked wheat (bulgur)), sweet potatoes, boiled or crushed potatoes with skin, vegetables, fresh fruit, low-fat dairy products and diabetic-friendly products such as sugar-free jam.
- It does NOT contain refined sugar (only certain permitted sugar substitutes may be used), processed meats, fried foods, sweetened dairy products, cream-based sauces and canned fruits.

Fruit Platter (FPML)

- This meal may be ordered for dietary reasons. It may also be ordered by members of certain communities who eat only fruit while fasting.
- It can contain dried fruit (without sulphites) and seasonal fresh fruit.
- It does NOT contain canned fruit, additives and preservatives.

Gluten-Free Meal (GFML)

- This meal is available for passengers who are allergic or intolerant to gluten. This meal does not contain any wheat-based products.
- It can contain gluten-free bread and cakes, dairy products, fresh fruit and vegetables, pulses, salads, fish, lean meats, corn, wheat-free food items such as rice and crackers, potatoes, quinoa and buckwheat.
- It does NOT contain wheat-based breads, sauces, pasta, custard, wafers, crackers, semolina, barley, rye and oats.

Low Cholesterol/Low Fat Meal (LFML)

- This meal is available for passengers who need to minimise their intake of fatty foods.
- It can contain olive oil, egg whites, boiled rice, grilled lean meats, fish, wholegrain bread, cereals, fresh fruits, vegetables and low-fat dairy.
- It does NOT contain full fat milk, cream, butter, cheese, egg yolks, meats with higher saturated fat content as well as processed meats, fried food, rich desserts and mayonnaise.

Low Salt Meal (LSML)

- For passengers who suffer from cardiovascular and/or kidney problems.
- It can contain salt-free margarine, foods low in sodium and fresh or frozen foods.
- It does NOT contain salty cheese, sauces, dressings, cured and brined meals or canned food, and baking powder and baking soda are restricted in amount.

Non-Lactose Meal (NLML)

- This meal may be ordered for those who are allergic or intolerant to milk and milk products, or those suffering from low lactose levels.
- It can contain fruits, vegetables, soy milk, tofu, pasta, rice, pulses, cereals, fish or meat.
- It does NOT contain milk and milk products, breakfast cereals, creamy sauces, dairy-based sauces, soft rolls, croissants or milk chocolates.

에미레이트 항공이 제공하는 식사 조절식에 대한 안내

5) 기타 특별식

항공사에서는 항공기 탑승 당일, 각종 기념일을 맞은 고객을 위해 축하 케이크를 제공한다. Anniversary Cake에는 결혼 축하용 Honey Moon Cake, 생일 축하용 Birthday Cake 등이 있으며, 다른 특별식과 마찬가지로 사전주문을 한 경우에 제공받을 수 있다.

> **Other Special Meals**
>
> **Seafood Meal (SFML)**
> - For passengers who prefer seafood. This meal can be ordered only in First Class and Business Class.
> - It contains seafood products.
> - It does NOT contain any meat products.
>
> **Cakes (SPML)**
> - Some of our passengers may wish to celebrate a special occasion on board an Emirates flight. Celebration cakes can be ordered at the time of booking.

| 에미레이트 항공이 제공하는 기타 특별식에 대한 안내

6) 특별식 서비스 방법

특별식은 일반식과 달리 주문한 수량만큼 준비되어 탑재되기 때문에 해당 식사가 항공기에 탑재되지 않았을 경우는 서비스 실패가 일어날 확률이 매우 높다. 이에 비행기 탑승 근무 전 객실 브리핑을 할 때, 객실 사무장은 담당 구역(Zone)의 갤리 담당 승무원(Galley Duty)과 서비스 담당 승무원에게 특별식을 주문한 승객의 좌석번호와 특별식의 종류를 알려 준다.

항공기에 탑승한 갤리 담당 승무원은 SHR(Special Handling Request)상의 특별식과 탑재된 식사의 일치 여부를 확인하고 해당 Special Meal Tag에 승객의 성명과 좌석번호를 기입한다. 만약 Meal-Check 시 특별식이 탑재되지 않았을 경우에는 신속하게 지상 직원에게 이를 알려 탑재하도록 해야 하며, 식사 서비스를 할 때는 서비스 담당 승무원이 해당 좌석에 앉은 승객에게 특별식 주문 여부를 확인한 후 서비스해야 한다. 왜냐하면 승객들이 이륙 후 상호 간 좌석을 바꿔 앉는 경우가 종종 있기 때문이다.

4. 기내 음료

Sorbis / Shutterstock.com

기내 음료는 기내식과 더불어 항공사가 승객들에게 제공하는 서비스 중 큰 부분을 차지한다. 저비용 항공사(Low Cost Carrier)를 포함한 일부 풀서비스 항공사(Full Service Carrier)의 경우 유료로 주류를 제공하기도 하지만 대부분의 항공사는 무료 서비스를 실시한다. 식사와 마찬가지로 서양식을 기본으로 하며 식사와의 조화를 중요시한다.

서비스 순서는 식사 순서에 따라서 식전에는 식욕을 돋우는 가벼운 음료가 제공되고, 식사 중에는 음식의 맛을 더 잘 즐길 수 있는 음료, 그리고 식사 후에는 소화를 돕는 음료가 서비스되어 식사와 음료가 유기적으로 잘 어울리도록 한다.

객실 승무원은 이륙 후 정규 기내식 서비스 중에는 물론이고, 승객들이 휴식을 취하거나 영화를 감상하는 중에도 주기적으로 음료를 제공해야 한다. 음료 서비스 제공은 승객과의 친밀감 형성에 도움이 될 뿐만 아니라 승객의 건강을 위해서도 필요하다. 기내에서의 충분한 수분 섭취는 혈액순환을 원활하게 하여 피로의 누적을 방지하는 효과가 있다.

1) 비알코올 음료

알코올이 함유되지 않은 음료로 기내에서 제공되는 비알코올 음료에는 상쾌한 맛을 지닌 소프트 드링크(Soft Drink), 인체에 필요한 영양분을 다량 함유한 과즙 음료와 우유가 포함된 영양 음료, 카페인을 함유하며 깊은 맛을 지닌 커피와 차 등의 기호 음료가 있다. 상위클래스의 경우, 기내주방에 에스프레소 제조기기를 장착하여 카페라테, 카푸치노, 플랫 화이트 등의 음료를 직접 만들어 드리고, 각종 차 종류는 물론 다양한 한국 전통차와 음청도 제공한다.

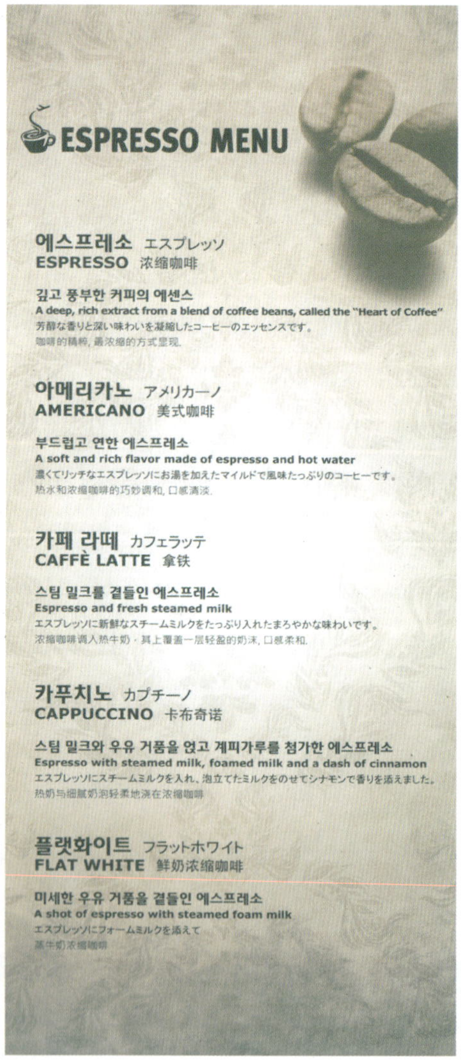

2) 알코올 음료

알코올을 함유한 음료로 제조법에 따라서 **양조주**, **증류주**, **혼성주**로 나뉘고, 식사와의 조화에 따라 식전주, 식중주, 식후주로 구분된다. 항공사들은 자사의 서비스 품질 향상을 위해 승객들에게 유명한 브랜드의 제품을 서비스하고 있다. 특히 알코올 음료를 승객에게 제공할 때에는 서비스 제공자의 서양 음료에 대한 전문지식은 물론 기내 환경과 음료를 섭취함으로써 승객이 느끼게 될 심리적 변화에 대한 이해가 필수적으로 요구된다.

항공여행 중에 승객들이 경험하게 되는 지상보다 낮은 기압과 산소농도, 지속적인 비행기 소음, 장시간의 고정된 자세에서 오는 더부룩함과 원활하지 못한 혈액순환, 건조한 실내 등의 기내 환경은 승객의 미각과 후각을 둔감하게 한다. 이러한 점을 고려하여 항공사에서는 클래스별로 제공할 와인을 선택할 때 아로마(향)가 강하고 맛이 부드러우며, 떫은맛이 강하지 않은 것을 선호한다. 와인은 기압이 낮아지면 떫은맛이 더해지며 알코올 흡수가 빨라지는데, 특히 탄산이 많이 포함된 스파클링 와인이나 샴페인은 체내 흡수 속도가 더 빠르다.

양조주

곡류나 과실 등의 당분이 있는 원료를 당화시켜서 발효시킨 술로, 포도주나 맥주, 청주 등이 있다.

증류주

양조주보다 순도 높은 주정을 얻기 위해 1차 발효된 양조주를 다시 증류시켜 알코올 도수를 높인 술이다. 소주를 비롯하여 중국의 고량주, 서양의 브랜디, 위스키, 진, 보드카 등이 있다.

혼성주

증류주에 과실류나 초목, 향초를 혼합하여 적정량의 감미와 착색을 하여 만든다.

3절 | 항공 기내식 메뉴의 이해

항공 기내식은 승객의 운동 부족으로 인한 소화장애나 고열량 식사로 인한 비만 등을 방지하기 위해 소화가 잘되고 빨리 흡수되는 저열량 식품으로 구성되며, 기내에서 원활한 서비스가 가능하도록 알맞게 고안·제작된 식기류나 운반구가 사용된다.

지상의 일반 음식점과 달리, 항공기 운항 계획에 맞추어 케이터링에서 미리 조리된 음식을 정해진 그릇에 담아서 저장해 두었다가 항공기 출발시간에 맞추어 기내에 싣고 적정 시간에 기내주방에서 재조리한 다음 승객에게 제공한다.

이러한 항공 기내식의 메뉴를 구성하는 데 있어 고려해야 할 사항을 살펴보면 그 첫째는 음식의 다양성과 풍미의 조화이다. 기내식은 노선별, 클래스별, 식사 유형(Meal Type)별로 다양하게 구성되어야 하며 음식의 색과 모양도 고려되어야 한다. 둘째는 클래스별 수익(Revenue)을 고려한 소요비용과 승객의 수준에 적합한 메뉴의 구성이다. 셋째는 지역별 현지 특산 식자재의 사용과 계절별 제철(Peak Season)의 식자재 사용을 통한 저가격 고품질 기내식 서비스의 실현이며, 넷째는 국적, 식생활, 종교적 전통을 고려한 승객의 요구에 맞는 메뉴의 구성이다. 마지막 고려사항은 다양한 메뉴를 구성하되 메뉴별 전통 조리법을 준수해야 한다는 것이다.

1. 항공 기내식 메뉴의 구성

메뉴는 식음료를 제공하는 기업의 기본적인 서비스 철학을 담고 있으며 제공받을 음식의 이미지, 승객이 지불할 금액의 교환 가치 및 기대 등을 결정하는 중요한 역할을 한다. 이에 항공사들은 항공 기내식 메뉴를 개발할 때 전략적으로 다양한 아이디어의 수렴절차를 거치며 치밀한 계획수립은 물론 철저한 조사와 분석을 수행한다.

1) 메뉴 개발 과정

외식 산업 분야의 모든 식음료 제조업체들은 일반적으로 새로운 메뉴 개발에 있어서 다음의 필수 과정과 단계를 거친다. 먼저 새로운 조리법이나 보관법 등의 아이디어를 얻기 위해 연구하며, 그 가운데 실현불가능한 것은 체계적으로 신속하게 정리한다. 그다음으로 정제된 아이디어 추진을 위해 면밀한 시장조사 및 가격분석을 통해 해당 사업을 분석하고, 이를 통해 가능성을 발견한다.

채택된 아이디어로 개발된 메뉴는 서비스 제공자와 심지어 승객들에게도 테스트 과정을 통해 평가받게 된다.

또한 항공사들은 항공 산업의 복합적인 요소들, 가령 기내식음료 산업 내의 이해 당사자들(항공사, 기내식 공급업체, 식재료 납품업체)의 관계, 항공 상품의 복합적 특성(클래스별 구분, 다국적 승객), 비행 고도 및 기내 환경의 특성, 항공기 공간과 무게 제한 등에 대해서도 더 깊이 연구하며 질 높은 서비스를 제공하기 위해 노력하고 있다.

2) 메뉴 구성 시 고려사항

(1) 비행 패턴과 관련한 식사의 기능

비행구간의 소요시간이 어느 정도인지, 즉 장거리 구간인지 아니면 단거리 구간인지를 파악하여 항공기 출발시간을 기준으로 할 때 적당한 식사 유형(Meal Type)이 어떤 것인지를 결정하고 노선별로 아침, 늦은 아침, 점심, 늦은 점심, 저녁, 늦은 저녁식사에 맞는 메뉴를 구성한다. 특히 서양식의 경우 아침식사 메뉴는 다른 식사들과 내용에 차이가 있어서 구별되게 짠다.

▼ 기내식 서비스의 구분

비행시간에 따른 식사 서비스 횟수	서비스 시간대에 따른 식사 서비스 유형
• 6시간 미만: 1회 • 6시간 이상 12시간 미만: 2회 • 12시간 이상: 3회	• Breakfast: 05:00~09:00 • Brunch: 09:00~11:00 • Lunch: 11:00~14:00 • Snack: 14:00~18:00 / 01:00~05:00 • Dinner: 18:00~22:00 • Supper: 22:00~01:00

(2) 항공기종의 설비와 관련된 기물의 사이즈와 수량

어떤 음식과 요리를 서비스할 것인지에 대한 계획을 수립하는 데 있어서 항공기종은 가장 기본적으로 고려해야 할 요소이다. 항공사는 정확하게 어떤 음식을 어떻게 서비스할 것인지에 대해 세부적인 규정을 가지고 있으며, 이는 각 구간에 따른 음식의 조합, 양, 사이즈 등을 포함한다.

일반적으로 항공기 기내주방의 시설물은 전문 제작업체가 모든 항공기종에 설치할 수 있도록 동일한 규격의 프레임으로 설계 및 제작을 한다. 이는 전 세계 항공사들의 보편화된 케이터링 운영방식과 항공기의 공간적 제약사황을 고려해 반영한 것으로, 사용되는 카트나 컨테이너는 모든 기종에 사용할 수 있도록 동일하게 규격화된다. 그러나 일부 기물과 서비스 물품은 항공기종에 따라 특정 사양이 요구되는 경우가 있다.

(3) 다양한 문화권의 승객

항공기에 탑승하는 승객들은 각각 고유한 문화권에 속한 사람들로, 항공사는 그들의 종교적, 지역적 특성을 반영한 식문화와 식욕을 충족시킬 수 있도록 준비해야 한다. 항공사들은 이를 위해 특별식 사전주문제도를 운영하고 있다.

(4) 클래스별 차이 및 코스의 선택

항공사는 좌석등급에 따라 차별화된 서비스를 제공한다. 일등석의 경우에도 과거에는 항공기 이륙과 동시에 정해진 식사시간에 맞추어 카트를 이용한 코스별 식사가 표준화된 형태로 실시되었던 반면, 최근에는 승객들이 메뉴 선정은 물론 취식시간을 자유롭게 결정하도록 하는 고객화 서비스가 늘고 있다.

(5) 메뉴 디자인

메뉴의 디자인과 이미지는 승객이 항공사에서 제공받는 전반적인 서비스 경험에 추가적인 인상을 심어 주는 중요한 요소가 된다. 기내에서 승객에게 제공되는 메뉴북은 색상이나 이미지 선택, 로고 사용 등에 있어 항공사의 전반적인 이미지와 어울려야 하며, 나아가 자사를 홍보하는 역할도 할 수 있어야 한다.

Darren Kurnia / Shutterstock.com

3) 클래스별 서양식 메뉴의 구성

서양식은 저녁식사와 아침식사의 구성이 판이하게 다르며, 항공사가 제공하는 기내식도 이를 반영한다. 모든 클래스의 메뉴는 서양식 기본 코스를 근간으로 하나, 코스의 단계나 내용에는 다소 차이가 있다. 서비스 방식은 기본 식판(Basic Tray)에 전 코스의 음식을 한 번에 담아내는 일반석, 거기에 일부 코스만 추가로 제공하는 세미코스(Semi-course) 방식의 비즈니스석과 달리 일등석 승객에게는 매 코스마다 고객화 서비스가 이루어진다.

점심식사와 늦은 저녁식사는 대체로 저녁식사와 동일한 메뉴로 구성하며, 일등석 메뉴에는 저녁식사에 전채요리인 캐비아와 수프 코스가, 아침식사에는 시리얼 코스가 추가된다.

(1) Lunch/Dinner/Supper의 클래스별 메뉴 구성

First Class(F)	Business Class(C)	Economy Class(Y)
Bread & Butter	Bread & Butter	Bread & Butter
Caviar	Hors D'oeuvre	Appetizer or Salad
Hors D'oeuvre	Soup	Entree
Soup	Salad	Dessert
Salad	Entree	
Entree	Cheese & Fruit	
Cheese	Dessert	
Fruit		
Dessert		

First Class

Sorbis / Shutterstock.com

Bread & Butter → Caviar → Hors D'oeuvre → Soup → Salad → Entree

Cheese → Fruit → Dessert

Bread & Butter

Agent Wolf / Shutterstock.com

Caviar

Hors D'oeuvre

Soup

Salad

Entree

Cheese

Fruit

Dessert

photo credit ©Lee Chi Min / CENGAGE

Business Class

Sorbis / Shutterstock.com

Bread & Butter → Hors D'oeuvre → Soup → Salad → Entree → Cheese & Fruit → Dessert

Bread & Butter

Hors D'oeuvre

Soup

Salad

photo credit ©Lee Chi Min / CENGAGE

Entree

© Lee Chi Min / CENGAGE

Cheese & Fruit

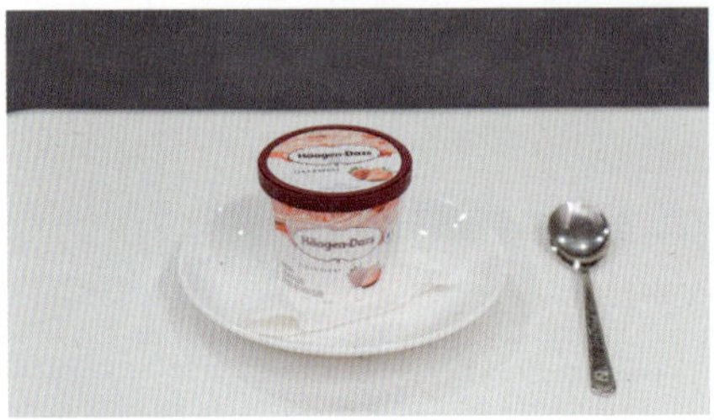

© Lee Chi Min / CENGAGE

Dessert

Economy Class

Bread & Butter → Appetizer or Salad → Entree → Dessert

▼ 한 상으로 구성된 Economy Class 메뉴

MARON_STUDIO / Shutterstock.com

대한항공

Sorbis / Shutterstock.com

싱가포르항공

alif_Osman / Shutterstock.com

말레이시아항공

Phuong D. Nguyen / Shutterstock.com

베트남항공

Sorbis / Shutterstock.com

Brostock / Shutterstock.com

루프트한자 항공	캐세이퍼시픽

(2) Breakfast/Brunch의 클래스별 메뉴 구성

First Class	Business Class	Economy Class
Bread & Butter	Bread & Butter	Bread & Butter
Yoghurt	Yoghurt	Yoghurt
Cereal	Entree	Entree
Entree	Fruit	Fruit
Fruit		

First Class

EQRoy / Shutterstock.com

Bread & Butter → Yoghurt → Cereal → Entree → Fruit

Bread & Butter

Yoghurt

Cereal

Entree

Fruit

photo credit ©Lee Chi Min / CENGAGE

Business Class

EQRoy / Shutterstock.com

Bread & Butter → Yoghurt → Entree → Fruit

Bread & Butter

Yoghurt

Entree

Fruit

photo credit ©Lee Chi Min / CENGAGE

Economy Class

Bread & Butter → Yoghurt → Entree → Fruit

▼ 한 상으로 구성된 Economy Class 메뉴

JonoFromCBR / CC BY 2.0

싱가포르항공

Sorbis / Shutterstock.com

루프트한자 항공

Christian Heinz / Shutterstock.com

스위스에어

Air Elegant / Shutterstock.com

말린도에어

4) 클래스별 한식 메뉴의 구성

일반적으로 항공사 기내식은 그 구성에 있어 서양식을 기본으로 하지만 항공사들은 고품질 서비스 실현을 위한 고객화 전략의 일환으로 노선에 따라 다양한 기내식을 개발하고 있다. 국내에 취항하는 외국의 유수한 항공사들도 국내 고객의 비중을 감안하여 고추장을 곁들인 한식과 면류의 식사 제공을 실시하고 있으며, 국적 항공사들은 기내용으로 개발한 고급화된 한식을 경쟁적으로 서비스하고 있다. 다음 내용은 그 실제 사례이다.

에어프랑스(Air France)는 프랑스와 한국 구간에 프랑스 정통 요리사가 조리한 요리는 물론 한국인 승객을 위한 불고기, 갈비 등의 한식단을 추가로 개발하여 고추장, 김치, 라면 등을 제공하고 있다. 국적 항공사의 경우는 한식 메뉴 개발에 더 많은 투자와 노력을 하고 있다. '한식의 기내 서비스'는 한식 특유의 냄새와 적절한 식기의 한계로 기내식 메뉴로 보편화하는 데 어려움이 있었다. 그러나 맛은 유지하면서 냄새를 제거하는 연구가 성과를 거두면서 다양한 한식 메뉴 개발에 박차를 가하게 되었다.

대한항공은 일등석의 경우에 불갈비, 온면, 수정과를 제공하며 심지어 복날을 전후하여 삼계탕도 서비스한다. 한국 전통음식의 기내식화를 이룬 대표적인 사례로 국제 기내식 협회에서 최고의 기내식 상인 '머큐리 상'을 수상한 비빔밥은 주재료가 야채여서 건강식으로 외국인들에게도 인기가 높다.

아시아나항공도 한국인과 외국인 모두에게 인기 있는 불갈비 외에 불고기 영양쌈밥, 궁중정찬 칠첩반상, 추어탕, 복산적, 두릅산적, 새우산적과 같은 다양한 메뉴를 서비스하고 있다. 웰빙시대에 맞게 소화가 잘되는 전통 한식 메뉴 개발을 위해 '쌈밥 특별팀'을 구성하여 야채의 위생과 신선도 유지, 기내용 패킹 방법을 연구하고, 호두, 잣, 땅콩, 호박씨, 해바라기씨 등의 견과류를 갈아 넣어 된장의 짠맛을 줄이고 담백하고 감칠맛 나는 기내 쌈밥용 쌈장을 개발했다.

국적 항공사들의 기내식 개발에 대한 노력과 한식의 고유성과 우수성을 세계에 널리 알린 공로를 인정받아 ITCA(International Travel Catering Association) 연차 총회에서 대한항공은 기내 서비스 부문, 아시아나항공은 식음료 부문에서 최우수상인 금상을 각각 수상했다. 일등석 승객을 위한 특별한 메뉴로 제한되었던 한식이 이제는 계절별 별미에서 궁중요리, 시차로 식사를 제대로 하지

못하는 승객들을 위한 건강식인 죽에 이르기까지 다양하게 고객의 욕구를 만족시키게 되면서 항공사 선택의 주요한 요소로 자리 잡게 되었다.

2. 항공사별 기내식 메뉴 소개

1) 대한항공

대한항공의 고객을 향한 정성과 세심한 손길, 그리고 우리의 것을 귀하게 여기고 사랑하는 마음은 기내식 메뉴에 담긴 이미지에서도 엿볼 수 있다. 일등석 메뉴는 세계에서 유일하게 우리나라에서만 자생하는 희귀종인 미선나무를 주요 모티브로 디자인되었다.

충청북도 진천군과 괴산군에 분포하는 천연기념물로 지정되어 보호되는 미선나무는 한자인 미선(尾扇)에서 유래되었는데 미선이란 대나무 줄기를 쪼개어 만든 살에 종이나 명주를 붙여 만든 둥근 모양의 부채를 말하는 것으로 미선나무의 특징이라 할 수 있는 열매의 모양이 미선과 닮았다고 하여 그렇게 불리게 되었다고 한다. 표지와 속지에는 아름다운 미선나무의 꽃이 춘, 하, 추, 동 사계절의 변화무쌍한 모습을 담아내고 있고, 사람과 음식과 맛에 대한 『중용(中庸)』의 한 구절이 쓰여 있다.

비즈니스석 메뉴의 주요 모티브로는 예부터 우리 생활에서 함께해와 친근한 느낌을 주는 버드나무를 선정했다. 버드나무는 동양에서는 세시풍속 때 나쁜 기운을 물리치는 부적으로, 불교에서는 자비를 뜻하는 소재로, 기독교 중심의 서양에서는 버드나무의 푸르름을 생명의 상징으로 여겨진다. 버드나무의 사계절 이미지를 메뉴에 표현하고 있다.

대한항공의 First Class Menu Book

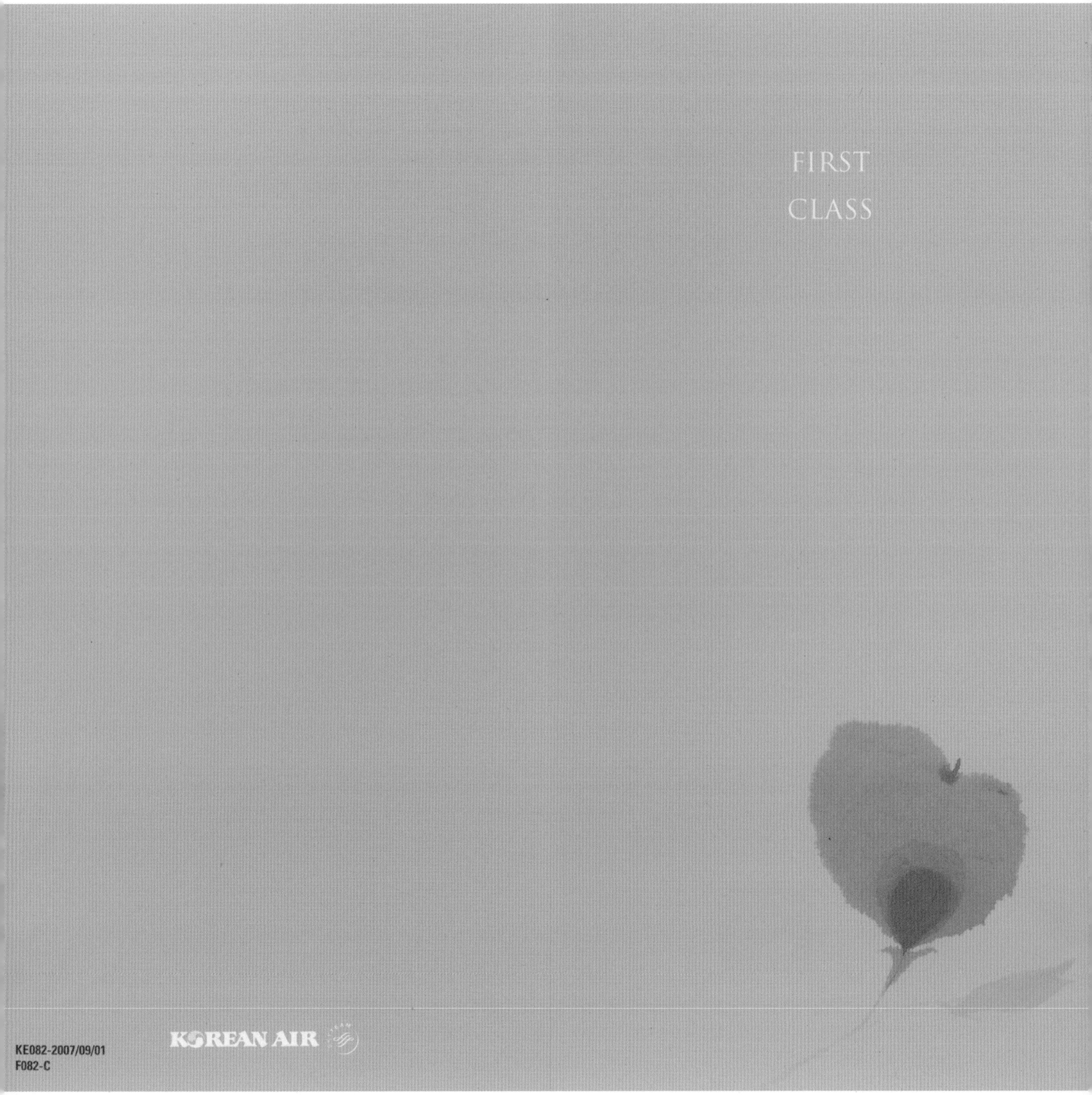

人莫不飮食也 鮮能知味也

<中庸>

사람이 음식을 먹지 않는 사람이 없으나,
그 맛을 제대로 아는 사람은 드물다.

Everyone eats and drinks;
yet only few appreciate the taste of food

- Confucius <from the Doctrine of the Mean>

음식을 먹으면서 맛을 모르고 먹는 사람이야 없을 것이다. 하지만 그 깊은 맛을 제대로 음미하면서 먹는 사람은 드물다. 채소 한 잎에도 깊은 맛의 세계가 있음을 아는 사람은 드물다.
우리 인생에 대해서도 마찬가지이다.
누구나 살아가는 인생이지만 그 의미를 느끼면서 사는 사람은 드물다.

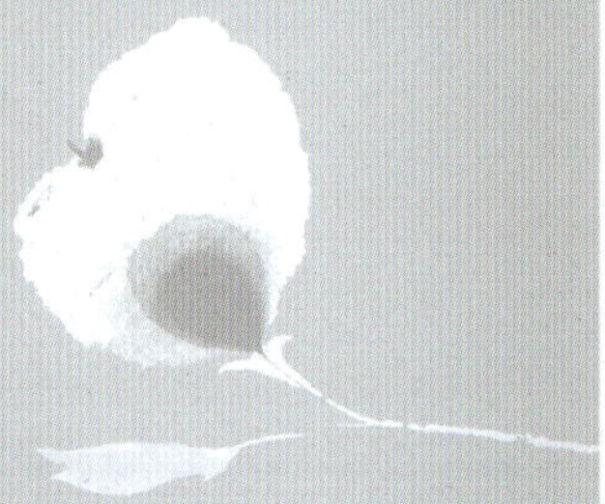

미선나무(Miseon Tree)

미선나무는 세계에서 유일하게 우리나라에서만 자생하는 희귀종으로써, 그중에서도 충청북도 진천군과 괴산군에 분포하고 있으며 그 고유한 가치를 인정받아 천연기념물로 지정되어 보호되고있다. 미선나무의 이름은 한자인 미선(尾扇)에서 유래된 것으로 추정되는데, 미선이란 대나무 줄기를 쪼개어 만든 살에 종이나 명주를 붙여 만든 둥근 모양의 부채를 말하는 것으로 미선나무의 특징이라 할 수 있는 열매의 모양이 이 미선과 닮았다고 하여 미선나무라 불리게 된 것으로 알려져 있다. 미선나무는 높이 1 ~ 1.5m 쯤 되는 낮은 관목으로 겨울에 잎이 떨어지는데 그 모습이 마치 개나리를 연상케한다. 3월이 되면 지난 해부터 형성되었던 꽃이, 잎이 피기전에 줄기에 가득히 달려 화사한 봄 단장을 한다. 꽃의 기본 종은 흰색이며, 분홍미선 · 상아미선 · 푸른미선 등의 품종도 있는데, 미선나무의 꽃은 매우 향기로울 뿐만 아니라 꽃나무로서도 여간 아름다운게 아니다.

Also known by the common name White Forsythia, the Miseon tree is native to, and only grows in, Korea, and designated as one of the Korean Natural Monuments.
Its name "Miseon" is derived from the Korean traditional fan, round in shape with a paper ground, which continues to be one of the Korean cultural symbols.
It is a shrub tree 1.5 m tall, and produces white-colored beautiful flowers in the early spring.
The Miseon tree, expressed with traditional white procelain and clear blue color, symbolizes the elegance of Korean Air's First Class inflight services.

秋 Autumn

K082-C-1

뉴욕 - 서울

점심식사

식전주 서비스
안쵸 칠리 소스를 곁들인 게살 카넬로니 요리

캐비어 서비스

또는

전채
토마토 살사를 곁들인 구운 조개 관자와 참치 타르타르

수프
완탕을 곁들이 쇠고기 콘소메 수프

샐러드
제철의 각종 야채에 랜치 드레싱, 발사믹 올리브 오일 드레싱 또는
한국식 간장 드레싱을 선택하실 수 있습니다.

주요리

갖은 나물과 쇠고기로 준비한 비빔밥에 맛깔스런 국과
반찬을 함께 서비스 합니다.

쇠고기 안심 요리를 칠레산 와인으로 조리한 소스로 맛을 내어 고구
각종 야채를 함께 서비스 합니다.

매콤한 토마토 소스로 맛을 낸 해산물요리에 허브향 파스타와
각종 야채를 함께 서비스 합니다.

엄선된 각종 치즈
블루, 브리, 생 넥테르

신선한 계절 과일

디저트
뉴욕 치즈 케이크과 카푸치노 아이스크림

각종 빵
마늘빵, 소프트롤, 치아바타, 곡물빵

커피 / 홍차 / 녹차 / 인삼차

F082-C-2

뉴욕 - 서울

간식

간단한 반찬을 곁들인 라면

오븐에서 구운 신선한 쿠키

저녁식사

샐러드
호두, 블루 치즈를 곁들인 신선한 샐러드에 사우어 크림 허브
또는 샴페인 드레싱을 함께 서비스 합니다.

주요리

모짜렐라 치즈를 곁들인 라비올리 파스타를 페스토 크림,
바질향 토마토 소스와 함께 서비스 됩니다.

새우와 야채를 곁들인 우동요리를 간단한 반찬과 함께 서비스 합니다.

신선한 계절 과일

각종 빵
통밀빵, 건포도빵, 오트밀롤, 참깨롤

커피 / 홍차 / 녹차 / 인삼차

가볍게 드시고 일찍 휴식을 원하시는 분은
승무원에게 미리 말씀해 주시기 바랍니다.

간혹 희망하신 요리가 준비되지 못할 때도 있음을 양해 바랍니다. 특정 식품에 대한 알레르기 증상이 있는 승객께서는
사전에 승무원에게 알려 주시기 바랍니다.

F082-C-3

Lunch

Pre-Drink Starter
Blue crabmeat cannelloni with ancho chilli dip

Caviar Service

or

Combo Appetizer
Seared scallop on tomato pepper salsa with tartare of tuna fish

Soup
Oxtail consomme with steamed wonton

Salad
Seasonal mixed garden greens served with a choice of ranch dressing, balsamic olive oil dressing or korean dressing

Main Course

Korean "bibimbap" offered with minced beef and seasonal vegetables, accompanied by sesame oil and korean hot pepper paste

Grilled beef tenderloin with chilean cabernet sauvignon sauce served w roasted sweet potatoes and asparagus

Fried seafood with spicy tomato sauce served with herb linguini pasta, carrot, green beans and pepper

Cheese Trolley
Maytag blue, rustique brie, saint nectaire

Seasonal Fresh Fruit

Dessert
New york cheese cake with cappuccino ice cream

Bread Selection
Garlic baguette, soft twist roll, onion ciabatta roll, rye roll

Coffee / Tea / Green Tea / Ginseng Tea

F082-C-4

New York - Seoul

Refreshment

Ramen with Side Dishes

Fresh Cookie

Dinner

Salad
Oak leaf, mache and cos lettuce with spicy coated walnut, blue cheese served with a choice of sour cream herb dressing or champagne vinaigrette

Main Course

Ravioli with mozzarella, pesto cream and basil pomodoro sauce

Udon noodle soup with steamed prawn and vegetables served with side dishes

Seasonal Fresh Fruit

Bread Selection
Whole wheat roll, pumpernickel raisin bread, oatmeal roll, semolina sesame roll

Coffee / Tea / Green Tea / Ginseng Tea

A shorter meal service is available
for passengers who prefer more time to relax.
Please advise us of your preference in advance.

We apologize if occasionally your choice is not available. If you are allergic to any types of food or beverages, please inform one of your cabin attendants.

F082-C-5

昼食

食前酒とオードブル
わたりがにのカネロニ　チリディップ添え

キャビア

又は

前菜
新鮮なホタテのマリネード　トマトサルサソース

スープ
オックステールコンソメにワンタンを添えて

サラダ
新鮮な季節野菜のサラダ
ドレッシングは　レンチ　バルサミコ
韓国風ドレッシングよりお選び下さい

メインコース

韓国料理「ビビンバ」
牛肉と季節野菜のナムルに特製のコチュジャンとごま油を添えた
人気メニューです

牛テンダーロインのグリルをチリ産ワインソースで仕上げました
ポテトとアスパラガスを添えて

新鮮なシーフードのスパイシートマトソース
リングイーニ　人参　いんげん　ピーマンを添えて

チーズ盛り合わせ
ブルー　ブリー　サンネクタール

新鮮な季節のフルーツ

デザート
ニューヨークチーズケーキ　カプチーノアイスクリーム

各種パン
ガーリックバゲット　ソフトツイスト　オニオンチャバタ
ライロール

コーヒー / 紅茶 / 緑茶 / 高麗人参茶

ニューヨーク - ソウル

リフレッシュメント

韓国風ラーメンにおかずを添えて

焼きたてクッキー

夕食

サラダ
新鮮な季節野菜のサラダにクルミとブルーチーズを添えて
ドレッシングは　シャンパンビネグレット
サワークリームドレッシングよりお選びください

メインコース

モッツァレラチーズとバジルのラビオリ　ポモドロソース

海老と野菜入りのうどんにおかずを添えて

新鮮な季節のフルーツ

各種ロール
ホールホイートロール　レーズンペンパルニッケル
オートミールロール　セサミロール

コーヒー / 紅茶 / 緑茶 / 高麗人参茶

お食事を軽く召し上がって
早めにお休みになりたいお客様は
乗務員までお知らせ下さい。

時折ご希望のお料理を準備できないことがございますのでご了解下さい。 特定食品に対するアレルギー
症状のあるお客様は事前に乗務員にお知らせ下さい。

대한항공은 기내식, 음료 서비스에 혁신적인
개념 도입으로 전세계 항공관련 업계의
최고의 영예인 '머큐리상' 을
국제 기내식 협회(ITCA)로부터 수상하였습니다.

Korean Air was awarded the prestigious 'Mercury Award' by the International Travel Catering Association(ITCA) for innovations in onboard food and beverage service concepts.

大韓航空は、機内食サービスへの
革新的なコンセプトの導入により、
国際機内食協会(ITCA)から
航空会社に与えられる
最高の栄誉である「マーキュリー賞」
を受賞いたしました。

F082-C-8

대한항공의 Wine List

미선나무(Miseon Tree)

미선나무는 세계에서 유일하게 우리나라에서만 자생하는 희귀종으로서, 그중에서도 충청북도 진천군과 괴산군에 분포하고 있으며 그 고유한 가치를 인정받아 천연기념물로 지정되어 보호되고있다. 미선나무의 이름은 한자인 미선(尾扇)에서 유래된 것으로 추정되는데, 미선이란 대나무 줄기를 쪼개어 만든 살에 종이나 명주를 붙여 만든 둥근 모양의 부채를 말하는 것으로 미선나무의 특징이라 할 수 있는 열매의 모양이 이 미선과 닮았다고 하여 미선나무라 불리게 된 것으로 알려져 있다. 미선나무는 높이 1 ~ 1.5m 쯤 되는 낮은 관목으로 겨울에 잎이 떨어지는데 그 모습이 마치 개나리를 연상케한다. 3월이 되면 지난 해부터 형성되었던 꽃이, 잎이 피기전에 줄기에 가득히 달려 화사한 봄 단장을 한다. 꽃의 기본 종은 흰색이며, 분홍미선 · 상아미선 · 푸른미선 등의 품종도 있는데, 미선나무의 꽃은 매우 향기로울 뿐만 아니라 꽃나무로서도 여간 아름다운게 아니다.

Miseon tree, also known commonly as White Forsythia, grows naturally only in Korea, and it is designated as one of the Korean Natural Monuments.
Its name, "Miseon," is derived from the traditional Korean fan because the shape of the tree is similar to the shape of the fan; the fan is round in shape with paper or silk attached to its rib.
It is a shrub tree 1.5m tall, and it produces white-colored beautiful flowers in the early part of spring.

冬 Winter

Welcome aboard

여러분의 탑승을 진심으로 환영합니다.
보다 즐거운 기내 식사를 위하여 저희 대한항공은 다양한 종류의 와인을 엄선하여 정성껏 준비하였습니다.
여러 가지 기내 음식과의 조화를 고려하여 프랑스나 캘리포니아산 와인을 비롯한 여러 종류의 우수한 와인을 갖추어 즐거운 와인 경험이 되실 수 있도록 마련하였습니다.
최고 품질의 와인이 드리는 풍미와 함께 즐거운 여행이 되시기를 바랍니다.

Korean Air invites you to enjoy a collection of fine wines meticulously selected for your pleasurable in-flight dining experience.
Designed to offer a great complement to your dish, the wine list features a very extensive variety of world class quality wines, with a particular emphasis on the combination of food and wine. As delightful pairings with food, we hope our wine selection will also be at the heart of your joy of flying.
Please enjoy your flight today with the exquisite wines we offer.

Sommelier _ 방진식 (Bang, Jin-Sik)
국내 최초 와인박사학위 취득 / 한국 국제소믈리에협회 이사, 보르도 와인협회회원
Obtained the first doctorate in Korea in the study of wine / Director, ASI Korea

BEVERAGES

COCKTAILS & APÉRITIFS

Dry Vermouth
Campari / Dry Sherry Tio Pepe
Martini
Bloody Mary / Screwdriver
Tom Collins / Whisky Sour
Gin & Tonic
Kir Royale (Available on all flights except Japan and China)
Kir (Available on all flights except Japan)
Choya Umeshu (Available on Japan flights only)

SPIRITS

Johnnie Walker Blue
Glenfiddich 15 Years Malt Whisky / Jack Daniel's
Beefeater Gin
Absolut Vodka
Bacardi Rum

BRANDY & LIQUEURS

Cognac Remy Martin X.O.
Cointreau / Crème de Menthe
Crème de Cassis
Bailey's Irish Cream

SELECTED BEERS OF THE WORLD

We apologize if occasionally your selection of wine is not available

페리에-주에 벨 에포크 블랑 드 블랑 2002

'벨 에포크 블랑 드 블랑' 샴페인은 1993년 전설적인 그랑크뤼급 크라망 포도밭에서 재배된 우수한 품질의 청포도 샤르도네만 사용하여 만들기 시작한 최고급 빈티지 샴페인입니다. 기후가 뛰어난 해에만 소량 생산하고 있는 이 샴페인은 엄선된 포도즙, 정교한 블렌딩 기술과 오랜 기간 숙성을 통하여 특급 샴페인의 독특한 맛을 지니고 있으며, 식전주 및 훌륭한 요리에 즐거운 동반자가 되고 있습니다.

★ 파리, 뉴욕 노선에 서비스 됩니다.

Perrier-Jouët Belle Epoque Blanc de Blancs 2002

Perrier-Jouët Belle Epoque Blanc de Blancs champagne was created exclusively from chardonnay grown on two legendary Grand Cru vineyards from Cramant in 1993.
Grapes for this champagne are meticulously sorted from those produced under the most benign weather conditions for limited production. Perfect blending and controlled maturing create a finely crafted prestige champagne with highly expressive aromas, making a delicious aperitif and an extraordinary match for rich cuisine.

★ Available on Paris, New York flights

★ 심야 출발편에서는 샴페인이 서비스 되지 않음을 양해하여 주시기 바랍니다.

CHAMPAGNE

페리에-주에 벨 에포크 2006

페리에-주에는 1811년 피에르 페리에와 아델레이드 주에 부부가 설립한 샴페인 명가로, 벨 에포크는 가장 품질이 우수한 포도즙만 엄선하여 생산하는 명품 샴페인입니다.
벨 에포크는 1902년 프랑스의 유명한 유리 공예가 에밀 갈레가 페리에-주에 샴페인을 마신 뒤 아네모네 꽃으로 디자인한 아름다운 샴페인 병에 담겨 있습니다. 이 샴페인은 페리에-주에를 대표하는 샴페인으로 정교한 블렌딩 기술과 오랜 기간 숙성을 통하여 정성을 다해 만들어 졌습니다. 복합적이면서 완벽한 조화를 이루고 있는 벨 에포크는 식전주 및 훌륭한 요리에 즐거운 동반자가 되고 있습니다.

★ 파리, 뉴욕을 제외한 미주, 구주, 중동 노선에 서비스 됩니다.

Perrier-Jouët Belle Epoque 2006

The house of Perrier-Jouët was founded in 1811 by Pierre-Nicolas Perrier and Adélaide Jouët. Belle Epoque is the Champagne Perrier-Jouët's Cuvée de Prestige. Belle Epoque comes in a beautiful bottle whose iconic anemone was designed for Perrier-Jouët in 1902 by Emile Galle, one of the most eminent practitioners of the Art Nouveau style. Perrier-Jouët's signature champagne is Belle Epoque, probably the world's most exclusive champagne, the epitome of the 'art of blending' which is the essence of champagne making. Complex and well-balanced, Belle Epoque contains all the ingredients to enable it to match a wide range of refined dishes.

★ Available on all trans-Pacific, Europe and Middle East flights except Paris and New York flights

페리에-주에 블라종 로제

특급 로제 샴페인, 페리에-주에 블라종 로제는 페리에 주에 샴페인 중 애호가들이 가장 선호하는 샴페인으로 탁월한 양조기술로 아름다운 자연 정신을 표현했습니다.
연어색 톤의 핑크 빛을 가지고 있는 로제 샴페인은 주로 적포도를 사용하여 양조하여 신선한 과일향을 풍부하게 간직하고 있습니다. 맛깔스런 색상을 자랑하는 블라종 로제 샴페인은 식전주 및 훌륭한 요리에 좋은 동반자가 되고 있습니다.

★ 동남아, 대양주 노선에 서비스 됩니다.

Perrier-Jouët Blason Rosé

Top quality rosé champagne in the world, Perrier-Jouët Blason Rosé is the gourmet choice in the Perrier-Jouët collection, a special blend that gives it a generous spontaneous spirit. This salmon-pink rose champagne is truly remarkable for its fresh fruit aromas which occur during a maceration process of red grapes. The Blason Rosé makes a delicious aperitif and is made to match a wide variety of refined dishes.

★ Available on Southeast Asia and Oceania flights

★ Please note that champagne service is not available on late night flights.

샤또 리외섹 2006

보르도지방 '쏘떼른느' 마을에서 생산되는 최고급 스위트 화이트 와인으로 알려진 '샤또 리외섹'은 마레이약이 포도밭을 소유한 이래 200년이 넘는 긴 양조 역사를 가지고 있습니다. '샤또 리외섹'은 1855년 나폴레옹 3세의 요청으로 이 지역 특급와인을 선정할 때 보르도 화이트 와인 가운데 최고등급인 1등급으로 선정 되었습니다. 이 와인은 최상의 품질을 생산하기 위해 우수한 토양에서 자란 평균 수령 25년 이상 된 포도나무에서 곰팡이가 핀 귀부 포도를 수확하여 제조하였으며 오크통에서 24개월 동안 숙성시켰습니다. 풍부한 열대 과일향과 진한 꿀향 그리고 가벼운 레몬향취를 머금은 짙은 황금색을 띤 2006년산 '샤또 리외섹'은 거위간 요리와 환상적인 맛의 조화를 이룰 것입니다.

★ 뉴욕, 로스앤젤레스, 애틀랜타, 파리 노선 A380에 서비스 됩니다.

Chateau Rieussec 2006

Chateau Rieussec, which is known as a top quality Sauternes wine, has over 200 years of history since Mareilhac acquired it in the early 19th century. Since the great wine classification of 1855 intended by Napoleon III,
Chateau Rieussec is attributed the title of First Growth among the Grand Cru of white wine in Bordeaux. The vineyard has 75 hectares of clay soil with special gravel and is planted with 90% of Semillon, each containing 5% Sauvignon Blanc and Muscadelle.
This wine is produced by noble rots from vines aged for 25 years on average and aged in oak barrels for 24 months following the harvest. Chateau Rieussec 2006 is characterized by a rich and deep golden hue, with aromas of a hint of lemon dominated by tropical fruits and honey. This elegant and harmonious wine is a perfect accompaniment for your foie gras.

★ Available on New York, Los Angeles, Atlanta, Paris A380 flights

샤블리 프레미에 크뤼 2008

짜릿하고 상쾌한 드라이 화이트와인 산지로서 널리 알려진 프랑스 샤블리 지방에서 수확한 잘 익은 샤르도네 포도로 만든 알버트 비쇼사의 샤블리 2008년산 와인은 황금 빛깔과 누구도 흉내 낼 수 없는 풍부하고 강한 꽃향과 과일향, 한입 가득한 감미로운 맛을 즐기실 수 있습니다. 특히, 거위간, 생선요리에 잘 어울리는 와인입니다.

★ 일본을 제외한 전 노선에 서비스 됩니다.

Chablis Premier Cru 2008

The wine the world knows as Chablis comes from the northern part of Burgundy, made exclusively from the chardonnay grape.
Albert Bichot's Chablis 2008 has a yellow golden color, and a fine and powerful aroma of flowers and fruits. Full and flavorfully charming, it's the ideal accompaniment for foie gras, fish and white meat.

★ Available on all flights except Japan

게뷔르츠트라미너 2012

프랑스 동북쪽, 독일과 국경을 이룬 알사스 지역의 기름진 토양에서 게뷔르츠트라미너라는 포도 품종으로 생산된 와인으로 잘 익은 과일향과 미디엄 드라이한 맛이 아페리티프, 치즈, 디저트 등과 잘 어울립니다.
게뷔르츠란 독일어로 향신료를 가리키며, 이름 그대로 독특한 향기의 와인입니다.

★ 프랑크푸르트, 취리히, 비엔나, 암스테르담, 프라하 노선을 제외한 유럽 및 동남아, 중국 노선에 서비스 됩니다.

Gewürztraminer 2012

Low yields resulted in a ripe, well-structured Gewürztraminer Grand Cru Mambourg with layers of ripe fruits, medium to full-body, and a heady long finish.
This is a top-notch Gewürztraminer which goes well with aperitifs, cheeses and desserts.

★ Available on Southeast Asia, China and all Europe flights except Frankfurt, Zurich, Vienna, Amsterdam, Prague

켄달 잭슨 그랜드 리저브(캘리포니아)샤르도네 2010

2010년은 캘리포니아 지역의 풍부한 일조량으로 인하여 잘 익은 최고급 품질의 '샤르도네' 포도가 생산된 해입니다. '켄달 잭슨 그랜드 리저브 2010'는 이러한 최고급 품질의 포도를 생산하는 캘리포니아 연안지역 포도원에서 수확된 '샤르도네' 포도로 만든 최고급 와인입니다.
여러 포도원에서 생산된 포도를 프랑스產 오크통 속에서 각각 9개월간 숙성 시킨 뒤 '켄달 잭슨' 고유의 블렌딩 비법으로 부드러우면서도 풍부한 향을 간직한 와인이 탄생되었습니다. 이 와인은 거위 간, 해물 요리 및 블루 치즈에 잘 어울립니다.

★ 미주, 대양주, 중동노선에 서비스 됩니다.

Kendall-Jackson Grand Reserve Chardonnay 2010

Kendall-Jackson 2010 Grand Reserve is assemblage of 100% Chardonnay from the top California coastal vineyards.
Each vineyard lot's product has been fermented separately in French oak barrels to fully develop for 9 months. Then, this Grand Reserve was assembled. The result is an opulent wine with aromas of tropical fruits, citrus, pear, vanilla and roasted hazelnut. Its texture is full-bodied yet silky.
It is a perfect accompaniment for goose liver, seafood and blue cheese.

★ Available on trans-Pacific , Oceania and the Middle East flights

리슬링 아우스레제 2007

이 와인은 독일 라인 헤센 지방의 정통 화이트 와인이며, 다양한 과일 향기로 매우 신선하고 부드러운 느낌을 줍니다.
리슬링 아우스레제 2007는 알코올이 13.5%로 약간의 단맛과, 진한 점도 그리고 입안에 오랫동안 남아 있는 감미로운 뒷맛이 특징입니다.
해산물 요리와 같이 드시거나 식사 후에 즐기시면 이 와인만의 독특한 맛을 느끼실 수 있습니다.

★ 프랑크푸르트, 취리히, 비엔나, 암스테르담, 프라하 노선에 서비스 됩니다.

Riesling Auslese 2007

It is a classical German wine from the best vineyards on the Rheinhessen, with tender bouquet, numerous fruit flavours.
The high alcohol level(13.5%) is well included in the wine and gives it some sweetness and viscosity, good mouth feeling and long aftertaste.
Excellent with sea food and white meat, it will bring a perfect harmony to a luscious meal or afterwards.

★ Available Frankfurt, Zurich, Vienna, Amsterdam, Prague flights

샤또 라스콤브 2006

보르도 지방 마고 마을에서 최고급 와인으로 알려진 '샤또 라스콤브'는 17세기 프랑스 기사 출신인 앙트완이 포도밭을 소유하면서 작위 이름을 와이너리 상호로 사용한 이래 300년이 넘는 양조 역사를 가지고 있습니다.
'샤또 라스콤브'는 1855년 나폴레옹 3세의 요청으로 이 지역 와인의 품질을 분류할 때 최고 등급인 그랑 크뤼급으로 선정되었습니다.
이 와인은 최상의 품질을 생산하기 위해 우수한 토양에서 자란 평균 수령 30년 이상된 포도나무에서 수확한 세 종류의 포도를 사용하여 제조하였으며, 오크통에서 20개월간 숙성시켜, 붉은 과일과 꽃의 풍부한 향과 가벼운 나무 향취를 머금은 짙고 밝은 붉은색이 특징적으로 육류요리와 가금류 그리고 치즈와 함께 드시면 더욱 좋습니다.

★ 전 노선에 서비스 됩니다.

Chateau Lascombes 2006

Chateau Lascombes, which is known as an excellent wine from the village of Margaux in Bordeaux, has over 300 years of history since Antoine, chevalier de Lascombes, acquired it in the 17th century and has kept his name.
The vineyard of Chateau Lascombes has 84 hectares of deep gravel and is planted with 50% Merlot, 45% Cabernet Savignon, and 5% Petit Verdot.
This wine is produced from vines that are 30 years old on average, and aged in oak barrels for 20 months following the harvest. Chateau Lascombes 2006 is characterized by an intense and bright red color, which also has a hint of woody aromas dominated by floral notes and red fruits. This elegant wine with a long finish is a perfect accompaniment for your main course and cheese.

★ Available on all flights

고스트 블록 나파벨리 까베르네 소비뇽 2011

캘리포니아의 나인스 본디드 와이너리가 나파벨리에서 생산한 특급 와인 고스트블락 나파벨리 2011은 포도밭 옆에 있는 초기 개척자들의 묘지에 경의를 표하려고 지은 이름입니다. 이 와인은 유기농으로 재배한 까베르네 소비뇽 포도로 양조하였으며 참나무통에서 24개월간 숙성시켰습니다. 발랄한 장미 꽃잎과 붉은 과일향이 오랫동안 느껴지는 특선 와인은 육류, 치즈를 비롯한 다양한 음식에 잘 어울립니다.

★ 미주, 중동 노선에 서비스 됩니다.

Ghost Block Napa Valley Cabernet Sauvignon 2011

Ghost Block Napa Valley 2011 is produced by the 9th Bonded Winery in Napa Valley established in 1877. This wine is named in honor of the historic Pioneer Cemetery for which it borders.
The best quality of Cabernet Sauvignon grapes cultivated by organic management techniques have been chosen to make great quality wine aged in French oak barrels for 24 months. Bright floral aromas or rose petals and spices with notes of red fruits, this wine with a lasting finish can be served with your main course and cheese.

★ Available on trans-Pacific and Middle East flights

스페리 아마로네 2010

'스페리 아마로네 2010'은 이태리를 대표하는 아마로네 와인 명가인 스페리 가문이 베네토주의 발포리첼라 지역에서 생산한 특급와인입니다. 이 와인은 석회석이 섞인 점토질 토양에서 재배된 세 종류의 포도를 수확한 뒤 로마시대 와인 생산 방법을 답습하여 건조실에서 4개월간 포도를 말려 양조하였습니다. 와인 숙성은 참나무 통에서 3년, 병에 담아 1년간 진행 되었습니다. 짙은 루비색에 농익은 과일향과 향신료향이 절묘하게 조화를 이루며, 진하면서 고급스러운 맛이 도드라져 파스타로부터 육류 요리까지 모든 음식에 잘 어울리는 와인입니다.

★ 취리히, 비엔나, 암스테르담, 프라하, 이태리 노선에 서비스 됩니다.

Speri Amarone 2010

Speri Amarone 2010 is produced in the Valpolicella district of Veneto by the Speri family, who owns the company that produces the best quality Amarone wine in Italy. The vineyard has calcareous, clayey soil on a hillside and is planted with 70% Corvina, 25% of Rondinella and 5% of Corvinone.
Amarone is the product of a wine-making method of the Ancient Romans involving grape drying for 120 days before fermentation. The grapes lose 40% of their original weight and highly concentrated sugars.
This wine is aged in oak casks for a period of 36 months and bottle-aged for 12 months.
With a bright, intense ruby red color, a prominent aroma of ripe fruits, sweet and bitter cherries, and hints of plums tinged with spices, this full-bodied wine can be served with a range of dishes from pasta to meat.

★ Available Zurich, Vienna, Amsterdam, Prague and Italy flights

꼬르동 그랑 크뤼 2008

알록스 꼬르동 마을은 버건디의 다른 지역과는 비교할 수 없는 독특한 지형과 풍부한 일조량으로 레드와인 품종인 '피노 누아르' 포도 재배에 최적의 조건을 갖추고 있는 지역입니다. 명가 도멘 라투르사에서 양조한 '꼬르동 그랑 그뤼 2008' 와인은 이 지역의 석회석과 점토질이 섞인 토양에서 재배된 최상급 '피노 누아르' 포도만으로 제조했습니다. 강한 붉은 색에 그윽한 과일 향과 향신료 향이 잘 조화를 이루고 있는 이 와인은 진하면서도 부드러움이 느껴지며 긴 여운을 선사하며, 모든 종류의 육류요리나 치즈와 매우 훌륭한 조화를 이룹니다.

★ 취리히, 비엔나, 암스테르담, 프라하, 이태리 노선을 제외한 유럽 및 동남아, 중국 노선에 서비스 됩니다.

Corton Grand Cru 2008

With a privileged location and plenty of sunshine, the village of Aloxe Corton produces Pinot Noir red wine, which is considered to be one of the best Côte de Beaune wines. 'Corton Grand Cru 2008' of Domaine Latour is made from 100% Pinot Noir on hills of limestone and clay, with stones that bring a perfect and natural drainage. This wine has a pretty ruby colour and carries an aroma of fruit and spices. Its taste is rich and structured on the palate, and well balanced with a long finish. This wine is a perfect accompaniment for your meat entrée and cheese.

★ Available on Southeast Asia, China and all Europe flights except Zurich, Vienna, Amsterdam, Prague and Italy

RED WINES

콜 클로스 시라즈 2011

남호주의 하셀그로브 와이너리가 멕라렌 베일 지역의 화이트 밸리에서 생산한 컬트 와인 '콜 클로스 시라즈 2011'은 오래된 시라즈 포도를 재배하는 포도밭 이름을 와인 이름으로 정했습니다. 이 와인은 친환경농법으로 생산한 우수한 품질의 시라즈 포도로 양조하였으며 참나무통에서 18개월간 숙성시켰습니다. 강렬한 딸기류 향과 생나무와 초콜릿의 향취가 느껴지는 특급 와인으로 육류, 치즈를 비롯한 다양한 음식에 잘 어울립니다.

★ 대양주 노선에 서비스 됩니다.

Col Cross Shiraz 2011

'Col Cross Shiraz 2011' is produced in the White Valley of Mclaren Vale region, South Australia by Haselgrove winery established in 1981, this wine is named from a single vineyard of old vine Shiraz. The exceptional quality of Shiraz grapes cultivated environment-friendly management techniques has been chosen to make Australian cult wine and it is matured for 18 months in oak barrels. Intense aroma of blackberry and raspberry balanced by hints of raw wood spice and chocolate, this wine with long finish can be served with your main course and cheese.

★ Available on Oceania flights

포트와인, 샌더맨

1790년 죠지 샌드맨이 런던에서 와인 회사를 설립한 이래로 2세기 동안 성공적 기업으로서의 전통을 이어가고 있는 샌더맨사는 포르투갈 와인으로서는 처음으로 상표를 사용한 기업으로 유명합니다. 포르투갈 학생의 검정색 망또와 스페인 기사의 독특한 모자가 결합된 상표의 샌더맨 포트와인은 포르투갈의 대표적인 포도산지인 듀로지방에서 재배된 양질의 포도와 브랜디와의 조화 그리고 시간이 빚어낸 절묘한 산물입니다.
식사후 디저트와 곁들여지는 한 잔의 포트와인은 200년 전통의 향기를 느끼게 해드릴 것입니다.

★ 전 노선에 서비스 됩니다.

Founders Reserve Porto, Sandeman

In 1790, the House of Sandeman was founded in London by George Sandeman, a young Scotchman, who has handed down his knowledge and skill for over 2 centuries.
Sandeman was the first Port House to label its wines and the Sandeman Don, Portuguese student's blackcape and bearing a wide-brimmed Spanish caballero's hat recognized worldwide as the symbol of prestige and guarantee of its quality.
Full of power, fruit, and fire that distinguishes classic ports, Founders Reserve Porto is the culmination of two hundred years of expertise.

★ Available on all flights

KOREAN AIR

CYCLE A

한식정찬(韓食正餐)

Korean cuisine HANSIK JEONGCHAN

한식정찬(韓食正餐)

닭살 겨자냉채

저지방 고단백 식품인 닭 가슴살과 매콤한 겨자 소스가 곁들여진 냉채

게살 된장죽

봄나물과 게살을 주 재료로 하여 나물향과 잘 어울리는
된장으로 맛을 낸 건강 죽

샐러드

은대구 조림

비타민 A, 타우린이 풍부한 은대구와 비타민 C가 풍부한 무를
매콤하게 조리하여 서비스 합니다.

불고기

언양 불고기의 특징인 구운 향을 살리고 맛과 색의 조화를 이루도록
다양한 채소를 곁들여 서비스 합니다.

반찬

더덕 초절임, 멸치 견과류 볶음, 새우 미역냉채,
도라지 들깨무침, 깻잎 찜

미나리 맑은 국

몸 속에 쌓인 해로운 성분을 배출하는 효과가 있는
봄철 나물인 미나리를 양지육수에 살짝 익힌 국

신선한 계절 과일

오미자 배숙

시원한 배에 오미자의 새콤 달콤한 맛이 잘 어우러진 전통 후식

한식정찬(韓食正餐)

한식정찬은 격식을 갖추어 차려내는 음식으로 전채와 주 요리,
반찬 및 후식으로 구성되어 있는 한국 전통 상차림 입니다.
제철 식재를 선별하고 건강을 고려하여 한국 전통의 조리법에
근거하여 요리하였으며, 손님의 미감을 북돋우고 균형 잡힌 식사가
되도록 제공하여 드립니다.

HANSIK JEONGCHAN

Hansik Jeongchan is a set menu served in a formal and traditional style. It consists of highly nutritious appetizers, main and side dishes, desserts, cooked with fresh ingredients and traditional recipes.
It will not only give you exceptional flavor and taste but also be a well-balanced diet.

韓食正餐

韓食正餐提供给您正式与传统风味的韩国美食。
从前菜，主餐，配菜以及甜点，均以营养丰富的新鲜
食材和韩国传统食谱为您精心调配。
不仅带给您特殊风味的口感，同时也均衡您的餐。

韓食正餐

韓食正餐は、前菜　主料理　副菜　デザートにより構成される格式のある韓国コース料理です。季節の新鮮な食材を厳選し、韓国の伝統的な調理法により健康に良いバランスの取れた料理を 美味しく召し上がっていただけるよう、心をこめてご用意いたしました。

HANSIK JEONGCHAN

Korean Chicken Salad with Spicy Mustard Sauce
A Korean salad with chicken breast, spicy mustard sauce and fresh vegetables.

Crab Meat Soybean Paste Porridge
A healthy porridge with spring vegetables and crab meat, seasoned with soybean paste to complement the scent of the vegetables.

Salad

Braised Black Cod
A spicy dish of black cod rich in vitamin A and taurine, and Korean radish rich in vitamin C.

Bulgogi
Bulgogi, a traditional Korean dish of grilled marinated beef served with a variety of vegetables that accentuate its roasted flavor and create a harmony of taste and colors.

Side Dishes

Seasoned deodeok root with chili vinegar sauce/ Sautéed anchovies with mixed nuts/ Shrimp and seaweed salad/ Bellflower roots with wild sesame sauce/ Braised wild sesame leaves.

Water Dropwort Clear Soup
A soup of water dropwort, a spring vegetable that can detoxify the body, slightly cooked in beef broth.

Seasonal Fresh Fruit

Omija Punch with Pear
A traditional dessert drink in which a refreshing Korean pear meets Omija, the five flavor berry.

韩式正餐

鸡肉芥末凉菜
低脂肪、高蛋白食品鸡肉里加入辣爽的芥末后拌的凉菜。

蟹肉大酱粥
春季野菜和蟹肉为主材料，加上与野菜绝配的大酱后熬出的健康粥。

沙拉

炖鳕鱼
富含维他命A、牛磺酸的鳕鱼和维他命C丰富的萝卜辣炖的料理。

烤肉
作为韩国的传统料理，在保留肉烤香的基础上，搭配色香味和谐的各种蔬菜。

小菜
初腌沙参、凤尾鱼炒坚果、虾肉海带凉菜、桔梗拌紫苏、腌苏子叶

水芹清汤
具有排毒之功效的春季水芹中放入牛胸肉熬出的汤水热出来的汤

时鲜水果

五味子梨熟
脆爽的梨和五味子的酸甜味混在一起的传统餐后点心。

韓食正餐

鶏胸肉の冷菜マスタードソース
低脂肪高タンパク食品の鶏胸肉にスパイシーなマスタードソースを添えた冷菜

カニ身の味噌粥
春の山菜とカニ身を主材料として、山菜の香りとよく合う味噌で味付けしたヘルシーなお粥

サラダ

銀ダラの煮付け
ビタミンA、タウリンが豊富な銀ダラとビタミンCが豊富な大根の辛い味付けの煮物です。

ブルコギ
韓国の伝統料理であるブルコギの焼いた香りを生かし、様々な野菜を添えて味と色を調和させました。

おかず
ツルニンジンの酢漬け、ちりめんじゃことナッツの炒め物、エビとワカメの酢の物、キキョウとエゴマの和え物、ゴマの葉の蒸し煮

セリのすまし汁
体の中にたまっている有害な成分を排出する効果がある春の山菜セリを牛胸肉のスープに入れて軽く煮た汁物

新鮮な季節のフルーツ

五味子茶と梨のデザート
冷たい梨と五味子茶の甘酸っぱい味がよく調和した韓国の伝統的なデザート

2) 캐세이퍼시픽 항공

캐세이퍼시픽 항공은 기내식 메뉴 개발뿐 아니라 기내 음료 개발 연구에 매진한 결과 세계 최초로 35,000피트 상공에서 마실 때 최고의 맛을 낼 수 있는 수제맥주 '벳시 비어(Betsy Beer)'를 탄생시켰다. 지상과는 다른 순항 중 항공기 내의 기압과 습도 환경이 우리의 미각에 미치는 영향을 분석하여, 탄산을 10% 더 첨가하고 효모를 여과하지 않은 밀맥주를 만든 것이다.

홍콩과 런던 간 노선에서 첫선을 보인 이 음료는 홍콩의 열대과일 롱간(Dragon Eye, Longan, 龍眼)과 신계지역(New Territories)의 꿀, 영국의 퍼글 홉(Fuggle Hop)을 활용하여 두 목적지를 맥주로 잇는 '통합'과 캐세이퍼시픽의 첫 항공기인 더글라스 DC-3의 별명인 '벳시(Betsy)'를 따서 '최초'의 의미를 가진다.

AKW Production / Shutterstock.com

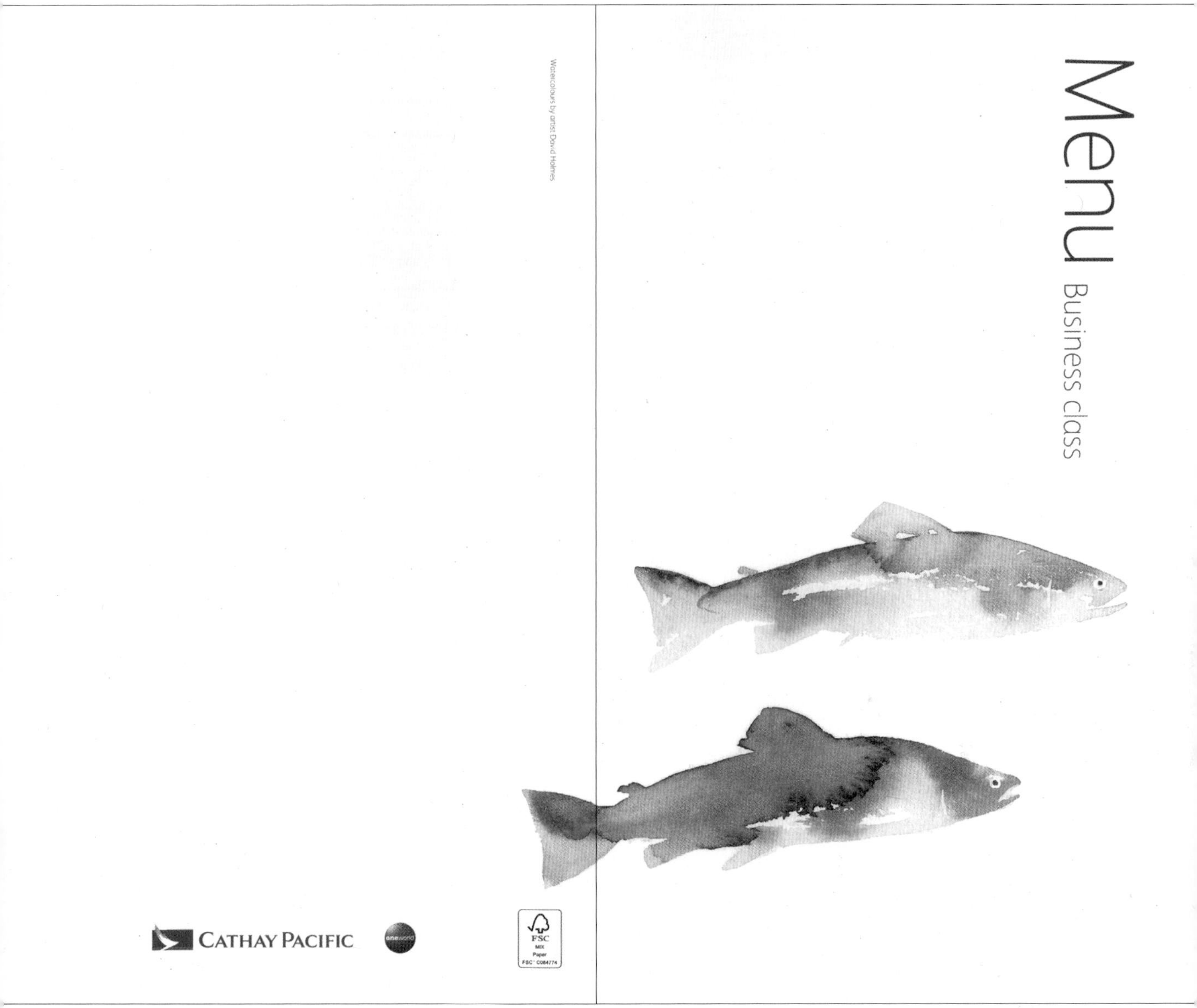
Watercolours by artist David Holmes
Menu Business class
CATHAY PACIFIC

Welcome on board Cathay Pacific

Your Business Class menu today offers a choice of carefully selected and prepared seasonal dishes. We are delighted to be able to offer you a choice of authentic Chinese favourites or contemporary international cuisine, complemented by a variety of fine wines and beverages.

We hope you enjoy your flight and should there be anything you require, our cabin crew will be delighted to assist.

歡迎乘搭國泰航空

是日的商務客艙餐單，備有多款時令美食讓您品嚐，款款精心烹調，務求為您締造最佳的餐膳體驗。無論您選擇正宗中華佳餚，還是精緻國際美饌，我們均奉上特選佳釀及飲品，供您佐餐。

閣下如有任何需要，我們的空中服務員均樂意為您效勞。謹祝旅途愉快。

Dinner

Starters
Sesame smoked Balik salmon belly with marinated prawn

Mixed salad with artichoke with creamy lemon dressing

Main Courses
Slow cooked duck with red date and mushroom sauce, steamed jasmine rice and jade melon with red medlar seeds and garlic

Grilled beef tenderloin with red wine sauce, kipfler potatoes, French beans and capsicum

Braised garoupa with bean curd sheets and mushroom, steamed jasmine rice and Chinese cabbage with carrot

Tomato and spinach tortellini with basil tomato sauce and pesto sauce

Cheese and Dessert
Fourme d'Ambert, Arenberger, French Brie

Fresh seasonal fruit

Raspberry swirl cheese cake with raspberry coulis

Tea and Coffee

Pralines

vegetarian choice
We apologise if your choice of meal or drink is not available.

838-31385J <08/11>

Hong Kong - Vancouver

Snacks

Tandoori chicken skewer with tomato chat masala and raita

Assorted sandwiches
Cherry cream cheese with toasted pecan, smoked turkey with Earl Grey honey butter, smoked salmon with lemon cream cheese

Fish ball and cuttle fish ball in ho fun noodle soup

Braised beef brisket flavoured with chu hau sauce in noodle soup

Ice cream

Brunch

Starters
Orange or apple juice

Mango & passion fruit smoothie

Fresh seasonal fruit

Fruit yoghurt

Assorted cereals

Main Courses
Poached egg with spinach and Hollandaise sauce, pan-fried Cumberland sausage, rasher of bacon, roasted potatoes and grilled tomato

Dim sum with chilli sauce
Asparagus dumpling, seafood and kung choi dumpling, beef meatball, mini vegetable glutinous rice wrapped in lotus leaf

From our series of classic Signature dishes
Dried scallop and pomfret congee with stir-fried egg noodles with vegetables

Bread Basket
Assorted breakfast bread
served with preserves, honey and butter

Tea and Coffee

These snacks are available at any time before the brunch service.

838-31386/31571J <08/11>

香港－溫哥華

晚餐

頭盤
芝麻煙三文魚腩拼香醃明蝦

雅支竹鮮蔬沙律伴奶油檸檬汁

主菜
紅棗香菇燴鴨
配白飯及香蒜杞子瓜脯

烤牛柳伴紅酒汁
配馬鈴薯、法式邊豆及甜椒

香菇枝竹燴斑柳
配白飯及胡蘿蔔椰菜

香草番茄醬汁番茄菠菜意大利餛飩

芝士及甜品
精選芝士

時令鮮果

桑莓芝士蛋糕伴桑莓醬

名茶及咖啡

精美朱古力

素食精選
由於各款主菜及飲料數量有限，若未能滿足閣下之要求，祈為原諒。

838-31385J <08/11>

香港－溫哥華

小食

印度式雞肉串伴番茄乳酪醬汁

精選三文治
核桃伴櫻桃忌廉芝士、煙火雞肉伴伯爵蜜糖牛油、煙三文魚伴檸檬忌廉芝士

魚蛋墨魚丸湯河粉

柱侯牛腩湯麪

雪糕

早午餐

頭盤
橙汁或蘋果汁

香芒熱情果乳酪飲品

時令鮮果

鮮果乳酪

天然穀麥

主菜
菠菜焓蛋伴蛋黃醬汁
配豬肉腸、煙肉、馬鈴薯及番茄

精選點心配辣椒醬
蘆筍餃、海鮮貢菜餃、牛肉球及素珍珠雞

國泰經典菜式系列
鮑魚粥配鮮蔬炒麪

麪包籃
精選麪包
配果醬、蜜糖及牛油

名茶及咖啡

精選小食於早午餐前可隨時享用。

838-31386/31571J <08/11>

Drink List

Juices
orange, apple, tomato

Soft Drinks
Coke Zero, Coke, Coke Light, Sprite, Perrier water
tonic water, soda water and ginger ale
Coke Zero is now available on selected flights.

Coffees
freshly brewed coffee, espresso, cappuccino and caffè latte
regular or decaffeinated

Teas
Hong Kong style milk tea
Ceylon, Japanese, jasmine
Clipper organic selection: camomile, earl grey and peppermint

Hot Chocolate

飲料

果汁
橙汁、蘋果汁、番茄汁

汽水
零系可口可樂、可口可樂、健怡可樂、雪碧
湯力、梳打、薑啤、巴黎礦泉水
零系可口可樂現於指定航班供應。

咖啡
特級咖啡、特濃咖啡、低因咖啡、泡沫咖啡、牛奶咖啡

名茶
港式奶茶
錫蘭紅茶、日本綠茶、香片
Clipper 有機系列：甘菊茶、伯爵茶、薄荷茶

熱朱古力

826, 827, 828, 829, 830, 831, 835, 836, 838, 839, 840, 841, 845,
846, 870, 872, 873, 879, 880, 881, 882, 883, 884, 885, 888, 889

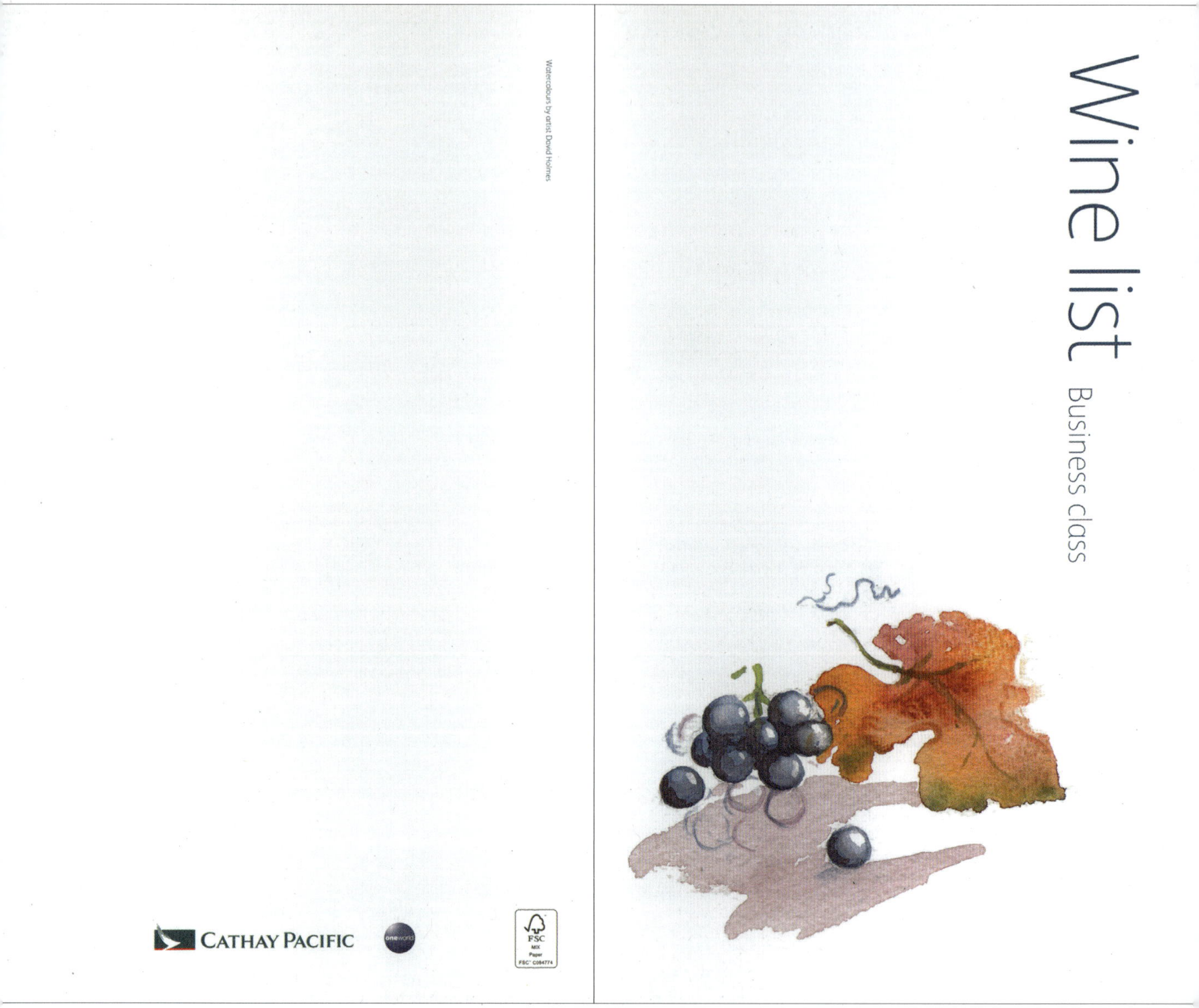
Watercolours by artist David Holmes
CATHAY PACIFIC
oneworld
FSC
Wine list
Business class

Champagne

Champagne Deutz, Brut Classic
This award winning champagne features lovely aromas and flavours of pear and citrus fruit. Layered with toasted hazelnut, honey and sweet vanilla notes, the wine is balanced by refreshing acidity with a long, lingering finish. It is a perfect aperitif and goes well with delicate dishes.

White Wines

Geyser Peak Alexander Valley Chardonnay 2008
The Chardonnay grapes for this wine were carefully selected from the cooler regions of the Alexander Valley, California. The aromas of tropical fruit, baked apple notes and undertones of butterscotch and toast on the nose follow through beautifully to the palate. The crisp finish makes it a perfect match for a wide variety of cuisines.

Domaine des Malandes Chablis 2009
The Domaine des Malandes Chablis 2009 exhibits a vibrant personality with a scent of white flowers that mingle seductively with peach and pear. Subtle chalkiness underlies the luscious ripe peach flavours with notes of citrus fruits. It is delicious with white meats and cheeses.

Red Wines

Estancia Paso Robles Meritage Reserve 2007
Estancia's vineyards are located in the acclaimed appellation of Paso Robles, California.The 2007 Meritage is a rich and complex wine. It offers intense flavours of black cherries, framed by dusty tannins providing an elegant and lingering finish. This wine would perfectly complement any beef or lamb dish.

Château de Maison Neuve Montagne Saint-Emilion 2009
Château de Maison Neuve has been a family-owned estate for several generations. The 2009 vintage is a deep purple colour, full bodied and elegant with a complex bouquet. It is rich in black fruits flavours, complemented by a dense structure. It goes very well with red meat or braised dishes.

Port

Dow's Late Bottled Vintage Port 2006
This wine is sourced from the same vineyards that in exceptional years produce Dow's renowned Vintage Ports. It is aged solely in oak casks and bottled 5 to 6 years after the harvest. It is a full rich Port with spicy fruit flavours and an elegant aromatic nose, well rounded on the palate and has the traditional Dow's drier finish. This makes it one of the finest Late Bottled Vintage Ports available.

Aperitifs and Cocktails

Gin • Rum • Vodka • Martini Rosso • Martini Extra Dry • Campari • Sweet and Dry Sherry • Bloody Mary • Screwdriver

Whiskies

Chivas Regal 12 Years Old • Johnnie Walker Gold Label • Jack Daniel's • Canadian Club

Cognac

Hine 'Rare and Delicate' Fine Champagne

Liqueurs

Drambuie • Cointreau • Bailey's Irish Cream

Beer

International selection

Signature Drinks

Cathay Delight
A kiwifruit based non-alcoholic drink with coconut juice and a touch of fresh mint.

Pacific Sunrise
A refreshing combination of champagne and Drambuie with the zest of orange and lemon.

Cathay Pacific aims to offer a diverse selection of wines on board. Please accept our apologies if a certain wine is not available, our crew will always be happy to recommend an alternative.

A selection of our onboard complimentary fine wines are now available for purchase. Visit www.cathaypacific.com/dutyfree and make your pre-flight order.

826, 827, 828, 829, 835, 836, 838, 839, 888, 889 1-8-2011

Château D'ESCLANS
DOMAINES SACHA LICHINE

Château D'Esclans Domaines Sacha Lichine

It may surprise some people that Rosé is in fact the oldest wine style in the world, and comes naturally from red grapes. Such is the claim in Provence, in the southern part of France, home to the Romans' most prized Rosé vineyards. Indeed, both the Romans and the Greeks enjoyed their cups running over with the stuff!

Fermenting wines in vats, accompanied by skins to extract deep colour, originated in the Middle Ages in France. This process started a trend to the "dark side", as the robust food of the time was a perfect match.

The one exception was Provence, which continued the tradition and further refined dry Rosé. It is now an ideal match for modern cuisine and possibly the most flexible wine across all Asian cuisine.

It inspired Sacha Lichine to move from his fourth growth Château Prieuré Lichine in Bordeaux to a vineyard in the valleys behind Saint Tropez. His mission was to make a "first growth" Rosé. Enlisting the help of an old friend from Bordeaux - Patrick León - the winemaker at Château Mouton Rothschild for 20 years, they together created Château D'Esclans.

Whispering Angel 2010

Five local grape varieties in this blend deliver a wine that is pale pink in colour. The aroma is fresh, with hints of flowers. It is zesty in the mouth, with a white wine feel and a touch of red in the finish.

Roy Moorfield *Chi-Sun Lau*
Wine consultants for Cathay Pacific Airways

3) 아시아나항공

아시아나항공의 Business Class Menu Book

I ♥ Mécénat

당사는 메세나활동을 통해 사회공헌을 실천하는 메세나기업입니다.

아시아나 항공에 탑승하신 것을 진심으로 환영합니다.

오늘 아시아나 항공은 품격있고 다양한 기내식과 세계 최고의 소믈리에가 선정한 와인을 준비하였습니다.

건강을 생각한 제철 식재료로 기내식의 맛과 멋을 살렸으며, 한 · 양식 모두와 어울리는 엄선된 와인 서비스로 아시아나만의 차별화된 색다른 맛을 경험하시기 바랍니다. 목적지까지 편안한 여행이 되실 수 있도록 정성껏 모시겠습니다.

Asiana Airlines take great pleasure in welcoming you on board.

Today, we offer a variety of finest dishes, together with carefully selected wines and beverages.

Your journey will be even more pleasant with our nutritious food made from fresh, seasonal ingredients, and a distinguished selection of wines adding richer flavors to both Korean and Western cuisines.

We will be delighted to assist you for a more comfortable flight to our destination, and we hope you enjoy your time on board with us.

(menu reproduction)

저녁식사

양식

전채
완두콩 퓨레를 곁들인 훈제 오리구이

수프
가지 수프

주요리
쇠고기 안심 스테이크
로즈마리 소스를 곁들였으며
치즈를 얹어 구운 가지와 아스파라거스, 폴렌타, 말린 토마토를 함께 준비하였습니다.

또는

닭 다리살 스테이크
마늘 바비큐 소스를 곁들였으며
버섯, 파프리카, 아스파라거스와 파인애플 볶음밥을 함께 준비하였습니다.

또는

이탈리아식 생선 찜 요리 '카르토초'
펜넬, 올리브, 각종 채소와 달고기를 함께 유산지로 감싸 조리하여 제공 드립니다.

치즈
테트 드 무안, 그뤼에르, 블루

후식
감 판나코타 또는 **신선한 과일**
* 판나코타 : 이탈리아식 스위트 푸딩

커피와 차

간식

정규메뉴외 아래의 간식을 준비하였으니, 원하시는 경우 승무원에게 말씀하여 주시기 바랍니다.

샌드위치, 신선한 과일, 라면, 김치말이국수

저녁식사

한식

초미
한치 냉채

이미
밤, 대추죽

삼미
불고기 영양쌈밥
백반과 불고기, 다양한 건강 채소와 특제 *쌈장을
반찬, 국과 함께 한상차림으로 준비하였습니다.

불고기는 얇게 썬 소고기의 쫄깃한 식감과 달콤하면서도 감칠맛 나는 풍미가 가득해 한국인뿐 아니라 외국인에게도 인기가 많은 한국의 대표적인 전통음식입니다. 맛깔스러운 불고기를 따뜻한 쌈밥과 함께 신선한 채소에 싸서 드시면 입안 가득 퍼지는 맛과 식감의 향연을 즐기실 수 있습니다. 불고기와 신선한 쌈 채소의 완벽한 하모니를 이룬 불고기 영양 쌈밥은 예부터 '복쌈(福裹)'이라 하여 쌈을 싸서 먹는 풍습이 있어 기내에서 복을 싸서 먹는다는 콘셉트를 토대로 개발되었으며, 국제 항공 케이터링 협회에서 기내식 부문 2006년 금상을 수상한 메뉴로 아시아나항공에서만 드실 수 있는 시그니처 메뉴입니다.

*쌈장 : 땅콩, 호두, 잣, 해바라기씨, 호박씨 등으로 만든 건강 쌈장입니다.
견과류알러지가 있으신 고객께서는 취식에 유의하시기 바랍니다.

후미
쑥앙금떡과 호두정과

감 판나코타 또는 **신선한 과일**
* 판나코타 : 이탈리아식 스위트 푸딩

커피와 차

간식

정규메뉴외 아래의 간식을 준비하였으니, 원하시는 경우 승무원에게 말씀하여 주시기 바랍니다.

샌드위치, 신선한 과일, 라면, 김치말이국수

간혹 예상치 않은 많은 주문으로 인해 희망하신 요리를 제공하지 못하게 될 때도 있음을 양해 바랍니다.
알레르기 유발물질 정보가 필요하신 고객께서는 승무원에게 문의해 주시기 바랍니다.

가벼운 식사

서울
|
로스앤젤레스

가벼운 식사

전채

구운 단호박 샐러드

주요리

쇠고기 스튜

크림소스를 곁들였으며
토마토를 넣어 으깬 감자와 각종 채소를 함께 준비하였습니다.

또는

치킨 펜네 파스타

버섯 크림 소스를 곁들였으며
치즈, 양송이, 아스파라거스, 구운 방울 토마토를 함께 준비하였습니다

또는

표고버섯 들깨죽

후식

캐러멜 마키아토 케이크

커피와 차

간혹 예상치 않은 많은 주문으로 인해 희망하신 요리를 제공하지 못하게 될 때도 있음을 양해 바랍니다.
알레르기 유발물질 정보가 필요하신 고객께서는 승무원에게 문의해 주시기 바랍니다.

Dinner

Dinner

Seoul
|
Los Angeles

Western

Appetizer

Smoked Duck with Green Pea Puree

Soup

Eggplant Soup

Main Courses

Grilled Beef Tenderloin

Served with Rosemary Sauce
Grilled Eggplant with Cheese, Asparagus, Polenta and Sun-dried Tomato

or

Chicken Thigh Steak

Served with Garlic Barbeque Sauce,
Mushroom, Paprika, Asparagus and Pineapple Fried Rice

or

Italian Style Steamed Fish 'Cartoccio'

Served with Johndory cooked in parchment paper with Fennel, Olive, Assorted Vegetables

Cheese

Tete de Moine, Gruyere, Blue

Dessert

Persimmon Panna Cotta or **Fresh Fruit**

* Panna Cotta : Italian Style Sweet Pudding

Coffee and Tea

Refreshments

Besides the main courses, the light snacks described
below are provided upon your request throughout the flight.

**Sandwiches, Seasonal Fresh Fruit, Ramen Noodles,
Kimchi Cold Noodle**

We apologize if your choice is not available due to unexpectedly high demand.
If you need allergen information, please ask our cabin crew.

Dinner

Seoul
|
s Angeles

Dinner

Korean

Starter

Cuttlefish Salad

Chestnut, Date Porridge

Main Course

Nutritious Korean Cuisine, 'Ssambap'

Steamed Rice Topped with Grilled 'Bulgogi' Beef and *Bean Paste.
Wrapped with Various Kinds of Leafy Vegetables.

With the tender texture of thinly sliced beef and a sweet and savory marinade, Bulgogi, Korea's traditional dish, won the hearts of not only Koreans, but also foreigners. Try wrapping the flavorful Bulgogi and warm rice with fresh vegetables and enjoy a feast of tastes and textures in your mouth. Healthy Bulgogi Ssambap, with its perfect harmony of Bulgogi and fresh vegetables, was developed as an in-flight meal by following the traditional custom of "Bokssam" ("Bok" means "good luck" and "Ssam" means "wrap"). This recipe, which was awarded the Gold Prize in 2006 by the International In-flight Catering Association in the in-flight meal category, is a signature dish available only with Asiana Airlines.

*Bean Paste : Contains various nuts (peanuts, walnuts, pine nuts, etc).
Those with allergies should be careful.

Dessert

Mugwort Red Bean Paste Rice Cake and Sweet Walnut Cookie

Persimmon Panna Cotta or **Fresh Fruit**

* Panna Cotta : Italian Style Sweet Pudding

Coffee and Tea

How to enjoy Ssambap

1. Place a leaf of lettuce or other leafy vegetable in the palm of your hand.
2. Add steamed rice, bulgogi beef and bean paste.
3. Roll up and eat.
4. Enjoy the Ssambap with the bean paste soup and various side dishes.

Refreshments

Besides the main courses, the light snacks described below are provided upon your request throughout the flight.

Sandwiches, Seasonal Fresh Fruit, Ramen Noodles, Kimchi Cold Noodle

Snack

Snack

Seoul
|
Los Angeles

Appetizer

Roasted Pumpkin Salad

Main Courses

Beef Stew

Served with Cream Sauce,
Mashed Potato with Tomato and Assorted Vegetables

or

Chicken Penne Pasta

Served with Mushroom Cream Sauce
Cheese, Button Mushroom, Asparagus and Roasted Cherry Tomato

or

Perilla and Black Mushroom Porridge

Dessert

Caramel Macchiato Cake

Coffee and Tea

We apologize if your choice is not available due to unexpectedly high demand.
If you need allergen information, please ask our cabin crew.

晚餐

西餐

前菜
熏制烤鸭肉配豌豆泥

汤
茄子汤

主菜
牛里脊牛排
配了迷迭香酱
一起备了烤芝士茄子和芦笋，玉米糊，干番茄。

或者

鸡腿肉鸡排
配了烧烤大蒜酱
一起备了蘑菇，彩椒，芦笋和菠萝炒饭。

或者

意式蒸海鲜‘烘培纸包鱼’
将小茴香，橄榄，各种蔬菜和鸡肉一起用羊皮纸包裹烹饪后提供。

奶酪
瑞慕泰德莫妮奶酪，瑞士格鲁耶尔奶酪，丹麦蓝纹奶酪

甜品
意式柿子奶油布丁 或者 **新鲜的水果**
*意式奶油布丁： 意大利式甜点布丁

咖啡或茶

零食

除了正餐以外，我们还准备了多种零食，若有愿意品尝的乘客，请跟乘务员联系。

三明治，新鲜的水果，方便面，泡菜卷面条

晚餐
首尔
|
洛杉矶

晚餐

韩餐

初味
小鱿鱼凉菜
栗子，大枣粥

三味
烤牛肉营养包饭
配米饭、烤牛肉、各种健康蔬菜以及特制*包饭酱，
还准备了小菜与汤。

烤肉是切成薄片的牛肉筋道口感和甜蜜而又别有风味，不仅是韩国人，还深受外国人喜爱的代表韩国的传统美食。将美味的烤肉和米饭一起包在新鲜蔬菜中享用，即可感受到满口飘香的味道和口感的盛宴。烤肉和新鲜包饭蔬菜的完美和谐烤肉营养拌饭是自古以来叫‘菜包饭(福裹)’，有着吃包饭的习俗，是以在机舱内包着福吃的概念为开发，是在国际航空餐饮供应协会机内餐部门2006年荣获了金奖的菜单，是一款只能在韩亚航空享用的标志菜单。

*包饭酱：这是以花生米、核桃、松子、葵花籽、瓜子等材料拌均而成的包饭酱。
患有对坚果类过敏症的乘客，请注意摄食此包饭酱。

后味
艾蒿红豆糕和核桃正果

意式柿子奶油布丁 或者 **新鲜的水果**
*意式奶油布丁： 意大利式甜点布丁

咖啡或茶

享用包饭的最佳方法
1. 把生菜或各种包饭菜中选一个放在手掌上。
2. 把米饭、烤肉、包饭酱放上菜叶上。
3. 把包饭菜卷起来就可以吃。
4. 最后配汤及各种佐餐享用美味的包饭。

零食

除了正餐以外，我们还准备了多种零食，若有愿意品尝的乘客，请跟乘务员联系。

三明治，新鲜的水果，方便面，泡菜卷面条

如果点同样料理的乘客格外多，有可能无法满足每位乘客的需求，请谅解。
如需过敏性诱发物质信息，请咨询乘务员。

便餐

便餐

首尔
|
洛杉矶

前菜
烤南瓜沙拉

主菜
炖牛肉
配了奶油酱
一起备了捣碎西红柿土豆泥和各种蔬菜。

或者

意式鸡肉直通粉
配了蘑菇奶油酱
一起备了芝士，洋蘑菇，芦笋，烤番茄。

或者

香菇野芝麻粥

甜品
焦糖玛奇朵蛋糕

咖啡或茶

如果点同样料理的乘客格外多. 有可能无法满足每位乘客的需求. 请谅解。
如需过敏性诱发物质信息，请咨询乘务员。

아시아나항공의 Economy Class Menu Book

Economy Class

무알콜 음료 | Non-Alcoholic Beverages

오렌지, 사과, 토마토, 파인애플 주스
Orange, Apple, Tomato, Pineapple Juice

콜라, 스프라이트, 코카콜라 라이트, 다이어트세븐업, 진저엘
Coke, Sprite, Coca-Cola Light, Diet Seven Up, Gingerale

원두 커피, 디카페인커피
Regular Coffee, Decaffeinated Coffee

녹차, 홍차, 인삼차, 자스민차
Green, Black, Ginseng, Jasmine Tea

알코올 음료 | Alcoholic Beverages

레드와인
Red Wine

화이트 와인
White Wine

위스키, 보드카, 진, 코냑
Whisky, Vodka, Gin, Cognac

맥주
Assorted Beers

막걸리
Makgeolli(Traditional Korean Rice Wine)

간혹 예상치 않은 많은 주문으로 인해 희망하신 음료를 제공드리지 못할 때도 있음을 양해해 주시기 바랍니다.
We apologize if your choice is not available due to unexpectedly high demand.

서울 – 시드니 | Seoul - Sydney

ASIANA AIRLINES
A STAR ALLIANCE MEMBER

첫번째 식사 1st Meal

양식 | Western

훈제 연어와 마카로니 샐러드
Smoked Salmon and Macaroni Salad

감자를 곁들인 쇠고기 찜 요리
Beef Stew with Potato

티라미수 치즈 케이크
Tiramisu Cheese Cake

한식 | Korean

불고기 영양 쌈밥
Ssambap
Steamed Rice with Grilled Beef 'Bulgogi', Various Kinds of Vegetables

신선한 과일
Fresh Fruit

두번째 식사 2nd Meal

요거트
Yogurt

오믈렛과 감자, 베이컨, 브로콜리
Omelet with Potato, Bacon and Broccoli

또는 | or

쇠고기 버섯 죽
Beef Mushroom Porridge

신선한 과일
Fresh Fruit

견과류 알러지가 있는 손님께서는 취식에 유의하여 주시기 바랍니다.
간혹 예상치 않은 많은 주문으로 인해 희망하신 요리를 제공하지 못하게 될 수도 있음을 양해하여 주시기 바랍니다.
Those with nut allergies should be careful.
We apologize if your choice is not available due to unexpectedly high demand.

3. 클래스별 기내식 메뉴 소개

1) 일등석 메뉴

(1) 싱가포르항공(Singapore Airlines)

Singapore Airlines

싱가포르항공(Singapore Airlines)

Flight Route: **Singapore/San Francisco via Hong Kong**
Class: **First Class**
Meal type: **Dinner**

Appetisers

Chilled malossol caviar with melba toast and condiments Oriental hors d'oeuvre Lobster, tuna and prawn with salad cream

- Soup: Oriental chicken and sweetcorn soup
- Salad: Seasonal mixed salad w/French dressing/Sherry vinaigrette

Main Courses

- Ah Yat's style steamed chicken with sliced abalone in lotus leaf, seasonal vegetables and fragrant rice
- Braised beef ribs in red wine served with selected vegetables and appardelle pasta
- Roasted sole fillet served with creamy dill sauce, onion jam, seasonal vegetables and buttered new potatoes
- Stir fried scallops in XO sauce served with fried noodles and vegetables
- Cheese: Selection of cheese with garnishes A selection of fresh fruit

Dessert

Warm persimmon clafoutis with mascarpone
ice cream and raspberry coulis from the bakery
Oven fresh rolls with a choice of extra virgin olive oil or butter Garlic bread

Hot Beverages

- Freshly brewed coffee, Espresso or cappuccino
- Selection of tea

(2) 에미레이트 항공(Emirates)

Emirates

에미레이트 항공(Emirates)

Flight Route: **Dubai-New York**
Class: **First Class**
Meal type: **Breakfast**

Fresh juice
Orange juice
Grapefruit juice
Beetroot, apple, celery and ginger detox drink
Banana and vanilla smoothie

Breakfast

- Classic omelette
  - Served with roasted potato cake, sautéed portobello mushrooms and herbed roasted tomato
- Sunny-side up eggs
  - Served with veal rashers and potato hash
- Paneer bhurji
  - Crumbled cheese with spices, served with chickpea masala and corn and spinach patties
- Continental cold plate
  - Sliced grilled chicken, bresaola, red leicester and gruyère, served with cucumber and tomato

Breakfast Cereal

Choice of cornflakes or Brookfarm muesli
Breakfast is served with freshly baked bread, toast, pastries, fresh fruit and yoghurt

Canapés

In partnership with Dom Pérignon chef Marco Fadiga,
we present small bites inspired by the region
Sweet potato tartlet
Houmous with lamb baharat
Smoked salmon crêpe parmentier with poached pear

Seasonal Fruit

An assortment of fresh cut fruit

You can still order hot meals up to 1hr and 30 minutes before we land.

(3) 에어프랑스(Air France)

Air France

에어프랑스(Air France)

Flight Route: **LAX to PPT**
Class: **l'Espace Premiere First**
Meal type: **Supper**

Choice of Hors D'oeuvre

- Medallion of Duck with dried fruit
- Lobster Ravioli with tarragon bisque

Choice of Main Courses

- Roasted fillet of sea bass with fennel seeds and creamy mushroom sauce, celery tagliatelle, sugar snap peas and simmered tomato
- Today's special dish: Breast of Duck with craneberry sauce served with noisette potato and sauteed mushroom

Our Special Selection of Cheese

Fresh Bakery Selection

Dessert

- Strawberry tart
- Sorbets served with cookies
- Assortment of fresh fruits

2) 비즈니스석 메뉴

(1) 타이항공(Thai Airways International)

타이항공(Thai Airways International)

Flight Route: **NRT to BKK**
Class: **Business Class**
Meal type: **Lunch and Snack**

Australian Beef Mirabeau Apricot, Red Cabbage
Salad

Cha-Soba
Stir-fried Australian Beef with Chinese sauce, Noodles, Vegetables
or
Grilled Halibut with Lemon Saffron Sauce, Vegetables

Roll, Butter
- Madarin Gateau

Tea, Coffee
- Japanese Sweet Bean Cake
- Japanese Green Tea

Thai Airways International

(2) 브리티시항공(British Airways)

British Airways

브리티시항공(British Airways)

Flight Route: **London to Lisbon**
Class: **Club Europe**
Meal type: **Lunch**

Smoked Salmon Salad

Chicken served with a Portuguese sauce, saute potatoes and spinach

Oven warmed rolls

Fruits of the season

Cheese plate

Your choice of coffee or tea

3) 이코노미석 메뉴

(1) 대한항공(Korean Air)

Korean Air

대한항공(Korean Air)

Flight Route: **Seoul to Los Angeles**
Class: **Economy**
Meal type: **Breakfast**

Main Courses

Mushroom Omelette
Fluffy omelette with mushrooms and onions, served with fried potatoes and pork sausage
or
Chicken with oyster sauce
Chicken breast with oyster sauce, fried rice, bamboo shoots and mushooms

Peach and mandarin cocktail

(2) 유나이티드항공(United Airlines)

유나이티드항공(United Airlines)

Flight Route: **SYD to LAX**
Class: **Economy**
Meal type: **Dinner**

To Begin

- Baby shrimp and saffron pasta salad with carrot

Main Course

Chicken Parmesan with basil marinara sauce
Served with fettuccine Alfredo pie and green beans
or
Grilled steak with black pepper sauce
Accompanied by mashed potatoes, peas and corn

Dessert

- Macadamia shortbread

United Airlines

(3) 루프트한자 항공(Lufthansa)

루프트한자 항공(Lufthansa)

Flight Route: **Germany/China**
Class: **Economy**
Meal type: **Dinner**

Hors d'oeuvre

- Smoked Salmon served on a bed of Garden Greens

Roll, Cheese and Butter

Entrees

Chicken Fricassee offered with Vegetable Rice and Green Aspargus
or
Singapore-style Beef and Celery presented with Glass Noodles

Dessert

- Nougat Creme

Lufthansa Airlines

(4) 델타항공(Delta Airlines)

Delta Airlines

델타항공(Delta Airlines)

Flight Route: **MEX to JFK**
Class: **Economy**
Meal type: **Lunch**

Salad

- Fresh seasonal Garden Salad complemented by Dressing

Entrees

Please choose one of the following Entrees

- Sweet and Sour Chicken
  Roasted Chicken Breast topped with Sweet and Sour Sauce, served with Corn, Green Beans and Lemon Rice
- Beef Pot Roast
  Traditional Pot Roast simmered in Red Wine Sauce with dices Potatoes and Carrots

Bread and Butter

Cheese and Crackers

Dessert

- Apple Tartlet

4) 와인 리스트

(1) 캐세이퍼시픽 항공(Cathay Pacific)

Cathay Pacific

캐세이퍼시픽 항공(Cathay Pacific)

Flight Route: **Taipei to Hong Kong**
Class: **Business Class**
Meal type: **Dinner (Wine List)**

Aperitifs & Cocktails

Gin · Rum · Vodka · Martini Rosso · Martini · Extra Dry · Campari · Sweet and Dry · Sherry · Bloody Mary · Screwdriver

- Whiskies: Chivas Regal 12 Years Old, Johnnie Walker Black Label, Jack Daniel's Bourbon, Canadian Club
- Cognac: Hine 'Rare and Delicate' Fine Champagne
- Liqueurs: Drambuie · Cointreau · Bailey's Irish Cream
- Beer: International Selection
- Champagne: Billecart-Salmon Brut Champagne
- White Wines
  - Louis Max Pouilly Vinzelles 2000
  - Louis Max Pouilly Vinzelles 1996
  - McWilliam's Mount Pleasant Hunter Valley
  - Chardonnay 2000
- Red Wines
  - Louis Max Mercuery Domaine
  - La Marche 1999
  - Vieux Chateau des Combes
  - 1999, Saint Emilion Grand Cru
- Port: Dow's Late Bottled Vintage Port 1995/1996
- CX Signature Drinks
  - Pacific Sunrise
  - A refreshing combination of champagne and Drambuie with the zest of orange and lemon.

Cathay Delight: A kiwifruit based nonalcoholic drink with coconut juice and a touch of fresh mint.

(2) 케이엘엠항공(KLM Royal Dutch Airline)

KLM Royal Dutch Airline

케이엘엠항공(KLM Royal Dutch Airline)

Flight Route: **AMS to LAX**
Class: **Economy**
Meal type: **Dinner & Breakfast (Liquor List)**

Spirits

Grant's Family Reserve, Jim Beam, Camus VS, Finlandia, Gordon's Dry Gin, Jongle Bols Dutch Gin, Williams & Humbert Dry Sack Sherry, Bacardi White Rum, Grant Marnier, Drambuie Baileys, Cointreau, Kahlua, Campari, Martini Red Vermouth

Beer

Heineken, Amstel Malt, Grolsch

Non-alcoholic

Coca-Cola, Coca-Cola Light, Sprite, Sprite Light, Lipton Ice-Tea, Ginger Ale, Bitter Lemon, Soda Water, Sourcy Carbonated MineralWater, Spa Non-Carbonated Mineral Water, Orange, Apple and Tomato Juice, Milk, Colombian Coffee, Colombian Decaffeinated Coffee, Tea

Wine

- Wine: Gran Feudo 1993, Navarra, Spain White
- Wine: Sauvignon Blanc 1996, Vin de Pays d'Oc, France

4절 식품 관리

식품은 인간이 살아가는 데 필수 불가결한 것이며, 이에 대한 인간의 욕구는 생리적 욕구 중에서도 가장 기본적인 것이라 할 수 있다. 항공여행이라는 특수한 상황 속에서 승객들은 기내식이 기본적인 생리적 욕구를 해결해 줄 뿐 아니라 여행의 피로감을 덜어 주고 편안함을 느끼게 하는 등의 감각적 욕구까지 채워 주기를 원한다. 따라서 기내식을 직접 취급, 저장, 보관, 서비스하는 역할을 담당하는 객실 승무원은 기본적인 식품 성분과 식품의 관리법을 반드시 이해해야 한다.

1. 식품의 구성성분

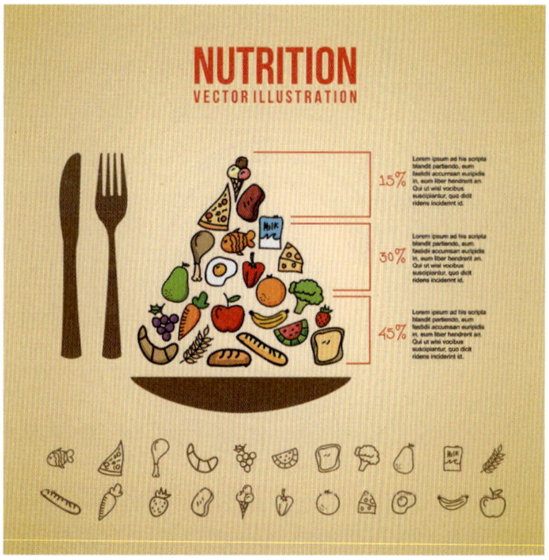

인간의 체내에 생리학적으로 영향을 미치는 식품은 그 주요 성분과 감각적으로 영향을 미치는 기호 성분으로 구분할 수 있다. 높은 고도에서의 장시간 비행이라는 특수 환경에서 섭취하는 기내식은 객실 내 산소 상태와 건조함, 행동의 제한성 등 여러 요소의 영향으로 일상적인 인체의 생리적 변화나 감각적 반응과는 차이가 있으며, 이는 식욕에도 영향을 미친다.

장거리 비행 시 기내의 건조함으로 체내에 섭취된 음식물이 소화되는 데 많은 시간이 걸리며, 공간적 제약으로 인한 승객들의 신체 활동 부족은 많은 양의 음식을 섭취했을 때 인체에 부담을 주게 된다. 항공사들은 비행 환경의 일반적인 특성을 고려하여 적정량의 열량을 함유하되 소화하기 좋은 메뉴와 조리법을 연구 및 개발하고 있다.

1) 생리학적 주요 식품 성분

생리학적 주요 식품 성분에는 일반적인 생활 활동의 에너지원이 되는 탄수화물과 지방, 그리고 신체의 근육과 뼈의 구성 물질이 되는 단백질과 칼슘, 마지막으로 신체기능의 조절 물질이 되는 비타민과 무기질이 있다. 항공여행의 일상화와 고객층의 다양화로 최근에는 개인 건강상의 이유로 항공사에 특별식을 주문하는 경우가 늘고 있다. 이러한 승객들에게 고객화된 식사 서비스를 제공하기 위해 식품의 생리학적 성분에 대한 기본적인 이해는 필수이다.

(1) 탄수화물

탄수화물 1g은 체내에서 4kcal의 에너지를 내며 우리 식사 중 총 섭취 열량의 60% 이상을 차지하는 주된 열량소이다. 당질은 혈당의 구성 성분이자 신경조직의 에너지 공급원으로, 당질 섭취가 부족할 경우 단백질이 대신 에너지를 공급하여 단백질 소모가 일어나므로 이에 유의하여 적정량의 당질을 섭취해야 한다.

- 단당류: 포도당, 과당(포도, 꿀, 과일 등에 함유)
- 이당류: 자당(사탕수수, 사탕무, 설탕 등에 함유), 맥아당(엿, 식혜 등에 함유), 유당(동물의 유즙에 함유)
- 다당류: 전분(곡류, 감자류 등에 함유), 글리코겐(간, 전복 등에 함유), 섬유질(곡류, 채소, 과일 등에 함유)

(2) 지방

지방질 1g은 체내에서 9kcal의 에너지를 내며 에너지를 낼 수 있는 영양소 중 밀도가 가장 크다. 지방은 필수지방산 섭취를 위해서는 총 섭취 열량의 2~4%, 지용성 비타민 공급을 위해서는 총 섭취 열량의 10%를 섭취해야 한다. 그러나 동물성 지방을 과다 섭취할 경우에는 콜레스테롤 혈중 농도가 높아져 동맥경화 등을 유발할 수 있으므로 유의해야 한다.

- 중성지방: 식물성 지방(콩기름, 땅콩류, 유채유, 참기름), 동물성 지방(쇠고기, 돼지고기, 버터)
- 인지질
- 콜레스테롤

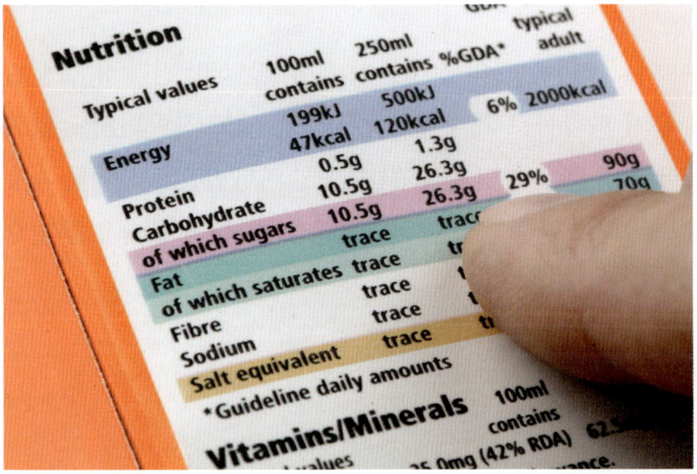

© Getty Images Bank

(3) 단백질

단백질은 인체를 구성하고 있는 세포의 여러 성분 중 가장 주된 성분이다. 세포는 끊임없이 분해와 생성을 거듭하기 때문에 성인의 단백질 섭취도 중요하나 성장기에 있는 아동은 새로운 조직형성을 위해 단백질 필요량이 크다. 단백질 1g은 체내에서 4kcal의 에너지를 내는 에너지원이지만, 과량의 단백질 섭취는 지방질로 전환되어 체내에 저장되는 특징이 있으므로 유의해야 한다.

또한 단백질은 총 섭취 열량의 15% 수준이 적당하다. 불필요한 단백질 섭취는 간과 신장에 부담을 주는 등의 문제를 일으키므로 성인의 경우 2/3 정도는 식물성 단백질로, 1/3은 동물성 단백질로 섭취하는 것이 좋다.

- 동물성 단백질: 육어류(쇠고기, 돼지고기, 닭고기, 생선 등), 난류(계란, 오리알 등), 낙농류(우유, 치즈 등)
- 식물성 단백질: 두류

(4) 칼슘

식품의 영양소 중 무기질의 한 원소이며 골격형성(치아), 혈액응고, 근육의 수축이완 작용, 심장운동, 신경의 전달, 세포벽 투과성, 효소성 활성화를 돕고, 비타민 D, 단백질, 젖당 등은 칼슘의 흡수를 돕는다. 섭취량의 70~90%가 변으로 배출되기 때문에 충분한 양을 섭취해야 하며, 성인의 하루 칼슘 소요량은 600mg이며 체내에 칼슘이 부족하면 근육경직이 일어난다.

(5) 비타민

비타민은 에너지원이 아니지만 인체의 정상적인 성장, 발달 및 건강 유지에 필수적인 역할을 하는 유기 화합물로 체내에서 합성되지 않고 전환되지도 않으므로 반드시 각각 섭취해야 한다. 과잉 섭취 시 수용성 비타민은 배설되나 지용성 비타민은 체내에 축적되어 출혈, 신경손상, 골절, 두통 등의 부작용을 일으킬 수 있다.

- 수용성 비타민: 비타민 B 복합체(B1, B2, 니아신, B6, B12, 엽산, 판토텐산), 비타민 C
- 지용성 비타민: 비타민 A, D, E, K

(6) 무기질

무기질의 특징은 뼈와 치아를 구성하는 재료가 되며, 체내 수분의 평형을 유지하고, 체내의 산과 알칼리의 평형을 유지하는 것이다. 소금(Nacl)의 과잉 섭취를 막는 이유는 나트륨 때문인데, 나트륨의 과잉 섭취는 체내 수분량을 증가시켜 혈압을 높이며 이는 심장병의 원인이 되므로 유의해야 한다. 또한 과다한 소금 섭취는 위벽에 자극을 주어 위염 등을 유발할 수 있다.

- 다량 무기질
  - 금속 이온: 나트륨(Na), 칼륨(K), 칼슘(Ca), 마그네슘(Mg)
  - 비금속 이온: 염소(Cl), 인(P)
- 미량 무기질
  - 금속 이온: 철(Fe), 아연(Zn), 크롬(Cr), 구리(Cu), 셀레늄(Se), 망간(Mn)
  - 비금속 이온: 요오드(I), 불소(F)

2) 감각적 기호 성분

© Getty Images Bank

음식을 인간의 오관 및 감각기관의 작용에 의한 기호 성분의 관점으로 살펴보기에 앞서 기호는 그 자체에 개인적인 차이가 있어 일반화하기에는 어려움이 따른다. 그럼에도 불구하고 다수의 공통적인 기호를 관찰·분석하고 연구하는 것은 필요하다고 하겠다. 감각적 요소는 외관(모양과 색), 향, 맛, 질감, 소리 등이며, 우수한 영양과 위생을 갖춘 음식이라도 맛이 없다면 음식의 전반적 품질에서 좋은 평가를 받을 수 없다. 음식의 상태를 오감으로 느끼는 것은 식생활의 즐거움에 있어서 매우 중요한 요소이다.

식품이 띠고 있는 '색'은 인간이 음식을 보았을 때 첫 번째로 느끼는 감각이라 할 수 있다. 물론 개인적인 기호의 차이는 있겠지만 일반적으로 그 빛깔이 시각적으로 아름답고, 같은 색이 반복되지 않을 때 식욕이 생긴다. 따라서 음식의 색감은 식재료 선정 시나 마련된 음식을 접시에 담아 낼 때 조화를 이루는 것이 중요하다.

두 번째로 인간의 후각 역시 시각처럼 음식을 처음 대할 때 느끼는 것으로, 맛을 보지 않아도 그 '향'만으로 식욕을 일으킬 수 있다. 마지막으로 음식을 섭취함으로써 혀의 미세포를 통해 직접적으로 '맛'을 느낄 수 있으며, 각각의 감각기관을 통해 맛과 음식 자체의 질감을 느낄 수 있으며, 동일한 음식이라도 개인의 감각적 기호에 따라 다르게 느껴질 수 있다.

(1) 색(Color)

음식을 보았을 때 첫 번째로 느끼는 감각으로 식품의 신선도, 품질 평가의 기준, 음식이 익은 정도 등을 판단할 수 있다. 이러한 색은 불안정한 요소로 농작물, 과일, 수산물, 육류 등의 색깔은 산소, 빛, 습기, 효소, 미생물 등의 환경적인 영향으로 음식이 조리된 후나 저장, 가공 시에 변화될 수 있다.

(2) 향(Flavor)

식품이 입에 들어간 후 입안에서 코 안으로 전달되어 느껴지는 것으로 색과 맛에 비해 그 종류가 많고 복잡하다. 식품의 향은 조리나 저장에 의해 없어지기도 하고 다른 강한 냄새로 인해 느끼게 못하게 되기도 한다. 또한 높은 고도를 유지하는 항공여행에서 승객들은 후각이 둔감해져 음식이나 와인의 향을 지상에서처럼 잘 구별하지 못한다. 그래서 항공사는 메뉴 선정은 물론 식자재 및 조리법 선정이나 와인 선별 시 상대적으로 향이나 아로마가 강한 것을 선호한다.

(3) 맛(Taste)

음식을 섭취할 때 혀의 미세포를 통해 감지되며 가열, 가공조건에 따라 맛이 달라지며 혀의 부위에 따라 맛에 대한 감수성도 다르다. 기본 맛인 단맛, 짠맛, 신맛, 쓴맛에 감칠맛을 더해 5가지로 분류한다. 이외에도 매운맛, 떫은맛, 아린 맛, 금속의 맛, 알칼리 맛, 콜로이드 맛 등 다양한 맛이 있다.

맛은 음식에 대한 만족도를 결정짓는 가장 중요한 요소이며, 식욕을 증진하고 식사 중의 만족감을 줄 뿐만 아니라 음식의 소화 흡수에도 영향을 미친다. 후각과 마찬가지로 승객들의 둔해진 미각을 고려하여 통상 항공사들은 조금 더 짜게 조리를 하지만 최근의 웰빙 트렌드와 건강을 위한 저염식 요구에 맞춰 국적기는 염도를 낮추는 추세이다.

(4) 질감(Texture)

식품의 질감은 입안에서 느끼는 감각으로 혀에 연결된 3차 신경이 전달하며, 그 음식의 품질을 결정하는 중요한 요소가 된다. 씹는 맛은 식품에 가한 힘에 대한 반응, 촉감으로 평가되며, 그때그때 식품 상태에 따라 평가 기준이 다르다. 질감은 식품의 조리법을 결정하는 중요한 요소로 메뉴를 구성할 때 식품이 갖는 질감의 다양성을 특별히 고려하기도 한다.

- 건열 조리 시: 단단하고 질긴 맛의 질감
- 습열 조리 시: 부드럽고 연한 맛의 질감
- 기름에 튀길 경우: 아삭아삭한 맛의 질감

2. 식품별 영양소와 특성

항공사는 기내식을 제공함에 있어서 인간의 신체적, 감각적, 지각적, 쾌락적 요소에 영향을 미치는 기내 환경을 고려하고 동시에 승객 개인의 연령이나 신체 상태(갈증 정도, 배고픔, 식욕), 심리상태 그리고 식습관이나 식문화 등의 환경적 요인과의 조화를 살펴야 한다. 이를 위해 식음료 서비스 제공자인 객실 승무원은 기초적인 식품별 영양소에 대한 이해는 물론 각 식품의 특성도 파악하여 실제 서비스에 적용할 필요가 있다. 승객의 소화를 돕고 해독하는 식품이나 정신적 긴장과 스트레스 약화에 도움이 되는 우유나 알코올성 음료의 역할 등이 그것이다.

대부분의 승객은 기내식에서 어떤 효과를 기대하고 음식을 선택하지는 않는다. 그러나 한 승객이 기내식에서 섭취한 음식의 질과 양은 모든 승객의 편안한 여행을 결정짓는 수면의 질과 깊은 관련이 있다는 사실에 주목할 필요가 있다.

1) 육류

육류의 영양소는 단백질, 지질, 소량의 탄수화물, 무기질(Ca, K, P, S), 비타민 B1, A이며, 특징은 가열 시 철 성분이 산화하여 갈색으로 변하고, 세균이 번식하면 녹색을 띠게 되어 식용으로는 부적합하다는 것이다. 특히 육류 가열 시 성분 변화는 근육 단백질의 변성, 콜라겐의 젤라틴화로 인해 질감까지 변화시킬 수 있으며, 향과 맛, 색의 변화 또한 이루어진다.

2) 유류

유류는 단백질, 당질(젖당), 유지방, 무기질, 비타민 A와 같은 영양 성분을 함유하며, 필요한 영양소를 거의 전부 함유하고 있기 때문에 완전 영양 식품이라고 할 수 있다. 특징은 미생물의 번식 환경에 적합하여 부패하기 쉽고, 세균 증식을 방지하기 위해 10℃ 이하로 보존해야 한다는 것이다. 살균법으로는 현재까지 저온 살균법, 고온 단시간 살균법, 초고온 순간 살균법이 있다.

3) 치즈류

치즈류의 영양소는 유류와 거의 동일하며, 치즈는 유류를 원료로 하여 젖산균, 단백질 분해효소, 산 등을 첨가하여 만든 신선한 응고물 또는 발효, 숙성시킨 것을 의미한다. 자연 치즈(Natural Cheese)는 자연적으로 발효, 숙성을 거친 치즈를 말하며, 가공 치즈(Process Cheese)는 2가지 이상의 자연 치즈(Natural Cheese)를 분쇄, 가열, 살균하여 숙성을 거친 치즈를 말한다.

4) 난류

난류의 영양소는 2가지로 구분하는데, 난황에는 지질 30%, 단백질, 소량의 탄수화물, P, Ca, Mg, Fe 등의 무기질, 비타민 A, B1, B2, D, E가 있으며, 난백에는 수분, 단백질 소량, 비타민 B2가 있다. 난백은 여러 가지 향균 성분이 있어 장기간 보존이 가능하며, 난황, 난백 모두 가열에 의해 단백질이 변성, 응고하는 특성이 있다.

5) 어패류

어패류는 단백질, 지방, 무기질(Ca), 비타민 A, D, B1, B2의 영양소를 함유한다. 그중 음식물로만 섭취해야 하는 불포화지방산인 EPA와 DHA는 혈전이나 동맥경화를 예방화는 효과가 있으며 광범위한 생리적 기능을 한다. 육류보다 결합조직이 더 적어 소화가 잘되며, 양질의 단백질과 불포화지방산이 많다.

6) 곡류

곡류는 수분, 탄수화물, 단백질, 소량의 지방, 비타민 B1, B2, B6, 무기질의 영양소를 가지고 있으며, 에너지원으로 적당한 식품이다. 주성분이 전분이기 때문에 소화가 용이하며 식품 중 가장 많이 섭취된다.

© Getty Images Bank

7) 야채류

비타민 B1, B2, C, 무기질(K, Na, Ca), 섬유질의 영양소를 가진 야채류는 에너지 급원 식품은 아니지만 비타민, 무기질의 급원이다. 알칼리성이므로 곡류, 육류와 같은 산성 식품과 함께 섭취하여 균형을 유지할 수 있다.

8) 과실류

과실류는 수분, 비타민(A, C), 무기질(Fe, Ca), 당, 유기산의 영양소를 가지고 있다. 에너지원으로서 가치는 적으나 무기질, 비타민 등을 함유하여 영양학적 가치가 크며, 성숙하면 특유의 방향성을 띤다.

9) 기호식품류

(1) 커피

커피의 성분은 카페인, 타닌, 무기질, 당, 지질을 포함하며, 특징은 카페인 성분에 의해 각성효과, 피로회복, 이뇨작용, 위산분비 증가 등의 현상이 일어난다는 것이다. 장기간 다량을 복용할 경우 중독을 야기할 가능성과 자극 과민성, 신경질이나 불안, 두통, 불면증과 같은 부정적인 영향도 나타난다. 항공여행 중의 카페인 다량 섭취 시 정신적 영향은 물론 탈수증상과 정맥혈전 유발로도 나타나는 생리적 변화도 인지해야 한다.

(2) 차류

차는 타닌, 카페인, 비타민 A, B1, B2, C, E, 사포닌, 무기질, 유기산의 성분을 가지고 있으며, 엽록소, 비타민 C 등이 풍부하여 콜레스테롤과 혈압을 낮추는 데 유효하다는 특징이 있다. 찻잎이 함유하고 있는 불소 성분은 구강 위생에 중요한 기능을 하며, 당뇨병 억제와 중금속 해독 작용, 항염성, 변비 개선 등의 효과가 있다.

10) 알코올류

물과 에탄올 성분을 가지고 있으며 알코올을 장기간 섭취하면 간 조직에 영향을 미쳐 지방간, 알코올성 간염, 간경련 등을 일으킨다. 1g이 7kcal의 열량을 낼 수 있으며, 체내에 흡수되는 정도는 개인차가 있을 수 있다. 이때 탄산이 있으면 알코올의 흡수를 촉진하는 반면, 위에 지방이나 당질이 있으면 알코올의 흡수를 지연한다.

개인과 환경에 따른 차이는 있지만 일반적으로 알코올은 식욕 억제와 불안감 해소의 효과가 있다. 알코올성 음료는 대부분의 항공사에서 제공하며 많은 승객들이 비행 중에 마시게 될 알코올 음료에 대한 기대를 갖고 항공기에 탑승하게 된다. 또한 식사와 함께 와인과 같은 식중주를 권하며 식사 서비스의 품질을 향상하고자 한다. 기내의 기압으로 인한 상대적으로 빠른 알코올 흡수현상 등을 고려하여, 승객들이 기내에서 과음하지 않고 적정량의 알코올성 음료를 섭취할 수 있도록 조절할 필요가 있다.

3. 식품의 안전성과 보전관리

식품은 농약, 소독제, 항생제, 성장 촉진제, 방사선 물질 등의 사용과 잔류 여부, 환경 오염에 의한 중금속 등의 문제로 원료부터 점검하는 안전성이 요구된다. 식품 취급자는 전문적 지식과 식품에 대한 안전 의식을 갖추고, 가공에 따른 각종 식품 첨가물 사용과 저장 환경, 유통 기간 동안 유독 성분의 생성 등에 대한 문제도 고려해야 한다.

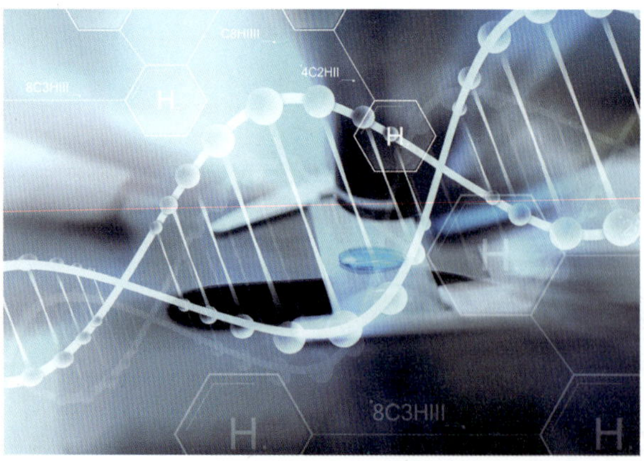

1) 식품 안전 저해 요인

(1) 생물학적 위험

음식에 있어 식중독은 원인균, 곰팡이, 효모, 바이러스 등과 관계있다. 미생물, 효모, 곰팡이 등은 식품 발효에 이롭게 쓰이기도 하지만 식품을 부패시켜 식품 안전사고를 일으키는 원인이 된다.

(2) 화학적 위협

화학적 위협이란 오늘날 과학의 발달로 음식의 맛을 증진하고 식품의 장기 보존, 해충의 유입 방지를 위해 사용하는 화학물이 인체에 유해한 영향을 미치는 것을 의미한다. 잔류 농약, 금속 화합물, 소독제, 세제류, 그 외 환경 오염 물질의 용기 포장, 제조 가공 등의 오염이 화학적 위협에 해당한다.

(3) 자연적 위험

식품의 자연적 위험은 이물질이나 유리, 쇳조각, 포장 상태 불량 등을 의미한다. 음식물 자체가 아닌 다른 요소가 음식물에 첨가되었을 때 특히 위험하다.

(4) 식품 고유의 위협

동, 식물성 자연식품에 기본적으로 존재하는 고유의 독성 성분을 말하며 복어, 뱀장어, 옻나무 등을 예로 들 수 있다.

HACCP는 식품의 원재료 생산에서부터 제조, 가공, 보존, 유통 단계에까지 위해요소를 규명하고, 중요관리점을 찾아서 효율적으로 관리하기 위한 시스템이다.

2) 식품의 보전관리 방법과 효과

기내식을 최상의 상태로 서비스하기 위해서는 식품의 위생 측면, 오염 여부 등을 확인해야 하며 식품을 가장 알맞은 상태로 보존, 관리, 조리할 수 있어야 한다.

(1) 식품 향의 보전관리

향이 좋은 재료를 선택하여 최적의 조건을 구비하고, 저장, 가공, 조리 과정에서 본래의 향을 잃지 않도록 한다.

(2) 식품의 상호작용에 의한 보전관리

각각 맛이 다른 두 가지 물질이 작용하여 한 가지 맛보다 더 강하거나 약하거나 전혀 다른 맛을 내게 되는 현상을 말한다.

- 상쇄 효과: 짠맛이 강한 것에 식초를 넣거나 쓴 커피에 설탕을 넣으면 앞의 맛이 약해지는 효과를 말한다.
- 변조 효과: 소금물을 먹고 물을 마시면 달게 느껴지거나 오징어를 먹고 귤을 먹으면 쓰게 느껴지는 등 앞의 맛에 의해 뒤의 맛이 다르게 느껴지는 것을 말한다.

(3) 식품의 온도 변화에 의한 보전관리

식품 미각의 민감도는 용액의 온도에 따라 달라진다. 짠맛은 온도가 상승하면 둔해지고, 신맛은 온도에 따라 강도가 변하지 않으며, 단맛은 체온 근처에서 가장 강하게 느껴진다.

(4) 식품의 가공과 저장에 의한 보전관리

빵, 비스킷 등은 가공하면 갈색이 되면서 생성된 냄새 성분이 구수한 냄새를 내는 현상을 일으킨다. 식품을 가공하면 식품의 성분이 가열이나 조리되면서 품질을 향상시킨다. 이 밖에도 항공 기내식은 식품의 오염 방지를 위해 세균활동을 억제하거나 방지할 수 있는 매우 낮은 온도로 가급적 빠른 시간 안에 조리하여 저장하는 방식을 사용하고 있다. 일명 '저온 보관 시스템'으로 특수 제작된 급속냉각기로 미생물의 번식을 차단하며, 조리하고 난 뒤 4시간 안에 5°C 이하로 냉각하여 보관한다.

chapter

2

항공 기내 음료의 이론과 실무

In-flight Beverages: Theory and Practice

1절 | 음료 문화의 이해

1. 음료의 기원과 정의

1) 음료의 기원과 역사

인간이 생존하기 위해서는 반드시 물이 필요하다. 물은 인류 최초의 음료로, 우리 선조들은 아마도 자연의 물을 마시며 갈증을 달래고 만족했을 것이다. 그러나 여러 가지 환경의 오염으로 자연수를 마실 수 없게 되자, 대체 음료를 발견하게 되고 꾸준한 연구의 성과로 새로운 음료를 개발하게 된 것이다.

정확한 시기는 알 수 없으나, 자연적으로 존재하는 벌꿀을 마시기 시작한 것이 음료의 시초라 추측된다. 고고학 자료를 보면 기원전 6000년경 바빌로니아(Babylonia)에서 레몬(Lemon) 과즙을 마셨다는 기록이 있는 것으로 보아 과즙이 그다음이라 생각된다. 그 후 이 지역에서는 밀로 만든 빵이 물에 젖어 발효된 맥주를 발견하고 이를 음료로 즐겼으며, 중앙아시아 지역에서는 야생의 포도가 쌓여 자연적으로 발효된 포도주를 발견하여 마시게 되었다고 한다.

요즘 현대인들이 즐겨 마시는 커피는 600년경 예멘(Yemen)에서 한 양치기에게 발견되어 약재와 식료, 음료로 이용되면서 아랍 국가들로 전파되었고, 1300년경에는 이란에, 1500년경에는 터키까지 전파되었다. 또한 인류가 오래전부터 마셔 온 음료 중 하나인 유제품은 목축을 하는 유목민들이 양이나 염소의 젖을 음료로 마신 것에서 유래했다.

인간이 탄산음료를 음용하게 된 것은 천연 광천수를 마시게 된 데서 비롯되었다. 기원전 그리스의 사료에는 어떤 광천수가 보통 물과 달라서 건강에 좋다는 소식이 전파되자 병자들이 이 광천수를 마시고 그 효험으로 120세까지 장수했다는 기록이 있다. 1767년에는 영국의 학자 조셉 프리슬리(Joseph Priestley)가 최초의 인공 탄산음료를 개발하고, 그 후 1807년에 탄산수를 과일주스와 혼합한 탄산음료를 생산하고 판매하기에 이르러 탄산음료가 기호품과 청량음료의 역사에 새로운 장을 열게 되었다. 대량생산이 가능해진 것은 1892년 미국의 학자 윌리암 페인터(William Painter)가 병마개 밀봉기술을 발명한 이후이다.

음료의 향료에 관심을 갖게 된 것은 그리스나 로마 시대부터라고 전해지고 있으나, 실제로 향료를 사용하게 된 것은 중세기로 십자군 원정이나 16세기경부터 시작된 탐험으로 동양의 향신료를 구하게 된 것이 그 동기가 되었다. 당시에는 초근목피에 함유된 향신료(Spice & Bitter)를 그대로 사용했으나, 18세기에는 과학의 진보와 함께 천연향료나 합성향료가 생산되기 시작했으며, 19세기에는 식품공업이 크게 발전하여 소비자의 기호와 욕구에 맞춘 제품의 다양화로 여러 종류의 청량음료가 시장에 출현하게 되었다. 그 외 알코올성 음료도 인류의 역사와 함께 발전을 거듭하여 오늘날에 이르게 되었다.

2) 음료의 정의

우리 인체의 구성요소 가운데 약 70%가 물이라고 한다. 그리고 이를 유지하기 위해 끊임없이 수분을 보충해야만 생명을 유지할 수 있다. 우리의 생명과 직결되는 것이 물, 즉 음료라는 것을 생각할 때 음료가 우리 일상생활에서 얼마나 중요한지를 실감하게 된다. 그러나 현대인들은 여러 가지 공해로 순수한 물을 마실 수 없게 되자 대체할 음료를 연구하고 개발하게 되었다. 이에 여러 가지 음료가 등장하여 그 종류가 다양해졌으며 나아가 각자의 기호에 맞는 음료를 선택할 수 있는 단계에 이르렀다.

음료(Beverage)라고 하면 우리 한국인들은 주로 비알코올성 음료를 떠올리며 알코올성 음료는 '술'이라고 구분하여 생각하는 것이 일반적이라 할 수 있다. 그러나 서양인들은 음료에 대한 개념이 우리와 다르다. 물론 음료라는 범주에서 알코올성 음료와 비알코올성 음료로 구분은 하지만 마시는 보든 액체류는 통칭 음료라고 하며 어떤 의미로서는 알코올성 음료도 포괄하여 표현하기도 한다.

그 밖에 음료와 관련된 용어의 정의를 좀 더 살펴보면 와인(Wine)의 어원은 '술'이란 뜻의 라틴어 '비눔(Vinum)'에서 유래했으며 과일을 발효한 술을 의미한다. 그리고 일반적으로 술을 총칭하는 용어로는 리큐어(Liquor)가 있으나 이는 주로 증류주(Distilled Liquor)를 표현하며, 독한 술을 의미할 때는 스프리츠(Spirits)라고도 한다.

2. 음료의 분류

음료는 크게 알코올성 음료(Alcoholic Beverage; Hard Drink)와 비알코올성 음료(Non-Alcoholic Beverage; Soft Drink)로 구분된다. 알코올성 음료는 일반적으로 술을 의미하고 비알코올성 음료는 청량음료, 영양음료, 기호음료로 다시 나뉜다. 음료를 종류별로 분류해 보면 다음 표와 같다.

▼ **음료의 분류**

- 음료 (Beverage)
  - 알코올성 음료 (Alcoholic Beverage)
    - 양조주 (Fermented)
      - 포도주(Wine)
      - 맥주(Beer)
      - 과실주(Fruit Wine)
    - 증류주 (Distilled)
      - 브랜디(Brandy)
      - 위스키(Whiskey)
      - 럼(Rum)
      - 진(Gin)
    - 혼성주 (Compounded)
      - 리큐르(Liqueur)
  - 비알코올성 음료 (Non-alcoholic Beverage)
    - 청량음료 (Soft Drink)
      - 탄산음료(Carbonated): 콜라, 사이다, 진저에일, 토닉워터, 소다워터
      - 무탄산음료
        - 순수물(Pure Water)
        - 광천수(Mineral Water)
    - 영양음료 (Nutritious)
      - 주스류
        - 과일주스(Fruit Juice): 오렌지, 파인애플, 사과, 포도, 망고, 자몽, 레몬
        - 야채주스(Vegetable Juice): 토마토
      - 우유
        - 살균우유(Pasteurized)
        - 멸균우유(Sterilized Milk)
    - 기호음료 (Fancy Taste)
      - 커피: 레귤러 커피(Regular Coffee), 카페인 없는 커피(Decaffeinated Coffee)
      - 차류: 홍차(Tea), 녹차(Green Tea), 인삼차(Ginseng Tea)

1) 알코올성 음료의 분류

알코올성 음료란 에틸 알코올을 1% 이상 함유한 음료로 일반적으로 술이라고 부른다. 술의 역사는 인류의 역사와 함께 전래해 왔다고 한다. 술이 최초로 발견된 시기나 방법 또는 그 발견자가 확실하지는 않으나 오랜 세월이 지나는 동안 인간은 과일이나 꿀 등이 자연적으로 발효된 것을 발견할 기회가 많았을 것이다. 이러한 과정에서 생긴 쓴맛을 지닌 에틸 알코올(Ethyl Alcohol)은 적어도 7000년 동안 인간을 매료시켰고 생활에 놀라운 영향을 끼쳤다.

(1) 양조법에 의한 분류

▶ 양조주(Fermented Liquor)

양조주는 술의 역사로 보아 가장 오래전부터 인간이 마셔 온 술로, 곡물과 과일 등 당분이 함유된 원료를 효모균으로 발효시켜 얻는 주정, 즉 포도주(Wine)와 사과주(Cider)가 있다. 또 곡류를 원료로 하여 그 전분을 당화시키고 다시 발효 공정을 거쳐 얻어내는 것으로 맥주와 청주가 있다. 발효주라고도 하며 보편적으로 알코올 함유량이 3~18%이지만 21%까지 강화된 것도 있다.

▶ 증류주(Distilled Liquor)

곡물이나 과일 또는 당분을 포함한 원료를 발효시켜 만든 양조주를 다시 증류기를 이용하여 증류한 술이다. 효모의 성질이나 당분의 함유량에 의해 3~18% 내외의 알코올을 함유한 양조주는 장기보관이 어렵고 부피가 큰 단점을 보완하고자 순도가 더 높은 주정을 얻기 위해 증류 과정을 거친다. 증류기에 양조주를 넣고 가열하면 비등점이 78°C인 알코올이 먼저 기화하고 이때 증발하는 기체를 냉각장치를 통과시켜 도수가 높아진 알코올을 얻는다. 대표적인 증류주는 위스키(Whisky), 보드카(Vodka), 진(Gin) 등이다.

Karl Aage Isaksen / Shutterstock.com

Pot Still 증류기

▶ 혼성주(Compounded Liquor; Liqueur)

리큐르는 과일이나 곡물을 발효시킨 주정을 기초로 하여 증류한 스프리츠(Spirits)에 정제한 설탕으로 감미를 더하고 과일이나 약초류, 향료 등 초근목피의 침출물로 향미를 입힌 혼성주이다. 즉, 색채, 향, 알코올이 조화를 이루는 것이 리큐르의 특징이다. 식후주로 즐겨 마시며 간장, 위장, 소화불량 등에 효력이 좋은 술이다.

리큐르는 녹는다는 뜻의 라틴어 '리큐화세(Liquefacere)'에서 유래된 말이다. 프랑스와 일부 유럽에서는 리큐르(Liqueur)라고 하며 영국과 미국에서는 코디얼(Cordial)이라고 한다.

(2) 식사와의 조화에 따른 분류

술을 마시는 것은 한 종류의 술만을 마시는 경우와 식사에 따라 술의 종류를 바꾸어 가며 마시는 경우로 나누어 볼 수 있다. 특히 서양에서는 식사와 술을 조화롭게 마셔 왔으므로 식사와 함께 술을 서비스할 때는 이에 관한 기본지식과 세심한 주의가 필요하다.

식사와의 조화에 따른 알코올성 음료의 분류는 다음과 같다.

▶ 식전주(Aperitif; Before Meal Drink)

소량의 알코올을 마시면 위산 분비가 활발해져 식욕이 좋아지며, 신맛과 쓴맛이 있으면 식욕을 더욱 촉진한다. 각종 칵테일(Cocktail), 샴페인(Champagne), 캄파리(Campari), 드라이 쉐리와인(Dry Sherry), 베르무트(Vermouth) 등이 식전주로 애용된다.

▶ 식중주(During Meal Drink)

식사 중에 마시는 술로 식중주는 알코올 농도가 낮고 순한 것이 좋으며 혀나 위에 강한 자극을 주어 음식 본래의 맛을 변형시켜서는 안 된다. 와인, 맥주 등 알코올 농도가 낮은 술이 많이 권장되며 음식과도 조화를 이룰 수 있는 것이라야 한다.

▶ 식후주(After Meal Drink)

식후 소화를 돕는 역할을 하는 술로 대부분 알코올 농도가 짙고 감미로운 것이 특징이며 소량씩 서비스한다. 식후주로 쓰이는 리큐르는 미국에서 코디얼이라고 하기도 하는데 알코올 함유량이 대부분 60% 이하로 독하게 만들어지나 과일, 약초, 꽃, 씨, 뿌리, 박하, 커피, 나무 열매 등의 향을 넣어 맛을 부드럽게 한다.

2) 비알코올 음료의 분류

비알코올성 음료란 알코올이 전혀 함유되지 않은 음료를 의미한다. 비알코올성 음료는 분류하는 기준에 따라 여러 가지가 있을 수 있으나 다음과 같이 분류하는 것이 가장 보편적이다.

(1) 청량음료(Soft Drink)

청량음료란 차게 해서 마시면 청량감을 주는 모든 음료를 일컫는데, 탄산음료와 무탄산음료로 나누어진다. 탄산음료는 탄산가스(CO_2)가 포함된 음료를 말하며, 무탄산음료는 자연수로 탄산가스가 포함되지 않은 무색, 무미, 무향의 음료를 말한다. 청량음료의 분류는 다음 표와 같다.

▼ 청량음료의 분류

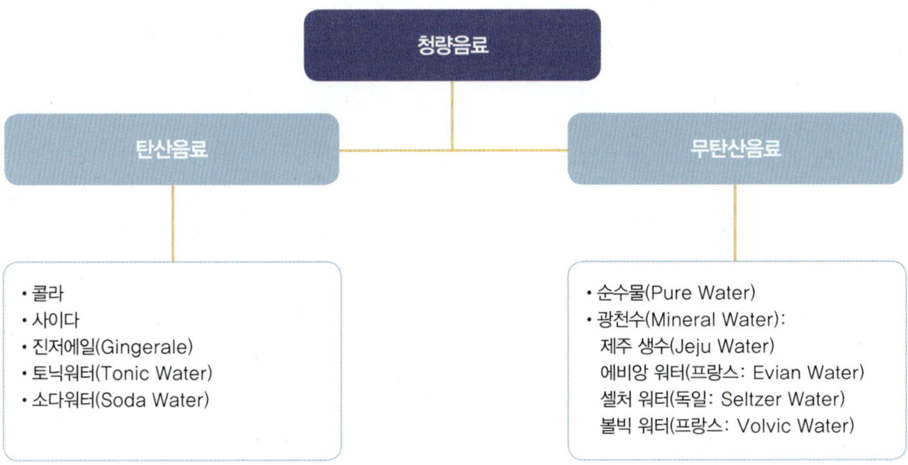

(2) 영양음료(Nutritious Drink)

영양음료란 사람의 건강에 도움을 줄 수 있는 영양성분을 많이 함유한 음료를 일컬으며 일반적으로 다음 표와 같이 나누어진다.

▼ **영양음료의 분류**

- 주스류
  - 과일주스
    - 오렌지주스 (Orange Juice)
    - 파인애플 주스 (Pineapple Juice)
    - 애플주스 (Apple Juice)
    - 포도주스 (Grape Juice)
  - 야채주스
    - 토마토주스
    - 당근주스
    - 기타
- 우유
  - 살균우유 (Pasteurized Milk)
  - 멸균우유 (Sterilized Milk)

(3) 기호음료(Fancy Taste)

기호음료란 일반적으로 식전, 식후에 즐겨 마시는 커피류와 차류를 일컫는다. 카페인을 함유한 음료로 영양보다는 그 향과 깊은 맛으로 생활의 멋과 삶의 여유를 갖게 하는 현대인의 음료이며 다음 표와 같이 분류된다.

▼ **기호음료의 분류**

- 커피
  - 레귤러 커피(Regular Coffee)
  - 카페인 없는 커피 (Decaffeinated Coffee)
- 차
  - 홍차(Tea)
  - 녹차(Green Tea)
  - 인삼차(Ginseng Tea)

3. 서양 음료 문화의 특성

인간은 신체 구성성분의 약 70%가 수분으로 되어 있으며 꾸준한 수분 보충은 생명 유지의 기본 요건이다. 매일 약 3리터의 수분이 체외로 배출됨에 따라 체내 수분 함유량이 일정 수준 이하가 되면 갈증을 느끼게 된다. 이렇듯 인류의 생존 유지와 갈증 해소를 위해 마셔 오던 물에서 비롯된 음료는 다양한 지역별, 국가별로 나름의 특성을 갖게 되었고, 이를 마시는 습관이 각각의 독특한 음료 문화를 형성하게 되었다.

1) 음식과의 주종관계

서양 음료 문화의 주된 특징 중 하나는 음식의 맛을 더하기 위해 음료를 마신다는 것이다. 술을 즐기기 위해 안주를 먹는 우리나라와는 많은 차이가 있다. 다시 말해 서양에서는 음식이 주가 되고 술은 종이 되는 반면에, 우리나라에서는 술이 주가 되고 음식은 종이 되는 문화상의 차이가 있다.

음식이 주가 되는 서양에서는 음식의 맛을 더하기 위해 음료의 선택도 신중히 한다. 코스별로 다양한 음식, 식사와 함께하는 와인만 해도 그 종류와 품질이 천차만별이므로 음식과의 조화를 고려해 어울리는 와인을 고르는 것은 까다로운 선택이 아닐 수 없다.

2) 음식과의 조화

서양의 음료 문화는 우리의 그것과 달리 과학적이고 합리적인 면이 많다. 식사의 순서에 따라서 식사 전에는 식욕을 돋우기 위한 가벼운 음료를 마시고, 식사 중에는 음식의 맛을 더하기 위한 음료를 마시며, 식사 후에는 소화를 돕는 음료를 마시는 등 식사와 음료가 유기적으로 조화를 이룬다.

서양의 음료를 올바르게 이해하기 위해서는 무엇보다도 이러한 음료 문화의 차이를 올바르게 인식해야 한다.

음료의 용어해설

음료 일반 용어

용어	의미
cl	센티리터. Liter의 1/100. 1cl = 10ml
ml	밀리리터. Liter의 1/1,000. 1ml = 1cc
도(度)	술 100ml에 들어 있는 알코올의 ml를 농도로 표시한 것이며, %와 같은 뜻
Proof	미국에서 주로 사용하며, 도(度)의 약 2배 수치임. 100Proof = 50%
Fermentation	발효. 효모의 작용으로 당분이 알코올과 탄산가스로 변하는 과정
Distillation	증류. 알코올이 섞인 원액을 끓여서 알코올과 물의 비등점 차이를 이용해 고농도의 알코올을 추출하는 과정
Yeast	효모. 살아 있는 미생물의 하나로 당분을 분해하여 알코올과 탄산가스로 변화시키는 역할을 함
Soft Drink	비알코올성 음료로서 마실 때 청량감을 주는 음료. 청량음료
Saccharification	당화. 술의 원료가 되는 곡물의 녹말을 분해하여 당분으로 만드는 과정
Spirits	증류주를 의미
After Taste	뒷맛. 술이나 음료를 마신 뒤 입속에 남아 있는 맛과 향
Aperitif	식전주를 의미

Wine 용어

용어	의미
A. O. C.	프랑스 와인의 원산지 명칭 통제
Aroma	아로마. 와인을 만든 포도 품종에서 나오는 향
Aromatized Wine	방향성 와인으로 약초 등의 방향성 물질을 첨가하여 향기를 좋게 한 것으로 베르무트가 대표적임
Aging	시간이 경과함에 따라 가벼운 공기 접촉이나 오크통 성분이 용출되어 맛과 향이 부드럽고 원숙하게 되는 과정
Barrel	술을 제조하거나 숙성시키는 나무통으로 크기에 따라 여러 종류가 있음
Blanc	'흰색의'라는 뜻의 프랑스어
Blending	'섞는다'의 의미로 일정기간 저장한 술끼리 혼합하여 새로운 술을 만드는 것
Brut	'만든 그대로'의 의미로 당분 함량이 0.5%인 Dry Wine
Bottling	병입. 술이나 음료 등을 병에 넣는 작업
Bouquet	와인의 숙성 중에 형성되는 향으로 숙성 정도를 알 수 있음
Body	와인이 가진 맛으로 주로 포도 품종에 의해 결정됨. 이는 당분 함량, 타닌 함량, 산도 등에 의해 결정되며 '가볍다' 또는 '무겁다'라고 표현함
Breathing	오랜 기간 동안 숙성된 와인의 향미가 공기와의 접촉을 통해 되살아나는 과정
Cap	레드 와인 발효 시 위로 떠오르는 껍질 층
Capsule	캡슐, 포장된 와인 병의 윗부분, 즉 코르크와 병 입구를 둘러싼 장식
Cellar	와인을 제조, 저장하는 곳
Chateau	성곽이나 대저택을 의미하지만, 와인과 관련해서는 특정한 포도원을 의미함
Chianti	세계적으로 유명한 이탈리아의 레드 와인
Cuvee	샴페인 주조 시 2차 발효하기 전에 혼합 (또는) 블렌딩해 놓은 와인
Cork	총 부피의 85%가 공기로 이루어진 참나무 계통의 나무로 포르투갈이 최대 생산국이며 와인 주조 시 빼놓을 수 없는 재료임
Corked, Corky	곰팡이가 낀 코르크 마개에서 나오는 와인의 맛과 냄새
Cote	프랑스어로 '언덕진 포도밭' 즉 포도원을 뜻함

용어	의미
Cru	프랑스어로 특정 포도밭 혹은 거기서 생산되는 와인을 의미함
Crust	침전물. 특히 빈티지 포트의 병 속 침전물을 지칭함
Decanting	와인 병 안의 침전물을 걸러내기 위해 와인을 별도의 유리병에 옮기는 작업
Dessert Wine	식후주로 마시는 와인으로 주로 당도가 높은 강화 와인이며 알코올 농도가 16~20% 정도임
Demi Sec	샴페인에 쓰이는 용어로 당도가 3.5~5%인 것
Domaine	프랑스어로 '소유' '영지'의 뜻. 주로 부르고뉴 지방의 와인 제조 업체를 가리키는 용어
Doux	5% 이상의 당분을 첨가한 것. 프랑스어로 '단맛이 있는'의 뜻
Dry	'당도가 낮은'을 의미함
Fortified Wine	강화 와인. 브랜디나 증류주 등으로 알코올 도수를 높인 것. 셰리와인(Sherry Wine), 포트와인(Port Wine) 등이 있음
Muscat	스위트한 디저트 와인을 만드는 품종으로 200여 가지 품종을 총칭하여 부르는 용어
Natural Wine	어떠한 것도 추가하지 않은 와인
Noir	Black의 의미
Punt	병 바닥의 움푹 들어간 곳을 부르는 말로 샴페인의 경우 압력을 분산시켜 주는 역할을 함
Port Wine	포르투갈의 유명한 강화 와인으로 디저트용
Rose Wine	테이블 와인으로 일명 핑크 와인(Pink Wine)이라고도 함
Rouge	프랑스어로 '붉은'(Red)이란 뜻
Sweet	'당도가 높은'
Sherry	스페인산 강화 와인으로 식전주로 적당함
Still Wine	비발포성 와인
Sparkling Wine	발포성 와인으로 샴페인이 대표적임
Sec	샴페인의 표준 타입으로 당분 1.7~3.5% 첨가
Sediment	침전물
Still Wine	발포성 와인에 반대되는 개념으로 발포성이 없는 보통 와인

용어	의미
Table Wine	식탁용 와인 또는 고급이 아닌 값싼 와인을 뜻하기도 함
Tannin	포도의 씨나 껍질 또는 오크통에서 우러나오는 성분으로 와인을 장기간 저장케 해주며, 와인의 맛을 결정하는 데 중요한 역할을 함
Vin	프랑스어로 '와인'
Vin de Pay	프랑스 남부의 지중해 지역에서 생산되는 와인으로 프렌치 컨추리 와인(French Country Wine)이라고도 일컬으며 좀 덜 유명한 지역에서 생산되는 와인으로 그 지방의 특색을 가장 잘 나타냄
Vintage	포도의 수확연도를 가리킴
Vermouth	이탈리아의 대표적인 방향성 와인으로 식전주로 유명함
Wein	독일어로 '와인'
Winery	와인을 제조하는 곳

Spirits 용어

용어	의미
Bourbon Whisky	미국 켄터키주의 버번(Bourbon) 지방에서 생산되는 위스키로 원료 중 옥수수 함량이 51% 이상인 것만을 말함
Barley	보리
Brandy	과일의 발효액을 증류하여 오크통에서 숙성시켜 제조함
Bitters	혼성주의 일종으로 쓴맛이 나는 종류. 캄파리(Campari)가 대표적임
Blended Whisky	스카치 위스키(Scotch Whisky)는 몰트 위스키(Malt Whisky)와 그레인 위스키(Grain Whisky)를 섞은 것을 의미하고, 아메리칸 위스키(American Whiskey)는 스트레이트 위스키(Straight Whiskey)와 라이트 위스키(Light Whisky)를 섞은 것을 의미함
Canadian Whisky	옥수수, 보리 등 기타 곡물을 증류한 위스키로 모든 캐나디언 위스키(Canadian Whisky)는 블렌디드 위스키(Blended Whisky)임
Corn Whisky	원료 중 옥수수 함량이 81% 이상 되는 위스키
Cordial	리큐르(Liqueur)를 영어 사용권에서 부르는 말
Gin	증류주에 노간주나무 열매인 주니퍼 베리(Juniper Berry)의 향미를 가미한 혼성주
Grain	곡물의 총칭
Juniper Berry	노간주나무 열매. 진(Gin)의 주조 시 부재료로 쓰임
Tennessee Whiskey	주조 방법은 버번 위스키(Bourbon Whiskey)와 같으나 목탄으로 한 번 더 여과하여 부드러운 맛을 가짐. 잭 다니엘스(Jack Daniel's)가 유명함
Straight Whiskey	증류 시 알코올 농도를 80% 이하로 하여 원재료의 풍미를 살린 것
Straight	아무것도 섞지 않고 그대로 마시는 것
Light Whiskey	증류 시 높은 알코올 농도로 증류하여 거의 중성 알코올에 가깝게 여과시킨 것. 스트레이트 위스키(Straight Whiskey)와 블렌딩되어 블렌디드 위스키(Blended Whiskey)를 만들게 됨
Scotch Blended Whisky	몰트 위스키(Malt Whisky)와 그레인 위스키(Grain Whisky)를 블렌딩하여 만든 위스키로 몰트 위스키(Malt Whisky) 제조 시 사용한 이탄으로 인해 강한 연기 냄새가 남
Peat	이탄. 몰트 위스키 주조 시 몰트 건조에 쓰임
Sugar Cane	사탕수수. 럼의 주조 시 원료로 사용됨
Rum	사탕수수를 원료로 하여 만든 증류주의 일종
Vodka	감자와 기타 곡물을 사용하여 만든 증류주로 무색무취한 것이 특징임

Cocktail 용어

용어	의미
Base	칵테일의 기본이 되는 술
Mixer	베이스와 섞이는 음료
Garnish	칵테일의 맛을 더하거나 돋보이게 하기 위해 장식하는 것
Dash	한 번 흔들어서 나오는 분량
Drop	한 방울
Float	밀도가 다른 음료를 섞이지 않도록 층을 만들어서 띄움
Stir	휘젓는 기법으로 믹싱 글라스에 얼음과 재료를 넣고 가볍게 젓는 기법
Squeeze	과일의 즙을 짜는 것
On The Rocks	얼음 위에 술을 따르는 것
Chaser	독한 술을 마신 후 입가심으로 마시는 음료
Long Drink	천천히 마셔도 무방한 칵테일
Short Drink	제조 후 빨리 마셔야 본연의 맛을 음미할 수 있는 칵테일

알코올성 음료의 용량과 도수 표시법

용량 표시법

알코올성 음료의 용량은 보통 ml, ounce, gallon에 대한 비례 용량 등으로 표시하는데 간혹 cl로 나타내기도 한다. 이를 표로 나타내면 다음과 같다.

gallon	quart	pint	cup
ounce 128	32	60	8
ml 3840	960	480	240
	1/4gallon	1/2quart	1/2pint

*1Bottle = 768ml = 1/5gallon

도수 표시법

일반적으로 술은 도수로 표시하는데, 이러한 도수는 일정한 양의 물에 알코올의 함유 농도의 비중을 뜻한다. 알코올 농도를 표시하는 방법은 나라마다 약간씩 다르며 표로 나타내면 다음과 같다.

영국	미국	독일
영국에서 도수는 학자 사이크(Syke)가 고안한 알코올 비중계에 의한 Syke Proof로 표시한다. 이 방법은 다른 나라에 비해 계산법이 매우 복잡해서 최근에는 수출품목 상표에 영국식 도수를 표시하지 않고 미국식 Proof를 사용한다. (예) 80Proof = U.P 29.9	Proof 단위를 사용한다. 60°F(15.6°C)의 물을 0으로 하고 순수 에틸알코올(Ethyl Alcohol)을 200Proof로 한다. 주정도의 2배 숫자로 100Proof는 주정도 50%라는 의미이다. (예) 86Proof = 43%	중량비율(Percent by Weight)을 사용한다. 100g의 액체 중 몇 g의 순수 에틸 알코올(Ethyl Alcohol)이 함유되었는지를 표시한다. 즉 술 100g 중 에틸 알코올이 40g 들어 있으면 40%의 술이라고 표시한다. (예) 40° = 335% Ale/Weight

이처럼 알코올 농도를 표시하는 방법은 나라별로 약간씩 다르나, 일반적으로 전 세계의 술에 표시되는 알코올 농도는 Proof와 프랑스의 학자 게이 뤼삭(Gay Lussac)이 고안한 용량 퍼센트(Percent by Volume)로 나타낸다. 우리나라에서는 퍼센트(%)의 숫자에 도를 붙여 알코올 함유량을 표시한다.

(예) 86Proof = 43% Vol 또는 43% Alc/Vol = 40도

2절 | 알코올성 음료의 특성

알코올성 음료(Alcoholic Beverage)란 과일, 곡물과 그 외 식물을 발효시켜 알코올을 함유하게 만든 후 여과하거나 증류시켜 만든 음료를 총칭하며 인류의 역사와 함께 오랜 역사를 갖고 있다. 그리스 신화에는 술의 신 바쿠스(Bacus)가 포도주 만드는 법을 인간에게 전수했다고 기록되어 있으며, 우리나라도 고대 문헌에 의하면 술의 역사는 약 3천 년이 되는 것으로 추정된다. 모든 연회, 제사에 술이 차려진 것으로 보아 선조들은 주요 행사나 의식에서 술을 즐겼던 것으로 보인다.

1. 맥주(Beer)

맥주(Beer)는 '마신다'라는 뜻을 가진 라틴어 'Bibere'에서 유래했으며 기원전 4000~5000년경부터 맥주에 관한 문헌들이 나타나 와인만큼 오래된 음료라고 볼 수 있다. 그리스와 로마에서 유럽으로 건너가 중세시대에 와서는 수도원을 중심으로 발전하다가 19세기 산업혁명 시기에 급성장하게 되었다.

맥아와 홉을 주원료로 하여 효소를 첨가하여 만들며 주원료 이외에 쌀, 옥수수, 기타 잡곡 등이 맥아의 전분을 보충하기 위해 사용된다. 이로 인해 탄수화물, 단백질, 비타민, 미네랄 등 많은 영양분을 함유하게 되어 서양에서는 맥주를 '액체 빵'이라고 하여 일종의 식량으로 생각해 왔다. 맥주는 이미 기원전 4000년경부터 마시기 시작하여 7~8세기에는 수도원의 수도사들이 직접 보리와 홉을 재배해 만들기 시작하면서 발전하게 되었다.

1) 맥주의 제조원료

(1) 맥아(Barely Malt)

말 그대로 보리에 싹이 튼 것이다. 싹이 튼 보리는 왕성한 당화 효소가 많이 들어 있어 다른 녹말질 원료를 쉽게 분해하여 당분으로 변화시킨다. 맥아는 맥주의 제조에 빠져서는 안 될 주원료이다.

양조용 보리에는 다음과 같은 필요조건이 따른다.

- 껍질이 얇고, 담황색을 띠고 윤택이 있어야 한다.
- 알맹이가 고르고 발아율이 95% 이상이어야 한다.
- 수분 함유량이 10% 내외로 잘 건조된 것이어야 한다.
- 전분 함유량이 많은 것이어야 한다.
- 단백질이 적은 것이어야 한다. (많으면 맥주가 탁하고 맛이 나쁘다)

© Getty Images Bank

© Getty Images Bank

(2) 홉(Hop)

홉은 뽕나뭇과에 속하는, 암수가 다른 덩굴성 식물의 꽃이며 맥주의 원료로 사용하는 홉은 암그루에 핀 꽃이 발육된 것이다. 홉은 맥주 특유의 향과 쓴맛을 갖게 해 주며, 잡균의 번식을 방지해 저장성을 높여 준다. 또한 맥아즙의 단백질을 제거하는 중요한 역할을 하는, 맥주의 제조에서 역시 빠져서는 안 될 중요한 원료이다.

(3) 물(Water)

맥주는 90%가 물이다. 따라서 수질이 좋은 물을 사용하지 않으면 맥주의 품질에 영향을 미친다. 물이 맑고, 무색, 무취해야 하며 알칼리 농도가 50% 이하여야 하므로 보통 산성의 양조 용수를 사용한다. 경수 사용 시 맥주의 색이 진하고 깊은 맛이 나며, 연수를 사용하면 맥주의 색이 연하고 깔끔한 맛이 난다. 보통 생수에 경수와 연수를 표시하지 않으나 우리나라의 물은 대부분 연수로 우수한 맥주의 생산요소라고 볼 수 있다.

(4) 효모(Yeast)

맥주 제조에 사용되는 효모는 맥아즙 속의 당분을 분해하고 알코올과 탄산가스(CO_2)를 만드는 작용을 하는 미생물로, 발효 후기에 표면에 떠오르는 상면 발효 효모와 일정기간을 경과하고 밑으로 가라앉는 하면 발효 효모가 있다. 따라서 맥주를 양조할 때 어떤 효모를 사용하느냐에 따라 맥주의 품질이 달라진다. 상면 발효 효모는 영국, 미국의 일부, 캐나다, 벨기에 등지에서 많이 사용되고 하면 발효 효모는 독일, 덴마크, 체코슬로바키아 등지와 우리나라에서 사용되고 있다.

2) 맥주의 제조과정

(1) 맥아 제조

맥주의 원료인 보리의 싹을 틔워 맥아 효소인 아밀라아제(Amylase)를 생성하는 과정이다. 보리는 제진기를 거쳐 먼지를 제거한 뒤, 선립기에서 크기별로 알맹이를 고른다. 다음은 침맥조라는 탱크(Tank)에 담가 수분을 흡수시킨다. 그 후 발아실에서 통기와 온도를 조절하면서 발아시키는데, 이것을 그린 몰트(Green Malt)라고 한다. 그린 몰트는 45% 정도의 수분을 함유하고 있어 건조실로 옮겨 열풍으로 건조시킨다. 이후 맥아의 뿌리를 제거하고 약 20°C 이하의 맥

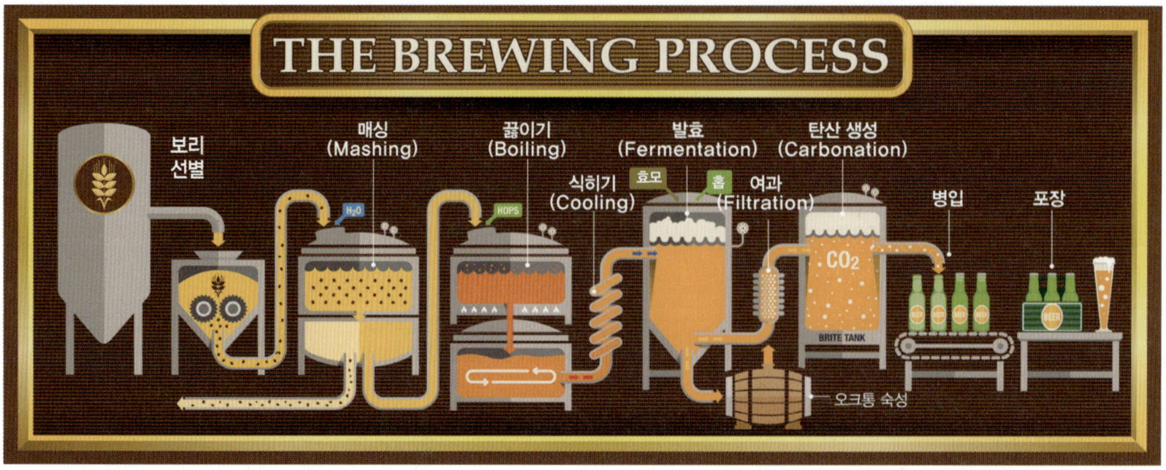

맥주의 제조과정

아 저장실에서 6~8주간 보리의 휴면 기간을 거친다. 이렇게 건조한 맥아를 드라이 몰트(Dry Malt)라고 한다.

(2) 담금

드라이 몰트를 분쇄기에 걸어 잘게 부순 후 통에 담고 여기에 5~6배 무게의 온수를 넣어 죽과 같은 상태인 맥즙을 만드는데, 이것을 매시(Mash)라고 한다. 이 매시를 당화조(Brew Kettle)로 옮겨 끓이며 이때 홉(Hop)을 첨가한다. 홉을 가함으로써 맥아 속의 단백질은 응고, 침전하고 액을 맑고 깨끗하게 만든다. 동시에 맥주의 독특한 쓴맛과 향이 생기게 된다. 그 뒤 홉 제거기에 넣어 홉을 제거하고 냉각기에서 발효에 적당한 온도(0°C)에서 얼린 다음 여과기와 원심분리기로 고형물이나 침전물을 제거하여 투명한 액체가 되면 이것을 발효조로 옮긴다.

(3) 발효

발효조의 맥아액에 효모(Yeast)를 첨가함으로써 알코올 발효를 시작한다. 약 1주일에서 10일 정도의 발효과 정에서 효모는 맥아액의 당분을 분해하여 알코올과 탄산가스를 만들게 된다. 이렇게 만들어진 초기 맥주는 쓴맛이 강하고 탄산가스도 불충분하여 미숙성 맥주(Young Beer)라고 한다.

(4) 저장

발효를 마친 맥주는 맛의 숙성을 위해 0°C 정도의 저온저장 탱크에서 수개월간 숙성시킨다. 이를 후발효 혹은 저장이라고도 한다. 이 과정 중에 발생하는 탄산가스가 밀폐된 탱크 속에서 맥주에 녹아 들어가 효모나 기타 응고물은 침전하고 원숙한 맥주가 만들어진다.

(5) 여과

일정기간 저장·숙성된 맥주는 여과기로 효모를 제거한 후 필터로 여과시킨다. 이렇게 여과된 맥주를 열처리하지 않고 제품화한 것이 생맥주(Draft)이고 보존성을 높이기 위해 60°C에서 열처리하여 효모의 활성을 정지시킨 것이 라거(Lager)이다.

3) 맥주의 종류

(1) 발효형태에 따른 분류

▶ 상면 발효 맥주(Top Fermentation Beer)

18~25°C 고온에서 그을린 맥아를 2주 정도 발효시키며, 발효 중 생기는 거품과 함께 표면 위로 떠오르는 성질을 가진 효모를 이용해 만드는 맥주이다. 19세기 이전에는 상면 효모를 많이 사용했다. 대표적으로 흑맥주로 유명한 스타우트, 에일 등이 있다.

- 스타우트 맥주(Staut Beer): 아일랜드 흑맥주로 기네스가 유명하다. 보리를 탈 정도로 볶아 색깔이 매우 검고, 다소 강한 맥아 향과 강렬하고 진한 맛이 특징으로 알코올 함량(8~11°)이 높은 맥주이다. 대표적 브랜드로 스타우트가 있다.
- 에일 맥주(Ale Beer): 라거 맥주보다 홉과의 접촉시간을 길게 하여 강한 홉 향과 과일, 꽃 향과 같은 풍부한 향 그리고 라거보다 홉의 쓴맛과 탄산이 적은 특징으로 에일 전용 맥주잔이 있기도 하다. 과거에는 맥주의 대명사였으나 현대에 라거 맥주가 대중화되면서 그 인기가 줄었다. 에일 맥주의 종류로는 **페일 에일(Pale Ale)**, 인디아 페일 에일(IPA), 아메리칸 페일 에일 등이 있다.

페일 에일(Pale Ale)

1703년 영국에서 석탄으로 만든 연료인 코크(Coke)로 구운 맥아로 만들기 시작한 가장 일반적인 에일 맥주이다. 밝은 갈색의 상큼한 향과 홉의 쓴맛이 특징이다. 페일 에일보다 도수가 더 높고 쓴맛이 더 강한 것을 인디아 페일 에일(IPA)이라고 한다.

▶ 하면 발효 맥주(Bottom Fermentation Beer)

5~10°C의 저온에서 발효시키고, 발효 중 효모가 맥주 바닥에 가라앉으며 발효 후 1~2개월 동안 낮은 온도에서 숙성시킨 맥주이다. 흔히 라거(Lager)라고 하

며 생산량이 많은 대중적인 맥주이다.

- 라거 맥주(Lager Beer): 깨끗하고 부드러운 맛과 향미가 좋은 맥주이다.
- 필스너 맥주(Pilsner Beer): 체코 필젠 지역의 담백하고 산뜻한 맛과 쓴맛이 강한 맥주이다.
- 보크 맥주(Bock Beer): 맥즙의 농도가 16% 이상인 짙은 색의 향미와 단맛을 지닌 독일 맥주이다.

(2) 살균방법에 따른 분류

▶ Lager Beer

제조 후 저온살균하여 효모의 활동을 중지시킨 후 병이나 캔에 넣어 오랜 기간 저장할 수 있도록 만든 것이다.

▶ Draft Beer

살균하지 않은 생맥주이기 때문에 신선한 풍미가 살아 있지만 저온에서 운반, 저장해야 하며 빨리 소비해야 하는 단점이 있다.

4) 세계 여러 나라의 맥주

(1) 독일

독일은 맥주의 종주국이다. 11세기에 최초로 홉을 넣어 맥주를 만들었고, 13세기에는 라거 맥주도 만들었으며, 16세기부터는 뮌헨에서 맥주 양조가 산업으로 부흥하기도 했다. 중세에 산업화된 맥주 양조장은 모두 가톨릭 수도원에 있었지만, 현재는 독일 바이에른(Bayern) 지방에 1300여 개의 크고 작은 맥주 공장이 있고 각 지방의 고유한 전통방식으로 맥주를 제조하고 있다.

또한 '브라우마이스터(Braumeister)'라는 맥주 양조 기술자가 있어 맥주 생산 과정을 총괄하며 고품질의 맥주를 양조하도록 관리한다. 독일 뮌헨에서는 매년 가을 '옥토버페스트'라는 맥주 축제를 열어 대중적으로 즐기는 만큼 체코와 아일랜드에 이어 맥주 소비량 3위의 나라이다.

대표적 브랜드로 레벤브로이(Lowenbrau), 벡스(Beck's), 비트부르거(Bitburger), 크롬바허(Krombacher) 등이 유명하다.

(2) 덴마크

덴마크의 맥주는 오랜 세월 가내수공업으로 양조되어 왔다. 1840년에 덴마크 왕실을 대표할 최고의 맥주를 만들라는 프레드릭 7세의 하명을 받고 1847년 기술자 야콥센이 효모를 배양한 기술로 균일한 맛을 유지하고 장시간 보관이 가능하게 만든 칼스버그 양조장의 맥주가 해외로 수출되며 덴마크 맥주의 이름을 알리는 계기가 되었다.

칼스버그란 맥주의 이름은 그의 아들 이름 '칼(Carl)'과 언덕이란 의미의 '버그(Berg)'를 합성하여 만들어진 것이다. 그리고 1883년에는 저온에서 오랜 시간에 걸쳐 발효하고 숙성시키는 하면 발효법을 만들면서 칼스버그가 세계적인 맥주로 발전하게 되었다. 칼스버그 맥주는 홉을 충분히 넣어 맛이 진하고 씁쌀하며 거품이 풍성하고 부드러운 특징이 있다.

대표적 브랜드로는 칼스버그(Carlsberg), 투보그(Tuborg), 팍세(Faxe), 그린바커스(Green Bacchus) 등이 유명하다.

(3) 네덜란드

네덜란드에서는 1864년에 독일에서 맥주 효모를 가져오면서 라거 맥주를 만들기 시작했으며 오늘날에는 하면 발효 방식의 라거 맥주가 주류를 이룬다. 세계적인 명성을 가진 하이네켄의 본고장으로 맥주 생산량은 세계 4위이다.

1864년에 제라드 아드리안 하이네켄(Gerard Adriaan Heineken)이 암스테르담의 오래된 양조장을 구입하고, 1868년 독일의 하면 발효 방식을 도입하여 맥주를 양조하기 시작했으며, 본격적으로 1874년에는 자신의 이름을 딴 하이네켄스(Heineken's)라는 맥주회사를 설립하며 맥주를 출시한 것이 하이네켄의 시초이다.

대표적 브랜드로는 하이네켄(Heinken), 글로쉬(Glosch), 바바리아(Bavaria) 등이 있다.

(4) 영국

영국에서 맥주의 역사는 15세기 튜더 왕조의 헨리 8세 시대부터 시작되었다. 이 시대에는 홉이 들어 있지 않은 맥주는 에일(Ale)이라고 했고, 홉이 들어 있는 맥주를 비어(Beer)라고 불렀다. 오늘날에는 상면 발효 맥주를 에일이라고

하고, 하면 발효 맥주를 비어라고 한다.

영국에는 다양한 에일이 있는데 이중 가장 대중적인 것은 Bitter Ale로, 그 이름에서 알 수 있듯이(Bitter는 '쓴맛'이란 의미임) 씁쓸한 맛과 짙은 색의 맥주로 영국에서 대중적으로 소비되고 있다. 우리에게 잘 알려진 진한 흑맥주 스타우트는 18세기에 들어와 대규모 생산시설을 갖추기 시작하며서 알려진 맥주이다.

대표적 제품으로는 기네스(Guiness), 페일 에일(Pale Ale), 브라운 에일(Brown Ale) 등이 있다.

(5) 미국

미국에서의 맥주는 영국에서 이민 온 사람들이 만든 '상면 맥주', 독일 이민인들이 만든 '하면 맥주'가 그 시초이다. 1625년 처음으로 홉을 재배하기 시작하여 1632년 최초로 맥주 공장이 세워졌으며 현재의 맥주회사는 1800년대에 독일인에 의해 설립된 것이 많다. 20년 전 미국 맥주는 홉이 적게 들어가 가벼운 맛이 특징인 미국식의 페일 라거(Pale Lager)가 주류를 이루었으나 현재는 세계 어느 나라에 못지않게 다양한 맥주가 생산되고 있다.

대표적 브랜드로는 버드와이저(Budweiser), 쿠어스(Coors), 밀러(Miller), 롤링 록(Rolling Rock) 등이 있다.

(6) 벨기에

독일처럼 중세시대부터 수도원에서 만들기 시작하여 세계에서 가장 다양한 종류와 뛰어난 품질의 맥주를 생산하는 맥주의 나라이다. 가톨릭 트라피스트회 수도원에서 양조한 트라피스트 맥주가 유명하고, 이를 모방한 품질이 낮은 유사 맥주가 성행하자 1997년에는 트라피스트 에일에 대한 자격조건을 강화했으며 현재는 벨기에 6곳의 수도원에서만 트라피스트 맥주가 양조되고 있다.

특히 벨기에 맥주는 홉의 풍미가 강한 미국이나 영국 페일 에일과 비교하여 알싸하고 상큼하며 쿰쿰한 치즈 향 등 다양한 효모 풍미를 내는 것으로 유명하다. 2016년에는 벨기에 전역에서 특색 있는 수천 개의 맥주를 생산하고 이를 즐기는 맥주 문화가 유네스코가 지정하는 세계무형문화유산으로 등재될 만큼 맥주 소비량 세계 1위의 나라가 되었다.

대표적 브랜드로는 스텔라 아르투아(Stella Artois), 호가든(Hoegaarden), 주필러(Jupiler), 레페(Leffe) 등이 있다.

2. 와인(Wine)

와인이란 이름은 그 어원인 라틴어 'Winum'이 변하여 영어의 'Wine', 불어의 'Vin', 이탈리아어의 'Vino', 독어의 'Wine'이 되었다. 넓은 의미로 모든 과일의 천연 주스를 발효시켜 만든 발효주를 말하기도 하지만, 일반적으로는 포도로 만든 것을 와인이라 하고 그 외에 과일로 만든 와인은 그 와인을 만든 재료의 이름을 붙여서, 예를 들면 애플 와인(Apple Wine), 애프리콧 와인(Apricot Wine)이라고 한다.

와인의 역사는 기원전 1100년경 페니키아인들이 제조하기 시작하면서 발원되었다. 기원전 1450년경에는 그리스로 전파되었으며 당시 그리스의 예술, 공연 문화가 발달하며 와인을 즐기게 되었다.

많은 사람에게 사랑받던 와인은 로마, 페르시아, 인도, 영국으로까지 전파되었다. 그리스와 로마에서는 종교와 예식 의식에 와인을 사용함으로써 문화적으로 큰 영향을 끼쳤다. 성경에서 와인은 '예수의 피'로 비유되어 종교 예식에서 미사주로 사용되고 점차 크리스트교의 전파와 함께 와인 양조도 전 세계로 퍼져 나가기 시작했다. 현대에 와서는 포도 재배와 압축기, 여과기 등의 양조기술 발달로 품질 좋은 와인을 대량 생산하고 있다.

와인은 전 세계 각국에서 많이 생산되고 있으나 프랑스, 이탈리아, 독일, 포르투갈, 미국, 오스트레일리아가 세계적인 생산국으로 꼽히고 있으며 소비량도 제일 많은 편이다. 이 중에서도 프랑스 와인은 전통적으로 질이 좋은 와인으로 세계인의 사랑을 받고 있다. 프랑스는 세계 최초로 와인의 품질을 검사하는 아펠라시옹 콩트롤레(Appellation Controlee) 제도를 실시하여 국가 차원에서 와인의 품질을 유지하기 위해 노력하고 있다.

현대인들에게 와인은 식욕을 돋우고 소화작용을 돕는 알칼리성 주류로서, 건강을 위한 알코올성 음료로서, 그리고 아름다운 색깔과 조화로운 맛과 향을 지닌 격조 높은 술로 사랑받고 있다. 와인은 전 세계적으로 생산지가 분포되어 그 종류도 수없이 많다.

1) 와인의 원료(양조용 포도 품종)

(1) 레드 와인의 대표적인 포도 품종

▶ 카베르네 소비뇽(Cabernet Sauvignon)

레드 와인의 대표적 품종으로 프랑스 보르도 지방에서 주로 재배한다. 타닌이 많아 떫은맛이 강하고 신맛이 약하며 블랙 커런트와 연필 향 등이 난다. 오래 숙성시켜 깊고 묵직한 맛의 와인을 만든다. 세계적인 최고급 와인을 생산하든 아니면 단순한 과일 향의 뱅 드 페이(Vin de Pay)를 생산하든 카베르네 소비뇽 품종으로 만든 와인은 좋은 품질의 레드 와인으로 인정받는다.

▶ 메를로(Merlot)

알이 굵고 껍질이 얇아 타닌이 적고 자두, 블랙베리 향에 벨벳과 같은 부드러움이 특징이다. 프랑스 보르도와 생테밀리옹 지역에서 많이 재배된다.

▶ 피노 누아르(Pinot Noir)

프랑스의 부르고뉴 지방에서 주로 재배되며, 산딸기, 체리, 딸기 향이 많이 나며 신맛이 약하고 타닌이 강하다. 오래 숙성할수록 훌륭한 맛을 낸다.

▶ 쉬라(Syrah)

프랑스의 론 지방에서 주로 재배하는 포도 품종으로 시라즈(Shiraz)라고도 한다. 단맛이 강하고 과즙이 풍부하다. 쉬라 품종으로 만든 포도주는 타닌 성분이 많아 색이 진하고 향이 은은하다.

▶ 가메(Gamay)

프랑스의 보졸레 지역에서 많이 재배되는 품종으로 타닌이 적고 딸기, 라즈베리 등의 베리 향이 짙어 신선하고 가볍다.

▶ 진판델(Zinfandel)

미국 캘리포니아 북부에서 많이 재배되는 품종으로 포도 알이 굵으며 검푸른 색을 띠고 달콤하고 즙이 많은 것이 특징이다.

(2) 화이트 와인의 대표적인 포도 품종

▶ 샤르도네(Chardonnay)

프랑스의 부르고뉴 산 화이트 와인을 대표하는 품종으로, 샴페인을 비롯한 스파클링 와인 생산지 및 호주, 미국, 칠레 등에서 양조방법에 따라 다양한 스타일의 와인이 만들어진다. 상큼한 과일 향의 드라이한 맛부터 크림처럼 부드러운 오크 향까지 다채롭고 풍부한 맛이 특징이다.

▶ 소비뇽 블랑(Sauvignon Blanc)

프랑스의 루아르(Loire)강 유역에서 많이 생산되는 세계적으로 유명한 청포도 품종으로 신맛과 어우러지는 꽃향기와 상큼한 레몬, 감귤 향이 특징이다. 최근에는 뉴질랜드의 말버러(Marlborough) 지역에서도 많이 생산하고 있다.

▶ 세미옹(Semillon)

프랑스의 보르도에서 많이 재배되는 청포도 품종이다. 호주에서는 순수 세미옹으로 만든 와인을 생산하기도 하지만 흔히 소비뇽 블랑 등 다른 품종과 함께 블렌딩해서 양조한다. 이 품종의 와인은 오크 숙성을 거치지 않은 드라이한 맛부터 달콤한 맛까지 생산이 가능하다.

▶ 리슬링(Riesling)

프랑스의 알사스 지방과 독일, 이탈리아 북부, 오스트리아 등에서 생산되는 품종이다. 알사스 지역의 품종은 지질의 특성으로 미네랄 향이 나고 상큼하고 드라이하며, 독일산 리슬링은 풍부한 과일 향이 나며 달콤한 맛이 강하다. 세계에서 가장 기품 있고 독특한 청포도란 평을 듣는 품종이다.

2) 와인의 제조과정

먼저 수확한 포도는 스테머(Stemmer)라는 기계에 넣어 줄기와 대를 떼어 낸 후 와인의 색깔에 따라 압축(Pressing)과 발효(Fermenting) 과정을 달리한다. 화이트 와인의 경우, 과육, 씨와 함께 발효한 후 압축한다. 이렇게 해서 얻어지는 즙은 껍질에 의해 착색되고 향이 배게 된다. 로제 와인(Rose Wine)은 화이트 와인과 레드 와인을 섞어서 만드는 경우도 있지만 대부분은 레드 와인 제조 과정을 따르며 내용물이 전부 발효되기 전에 압축한다.

발효가 끝난 액은 여과기를 통과시켜 찌꺼기 등을 걸러 낸 후 숙성시키기 위해 나무로 된 통으로 보내진다. 이 나무통의 나무 그 자체와 액이 통에 담겨 있는 시간에 따라 독특한 향이 만들어진다. 숙성이 끝난 후 포도주는 병에 담겨 판매된다.

와인을 제조하는 방법은 나라마다 또는 지역마다 그들 나름의 방법이 있으며 때로는 상당한 차이가 나고, 대개 포도 품종의 종류, 재배지의 토양, 효모, 양조기술, 기상조건과 숙성기간에 따라 그 품질이 결정된다. 레드 와인은 화이트 와인보다 타닌 성분이 많아서 숙성기간이 길고 장기보존도 가능하다. 이와 더불어 대부분의 포도주 병은 태양광선으로부터 포도주의 품질을 보존하기 위해 짙은 색깔이 있는 병을 사용한다.

다음 그림은 포도주의 제조과정을 나타낸다.

▼ 와인의 제조과정

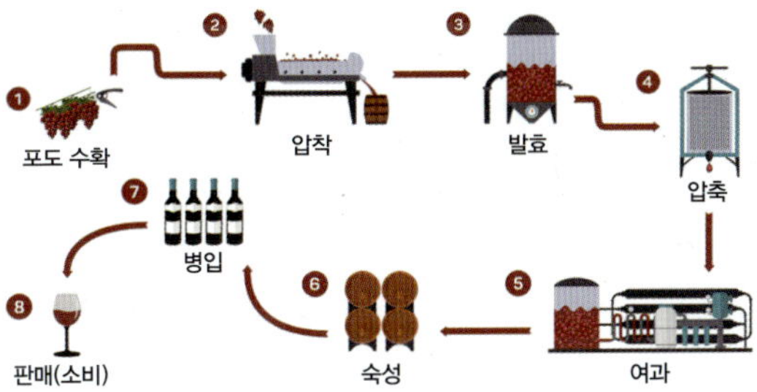

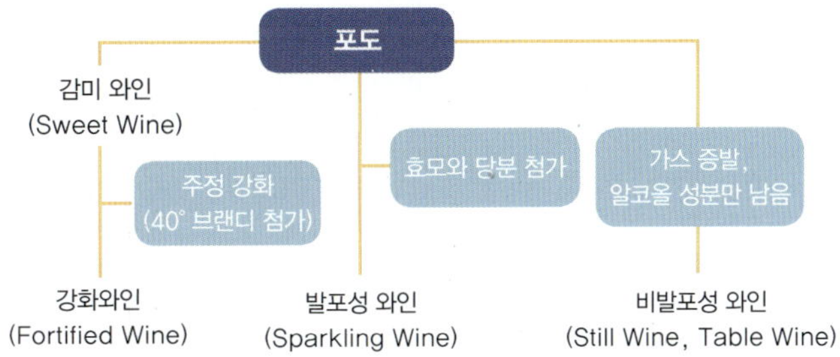

3) 와인의 종류

(1) 색깔에 따른 분류

▶ 레드 와인(Red Wine)

레드 와인은 대부분 드라이(Dry)한 맛이 나는 것이 특징이다. 껍질과 씨를 함께 발효시키는 것으로 화이트 와인보다 저장기간이 길다. 대표적 산지로는 프랑스의 보르도 지역이 유명하다.

▶ 로제 와인(Rose Wine)

로제 와인은 일명 '핑크 와인'이라고 한다. 이름에서 알 수 있듯이, 레드 와인과 화이트 와인의 중간색 정도인 분홍빛을 띠며 가볍고 신선한 맛을 지닌다. 제조 시 적포도를 통째로 발효하다 색이 우러나오는 시점에 껍질을 제거한 후 과즙으로 제조한다. 많이 알려진 상품으로는 미국의 화이트 진판델이 있다.

▶ 화이트 와인(White Wine)

백포도를 사용하기도 하나 포도즙을 낼 때 껍질을 제거하고 알맹이만을 발효시켜 만든 것이며 연한 밀짚색이 난다.

(2) 맛에 따른 분류

▶ 스위트 와인(Sweet Wine)

당분이 완전히 분해되기 전에 발효를 중지시켜 당분이 남아 있는 상태로 된 것과 인위적으로 당분을 가미한 것이 있다. 주로 디저트 와인으로 사용된다.

▶ 드라이 와인(Dry Wine)

와인 제조과정에서 당분이 완전히 분해되도록 발효시켜 당분이 거의 없는 와인으로, 식욕을 촉진한다.

▶ 미디엄 드라이 와인(Medium Dry Wine)

스위트 와인(Sweet Wine)과 드라이 와인(Dry Wine)의 중간 맛을 내는 와인을 말하며 데미드라이(Demi-dry) 또는 세미드라이(Semi-dry)라고도 한다.

(3) 알코올 첨가 유무에 따른 분류

▶ 강화와인(Fortified Wine)

일반적인 와인의 알코올 농도는 8~14%로, 발효시키는 효모의 특성상 고농도의 알코올이 나오지 않는다. 그래서 추가로 와인을 증류하여 얻은 알코올을 첨가하여 알코올 함량을 증가(18~20%)시키는데, 이러한 와인을 강화와인이라고 한다. 식전주로 제격인 셰리, 베르무트와 식후주에 어울리는 포트는 모두 강화와인이다.

포르투갈 도우르 밸리

포르투갈 북쪽에 위치한 도우르 강을 중심으로 포트와인을 제조하고 저장하는 시설이 있다. 강화와인은 와인에 증류 와인(브랜디)을 첨가한 것인데, 스페인 남서부 지역에서 생산되는 셰리와 포트와인의 차이는 증류 와인을 첨가하는 시점에 있다. 발효를 마친 와인에 브랜디를 첨가하여 드라이한 맛이 특징인 셰리와 달리, 포트와인은 발효 중에 첨가하여 그 맛이 달콤하다.

▶ 비강화와인(Unfortified Wine)

다른 주정을 배합하지 않고 순수하게 포도만을 발효시켜 만든 것으로 보통 알코올 도수는 8~12% 내외이다.

(4) 탄산가스 유무에 따른 분류

▶ 스파클링 와인(Sparkling Wine)

병 속에서 2차 발효를 하는 동안 자연적으로 탄산가스가 생기게 한 것과 잘 숙성된 와인을 병에 담을 때 인위적으로 탄산가스를 주입하는 것이 있으며, 이 경우 자연적으로 탄산가스가 생성되어 만들어진 것보다 질이 낮고 가격도 저렴하다.

▶ 스틸 와인(Still Wine)

발포성 탄산가스가 없는 와인은 모두 스틸 와인이다. 이것은 포도당이 분해되어 와인이 되는 과정에서 발생하는 탄산가스를 완전히 제거한 와인으로, 대부분의 와인이 여기에 속한다. 알코올 도수는 보통 11~12%이며, 프랑스, 독일, 이탈리아에서는 보통 10~12%이다.

부르고뉴(Bourgogne)

어깨가 완만한 부르고뉴 병은 산딸기, 체리 등의 순수한 과일 맛을 내는 레드 부르고뉴와 과일과 버터 향이 특징적인 화이트 부르고뉴를 담아 낸다.

보르도(Bordeaux)

어깨가 높고 각진 보르도 병은 카베르네 소비뇽, 메를로, 쉬라 같은 품종 혹은 이들을 블렌딩한 와인을 담아 낸다.

샴페인(Champagn)

내부의 압력을 견딜 수 있도록 디자인된 두꺼운 유리병은 샴페인을 비롯한 스파클링 와인을 담는다.

(5) 식사에 따른 분류

▶ 식전주(Appetizer Wine)

본 식사를 시작하기 전에 샐러드 등의 전채요리와 함께 가볍게 마시며 식욕을 돋우는 역할을 하는 와인으로, 프랑스어로는 아페리티프 와인(Aperitif Wine)이라고 한다. 산뜻한 맛의 샴페인(Champagne), 로제 와인(Rose Wine), 드라이 셰리와인(Dry Sherry) 등과 **가향와인**인 베르무트(Vermouth) 등을 주로 마신다.

> 가향와인(Flavored Wine)
> 와인 발효 전후에 과일향 등을 첨가한 와인으로 Aromatized Wine이라고도 한다. 한 가지에서 많게는 수십 가지의 향이 첨가되며 베르무트가 대표적이다.

▶ 테이블 와인(Table Wine)

식사에 곁들여서 마시는 와인은 음식의 내용에 따라 다르나, 주로 'Full Bodied' 혹은 'Heavy Bodied' 와인을 마시게 되며 단맛(Dry와 Sweet의 정도)의 정도를 음식의 종류와 식성에 따라 선택하여 마시게 된다. 테이블 와인은 식사 분위기를 돋우어 주며 입안을 헹궈 내어 다음 코스에 나오는 음식의 맛을 제대로 느낄 수 있게 해 준다.

식사 중 식초(Vinegar), 피클(Pickle), 겨자(Mustard) 등이 많이 함유된 음식을 먹을 때에는 되도록 와인을 마시지 않는 것이 좋은데, 이는 자극성 음식에 알칼리성 와인을 마시면 소화가 잘되지 않을 염려가 있기 때문이다.

▶ 디저트 와인(Dessert Wine)

디저트를 먹을 때 마시게 되며 주로 스위트 와인(Sweet Wine)을 마신다. 식사 후에 달콤하고 알코올 도수가 약간 높은 디저트 와인을 마심으로써 입안을 개운하게 가신다. 포트와인(Port Wine), 아이스와인(Ice Wine), 코냑(Cognac) 등이 이용된다.

(6) 저장기간에 따른 분류

▶ 초년층 와인(Young Wine)

와인 양조 후 1~2년 혹은 5년 이내에 마시는 와인을 이른다.

▶ 중년층 와인(Aged Wine; Old Wine)

와인 양조 후 5~10년 혹은 15년 이내에 마시는 와인을 말한다.

▶ 장년층 와인(Great Wine)

와인을 만들어서 15년 이상이나 50년가량 지나서 마시는 포도주를 말한다.

4) 와인의 특성과 보관

(1) 와인의 특성

와인은 넓은 의미로는 모든 과일의 천연 주스를 발효시킨 발효주를 의미하지만 주로 포도로 만든 것을 말하며, 병입(Bottling) 후에도 발효가 계속되는 술로서 생명이 있는 술이라고 불린다. 그뿐만 아니라 산성식품을 중화시키는 역할을 하는 알칼리성 음료로서 육식을 즐겨 하며 웰빙을 추구하는 현대인들의 식탁에 추천되는 건강음료이다.

와인은 전 세계에 수백 가지의 종류가 있으며 각각 고유한 맛과 스타일을 지닌다. 나라, 지역, 품종, 생산회사, 등급, 생산연도 등 와인의 종류를 결정하는 각종 요인을 감안할 때 그만큼 와인의 종류는 다양하며, 이러한 요인 외에 유통경로와 소비자의 보관조건까지 더한다면 그야말로 엄청난 종류의 와인이 있게 된다.

일반적으로 와인의 알코올 도수는 10% 전후로 다른 알코올성 음료에 비해 낮은 편이어서 식사 중에 요리와 조화를 이루는 식중주로 널리 애용된다.

(2) 와인의 보관

발효주인 와인은 증류주에 비해 온도, 습도 등에 민감하며 보관상태에 따라 고유의 맛이 달라질 수 있다. 이러한 와인을 보관하는 최적의 장소로는 터널이나

동굴 등 지하 저장고가 좋겠지만 현실적으로 불가능하므로 와인 냉장고나 와인 저장실(Wine Cellar)을 이용하는 것이 이상적이다.

와인 보관 시 중요한 유의사항은 다음과 같다.

▶ 온도(Temperature)

와인 보관에는 약 10~15°C의 일정한 온도가 이상적이다. 15°C 이상인 환경에서도 온도 변화가 심하지 않다면 크게 문제 되지 않는다. 레드 와인은 실내온도(22~24°C)에서도 보관이 적합하나 와인을 마실 때는 이보다 다소 낮은 온도에서 차갑게 해 두는 것이 적절하다. 화이트 와인은 일정 온도가 유지되는 와인 냉장고에 보관하는 것이 좋다.

▶ 진동(Vibration)

와인 속의 찌꺼기가 떠오르는 것과 와인이 산화되는 것을 막기 위해서는 흔들림을 최소화하는 것이 좋다. 특히 레드 와인이나 샴페인을 손으로 운반할 때나 테이블에서 서비스할 때는 와인 병이 흔들리지 않게 조심스럽게 다루어야 한다.

▶ 음지(Darkness)

와인을 저장할 때는 어두운 장소가 적합하다. 오랫동안 햇볕에 노출되면 와인 병의 온도가 올라가 와인을 노화시키기 때문이다. 그러나 전등과 같은 인공의 불빛은 와인에 영향을 주지 않는다.

▶ 습도(Humidity)

와인 보관 시 유의해야 할 중요한 요소는 습도이다. 특히 오크통 속에서 오랜 기간 숙성될 때 적절한 습도는 매우 중요하다. 습도가 높으면 표면에 곰팡이가 번식하기 쉽고 너무 건조하면 코르크가 말라 버려 와인이 빨리 산화된다. 일반적으로 와인 보관에 적합한 습도는 약 75%라고 알려져 있다.

와인은 코르크가 와인과 접촉하도록 병을 눕혀서 보관하는데, 이것은 코르크가 마르고 수축하는 것을 방지하기 위해서이다. 병목에 꼭 맞는 코르크는 와인 병 안으로 공기가 유입되지 않게 하고 너무 빨리 숙성되는 것을 막아 준다.

(3) 와인의 음용 온도

와인을 맛있게 마시는 온도는 엄밀히 말해 개인이 맛있다고 느끼는 주관적인 온도일 수도 있다. 하지만 와인은 각각 독특한 풍미를 지니므로 풍미를 잘 살려 주는 온도에서 즐길 때 좋은 맛과 향을 극대화할 수 있다.

▶ 레드 와인(Red Wine)

레드 와인은 차지 않게 실온으로 마시는 것이 가장 좋으며, 실온이란 12~18°C 정도를 말한다. 단, 프랑스 부르고뉴 지방에서 생산되는 보졸레 누보(Beaujolais Nouveau)는 레드 와인에 속하지만 오래 숙성시키지 않은 초년층 와인(Young Wine)이므로 약간 차게 해서 마신다.

▶ 화이트 와인(White Wine)과 로제 와인(Rose Wine)

화이트 와인과 로제 와인은 6~10°C 정도로 조금 차게 해서 마시는 것이 좋으며 그 중 스위트 와인(Sweet Wine)은 더 차갑게 하는 것이 좋다. 그러나 너무 차갑게 되면 혀가 마비되어 와인의 맛과 향을 제대로 느낄 수 없으므로 유의한다.

(4) 와인 Breathing

와인 브리딩이란 와인 제조과정 중 오랜 숙성기간을 거치는 가운데 병 속에 남아 있는 거친 맛을 제거하기 위해서 와인 병을 미리 오픈하여 공기와의 접촉을 통해 와인을 숨 쉬게 해 주는 것이다. 공기 중의 산소와 접촉함으로써 와인의 향미가 되살아나는 과정이므로 와인을 마시기 전에 반드시 브리딩을 해야 한다.

화이트 와인에 비해 오랜 숙성기간을 거친 레드 와인은 최소한 30분에서 2시간 전에, 화이트 와인은 10~30분 전에 오픈하여 브리딩시킨다.

(5) 와인 Decanting

와인 디캔팅이란 와인 병 속의 침전물을 걸러 내기 위해 별도의 투명한 유리병에 와인을 옮기는 것을 말한다. 이러한 과정은 와인 고유의 향과 맛을 얻기 위한 것인데, 넓은 디캔더의 바닥으로 공기와의 접촉을 빨리 유도하여 브리딩시킴으로써 좀 더 부드러운 와인을 즐길 수 있기 때문이다.

5) 와인 상식

(1) 와인 병의 라벨

와인은 다른 술과 달라서 생산되는 장소와 시기, 기후 등이 술의 풍미와 품질에 뚜렷한 영향을 미치며, 이로 인해 종류가 다양한 와인의 특성이 만들어진다.

와인 라벨(Lable)에는 상표와 생산자의 이름뿐만이 아니라 생산지, 포도 품종, 수확연도 등 전반적 사항이 기재되는데, 특히 맛이 뛰어나고 질이 좋은 와인일수록 엄격하게 표기한다. 와인의 특성과 다른 와인과의 차이점을 라벨만 보고서도 알 수 있으므로 라벨은 와인을 선택하는 기준이 된다. 일반적으로 라벨에 표시된 지역단위가 세분화될수록 그 와인의 고유한 특성이 더욱 두드러지며 가격도 높아진다.

와인의 라벨은 병 속의 와인이 어떤 종류인지를 말하고 나아가서 맛과 향까지 추측할 수 있는 정보를 주는데, 그 표기 내용은 의무적 사항과 자율적 사항으로 구분된다.

Olga Popova / Shutterstock.com

▶ 프랑스 와인 라벨(구대륙 와인)

- Brand: 와인 이름
- Type of Wine: 와인의 타입으로 Grand Vin, Grand Cru, Vin de Table 등으로 표기
- Region: 생산지역
- Bottler: 병입된 회사 이름. 브랜드와 일치하지 않는 경우도 많다.
- Appellation: AOC(Appellation d'Origine Contrôlée)로 포도 원산지 명칭 법규
- Vintage: 포도 수확연도

- Alcohol Content: 알코올 도수
- Volume: 용량 표기. 75cl은 750ml로 세계 표준규격이다.
- Producer: 생산자 주소

▶ 미국 와인 라벨(신대륙 와인)

- 브랜드: 보통 와인 생산자, 와이너리, 이름이 브랜드명으로 쓰인다.
- 포도 품종: 미국, 호주, 칠레, 뉴질랜드, 아르헨티나 등 신대륙 와인 국가에서 생산하는 와인은 보통 생산지나 포도원보다 포도 품종을 표기한다. 미국의 경우 원료 중 명시된 품종이 최소 75%가 되어야 한다.
- Vintage: 포도 수확연도 표기 시 원료로 사용된 포도의 95%가 표기된 해에 수확된 것이어야 한다.
- 알코올 함유량(Alcohol Content): 미국에서 테이블 와인의 경우는 7~13.9%가 법적인 한계선이나 ±1.5%가 허용되고, 디저트 와인의 한계는 18~20%이며 ±1%가 허용된다. 스파클링 와인의 경우는 10~13.9%이며 ±1.5%가 허용된다.
- **AVA**: 원료로 사용된 포도 중 라벨에 표기된 지역에서 재배된 포도가 최소 85%는 되어야 한다.

Olga Popova / Shutterstock.com

AVA(American Viticultural Area)

1983년에 제정되어 미국 포도 재배지역을 일컫는 용어로 프랑스의 원산지 명칭 법규인 AOC와 비슷한 용어이다. 수백 년의 와인 역사를 가진 유럽에 비해 역사가 짧은 미국을 비롯한 신세계 와인국은 특별한 와인등급체계를 정하지 않고 있다. 미국이 포도 재배지역을 구분하여 품질기준을 관리하고자 만든 것으로 AVA 지역으로는 Napa Valley, Sonoma Valley, Russian River Valley 등이 있다. 그러나 AVA 표기가 와인의 품질을 보장하는 것은 아니다.

(2) 포도 생산지와 수확연도

▶ 포도 생산지

같은 종류의 포도인데도 기후와 토양이 다르면 와인의 맛과 품질이 달라진다. 그 예가 피노 누아르 품종인데, 피노 누아르는 프랑스 부르고뉴 지방의 대표적 품종으로 이 지방에서는 세계 최고의 와인을 생산하지만 미국으로 건너가서는 수준 이하의 와인을 만들게 되었다. 프랑스의 경우 전통적으로 포도밭에 등급을 매기고, 이 순위를 고정해 놓음으로써, 수확되는 포도의 질과 상관없이 와인의 품질을 결정한다. 즉 포도 싹이 트기도 전에 와인의 등급이 결정되는 것이다. 와인에서는 그만큼 포도의 생산지가 중요하다.

▶ 포도 수확연도(Vintage)

포도는 기온과 강우량 그리고 일조시간에 민감한 영향을 받기 때문에 그 해의 모든 일기조건이 결정적으로 포도 품질을 좌우한다. 그래서 미식가들은 와인을 선택할 때 '보르도 1989년 산' 하는 식으로 포도 풍년이 든 해를 기억해 두었다가 그 해 지역의 와인만을 찾기도 한다. 따라서 와인의 가격도 생산연도에 따라 차이가 있다.

▶ 와인 제조기술

와인을 만드는 과정은 복잡하고 오랜 경험이 필요하기 때문에 최신 기술을 사용한다고 해서 와인의 품질이 보장되는 것은 아니다. 와인을 만드는 사람을 제조업자(Manufacturer)라고 하지 않고 재배자(Grower)라고 부르는 이유이다.

(3) 와인 서비스 방법

① 와인을 주문한 손님에게 와인 라벨(Label)을 확인시키기 위해 라벨이 손님을 향하도록 보여 드린다.

② 나이프를 이용하여 병목의 캡슐(Capsule) 윗부분을 제거하고 서비스 클로스(Service Cloth)로 병 입구를 잘 닦는다.

③ 와인 오프너(Wine Opener)의 코르크 스크루 끝을 코르크의 중앙에 대고 천천히 돌려 넣는다. 이때 코르크를 완전히 통과하여 코르크 조각이 와인 병 안으로 떨어지게 해서는 안 된다.

④ 나사를 천천히 돌려 코르크 마개가 1cm 가량 남은 위치까지 뽑은 후, 서비스 클로스를 받쳐 손가락으로 코르크를 잡고 천천히 돌려서 마개를 뽑는다.
⑤ 코르크의 냄새를 맡아 이상 유무를 확인하고 손님에게 확인하도록 코르크를 보여 드린다.
⑥ 서비스 전에 서비스 클로스로 병목 주위를 깨끗이 닦는다.
⑦ 주문한 손님에게 시음(Tasting)시켜 드린다.
⑧ 와인을 따른 후 병목을 서비스 클로스로 닦아 와인 방울이 테이블에 떨어지지 않도록 한다.

(4) 와인 테이스팅

와인은 종류와 숙성기간에 따라 특유의 맛과 향을 지니며, 이러한 와인의 맛과 향은 좋은 와인을 결정하는 요소이기도 하다. 따라서 와인을 마시기 전에 와인의 색, 향, 맛을 시음하는 절차를 거치는데 이를 와인 테이스팅(Wine Tasting)이라고 한다.

▶ 빛깔과 투명도(Appearance)

잘 숙성된 화이트 와인은 투명한 호박색을 띠며 잘 숙성된 레드 와인은 영롱한 루비색을 띤다. 따라서 와인 테이스팅을 할 때는 와인의 색을 감상할 수 있도록 깨끗하고 투명한 글라스를 사용해야 한다.

▶ 향기(Aroma)

와인은 포도 자체에서 나오는 고유의 아로마(Aroma) 향과 오랜 숙성기간을 통해 얻어지는 와인의 총체적인 향인 부케(Bouquet)가 어우러져 은은한 향기가 난다. 오크통에서 숙성된 와인이라면 특유의 나무향이 배었을 것이다. 따라서 와인 잔도 이러한 향을 즐길 수 있는 깊은 원형 잔이 좋다.

▶ 맛(Taste)

화이트 와인은 단맛과 신맛이 나며, 레드 와인은 떫은맛과 단맛, 신맛 등이 함께 조화를 이루어 깊은 감칠맛이 나야 한다.

와인 테이스팅 권유요령과 방법

Tasting 권유요령

① 선택한 와인의 라벨을 보여 드린다.

② 글라스의 1/3까지 따라 시음을 유도한다.

③ 만족 여부를 확인한 후 글라스의 2/3까지 따른다.

Tasting 방법

① 눈으로 와인 잔을 기울여 글라스의 가장자리에 닿는 와인의 색깔을 확인한다.

② 코로 와인의 향을 맡는다. 향을 맡은 후 다시 글라스를 가볍게 흔들어(Swirling) 준 후 와인의 아로마와 부케를 확인한다.

③ 와인을 마실 때에는 몇 초간 입안에 머금었다가 천천히 넘긴다.

와인 글라스 모양에 따른 테이스팅

와인의 맛을 제대로 즐기기 위해서는 와인에 맞는 잔을 선택하는 것도 중요하다. 와인 잔은 둥근 모양의 몸통(Bowl)과 가늘고 긴 다리(Stem)로 구분된다. 와인을 마실 때 와인의 향과 맛을 오래 지속시키기 위해 와인 잔의 몸통은 둥그렇게 부풀어 있고 입구는 좁아진다. 입구가 좁을수록 와인의 향을 더 오래 머금는다는 특징이 있다.

또 손으로 와인 잔을 잡았을 때 체온이 와인에 전달되는 것을 막기 위해 와인 잔의 다리는 가늘고 길다. 와인 잔을 고를 때는 화려한 장식이 많은 것을 피하고 무색투명한 유리로 두께가 얇은 것을 선택하는 것이 좋다.

레드 와인	화이트 와인	샴페인(스파클링 와인)	디저트 와인

실온으로 마시는 레드 와인은 공기와 닿는 면적을 크게 하기 위해 잔이 크지만 향기를 오래 지속시키기 위해 입구가 오므라져 있다.	피노 누아르처럼 향을 즐기는 레드 와인인 경우에는 몸통이 더 큰 잔을 이용하기도 한다. 화이트 와인은 시원하게 마시는 것이 좋기 때문에 조금씩 빨리 마실 수 있도록 레드 와인 잔보다 작은 잔을 선택하는 것이 좋다. 그러나 오크통에서 숙성한 샤르도네 같은 품종은 몸통이 좀 더 큰 잔에 마시기도 한다.	샴페인 특유의 기포가 잘 올라오도록 좁고 긴 잔(Flute)을 이용한다. 결혼 피로연이나 파티 등 많은 사람이 모여 축하하는 자리에는 낮고 넓은 모양의 잔을 쓰기도 한다.	달콤하고 알코올 도수가 높은 디저트 와인은 그 특성상 작은 잔을 이용한다.

(5) 와인과 요리의 조화

와인의 알코올 성분은 위를 적당히 자극하여 식욕을 촉진하며, 육류가 주류를 이루는 서양식에서 와인의 맛은 음식의 지방분을 없애고 혀를 긴장시켜 신선한 맛을 되찾아 준다. 일반적으로 붉은 육류에는 레드 와인이, 굴이나 새우, 생선, 닭고기와 같은 흰살 고기류에는 화이트 와인이 어울린다. 산도가 높고 타닌 함량이 낮은 피노 누아르는 샐러드, 생선류 등 부담 없이 가볍게 마시기 좋은 레드 품종이다.

와인과 요리의 특징적인 조화의 예를 몇 가지 들면 다음과 같다.

- 생선에도 붉은 소스를 사용한 요리에는 레드 와인이 어울리는 경우가 많다.
- 고기 중에도 송아지고기, 돼지고기 등에는 드라이한 화이트 와인이 어울리며 닭고기는 대부분 모든 와인과 잘 어울린다.
- 과일이나 푸딩같이 단 음식에는 스위트 와인이, 강화와인인 포트와인은 초코릿과 어울리며, 달지 않은 음식에는 드라이 와인이 적합하다.

| 와인과 어울리는 음식 및 적정 온도

- 요리의 소스 등에 와인을 사용한 경우에는 같은 타입의 와인을 마시는 것이 좋다.
- 서양식의 코스별 식사에서는 일반적으로 화이트 와인에서 레드 와인으로, 드라이 와인에서 스위트 와인으로, 엷은 맛(Light Body)에서 짙은 맛(Full Body)로, 숙성이 덜된 와인에서 오래된 와인 순을 따르는 것이 와인의 맛을 즐기기에 좋다.
- **비니거(Vinegar)**를 사용한 드레싱을 곁들인 샐러드나 산이 포함된 그레이프프루트, 오렌지, 레몬과 같은 과일 또는 고등어와 같이 기름기가 많은 생선, 계란이 많이 들어간 요리는 와인과 어울리지 않는다.

비니거(Vinegar)

와인(vin)과 신맛(aigre)을 합친 'vinaigre'에서 유래한 프랑스어로 식초이다.

6) 세계 여러 나라의 와인

(1) 프랑스

오랜 숙성으로 복합적인 향과 부드러운 맛을 즐길 수 있는 '최상급 와인' 하면 역시 프랑스 와인을 손꼽는다. 이는 와인을 만들어 온 오랜 역사뿐 아니라 포도 재배에 이상적인 기후와 토양, 그리고 국가에서 법적으로 와인통제장치를 마련해 엄격하게 품질을 관리하기 때문이다. 프랑스 와인은 유명한 지역 안에 다시 유명한 마을과 포도원이 세분화되고, 셀 수 없이 많은 지역명이 대부분 와인 이름으로 사용되기 때문에 어렵게 느껴진다.

하지만 다음에 분류된 프랑스의 대표적인 포도 산지와 지역명을 알아 둔다면 프랑스 와인을 이해하는 데 도움이 될 것이다. 와인마다 맛과 향의 섬세한 차이는 있지만 크게 분류된 지역 내의 와인은 대개 특성이 비슷하기 때문이다.

▶ 보르도 와인(Bordeaux Wine)

보르도 와인은 프랑스 남서부 지롱드(Gironde) 강 주변의 메독(Medoc), 그라브(Graves), 생테밀리옹(Saint-Emilion) 등 세계 최대 고급 와인 생산지에서 생산된 와인이다. 주로 카베르네 소비뇽(Cabernet Sauvignon)과 메를로(Merlot) 품종을 사용하며 보르도 지역의 품질 좋은 와인을 샤토 와인이라고 부른다.

보르도 지방의 A.O.C 재배지역은 다음과 같다.

- 메도크(Medoc)
- 보르도 세인트 매케인(Bordeaux St-Macaine)
- 그라브 데 베르(Grave de Vayres)
- 그라브(Graves)
- 루피악(Loupiac)
- 포므롤(Pomerol)
- 세홍(Cerons)
- 상트 크루아 뒤 몽(Ste-Croix-du-Mont)
- 생테밀리옹(Saint-Emillion)
- 바르삭(Barsac)
- 코트 드 보르도(Cotes de Bordeaux)
- 소테른(Saternes)
- 앙트르 되 메르(Entre-Deux-Mers)
- 보르도(Bordeaux)
- 보르도 코트 드 프랑스(Bordeaux-Cotes de France)

샤토 와인(Chateau Wine)

샤토는 원래 성곽이나 대저택을 의미하지만 와인과 관련해서는 특정한 포도 양조장을 뜻한다. 샤토 와인은 의미는 라벨에 표기된 포도 양조장(Chateau)에서 포도 재배, 제조, 포장까지 이루어진 와인에 붙는 이름이다. 가장 고급스러운 와인이다.

프랑스 보르도 지방의 생테밀리옹(Saint-Emillion)

▶ 부르고뉴 와인(Bourgogne Wine)

보르도 지방과 쌍벽을 이루는 세계적인 명산지로서 '부르고뉴'라는 이름은 기원전 5세기경 게르만 민족의 하나인 부르군드 족이 세운 부르군드 왕국 이름에서 유래한다. 와인을 만든 역사는 로마시대까지 거슬러 올라가는데, 비약적인 발전을 이룩한 것은 12세기로 한 수도승의 공헌에 힘입은 바가 크다.

부르고뉴는 영어를 사용하는 나라에서는 버건디(Burgundy)라고 부르기도 한다. 부르고뉴 레드 와인은 선홍색을 띠며 보르도 레드 와인이 여성적인 데 반해 남성적이라고 표현한다. 또한 부르고뉴의 샤블리(Chablis) 지방은 화이트 와인으로 매우 유명한데, 연한 황록색으로 향이 좋고 드라이한 맛을 내는 와인이다.

부르고뉴 지방의 A.O.C의 재배지역은 다음과 같다.

- 샤블리(Chablis): 파리 동남쪽으로 내려오면 맨 먼저 만나는 지역
- 코트 디 오르(Cotes-de-Or): 샤블리 남단 구릉지대
- 코트 디 뉘(Cotes de Nuit): 레드 와인이 더 유명
- 코트 디 본(Cotes de Beaune): 화이트 와인이 더 유명
- 코트 샬로네즈(Cotes Chalonnaise)
- 마코네(Maconnais)
- 보졸레(Beaujolais)

주요 재배 포도 품종인 피노 누아르(Pinot Noir)와 가메(Gamay)로 레드 와인을, 샤르도네(Chardonnay)와 알리고테(Aligote)로 화이트 와인을 생산한다.

보졸레 누보 와인 축제와 탄산가스 침용

매년 11월 셋째 주 목요일에는 전 세계적으로 보졸레 누보 와인 축제가 열린다. 이 와인은 9,700헥타르의 보졸레 지역에서 만들어지는데, 그 맛이 가볍고 상쾌하며 풍부한 과일 향이 나서 독특한 매력을 지닌다. 보졸레 누보를 만들기 위해서는 먼저 포도를 전량 손으로 수확하는데, 이는 포도에 최대한 상처를 줄여 향기를 보존하기 위해서이다. 그다음 알맹이를 분리하지 않고 포도송이 전체를 주조통 속에 넣고 봉인한다. 이때 주조통 속에서는 포도들이 서로 눌려 자연스럽게 즙이 나오면서 아래로 모임과 동시에 탄산가스가 발생하면서 발효가 이루어진다.

이 방법은 포도 속에 남아 있는 색과 향기를 최대한 고스란히 뽑아내기 위해 고안된 것이다. 이 과정을 통해 포도껍질 속의 아로마가 포도즙 속으로 스며들어 풍부한 과일 향을 내게 되는데, 이 탄산가스 침용(Maceration Carbonique) 시간이 짧을수록 가볍고 상쾌한 보졸레 누보가 된다. 보졸레 누보는 이 과정에서 첨가하는 효모로 인해 많은 방향을 갖게 되므로 효모의 역할이 특히 중요하다.

그러나 보졸레 누보는 탄산가스가 풍부한 상태에서 주조되기 때문에 많이 마실 경우 두통을 느낄 수 있다. 와인 애호가 중에는 빠른 숙성과정을 통해 일찍 세상에 나온 보졸레 누보를 숙성이 끝나지 않은 '미완성 와인'이라는 이름으로 부르며 좋아하지 않는 사람도 있지만, 어쨌든 상업적 마케팅의 성공으로 매년 11월 셋째 주 목요일이면 전 세계 190개 나라에서 이들의 신선한 향기를 고대한다.

▶ 알사스 와인(Alsace Wine)

지리적으로 분명 프랑스 영토인 알사스에서 생산되는 와인은 독일 와인의 특성을 지니면서 동시에 독일 와인과는 다른 점이 있다. 알사스는 잘 알려져 있지 않다가 프랑스 혁명 때 한 여행자에 의해 발견되었으며 이곳 사람들은 아직까지 독일식 언어를 많이 사용한다. 그러나 독일 사람과는 정서적으로 다르며 프랑스인이면서도 타 지역 사람들과는 기질이 다르고 와인도 독특한 데가 있다. 총면적은 1,800헥타르에 달하며 약 440개의 마을에서 약 3만 호(가족단위)의 인구가 와인 제조업에 종사하고 있다.

연간 6~7천만 리터를 생산하는데 와인명으로 마을이나 포도밭의 이름을 사용하지 않고 포도 품종의 이름을 사용하므로 A.O.C는 Appellation Alsace Controlee로 단일화되어 있다.

잘 알려진 와인은 다음과 같다.

- 라즐링(Riesling)
- 트라미너(Traminer)
- 게뷔르츠트라미너(Gewurztraminer)
- 뮤스카(Muscate)
- 츠비커(Zwicker)
- 피노 블랑(Pinot Blanc)

알사스 와인은 향취와 향미가 짙고 깔끔하고(Clean)하고 드라이(Dry)한 것이 특징이다. 그리고 대부분의 와인이 화이트 와인이며 레드 와인은 극히 드물게 생산된다. 특히 머스캣(Muscat) 종 포도로 드라이한 와인을 내는 곳은 알사스뿐이다. 머스캣 와인은 주로 식전주로 마시는데 매우 잘 어울린다.

독일 와인을 손님 접대나 연회용으로 생각한다면 알사스 와인은 일반 식사용이나 음식을 조리할 때 첨가용으로 생각한다. 이곳 알사스 지방에는 여러 가지 특색 있는 요리가 있는데, 이러한 요리에는 물론 지역산 알사스 와인이 잘 어울린다.

▶ 루아르 와인(Val de Loire Wine)

프랑스 중앙부에서 대서양으로 흘러들어가는 기나긴 루아르강은 화려한 고성들이 군데군데 서 있는 아름다운 유역으로 '프랑스의 정원'이라고 일컬어지며 루아르 와인(Loire Wine)의 고향이기도 하다. 포도의 재배면적이 넓어서 A.O.C 와인의 생산량이 프랑스에서 4위를 기록한다.

▶ 샹파뉴(Champagne)

샹파뉴는 샴페인의 불어식 발음으로 프랑스 북동부에 위치하고 있는 와인 생산지이다. 피노 누아르(Pinot Noir), 샤르도네(Chardonnay), 피노 블랑 뫼니에(Pinot Blanc Meunier) 등의 포도 품종을 재배하여 세계적으로 유명한 스파클링 와인을 생산해 내고 있다. 이곳에서 생산되는 제품이 바로 스파클링 와인의 원조인 샴페인이다.

(2) 독일

독일은 총 생산 와인의 85%가 화이트 와인으로 세계 최고의 화이트 와인 생산국이다. 세계적으로 유명한 화이트 와인 생산지로는 단연 라인강과 모젤강 유역을 들 수 있다. 모젤 와인(Mosel Wine)은 산도가 높은 반면 라인 와인(Rhein Wine)은 맛이 강한 특성을 띤다.

날씨가 춥고 일조량이 부족한 기후의 특성으로 독일에서 재배되는 포도는 당분의 함량이 비교적 적으며 산도가 높은 편이다. 일반적으로 포도에 당분이 많고 산도가 낮으면 와인의 맛은 싱거워지고, 반대의 경우는 거친 맛을 띠게 되며, 당분과 산도의 균형이 적절하면 와인은 알코올 도수가 낮고 향취와 향미가 뛰어나다. 독일 와인 제조과정에서 관건은 포도의 당분과 산도의 조절이다.

독일의 주요 와인인 라인 와인과 모젤 와인은 와인 병이 독특하다. 모양이 가늘고 길며 라인 와인은 갈색, 모젤 와인은 녹색으로 색깔이 정해져 있다. 포도의 경작 면적과 생산량은 프랑스에 비하면 매우 적으나 독일의 화이트 와인은 그 향과 맛으로 세계의 애음가들로부터 호평을 받고 있다.

독일산 와인은 포도 품종으로 리슬링(Riesling)과 실바네르(Sylvaner)를 많이 사용하며 포도 수확 시기에 따라 여러 등급의 와인을 생산하고 구분하는 특징이 있다.

다음은 와인의 품질을 나타내는 포도의 수확시기에 따른 5가지 분류이다.

- 카비네트(Kabinett)
- 스패트레제(Spatlese)
- 아우스레제(Auslese)
- 베렌아우스레제(Beernauslese)
- 트로켄 베렌아우스레제(Troken Beerenauslese)

▶ 모젤 자르 루버(Mosel-Saar-Ruwer)

독일 와인의 15%를 생산하며 가장 유명하고 가볍고 신선한 맛이 특징이다. 보통 모젤이라고 부르며 목이 긴 녹색 병을 사용한다. 유명한 와인으로는 첼러 슈바르츠 카츠(Zeller Schwarze Katz)가 있다.

▶ 라인가우(Rheingau)

모젤 지역과 함께 세계적으로 유명한 화이트 와인 산지이며 포도 재배의 이상적인 입지조건을 가지고 있다. 이 지역에서 생산되는 와인은 모젤 와인보다 알코올 함량이 더 높고 더 깊은 맛을 낸다. 대표적 산지로는 요하니스베르그(Johannisberg)가 유명하며 이 지역에서는 대부분 값비싼 와인을 생산한다.

(3) 이탈리아

이탈리아는 와인의 종주국으로서, 생산량 세계 1위, 소비량 세계 1위, 수출량도 세계 1위이다. 3000년 전, 로마시대 이전부터 와인을 만들기 시작했으며, 로마시대에는 유럽 전역에 포도가 전파되었다. 이탈리아는 옛날부터 그리스인들이 '와인의 땅(Qenotria)'이라고 불렀을 정도로 와인이 많이 생산된 곳이다.

지중해 연안에 자리 잡은 지정학적 위치로 일조량이 많아 와인 제조에 알맞은 포도가 많이 열리고, 포도가 농익어 타닌의 양이 많아 입안에서 무게감을 주는 와인이 생산된다. 이탈리아의 전 국토가 포도원이라 불릴 정도로 여러 지역에서 포도를 재배하여 그 생산량은 세계 산출 포도주의 약 19%를 차지한다. 물론 프랑스의 샤토 마고(Chateau Margaux)나 독일의 요하니스베르그(Johannisberg)와 같은 유명한 상품은 없으나 론 와인(Rhone Wine)과 같은 우수한 와인이 있다.

주요 산지로는 북쪽의 피에몬테(Piemonte), 롬바르디아(Lombardia)에서 남쪽의 시실리아에 이르기까지 18개의 이름난 산지가 있으며 이곳의 740여 품종으로 유명한 와인을 생산하고 있다.

▶ 피에몬테(Piemonte)

세계적으로 유명한 단맛이 나는 베르무트 와인(Vermouth Wine)과 스파클링 와인(Sparkling Wine)을 생산한다. 피에몬테는 '알프스 산의 문턱'이라는 뜻이다.

- 바롤로(Barolo): 오렌지색을 띠는 알코올 도수 12~15도의 강화와인이며, 오랜 기간 저장할 때는 찌꺼기가 뜨므로 병을 세워서 저장한다.
- 돌체토(Dolcetto): Light Body, Medium Dry한 와인이다.
- 그리뇰리노(Grignolino): Light Body, 독특한 향취와 향미를 지닌 와인이다.

▶ 투스카니(Tuscany)

이탈리아 중부 투스카니 지역을 대표하는 것이 바로 키안티(Chianti) 와인이다. 토질은 자갈과 모래 언덕으로 포도와 올리브가 풍성하게 자라는 곳이다. 키안티 와인은 오랫동안 오크통 속에 묵혔다가 병에 담는다. 병은 둥글 넙적한 초롱박 모양의 보리 짚으로 병 밑을 감싸 놓은 것이 특징이다.

이 밖에 주요 와인 생산지로는 바르돌리노(Bardolino), 소아베(Soave), 발폴리첼라(Valpolicella)를 생산하는 베네토(Veneto) 지역, 소아베와 더불어 세계 전 지역에 걸쳐 인기 있는 화이트 와인인 오르비에토(Orvieto)를 생산하는 움브리아(Umbria) 지역, 베르디키오(Verdicchois)로 잘 알려진 마르케세(Marches) 지역 등 이탈리아 전역에 걸쳐 각양각색의 와인이 생산되고 있다.

(4) 스페인

스페인은 세계 어느 나라보다 면적이 넓은 포도 산지가 있지만 와인 생산량은 이탈리아의 ⅓로 세계 3위이다. 스페인에서 상급 와인이 생산되는 지역은 헤레스(Jerez), 리오하(Rioja), 몬티야(Montilla), 카탈로니아(Catalonia) 등이다.

또한 스페인은 대표적인 식전주 '셰리(Sherry)의 고향'이다. 셰리는 브랜드를 보고 선택하는 것이 좋으며 유명한 브랜드로는 브리스톨 크림(Bistol Cream),

드라이 색(Dry Sack), 티오 페페(Tio Pepe), 라 이나(La Ina) 등이 있다.

▶ 리오하(Rioja)

스페인에서 가장 우수한 와인을 생산하는 곳으로 알려져 있으며, 특히 스페인의 레드 와인은 세계적으로 인정받고 있다. 'Rioja'라는 이름은 이곳에 흐르는 에브로강의 지류인 오하(Oja)강에서 유래된 것이다. 'Rio'는 스페인어로 '강'이란 뜻으로, 이곳은 지대가 높고 추워서 4월에도 눈으로 덮인 곳이 많으며, 프랑스 보르도까지는 자동차로 5시간 거리에 위치하여 와인 양조 방식에 보르도의 영향을 많이 받았다.

필록세라(Phylloxera)
미국 품종 포도나무 뿌리에 기생하는 진딧물로 19세기 후반, 유럽의 포도나무를 황폐화시킨 적이 있다.

미국에 창궐한 **필록세라**가 프랑스의 보르도 지방까지 황폐화하자, 1880년대에 수백 명의 보르도 지방 사람들은 피레네 산맥을 넘어 리오하에 정착하여 포도를 재배하고 와인을 만들었다. 보르도의 포도밭이 정상화되자 그들은 본토로 돌아갔지만, 그들의 와인 재배와 제조기술은 남아서 1960년대까지 리오하의 와인은 묵직하고 텁텁한 고전적인 와인 스타일로 만들어졌다.

최근에는 제조방법을 개선하여 이전보다 더 신선하고 가벼운 와인을 생산하고 있다. 스페인 와인의 특징 중 하나는 혼합하여 만들기 때문에 회사명을 와인명으로 쓰기도 한다는 것이다.

- 임페리얼(Imperial)
- 이가이 스파클링 와인(Ygay Sparkling Wine)
- 마르케스 드 리스칼(Marques de Riscal)

▶ 카탈루냐(Cataluna)

바르셀로나 인근의 지중해 연안에 위치한 카탈루냐는 북쪽으로는 피레네 산맥에 둘러싸여 있으며 동남쪽으로는 지중해 쪽에 인접한 산기슭부터 고지대에 이르기까지 포도원이 자리 잡고 있다. 이 지역은 7개의 더 작은 지역으로 구분되는데, 그 중 페네데 지역에서는 지난 20년 동안 포도원을 확장하여 스페인의 지도를 바꿀 정도로 이 지역을 리오하에 못지않게 유명하게 만들었다. 유명한 와인 회사로는 비네도스 토레스(Vinedos Torres)와 코도르니우(Codorniu)가 있다.

▶ 셰리와인(Sherry Wine)

셰리와인(Sherry Wine)은 프랑스의 샴페인과 같이, 스페인의 단일 지역 와인 중 세계적으로 가장 인기 있는 와인이다. 생산량은 스페인 전체 와인의 4%밖에 되지 않지만, 일찍이 영국 상인들에 의해 세계로 보급된 대표적인 식전주(Aperitif)이다.

제조방법을 보면, 먼저 발효된 와인을 솔레라(Solera) 방식으로 블렌딩하는데, 이때 잘 숙성된 것과 잘 안 된 것, Light Body한 것과 Full Body한 것을 분리해 놓고, 묵은 와인과 새 와인을 혼합한다. 한마디로 묵은 와인통에 새 와인을 넣어 섞는 것이다. 이렇게 혼합한 와인에 화주가 요구하는 브랜드를 붙이는데, 대개 화주 혹은 회사명을 사용한다. 따라서 '셰리' 하면 브리스톨 크림(Bistol Cream), 드라이 색(Dry Sack), 티오 페페(Tio Pepe) 브랜드가 떠오르는 것이다.

셰리와인은 제일 많이 판매되는 드라이한 것이 제일 많이 생산되며 스위트한 것과 미디엄 스위트한 것은 필요에 따라 만든다.

셰리와인은 그 품질의 특성에 따라 다음과 같이 분류한다.

- 피노(Fino): Young Sherry Wine으로 연한 밀짚 색에 단맛이 없으면서도 방향이 좋은 와인이다. (상급품)
- 아몬티야도(Amontillado): 피노를 묵힌 것으로 품질은 피노와 비슷하며 드라이한 것과 미디엄 드라이한 것이 있다.(2급품)
- 몬티야도(Montillado): 코르도바(Cordoba) 지역에서 생산하는 와인으로 연하면서도 단맛이 없으며 피노와 아몬티야도의 중간급이다.
- 리오하(Rioja): 아라곤(Aragon) 지역에서 생산되는 레드 와인으로 일반 식사용 와인으로 적합하다.
- 크림 셰리(Cream Sherry): 스위트하며 3급품이다.

피노(Pino)는 차게 해서 식전주로 마시며 조개류, 새우, 생선, 수프와 잘 어울리고 아몬티야도(Amontillado)는 치즈, 햄, 소시지와 잘 어울리며 크림 셰리(Cream Sherry)는 쿠키나 케이크의 맛을 더해 준다.

(5) 포르투갈

포르투갈의 와인은 이탈리아, 스페인과 마찬가지로 레드 와인을 많이 생산하고 오크통에서 오랫동안 숙성시키기 때문에 와인 스타일도 이들 나라와 비슷하며, 대체로 거칠고 품질이 일정하지 않다. 세계적으로 알려진 와인에는 포트와인(Port Wine)과 로제 와인(Rose Wine)이 있다.

▶ 포트와인(Port Wine)

> 오포르투(Oporto)
>
> 오포르투는 포트와인을 실어 나르는 항구 이름이다. 독일의 라인 지방과 같이 가파른 경사지로 여러 종류의 포도가 재배된다.

포트는 세계적으로 유명한 디저트 와인이며 주로 포르투갈 북부에 위치한 도루(Douro) 계곡에서 생산된다. 최근에는 다른 나라에서도 포트와인이 많이 생산되므로, 혼동을 피하기 위해 포르투갈산 포트와인에 '**오포르투(Oporto)**'라는 이름을 붙이는 경우가 많다. 포트는 여러 지역의 포도를 혼합하여 만든다.

포트와인은 가장 교과서적인 와인이라고 할 수 있다. 토양, 기후, 포도 품종 등 여러 가지 미지수를 혼합하여 만들기 때문이다. 따라서 와인 제조에서 가장 어려운 블렌딩과 숙성과정이 포트의 품질과 타입을 결정하게 된다.

포르투갈의 포트는 영국인에 의해 개발되었고 발전되었다. 1800년대에 영국 상인들이 포르투갈의 와인을 배로 운반할 때 오랜 항해 기간 중에 생기는 와인의 변질을 방지하기 위해 알코올을 첨가하면서 포트가 탄생했다. 그 후 포트와인은 영국인의 입맛에 맞게 개량되었으며 상품시장도 영국인의 영향을 받게 되었다. 최근에는 영국인의 식후 음주 습관이 점차 사라지면서 영국으로의 수출이 줄자 미국 등 새로운 시장으로 고개를 돌리고 있다.

포르투갈은 발달한 항해술로 일찍이 신대륙과 아프리카, 아시아에 진출하여 우리나라 사람들이 처음으로 서양 와인을 접한 것도 바로 포트와인일 것으로 추정된다. 포트와인의 주요 브랜드는 샌드맨(SandeMan), 그람스(Grahams), 테일러(Taylor) 등이 있다.

- 빈티지 포트(Vintage Port): 그해 수확한 포도만을 사용하여 나무통에서 2년 숙성한 것으로 알코올 농도는 21%이며 병에서도 천천히 숙성되므로 10년, 20년 보관 후에 개봉하면 맛이 훨씬 좋다.
- 루비 포트(Ruby Port): 장기간 스테인리스 술통에 저장하면서 비교적 루비 색이 짙어지며 거친 맛이 나는 와인이다.

- 토니 포트(Tawny Port): 오크통에서 10~40년 동안 숙성하며 황갈색으로 착색된 와인이다.
- 화이트 포트(White Port): 청포도로 양조한 것으로 3~5년 통숙성하여 황금색을 띤다.

(6) 미국

미국은 1840~1850년대에 포도 재배의 기초가 마련되면서 산업화되기 시작하였다. 당시에는 유럽 와인과 비슷하게 만들어 상표도 샤블리(Chablis), 버건디(Burgundy), 라인(Rhein) 등 유럽 유명 산지의 이름을 본땄다.

1950년대에 들어와 캘리포니아 대학의 포도 재배, 양조 연구소 등의 노력으로 산지별로 적합한 품종 육성법, 양조법 등이 확립되면서 미국 포도주의 생산이 본격화되었다. 특히 크롬과 스테인리스 스틸의 특수합금으로 탱크를 제작하고 바깥쪽에 붙이는 냉각장치를 고안하여 양조과정을 완전히 조정할 수 있게 되면서 품질 향상은 눈부신 발전을 계속했다.

1960~1970년대에는 소규모의 와인 양조장(Winery)이 증가하여 와인의 차별화를 시도하면서 원료로 사용한 포도의 품종명을 와인명으로 쓰기 시작했다. 이와 같은 와인을 버라이틀 와인(Varietal Wine)이라고 하고, 샤블리와 같이 일반적인 이름으로 판매되는 대량생산 와인은 제네릭 와인(Generic Wine)이라고 부른다. 현재 미국의 절반 이상의 주(State)에서 와인을 생산하는데, 그 중 캘리포니아주가 27%를 차지한다.

▶ 캘리포니아 와인(California Wine)

미국은 와인의 신개발지에 속하며 그 중 명성이 제일 높은 지역은 캘리포니아이다. 서유럽의 프랑스나 독일이 오랜 옛날부터 와인을 발전시켜 와인 문화가 융성했다면, 신개발지인 미국은 역사가 비교적 짧음에도 꾸준히 우수한 와인을 생산하고 있다. 이는 포도 재배에 적합한 토질과 좋은 기후조건, 와인 생산자의 끊임없는 연구와 노력에 의한 것이다.

| 와인 생산지가 내려다보이는 나파 밸리 전경

캘리포니아산 와인은 세계 수준에서 결코 뒤떨어지지 않는 와인이다. 미국의 와인 생산량은 프랑스나 이탈리아의 그것에 비교할 바 아니지만, 포도 산지 개발과 포도 품종 개량에도 많은 연구와 노력을 기울이고 있다. 샤르도네, 소비뇽 블랑의 화이트 와인과 카베르네 쇼비뇽, 벨로, 피노 누아르, 진판델이라는 네 가지 레드 와인은 손꼽을 만하다. 주로 버건디 타입과 독일의 모젤, 라인 타입의 와인을 많이 생산하며 캘리포니아의 주요 와인 생산지는 다음과 같다.

- 나파 계곡(Napa Valley)
- 소노마 계곡(Sonoma Valley)
- 멘도시노 카운티(Mendocino County)
- 레이크 카운티(Lake County)
- 몬터레이(Monterey)
- 산타클라라(Santa Clara)
- 리버모어(Livermore)
- 산타바바라(Santa Babara)
- 산 루이스 오비스포(San Luis Obispo)

(7) 칠레

칠레는 건조하고 온화한 기후로 와인의 품질이 세계적으로 좋으며 지금까지도 필록세라가 근접하지 못하므로 포도나무를 접붙이지 않고서도 유럽 품종을 재배하고 있다. 새로 도입하여 재배하는 레드 와인용 품종은 보르도 지역에서 수입한 카베르네 쇼비뇽, 메를로이며, 화이트 와인용 품종은 세미용과 소비뇽 블랑이다.

1938년에는 한때 와인 생산량을 제한하기도 했으나, 이후 국가 차원에서 규제를 철폐하고 국제적으로도 칠레 와인에 대한 관심이 증대되면서 품질의 우수함을 인정받아 프랑스의 샤토 코스 데스토르넬(Chateau Cos d'Estournel)과 샤토 마고(Chateau Margaux)가 칠레 와인 회사와 공동생산을 하기도 했다.

칠레산 와인 라벨에서 'Don'이라는 표기는 오래된 와인공장에서 생산된 고급 와인에 국한된 것이다. 레제르바도(Reservado)는 적어도 4년 이상 숙성된 와인에, 그란 빈(Gran Vin)은 6년 이상 숙성된 와인에 표기한다. 유명 포도 재배지역으로는 아콩카과 밸리, 마이푸 밸리 등이 있다.

3. 샴페인(Champagne)

샴페인은 이산화탄소가 함유된 발포성 와인이다. 그러나 엄밀한 의미에서는 프랑스의 샹파뉴(Champagne) 지방에서 생산하는 발포성 와인을 일컫는다. 이러한 샴페인의 역사는 17세기 가톨릭 베네딕토 수도원의 승려인 동 페리뇽(Dom Perignon)이 차가운 날씨로 인해 발효를 멈췄던 와인이 따뜻한 봄이 되어 터져 버리는 것을 보며 연구를 거듭한 결과에서 시작되었다. 이후 탄산가스를 보존하기 위해 코르크 마개를 개발하는 등 더욱 발전시켜 오늘날의 샴페인을 만들게 되었다.

세계적으로 유명한 브랜드로는 동 페리뇽(Dom Perignon), 파이퍼 하이직(Piper-Heidsieck), 볼랭저(Bollinger), 랑송(Lanson), 모엣샹동(Moet&Chandon), 크룩(Krug) 등이 있다.

1) 샴페인의 제조원료와 제조방법

발포성 와인 중 프랑스 샹파뉴 지방에서 생산되는 제품만을 의미한다. 샴페인 만드는 방법을 '메토드 샹프누아즈'라 하는데 유럽연합에서는 샹파뉴 지역 이외에서 생산된 스파클링 와인에는 이 명칭을 사용할 수 없게 지정하고 있다.

스위트한 것에서부터 드라이한 것까지 여러 가지 맛이 있으며 어떤 음식과도 잘 어울리고 제조과정이 까다로워 가격이 비싼 편이다. 보통은 상파뉴 지방의 샤도네이(Chardonnay) 27%, 피노 누아르(Pinot Noir) 38%, 피노 뫼니에(Pinot Meunier) 35% 비율로 세 가지 품종을 섞어 만든다. 하지만 백포도인 샤도네이 품종으로만 만드는 경우 이를 '블랑 드 블랑(Blanc de Blanc)'이라고 하며 적포도인 피노 누아르 품종으로만 만든 와인을 '블랑 드 누아(Blanc de Noirs)'라고 한다.

포도를 수확하여 배합한 와인은 스테인리스 스틸 탱크에서 2~3주간 1차 발효를 한다. 이때 탄산가스가 공기 중으로 날아가면서 기포가 없는 스틸 와인(Still Wine)이 만들어진다. 1차 발효 후 설탕과 효모 혼합과정을 거쳐 병입을 하여 거꾸로 세워 보관하면서 2차 발효를 다시 한다. 이때 포도주에 남아 있는 당분이 부족하면 가스가 발생하지 않으므로 당도를 보아 시럽을 첨가하고 밀봉한다. 이 과정에서 이산화탄소가 발생하는데, 이때 발효로 샴페인 병 안에서 발생하는 이산화탄소가 약 6기압이므로 코르크와 병 등은 이 압력을 견딜 수 있게 제작된 것을 사용해야 한다.

이렇게 샴페인이 약 6개월 정도 숙성하면 병목 부분에 침전물이 생겨 가라앉는데 이 침전물을 꺼내고 가스가 방출되지 않게 다시 병마개를 닫는 것이 샴페인 품질을 좌우하는 가장 중요한 제조과정이며 최소 1년 이상을 반복한다. 찌꺼기 제거 후에는 손실된 와인 양만큼 와인과 설탕 혼합액을 병 속에 넣어 섞어주는데, 이에 따라 드라이 혹은 스위트한 맛이 결정된다. 이후 샴페인 코르크 마개로 병을 밀봉하고 철사로 병목을 감싼 뒤 코르크 위에 메탈 캡을 씌워 판매한다.

Punt & Cork

샴페인은 이산화탄소 가스를 담고 있어 내부 기압을 분산시켜 폭발을 방지하기 위해 두꺼운 병 밑에 오목한 부위를 만드는데 이를 Punt라고 한다. 병을 막는 코르크의 모양도 와인 코르크와는 다르다.

2) 샴페인의 당도에 따른 분류

샴페인은 일반적으로 당도에 따라 분류하며 그 내용은 다음과 같다.

- Brut: 당도 0.5%의 최고급 샴페인
- Extra Sec: 당도 1%의 식중주용 샴페인
- Sec: 당도 3%의 식전 요리에 좋은 샴페인
- Demi Sec: 당도 5%의 축배용 샴페인
- Doux: 당도 10%의 디저트용 샴페인

3) 샴페인의 특성

- 스위트한 것부터 드라이한 것까지 여러 가지 맛이 있으며 제조과정이 까다로워 값이 비싸다.
- 샴페인은 온도가 중요하다. 화이트 와인보다 더 차게 하여 마시는데, 너무 차면 향과 맛을 느낄 수 없으므로 적정 온도(8~10℃)에서 즐긴다.
- 병이 두꺼우므로 마시기 30분 전쯤 물과 얼음이 든 바스켓에 넣어 두고 적정 온도를 유지하며 즐긴다.
- 식전주를 비롯하여 모든 음식과 잘 어울리며 칵테일의 베이스로도 사용된다.

4. 브랜디(Brandy)

13세기경 프랑스에서 제조되기 시작한 브랜디의 어원은 네덜란드어 '브란데웨인(Brandewijin)'으로 영어로는 Burned Wine의 '태운 와인'이라는 뜻에서 유래했으며 브랜디란 '브랜디 와인'의 줄임말이다. 브랜디는 좁은 의미로 포도를 발효, 증류한 술을 말하며, 넓은 의미로는 모든 과일류의 발효액을 증류한 알코올 성분이 강한 술을 통틀어 이르는 말이다. 포도 이외의 다른 과일을 원료로 하여 만든 경우에는 애플 브랜디(Apple Brandy), 체리 브랜디(Cherry Brandy), 애프리콧 브랜디(Apricot Brandy)와 같이 브랜디 앞에 원료로 사용한 과일의 이름을 붙인다.

1) 브랜디의 제조원료와 제조방법

과일, 특히 포도가 주원료로 사용되며 사과와 셰리 등도 쓰인다. 브랜디의 제조방법을 코냑(Cognac)의 예를 들어 설명하면 다음과 같다.

(1) 양조작업

와인을 제조하는 과정으로 브랜디의 원료로 사용되는 포도 품종은 생산지에 따라 다르나 프랑스에서는 폴 블랑슈(Folle Blanche), 생테밀리옹(ST. Emilion), 콜롬바르(Colombar)가 사용된다.

9월에서 10월 하순에 걸쳐 수확하여 곧바로 브랜디의 원료가 되는 와인을 만드는데, 신맛이 강해서 와인으로는 적당하지 않지만 고급 브랜디에는 필수 재료가 된다.

(2) 증류

브랜디는 발효된 와인을 구식 증류기로 1차 증류하여 20~25%의 알코올을 얻고 이후 다시 증류하여 68~70%의 알코올을 추출한다. 이렇게 두 단계로 나누어 증류하면 평균 8통의 와인에서 1통의 브랜디가 만들어진다. 여기서 더 좋은 증류주를 얻으려면 다시 10~15시간에 걸쳐 세 번 증류하게 된다.

(3) 저장

증류한 브랜디는 화이트 오크통(White Oak Barrel)에 넣어 저장한다. 술통은 새것보다 오래된 것이 더 좋다. 새 술통을 사용할 때는 반드시 열탕으로 소독하고 다시 화이트 와인을 채워 유해한 색소나 이물질을 제거한 후 이것을 쏟아내고 브랜디를 넣어 저장한다. 저장기간은 최저 5~20년이고 오래된 것은 50~70년 된 것도 있다. 저장 중에도 오크통을 통해 주성분과 수분이 증발하게 되어 보통 2~3년마다 다른 술통에 채워 넣는다. 이러한 과정을 통해 알코올 도수가 낮아지며 향과 맛이 증폭된다.

| 알코올 증류기

| 오크통 저장소

(4) 혼합과 숙성

저장되었던 브랜디는 전문가에 의해 혼합(Blend)과정을 거치는데 이 과정에서 브랜디 특유의 맛이 결정된다. 이후 일정기간 숙성시킨 다음 병입한다.

2) 브랜디의 종류

브랜디는 원료가 되는 과일에 따라 다음과 같은 종류가 있다.

분류	종류	원료
브랜디	코냑(Cognac), 아르마냑(Armagnac), 일반 브랜디 등	포도
애플 브랜디	칼바도스(Calvados), 애플 잭(Apple Jack) 등	사과
체리나 오얏 브랜디 (Cherry & Plum)	키르시 바서(Kirsh Wasser), 슬리보비츠아(Slivovitz), 퀘치 [Quetsch(Plum)]	체리나 오얏
애프리콧 브랜디 (Apricot)	애프리콧 브랜디	살구

(1) 코냑(Cognac)

프랑스 와인의 명산지인 보르도의 북쪽에 위치한 코냑 지방에서 생산되는 브랜디를 코냑이라 하고 이 지역 외에서 생산되는 브랜디에는 '코냑'이란 명칭을 사용하지 못하게 했다. 코냑에는 프랑스의 폴 블랑슈(Folle Blanche), 생테밀리옹(ST. Emilion), 콜롬바르(Colombar) 품종이 사용된다. 포도를 압착하고 발효한 뒤 이를 증류한 후 오크통 속에서 숙성시킨다. 이후 이를 Vintage Cognac과 블렌딩하여 제품을 만든다. 유명한 코냑 생산회사로는 마르텔(Martell), 헤네시(Hennessy), 레미 마르탱(Remy Martin), 쿠르브와지에(Courvoisier), 카뮈(Camus) 등이 있다.

(2) 아르마냑(Armagnac)

프랑스 보르도의 남쪽 아르마냑 지방에서 생산되는 브랜디의 일종으로 품질은 거의 코냑과 같다. 이 지방에는 코냑 지방과 같이 큰 제조공장이 없고 소규모 공장에서 만들어 생산량이 적고 한 번의 증류과정을 거쳐 블랙 오크통에 숙

유명 브랜디 제조사

Hennessy

1765년 프랑스 루이 14세 근위대였던 리처드 헤네시(Richard Hennessy)가 브랜디 사업을 시작했고 1817년 영국의 왕자에게서 매우 오래 숙성시킨 연한 색의 코냑을 보내 달라는 주문을 받고 주문내용 그대로 'Very Superior Old Pale'을 줄여 V.S.O.P로 표기하기 시작했다. 그리고 코냑의 숙성기간에 따른 별 표시와 X.O와 같은 등급 표시를 최초로 시작한 회사이다.

Remy Martin

1724년 창립된 레미 마르탱은 세계시장에서 시장 점유율이 높은 브랜드 중 하나이다. 전량 V.S.O.P 이상의 고급 코냑만을 생산한다.

Martell

1715년 장 마르텔(Jean Martell)이 설립했으며 프랑스 코냑 제조회사 중 가장 전통적이고 고전적인 회사로 알려져 있다. 300여 년의 오랜 전통에 걸맞게 깊이 있는 숙성도와 안정적이며 맛과 향이 절묘한 조화를 이루는 특징이 있다.

Courvoisier

1790년 프랑스 와인 상인 쿠르브와지에가 설립한 세계 3대 회사이다. 대부분의 코냑 제조회사들이 포도밭을 가지고 있는 것과 달리 자사 포도밭을 소유하지 않는 대신 오랫동안 거래해 온 수천 곳의 증류회사로부터 주정을 구입한 후 리무쟁 오크통(Limuosin Oak)에서 숙성시키고 블렌딩한다. 달콤한 나무통 향과 함께 강한 여운을 남기는 뒷맛이 특징이다.

blaskor / Shutterstock.com

| Hennessy

blaskor / Shutterstock.com

| Remy Martin

blaskor / Shutterstock.com

| Martell

blaskor / Shutterstock.com

| Courvoisier

성시키며 향이 진한 것이 특징이다. 대표적 브랜드로는 샤보(Chabot), 말리악(Malliac) 등이 있다.

(3) 칼바도스(Calvados)

프랑스 노르망디 지역은 사과의 재배가 왕성한 곳으로 애플 브랜디(Apple Brandy)인 칼바도스 산지로 유명하다. 칼바도스는 사과즙을 자연 발효시켜 만든 알코올인 시드르(Cidre)를 만든 후 단식 증류기로 두 번 증류하여 3년에서 최대 25년까지 숙성시킨다. 프랑스의 원산지 명칭 통제법(A.O.C)을 따라 관리되고 생산된 것만 라벨에 칼바도스라고 표기할 수 있다.

3) 브랜디의 숙성연수

<table>
<tr><th>표시</th><th>숙성기간</th><th>문자 표기법의 의미</th></tr>
<tr><td>☆</td><td rowspan="2">3년 이상</td><td rowspan="4">V = Very
S = Superior
O = Old
P = Pale
X.O = Extra Old</td></tr>
<tr><td>☆ ☆</td></tr>
<tr><td>☆ ☆ ☆</td><td>5년 이상</td></tr>
<tr><td>V.O</td><td rowspan="2">5년 이상</td></tr>
<tr><td>V.S.O</td><td rowspan="5">〈Remy Martine〉
Extra Old = Age Unknown
V.S.O.P = Medallion</td></tr>
<tr><td>V.S.O.P</td><td>10년</td></tr>
<tr><td>Napoleon</td><td>15년</td></tr>
<tr><td>X.O</td><td>20년 이상</td></tr>
<tr><td>Extra</td><td>40년 이상</td></tr>
</table>

브랜디는 숙성기간이 길수록 품질이 우수하기 때문에 품질을 구별하기 위해 여러 가지 기호로 표시하는 관습이 있다. 저장연수를 **별표(Etoile)** 마크로 표시하는 방법과 문자로 나타내는 방법이 있는데, 내용은 위의 표와 같다.

코냑 브랜디(Cognac Brandy)에 처음으로 별표 기호를 사용한 회사는 1865년 헤네시(Hennessy)이다. 브랜디의 등급 표시에 각 제조회사가 공통된 기호를 일관되게 사용하는 것이 아니며, 여러 가지의 등급 표시가 있다.

별표(Etoile; 에투알)

'별'을 뜻하는 프랑스어다. 에투알은 프랑스에서 유성이 많던 해에 좋은 코냑이 생산되었던 것에 유래하여 지금까지 숙성기간을 나타내는 표시로 사용되고 있다.

헤네시에서는 ☆☆☆를 'Bras Arme'라고 표시하며, 레미 마르탱(Remy Martin)에서는 Extra 대신에 'Age Unknown'이라 표시한다. 또한 V.S.O.P에 해당하는 것을 마르텔(Martell)에서는 'Medallion'이라고 표시하듯이, 같은 등급이라도 저장연수가 다를 수 있다.

코냑의 경우 ☆☆☆(Three Star)만이 법적으로 보증되는 연수(5년)이고 그 외 표기법에 대해서는 법적 구속력이 전혀 없다.

4) 브랜디의 특성과 즐기는 법

포도, 사과, 체리 등 과일의 발효액을 증류시킨 것으로 브랜디, 애플 브랜디, 체리 브랜디 등으로 부를 수 있다. 그러나 포도 브랜디의 질이 가장 우수하고 많이 생산되기 때문에 일반적으로 브랜디라고 하면 포도 브랜디를 말한다. 포도 브랜디는 와인을 증류한 것으로 주성분의 냄새가 적으며 향이 좋고 입안에서 부드럽게 퍼지는 것이 품질이 좋은 것이다.

브랜디는 식사가 완전히 끝난 후 식후주로 많이 애용되며, 이때에는 브랜디 특유의 향을 즐길 수 있도록 입구가 좁고 배가 부른 튤립 모양의 잔에 (1oz 정도) 따라 마신다. 커피에 넣어 마시기도 하고, 요리에도 많이 사용하지만 칵테일에는 많이 쓰지 않는다.

5. 위스키(Whisky)

위스키는 켈트어인 우식베하(Usquebaug)를 어원으로 하며 '생명의 물'이란 의미를 지니고 아일랜드와 미국에서는 'Whiskey'라고 표기하기도 한다. 곡류(Grain)나 맥아(Malt)를 발효하여 증류해 낸 술로 위스키의 역사는 스카치의 역사라고 할 수 있다. 위스키는 12세기경 이전에 처음으로 아일랜드에서 제조되기 시작했고 15세기경에는 스코틀랜드로 전파되어 오늘날의 스카치 위스키의 원조가 된 것으로 보고 있다.

1826년 이전에는 이탄을 사용하여 건조하고 소형 단식 증류기(Pot Still)로 서서히 증류시키는 방법을 사용했다. 그러나 1826년 스코틀랜드의 증류업자 로버트 스타인(Robert Stein)의 연속성 증류기 개발에 이어 1831년 아일랜드 더블린(Dublin)의 세무관리인 아이네아스 코페이(Aeneas Coffey)가 코페이식 연속 증류기(Coffey Still)를 발명하여 특허를 취득했다. 연속 증류기(Patent Still)로 불리는 이 증류기의 보급으로 단기간 내에 대량의 알곡 위스키(Grain Whisky)를 생산하게 되었다. 위스키의 주요 생산국은 스코틀랜드, 아일랜드, 미국, 캐나다 등이다.

1) 위스키의 원료와 제조방법

위스키의 주원료인 보리는 주로 골든프로이즈(Goldenpronise) 종과 슈발리에(Chevalier) 종이 많이 쓰인다. 그 외 호밀(Rye), 밀(Wheat), 귀리(Oats) 등이 쓰이며 우리나라에서는 주로 골든 멜론(Golden Melon)이 재배되어 사용되고 있다.

위스키의 일반적인 제조방법은 다음과 같다.

(1) 발아와 건조(Malting)

정선된 보리를 깨끗이 씻은 다음 속이 빈 보리를 제거하고 물을 주어서 발아 준비를 하기 위해 2~3일 동안 침수하는 침맥 단계를 거친다.

침맥한 보리는 일정한 온도와 습도를 유지하는 발아실에서 발아를 시키고 발아를 멈추게 하기 위해 열을 가하는 건조 단계를 거친다. 스코틀랜드에서는 오래전부터 건조 시 **'이탄(Peat)'**을 사용하여 위스키 특유의 향을 가하고 있다.

이렇게 보리의 싹을 틔워 맥아(Malt)를 만들기 위한 과정을 몰팅(Malting)이라고 한다.

> 이탄(Peat)
>
> 헤더(Heather)라는 식물이 탄화되고 그 정도가 낮은 석탄인 토탄이 된 것으로 이탄이라고 한다. 이탄을 태워 맥아(Malt)를 건조시키면 위스키 특유의 향이 생긴다.

(2) 당화(Mashing)

건조된 맥아를 잘게 분해하는데, 몰트 위스키(Malt Whisky)는 발아한 맥아만을 분쇄시키지만 그레인 위스키(Grain Whisky)의 경우는 그 밖에 발아하지 않은 보리, 호밀, 밀 등의 분쇄한 것을 첨가한다. 분해된 맥아는 당화조(Mash Tun)에 60

도 이상의 뜨거운 물을 부어 담가 놓는데, 이 과정에서 보리 전분은 맥아 속의 당화 효소인 디아스타제(Diastase)에 의해 맥아당으로 변하고 당화액이 생기는 것이다. 당화 후 효모균이 번식하기에 적당한 온도까지 냉각시킨다.

(3) 발효(Fermentation)

냉각된 당화액은 발효조로 보내 위스키용 순수 효모를 첨가해서 발효시킨다. 여기서 당분은 알코올과 이산화탄소로 분리되며 보통 2~4일이면 발효가 끝난다. 이 과정에서 생긴 5% 정도의 알코올이 함유된 것을 워시(Wash)라고 한다.

(4) 증류(Distilling)

발효가 끝난 보리술은 단식 증류기(Pot Still)로 두 번 증류한다. 먼저 초류부에서 증류한 초류액을 다시 재류부에서 증류한다. 재류부에서 나오는 액체 중 최초의 부분과 최후의 부분을 제외하고 가운데 부분만을 위스키의 원주로 술통(Oak Barrel)에 넣는다.

(5) 숙성(Maturation)

2차 증류를 마친 위스키 원주는 알코올 성분 60~70%로 맑고 무색투명한 액체이다. 이 원주는 White Oak(떡갈나무, 참나무 등) 술통에 저장되고 숙성에 들어간다. 숙성을 촉진하기 위해 셰리와인을 넣은 통을 사용하기도 한다. 저장연수는 나라에 따라 달라서 캐나다는 2년, 영국은 3년, 미국은 4년으로 법령에 따라 강제 숙성기간을 법으로 규정하고 있지만 경우에 따라 20~30년 동안 저장하기도 한다. 특성에 따라 일정기간이 지나면 오히려 맛이 퇴화하기도 하므로 오래 숙성시킨다고 해서 반드시 품질이 좋은 것은 아니다.

(6) 병입(Bottling)

오크통에서 숙성된 위스키 원액을 추출 후 연수와 혼합하거나 서로 다른 특성을 가진 두 종류를 이상적으로 조합하여 균일한 품질로 혼합(Blend)하는 과정을 거친다.

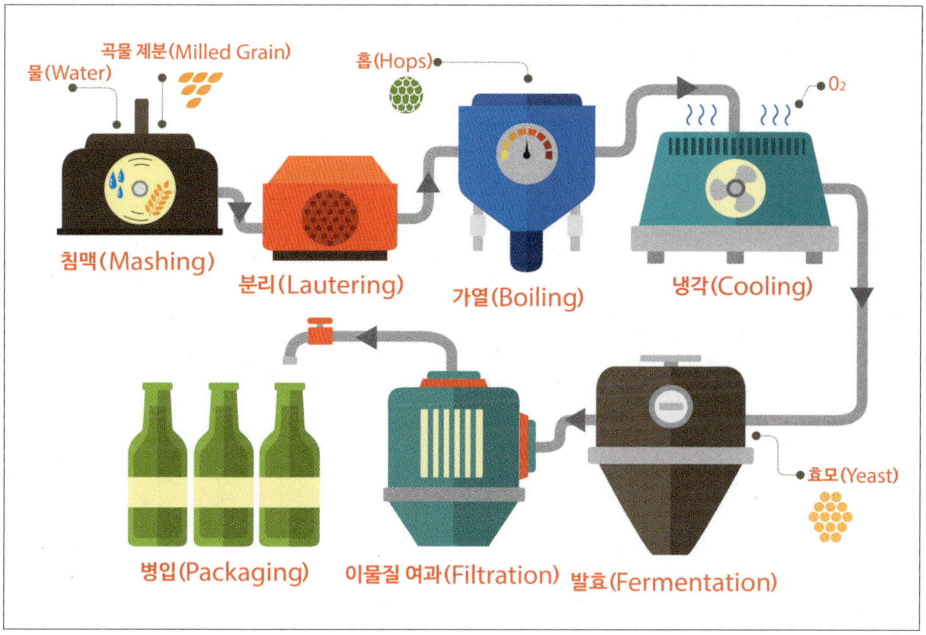

2) 위스키의 종류

(1) 증류법에 의한 분류

▶ 소형 단식 증류기 방식 위스키(Pot Still Whisky)

포트 스틸(Pot Still)이란 투구형의 단식 증류기를 말하며 구조도 지극히 간단하여 한 번 증류가 끝날 때마다 중신을 바꿔 넣어 증류하는 원시적인 증류법이다. 이 포트 스틸에는 초류부와 재류부라는 두 종류의 가마가 있다. 위스키의 중요한 방향 성분을 잃지 않고 증류하여 향과 맛의 파괴가 적다는 장점이 있으나 대량생산이 불가하다.

▶ 연속 증류기 방식 위스키(Patent Still Whisky)

페이턴트 스틸(Patent Still)이란 연속식 증류기를 뜻하며 다량으로 농도 높은 순수에 가까운 알코올이 얻어지는 데 반해 주요 성분이 상실되기 쉽다는 단점이 있다. 중후한 맛의 포트 스틸 위스키의 블렌드용으로 사용된다.

(2) 원료 및 제조법에 의한 분류

▶ 몰트 위스키(Malt Whisky)

보리 맥아 100%와 7년 이상 숙성시킨 원액을 원료로 하여 만든 위스키로 맥아 건조 시 이탄을 사용하고 단식 증류기로 두 번 증류 후 오크통에서 3년 이상 숙성시켜 강한 피트 향과 묵직한 맛이 특징이다. 단일 증류소에서 나온 몰트 위스키를 싱글 몰트 위스키라고 부른다.

▶ 그레인 위스키(Grain Whisky)

발아시키지 않은 옥수수, 호밀, 밀 등의 곡물을 보리 맥아로 당화시켜 발효한 후에 연속 증류기로 증류하여 3년 이상 숙성한 고농도의 위스키를 말한다. 향이 적고 부드러우며 순한 맛이 특징이다. 캐나다에서 많이 생산된다.

▶ 블렌디드 위스키(Blended Whisky)

7년 이상 숙성시킨 몰트 위스키와 3년 이상 숙성시킨 그레인 위스키를 적당히 혼합한 것으로 혼합 비율에 따라 여러 가지 맛이 나오며 주변에서 접하는 위스키의 대다수가 블렌디드 위스키이다.

3) 위스키의 특성과 즐기는 법

(1) 위스키의 특성

- 위스키는 곡물을 발효시킨 양조주를 증류하여 만든 대표적인 증류주이다.
- 오크통 속에서 숙성을 거친 술이다. 위스키는 반드시 오크통 숙성을 거쳐야 하며 숙성기간 중 나무통의 성분이 우러나와 위스키 특유의 호박색이 되고 향미가 좋아진다.

- 생산지별로 고유의 풍미와 특성을 지닌다. 위스키는 생산지에 따라 각각 독특한 맛과 향을 지녀 나라별로 여러 가지 형태의 위스키가 만들어진다.

(2) 위스키를 즐기는 법

- 스트레이트(Straight): 위스키의 스모키한 향 특성을 그대로 즐기는 가장 일반적인 방법이다. 스트레이트로 마실 때 가장 애호되는 종류가 몰트 위스키이며 위스키 특유의 풍미를 만끽할 수 있다.
- 온 더 록(On the Rock): 위스키에 얼음을 넣어 마시는 것으로 주로 블렌디드 위스키가 이용된다.
- Added Water: 위스키에 물을 섞어 마시는 방법으로 주로 일본에서 대중적인 방법이다.
- Mixed Drinks: 위스키에 다른 증류주나 탄산음료를 섞어 마시는 방법이다.
- Whisky and Chaser: 위스키를 마신 뒤 소량의 물이나 탄산수를 마시는 것이다.
- 그 밖에 위스키 사워(Whisky Sour), 버번 코크(Bourbon Coke) 등 칵테일 베이스로 사용된다.

4) 세계 여러 나라의 위스키

(1) 스카치 위스키(Scotch Whisky)

스카치 위스키는 스코틀랜드에서 생산되는 위스키의 총칭이다. 보통 스카치라고 해도 스카치 위스키를 뜻하며 Scotch 대신 'Scots'라고 표기하기도 한다. 초기의 위스키는 증류한 직후인 무색투명의 거친 맛을 내었으나 보관을 위해 셰리와인 통에 넣어 두었던 것이 황금색으로 착색되며 통 안의 셰리향과 피트향이 조화를 이루어 오늘날의 스카치 위스키가 탄생하게 되었다.

스카치 위스키의 특징은 다음과 같다.

- 물과 발아된 보리를 원료로 스코틀랜드 증류소에서 생산된다.
- 알코올은 94.8% 이하로 증류한다.
- 맥아 건조 시 이탄(Peat)의 연기로 건조한다.
- 오크통에서 최소 3년 이상 숙성된다.

스카치 위스키를 제조법으로 분류하면 몰트 위스키, 그레인 위스키로 나눌 수 있다. 한편 블렌딩하지 않고 단일 맥아주로 남아서 완성하는 위스키는 하이랜드(Highland)의 스트레이트 몰트 위스키라고 한다.

스카치 위스키의 유명 브랜드로는 시바스 리갈(Chivas Regal), 조니워커(Johnnie Walker), 밸런타인(Ballantine), 화이트 호스(White Horse), 올드파(Old Parr), 블랙앤화이트(Black&White), 롱존(Long John), 벨스(Bell's), 커티삭(Cutty Sark), J&B 등이 있다.

Stanimir G.Stoev / Shutterstock.com

s99 / Shutterstock.com

science photo / Shutterstock.com

JuanR11 / Shutterstock.com

Olga Popova / Shutterstock.com

SlayStorm / Shutterstock.com

(2) 아메리칸 위스키(American Whisky)

아메리칸 위스키는 미국에서 생산되는 위스키의 총칭이다. 대표적 종류로 버번 위스키(Bourbon Whiskey)와 테네시 위스키(Tennessee Whiskey), 라이 위스키(Rye Whiskey)가 있다.

1975년에 제이컵 빔(Jacob Beam)이 켄터키주의 버번 지방에서 옥수수로 위스키를 만들었는데 이것이 버번 위스키의 시초이다. 버번은 콘 위스키의 대명사로 51% 이상의 옥수수를 원료로 하여 만들도록 규정하고 있다. 곡물을 발효시킨 양조주를 증류하여 높은 알코올을 생성하고 이를 통 안이 불에 그을린 오크통에서 2년 이상 숙성시키며 알코올을 40% 이상, 80% 이하로 낮추어 호박색의 향기 짙은 위스키를 생산한다. 그 중 66% 이상의 옥수수를 함유하고 다른 위스키와 혼합하지 않은 위스키를 스트레이트 버번 위스키라고 부른다.

테네시 위스키는 미국 테네시주에서 생산되는 것으로 버번 위스키와 같이 옥수수 등 곡물을 원료로 하며 이를 증류한 후 단풍나무로 만든 숯으로 여과시켜 숙성한다는 차이점이 있다.

라이 위스키는 미국 펜실베이니아주에서 생산되는 것으로 51% 이상의 호밀을 원료로 한다. 버번 위스키와 색은 비슷하지만 맛과 향이 조금 다르다.

버번 위스키	테네시 위스키	라이 위스키
I. W. Harper Old Crow Old Grad Dad Jim Beam Wild Turkey Early Times 기타	Jack Daniel's George Dickel 기타	Rebel Yell Small Batch Koval Rye Wild Turkey Rye 기타

Olga Popova / Shutterstock.com
chrisdorney / Shutterstock.com

(3) 아이리시 위스키(Irish Whisky)

아이리시 위스키는 아일랜드산 위스키를 총칭한다. 아이리시 위스키는 맥아 외에 여러 가지 곡류를 원료로 사용하므로 그레인 위스키로 분류되나, 포트 스틸을 사용하여 증류하는 특징이 있다. 원래는 단품으로 병에 봉해지나(스트레이트 몰트 위스키), 최근에는 페이턴트 스틸을 사용한 그레인 위스키와 혼합되기도 한다.

아이리시 위스키의 유명 브랜드로는 제임슨(Jameson), 부시밀(Bushmills), 털러모어듀(Tullamore Dew) 등이 있다.

(4) 캐나디언 위스키(Canadian Whisky)

캐나디언 위스키는 캐나다 내에서 생산되는 위스키를 총칭한다. 광대한 지역에서 보리나 호밀 등 모든 곡류가 재배되므로 생산량도 지극히 많다. 주로 온타리오(Ontario)호 주변에 위스키 산업이 집결해 있고 소비시장 대부분이 미국이다. 아메리칸 위스키에 반해 호밀의 사용량이 많은 것이 특징으로 전체적으로 부드럽고 은은한 맛과 향이 난다.

유명 브랜드로 캐나디언 클럽(Canadian Club(C.C)), 크라운 로열(Seagram's V.O. Crown Royal), 캐나디언 레이(Canadian Rye) 등이 있다.

6. 진(Gin)

monticello / Shutterstock.com

네덜란드에서 게네베르(Genever)라고 부르던 것이 영국으로 전해지면서 진(Gin)으로 줄여 부른 것이 오늘날 진의 명칭이 되었다. 진의 시초는 17세기 네덜란드 의학교수 프란시스쿠스 실비우스(Franciscus Sylvius)가 당시의 독한 알코올 냄새를 없애기 위해 노간주나무의 열매(Juniper berry)를 이용하여 열병 치료제로 만든 약용주이다. 진을 한마디로 표현하면 곡물을 발효시켜 증류한 주정에 주니퍼 베리 향을 첨가한 증류주이다. 무색투명한 술로 다른 술이나 리큐르 또는 주스 등과 잘 어울리기 때문에 칵테일의 기본주로 가장 많이 쓰인다.

대표적 브랜드로는 봄베이 사파이어(Bombay Sapphire), 고든(Gordon's), 비피터(Beefeater) 등이 있다.

1) 진의 제조원료와 제조방법

진의 주재료는 보리, 밀, 귀리, 옥수수이고 부재료는 주니퍼 베리, 레몬과 각종 허브이다. 진의 제조법을 살펴보면 다음과 같다,

(1) 영국 진(England Gin)의 제조법

원료인 곡류(보리의 맥아, 옥수수, 호밀 등)를 혼합하여 당화, 발효시킨 뒤 먼저 페이턴트 스틸로 증류하여 95% 정도의 주정을 얻는다. 주니퍼 베리, 고수열매(Coriander), 안제리카(Angerica), 캐러웨이(Caraway), 레몬 필(Lemon Peel) 등의 향료 식물을 증류에 섞어 단식 증류기로 두 번째 증류를 한다. 여기에 증류수로 알코올 성분을 37~47.5%까지 낮추어 병입한 후 시판한다.

(2) 네덜란드 진(Holland Gin)의 제조법

곡류의 발효액 속에 주니퍼 베리나 향료, 식물을 넣어 단식 증류기로만 2~3회 증류하여 55% 정도의 주정을 만든다. 이것을 술통에 단기간 저장하고 증류수로 45% 정도까지 묽게 하여 병입한 후 시판한다. 이때 사용하는 주니퍼 베리는 독일, 스페인 등지에서 수입하는데 그것을 네덜란드 진은 생으로, 영국 진은 2~3년 정도 건조시켜 사용한다.

2) 진의 특성

진은 발효된 곡물을 여러 번 증류한 것이긴 하나 위스키처럼 숙성시키지 않는다. 따라서 대량생산이 가능하고 값도 저렴하다. 진 고유의 맛과 향은 증류탑 상부에 주니퍼 베리 및 다른 식물을 넣고 증류수가 통과하게끔 하여 형성시킨 것이다. 즉, 증류주인 동시에 혼성주이다. 드라이하고 예리한 맛과 상쾌한 향이 있고 술의 맛이 부드러워 다른 음료와 잘 어울리므로 칵테일에 많이 사용된다. 40도로 도수가 높지만 알코올 농도에 비해 다른 술보다 숙취도가 낮은 것이 특징이다.

3) 진의 종류

(1) 영국 진(England Gin; British Gin)

▶ 런던 드라이 진(London Dry Gin)

영국에서 생산되는 진을 뜻하지만 현재는 세계 여러 나라에서도 생산하고 있어 일반적인 진을 의미하는 용어가 되었다. 드라이 진으로는 품질이 가장 우수한 진이다.

▶ 올드 탐 진(Old Tom Gin)

드라이 진에 약간의 당분(2% 정도)을 더하여 감미를 좋게 한 것이다.

▶ 플리머스 진(Plymouth Gin)

1830년 영국의 남서부에 있는 영국 최대의 군항인 플리머스시의 도미니크파 수도원에서 만들어진 것이 시초이다. 런던 드라이 진보다 향미가 더 강하다.

(2) 네덜란드 진(Holland Gin; Geneva or Schiedam Gin)

네덜란드의 암스테르담과 스키담(Schiedam) 지방에서 많이 생산된다. 짙은 향내와 감미가 나며 칵테일용보다 스트레이트로 마시는 것이 더 좋다.

(3) 플레이버드 진(Flavored Gin)

주니퍼 베리 대신 여러 과일, 씨, 뿌리, 약초 등으로 향을 낸 것이다. 이러한 제조법으로 보면 리큐르이나 유럽에서는 진의 일종으로 취급된다. 플레이버드 진으로는 자두의 일종인 야생 오얏(Sloe Gin), 다마스커스종의 서양 자두(Damson Gin), 오렌지(Orange Gin), 레몬(Lemon Gin), 체리(Cherry Gin), 생강(Ginger Gin), 박하(Mint Gin) 진 등이 있다.

(4) 드라이 진(Dry Gin)

감미가 없는 드라이 진 특유의 맛과 향이 난다. 세계 여러 나라에서 생산되며 칵테일용 기본주로 많이 사용된다. 런던 드라이 진은 드라이 진에 속한다.

(5) 골드 진(Golden Gin)

일종의 드라이 진으로 술통에서 저장되는 짧은 기간 동안 엷은 황색을 띤다.

7. 보드카(Vodka)

보드카는 러시아와 폴란드에서 발단한 술로 초기에는 귀족들이 즐겨 마셨으나 오늘날에는 러시아의 국민주라고 할 만큼 대중적인 술이 되었다. 보드카란 말은 12세기경 러시아 문헌에 '지제니즈 붜타(Zhiezenniz Vcda: Water of Life)'란 말로 기록된 데서 유래했다. 15세기에는 '붜타(Vcda; Water)'라는 이름으로 불렸고 18세기에 와서 보드카로 불리게 되었다. 무색, 무미, 무취의 술로 알코올 향이 강하지 않아 칵테일의 기본주로 많이 사용되며 차가운 보드카를 스트레이트로 즐기기도 한다. 러시아에서 즐겨 먹는 캐비아(Caviar)나 연어, 훈제청어(Kipper)와도 잘 어울린다.

1) 보드카의 제조원료와 제조방법

보드카의 원료로는 주로 보리, 밀, 호밀, 옥수수, 감자 등을 사용한다. 이들 곡류나 고구마에 보리 몰트(Malted Barley; 맥아)를 첨가해서 당화·발효시켜 '바리식'이라는 연속 증류기로 95% 정도의 주정을 취한다. 이것을 자작나무의 활성탄이 들어 있는 여과조를 거쳐 수십 번 반복해서 여과한다. 그러면 퓨젤유(Fusel Oil) 등의 부 성분이 제거되어 순도 높은 알코올이 생긴다. 끝으로 모래를 여러 번 통과시켜 목탄의 냄새를 제거한 후 물로 희석하여 알코올 도수를 40%로 낮춘 뒤 병입한다. 보드카의 무색, 무미, 무취라는 특징은 이러한 자작나무의 활성탄과 모래를 통과시켜 여과하기 때문에 생기는 것이다.

2) 보드카의 종류

보드카의 종류에는 순수 증류주 보드카와 보드카에 과일과 식물의 향을 첨가한 플레이버드 보드카(Flavored Vodka)가 있다. 주요 브랜드에는 러시아의 스톨리치나야(Stolichnaya), 모스코프스카야(Moskovskaya), 미국의 스미르노프(Smirnoff), 모나크(Monarch), 핀란드의 핀란디아(Finlandia), 스웨덴의 앱솔루트(Absolut), 영국의 고든(Gordon's), 길베이(Gilbey's) 그리고 폴란드의 쇼팽(Chopin), 벨베디어(Belvedeire) 등이 있다. 그 중 플레이버드 보드카의 종류는 다음과 같다.

- 주브로우카(Zubrowka): 폴란드산으로 주브로우카 약초를 담궈 만든다. 황녹색이고 병 속에 이 약초의 잎사귀가 떠 있어 유명하다. 주정도는 40~50도이다.
- 날리우카(Naliuka): 보드카에 과일을 배합한 것으로 과일의 종류에 따라 여러 가지의 것이 있다.
- 스타르카(Starkr): 크리미아 지방에서 나오는 배나 사과잎을 담궈 만든 갈색의 보드카이다. 풍미를 좋게 하기 위해 소량의 브랜디를 첨가한다. 주정도는 43도이다.
- 야제비아크(Jazebiak): 보드카에 도네리코의 붉은 열매를 첨가하여 핑크색이 된다. 주정도는 50도이다.
- 리몬나야(Limonnaya): 주정도 40도로 레몬향을 첨가한다. 황색으로 매우 향기롭다.

monticello / Shutterstock.com

Olga Popova / Shutterstock.com

LunaseeStudios / Shutterstock.com

Art_rich / Shutterstock.com

Andrey Lobachev / Shutterstock.com

3) 보드카의 특성과 즐기는 법

(1) 보드카의 특성

- 무색, 무미, 무취의 특징을 가진 알코올 40~45%의 증류주이다.
- 증류과정 중 활성탄으로 불순물을 여과하는 제조법이 특징적이다.
- 숙성과정을 거치지 않기 때문에 대량생산이 용이하고 생산비가 저렴하다.
- 투명하고 알코올 냄새가 거의 없는 특성 때문에 칵테일로도 널리 사용된다.

(2) 보드카를 즐기는 법

맛이 강한 애피타이저와 함께 아주 차갑게 하여 소량(1oz)을 스트레이트로 마시는 것이 보드카를 즐기는 전통적인 방식이지만, 무색무취한 특성 때문에 어떤 종류의 음료와도 조화를 잘 이루므로 스크루 드라이버(Screw Driver), 블러디 메리(Bloody Mary) 등 각종 칵테일의 베이스로 사용하기에도 좋다. 기내에서 서비스 시에는 무색무취의 특성으로 과음할 우려가 있으므로 승객의 상태를 살피며 적당량을 제공하도록 한다.

8. 럼(Rum)

monicello / Shutterstock.com

서인도제도가 원산지인 럼은 사탕수수의 생성물을 발효, 증류, 저장시킨 술로 독특하고 강렬한 방향이 있고 남국적인 야성미가 있으며 '해적의 술'이라고도 한다.

럼이란 단어가 처음으로 언급된 문헌은 영국의 식민지 바바도스(Barbados)섬에 대해 기록한 고문서이다. 그 문서에는 "1651년에 증류주가 생산되었다. 서인도제도의 토착민들은 이를 럼불리온(Rumbullion)이라 부르면서 '흥분과 소동'이라는 의미로 알고 있다."라고 기술되어 있는데 이것이 현재의 럼이 되었다고 한다. 다른 한편에서는 이 단어가 럼의 원료로 쓰이는 사탕수수의 라틴어 '사카럼(Saccharum)'의 어미 'Rum'에서 생겨났다고 하는데, 이 주장이 가장 유력하다.

1) 럼의 제조원료와 제조방법

럼의 원료로 사탕수수를 롤러(Roller)로 눌러 부순 뒤 여과한 당액을 그대로 사용하는 방법과 제당 공정의 부산물인 당밀(Molasses)을 사용하는 방법이 있는데, 후자의 방법이 많이 사용된다. 원료가 이미 당분이므로 당화의 공정이 불필요하기 때문이다.

라이트 럼(Light Rum)의 경우 당액을 발효시키는 데 걸리는 시간은 2~4일 정도이고 헤비 럼(Heavy Rum)의 발효는 5~20일 정도에 걸쳐 서서히 이루어진다. 발효를 촉진하기 위해 천연 이스트인 버개스(Bagasse)를 첨가하는 경우도 있다. 이 발효과정에서 이스트균의 영양분으로서 발효를 돕는 작용을 하는 던더(Dunder)를 첨가하는데, 이것이 럼 특유의 독특한 향을 내게 한다. 향을 한층 강하게 하기 위해 아카시아 수액이나 파인애플 즙을 첨가하여 발효시키는 경우도 있다.

다음은 증류인데, 헤비(Heavy) 타입 럼은 포트 스틸로 하지만 산지에 따라 라이트(Light) 타입 럼은 페이턴트 스틸로 증류하기도 한다. 저장 시에는 셰리와인의 빈 통이나 화이트 오크통의 안쪽을 그을려 사용한다. 자메이카 럼(Jamaica Rum)과 같은 헤비 타입 럼일수록 성숙시간이 더 필요하다. 양질의 것은 10년 정도 저장한다. 세계적으로 유명한 제조회사로는 바카디(Bacadi)가 있다.

2) 럼의 종류

(1) 맛에 의한 분류

▶ 헤비 럼(Heavy Rum; Dark Rum)

단맛이 강한 스위트 럼으로 단식 증류 후 안쪽을 태운 오크통에서 숙성과정을 거친 것이다. 주요 산지는 자메이카, 마르티니크(Martinique), 뉴잉글랜드 등이다.

▶ 미디엄 럼(Medium Rum; Gold Rum)
일반적으로 골드 럼이라고 하며 서민용으로 대량 생산된다. 헤비 럼과 라이트 럼의 장점만 모아 만든 것으로 단맛이 강하지 않다. 주요 산지는 도미니카, 남미의 기아나, 마르티니크 등이다

▶ 라이트 럼(Light Rum; White Rum)
당밀의 향취가 적고 감미가 없어 맛이 드라이하며 부드럽다. 주요 산지로는 쿠바, 푸에르토리코, 멕시코, 하이티, 바하마, 하와이 등이 있다.

(2) 색에 의한 분류
▶ 다크 럼(Dark Rum)
색이 짙고 갈색이 나는 것으로 주로 자메이카산이 이에 속한다.

▶ 골드 럼(Gold Rum)
캐러멜 색소로 착색해 연한 갈색을 띠며 앰버 럼(Amber Rum)이라고도 한다.

▶ 화이트 럼(White Rum)
백색 또는 무색으로 실버 럼(Silver Rum)이라고도 불리며 칵테일로도 많이 이용된다.

3) 럼의 특성과 즐기는 법

(1) 럼의 특성
- 럼은 사탕수수에서 얻은 당밀을 원료로 만든 알코올 농도 40~75도의 증류주이다. 사탕수수 산지인 중앙아메리카의 서인도제도에서 많이 생산하며 주요 산지는 자메이카, 쿠바, 푸에르토리코, 멕시코, 브라질 등이다.

• 생산지에 따라 종류가 다양하다. 색이 밝고 향미가 약한 것부터 색이 짙고 코를 찌르는 듯 향이 강한 것까지 여러 종류가 있다.
• 용도가 다양하다. 특유의 향미를 즐기기 위해 스트레이트로 많이 마시며, 또 다른 재료와 쉽게 섞이는 특성으로 칵테일의 재료로도 널리 이용된다.

(2) 럼을 즐기는 법

• 스트레이트
• 칵테일: Daiquiri, Rum Coke, Maitai, Pina Colada 등의 베이스로 쓰인다.
• 온 더 록
• 7-up, 오렌지주스 등과 함께 마시기도 한다.
• 마티니(Martini)를 만들 때 진 대용으로 쓰이기도 한다.

Brown Rum, Lemon Juice, Coke and Ice Cubes

9. 테킬라(Tequila)

오늘날 테킬라는 멕시코를 대표하는 증류주이다. 멕시코는 기원전 3500년경 농업사회를 형성하고 기원전 2세기부터 마야문명이 융성했지만 16세기에 스페인의 정복으로 문명이 와해되었다.

마야족은 마게이라 선인장 원액이 발효된 술인 풀케(Pulque)를 즐겨 마셨는

데, 이것이 테킬라의 기원이 되었다. 멕시코를 정복한 스페인이 막걸리처럼 탁한 풀케를 증류하여 메즈칼(Mezcal)이란 증류주를 만들고 1795년 호세 쿠엘보(Jose Cuervo)가 메즈칼 증류소를 만들며 상업적으로 판매하기 시작했는데, 이후 스페인에서 독립하여 1870년대에 멕시코시티에 위치한 테킬라 지역에서 양질의 메즈칼을 생산하면서 이를 테킬라로 부르기 시작했다.

테킬라는 위스키와 마찬가지로 발효된 원액을 두 번의 증류를 거쳐 오크통에서 숙성시키는 증류주이다. 테킬라는 손등에 소량의 소금을 올려놓고 핥은 뒤 테킬라를 스트레이트로 마시지만 잡내가 없고 산뜻하여 보드카나 진과 같이 칵테일의 기본주로 사용하기에도 좋다.

1) 테킬라의 제조원료와 제조방법

(1) 수확

테킬라의 원료인 용설란 품종으로는 8~10년 정도 성장한 아가베 아메리카나(Agave Americana), 아가베 아트로비렌스(Agave Atrovirens), 아가베 테킬라나(Agave Tequilana) 세 가지를 사용하도록 되어 있다. 이때 용설란의 가시와 잎을 제거한다.

(2) 굽기

용설란을 부드럽게 하기 위해 저온에서 3일 정도 구워 낸다. 이 과정을 통해 당분은 줄고 향이 강해진다.

(3) 분쇄 · 압착 · 발효

굽기를 통해 부드러워진 용설란을 냉각시킨 후 잘게 부수어 압착한 후 여기서 나온 즙에 효모를 첨가한 뒤 이를 일주일 이상 발효 탱크에서 발효한다.

(4) 증류 · 숙성

발효가 끝난 발효액을 증류기에 넣어 2회 증류한다. 이때의 주정은 무색투명한데, 오크통에 넣어 숙성하게 되면 노란빛의 테킬라가 만들어진다.

2) 테킬라의 종류

▶ 테킬라 블랑코(Tequila Blanco)

스테인리스 스틸 탱크에서 2개월 정도 숙성된 것으로 무색투명한 순수 테킬라이다. 알코올 도수가 55%에 달한다.

▶ 테킬라 레포사도(Tequila Reposado)

오크통에서 2개월, 길게는 1년 동안 숙성시킨 것으로 나무통에서 빛이 배어 나와 갈색을 띤다.

▶ 테킬라 아네호(Tequila Anejo)

오크통에서 1년 이상, 3년 이내로 숙성시킨 것으로 풍미가 깊고 황금색을 띤다.

10. 리큐르(Liqueur)

리큐르의 어원은 다양한 약초나 향신료 성분이 녹아 있다는 의미의 라틴어인 '리케화세레(Liquefacere)'에서 유래했으며, 이 말이 프랑스로 전파되면서 같은 의미인 '리큐르'라고 불리게 되었다. 영국과 미국에서는 코디얼(Cordial)이라고도 한다. 리큐르는 증류주를 섞거나 재증류하고 여러 가지 약초, 식물의 뿌리, 꽃, 씨앗 등을 용해하여 향미가 나도록 한 혼성주이다. 원래는 중세 유럽에서 만병통치 의약용으로 발명된 특이한 역사가 있다. 오늘날에는 음식 조리 시 이용되거나 식후주와 칵테일로도 애용된다.

1) 리큐르의 제조원료와 제조방법

(1) 증류법(Distillation)

식물의 씨, 잎, 뿌리, 껍질 등을 강한 주정에 담아서 부드럽게 한 후에 원료의 전부 또는 일부가 있는 침출액을 증류하는 것이다. 이렇게 얻은 증류액에 설탕 또는 태운 설탕의 형태로 된 염료나 시럽을 첨가하여 감미와 색을 낸다.

(2) 에센스법(Essence)

약초나 과실 등의 진액(extract)에 주정을 혼합한 뒤 당분 등을 첨가하여 만드는 방법이다. 보통은 제품의 품질이 좋지 않고 값이 저렴한 편이다.

(3) 침출법(Infusion)

과실류에 주정을 가해 원료의 향미나 성분을 우러나오게 한 후 그 침출액을 여과, 착색하여 만드는 방식이다. 이 과정 중 열을 가하지 않으므로 콜드 방식이라고도 한다.

2) 리큐르의 원료에 의한 분류

(1) 약초, 향신료(Herb& Spices)

증류주에 약초나 향신료를 첨가하여 만드는 것으로 리큐르의 초기 형태라고 볼 수 있다. 한 가지의 약초나 식물, 향신료가 사용되기보다 여러 가지의 향신료에 종자류, 초근류, 꽃, 벌꿀 등을 섞어 만들어 그 술의 향미를 결정하게 된다. 대표적으로 압생트(Absinthe), 베네딕틴(Benedictine), 샤르트뢰즈(Chartreuse), 갈리아노(Galliano), 캄파리(Campari), 드람브이(Drambuie), 예거마이스터(Jagermeister) 등이 있다

(2) 과일류(Fruits)

과일 리큐르는 보통 식후주로 애용하며 근대에 와서 미식가적인 요구에 따라 생겨난 술이라고 할 수 있다. 오렌지를 이용한 큐라소가 유명하고 그 밖에도 여러 가지 과일이 원료로 쓰이며 단일한 원료보다는 각종 식물류를 섞어 이용함으로써 단조로운 맛보다 균형감이 있는 조화미로 변화시킨다. 대표적으로 큐라소(Curaso), 그랑 마니에르(Grand Marnier), 쿠앵트로(Cointreau), 트리플섹(Triple-sec), 마라스키노(Maraschino), 슬로진(Sloe Gin) 등이 있다.

(3) 종자류(Seeds)

과일의 씨에 함유되어 있는 방향 성분이나 커피, 카카오, 바닐라 향을 이용한 리큐르로 주로 식후에 마신다. 단순히 씨만 이용하는 경우는 드물고 몇 가지 향료를 혼합하는 것이 보통이다. 대표적으로 크렘 드 카카오(Creme de Cacao), 칼루아(Kahlua), 티아 마리아(Tia Maria) 등이 있다.

(4) 특류(Specialities)

전통적으로 리큐르라고 하면 초근목피나 과일류가 주종을 이루어 왔으나 최근에는 식물계 이외의 원료를 사용한 특이한 제품들의 인기가 높아지고 있으며 신제품도 많이 개발되고 있다. 이에 속하는 제품에는 아드보카트(Advocat), 드람브이(Drambuie), 아이리시 미스트(Irish Mist), 록 앤 라이(Rock & Rye) 등이 있다.

3) 세계 여러 나라의 리큐르

(1) 프랑스

▶ 압생트(Absinthe)

압생트의 기원이나 역사는 정확하게 알려진 바가 없다. 그러나 19세기 말부터 고흐, 고갱, 르누아르, 20세기의 피카소와 같은 프랑스 예술가들과 노동자들에게 사랑받던 술이라고 알려졌다. 원료는 국화, 향쑥, 살구씨, 회향, 향나무, 파슬리, 레몬 등의 향료이다. 햇빛을 받으면 무지개색을 띠며 **아니스(Anise)**의 독특한 향과 쓴맛으로 식전주로 애용되지만 60%가 넘는 높은 도수의 술이다.

아니스(Anise)
씨앗이 향미료로 쓰이는 미나리과 식물

▶ 베네딕틴 D.O.M(Benedictine)

프랑스에서 가장 오래된 리큐르 중 하나로 코냑에 안젤리카(Angelica)를 주 향로로 하여 민트(Mint), Arnica(아니카; 약초), 알로에 등 27종의 약초를 첨가한 것이다. 15세기 가톨릭 수도회에서 만들기 시작한 유래를 보여 주듯 라벨에 적힌 D.O.M은 라틴어 'Deo Optimo Maximo'의 약어로 '최대 최선의 신에게' 즉, 최고의 신에게 바치는 술이라는 뜻이다.

▶ 쿠앵트로(Cointreau)

쓴맛이 강한 오렌지 껍질을 물과 함께 증류하고 단맛이 강한 오렌지 과피를 주정과 함께 증류한 다음 이 두 가지를 섞어 재증류하여 물, 당분을 첨가해 만든 향기가 좋은 무색의 술이다. 화이트 큐라소(White Curacao) 중 최고급으로 알려져 있다.

▶ 그랑 마니에르(Grand Marnier)

단기 숙성된 코냑에 오렌지 향을 첨가하여 황금색을 내는 도수 40%의 리큐르이다. 오렌지의 진한 향과 코냑에서 우러나오는 깊은 맛이 특징이다. 스트레이트, 온더 록, 칵테일 등으로 마시고 빵이나 디저트를 만들 때 첨가하기도 한다.

▶ 크렘 드 카시스(Creme de Cassis)

'크렘 드(Creme de)'라는 명칭이 붙는 술은 브랜디에 과일이나 약초류를 혼합하여 감미를 첨가한 혼성주이다. 16세기 프랑스 성직자들에 의해 만들어지다가 18세기 프랑스 버건디(Bourgogne) 지방에서 발달했다. 블랙 커런트 열매의 맛을 들여 단맛이 나는 적색의 리큐르이다. 영어로 블랙 커런트 브랜디(Black Currant Brandy)라고도 한다.

크렘 드(Creme de)

'Creme'은 '부드러운 질감'이라는 의미로 '크렘 드(Creme de)'라는 명칭이 붙는 술은 브랜디에 과일이나 약초류를 혼합하여 감미를 첨가한 혼성주이다. 크렘 드 카시스, 크렘 드 카카오 이외 크렘 드 망트(Creme de Menthe), 크렘 드 카페(Creme de Cafe) 등이 있다.

▶ 크렘 드 카카오(Creme de Cacao)

크림 드 카카오는 코코아와 바닐라 열매를 넣어 그 향이 짙은 최상의 카카오 리큐르이다. 프랑스에서는 1600년대부터 초콜릿 리큐르 판매 기록이 있을 정도로 역사가 오래되었다. 스트레이트로 즐기는 식후주로 추천되지만 칵테일에도 적합하다.

(2) 이탈리아

▶ 갈리아노(Galliano)

이탈리아의 밀라노 지방에서 생산되는 오렌지와 40여 종의 약초를 주정에 담그고 증류한 후 당밀, 착색료를 넣어 단기간 숙성한 술로 바닐라 향이 강하며 독특하고 길쭉한 병에 담긴 리큐르이다.

▶ 캄파리(Campari)

18세기 이탈리아 가스파레 캄파리(Gaspare Campari)에 의해 만들어졌으며 약용으로 쓰였던 술인 비터스(Bitters)가 캄파리의 시초이며 현재까지 이탈리아의 국민주로 사랑받는 리큐르이다. 오렌지 껍질, 회향초 등 70여 가지의 각종 식물의 뿌리, 씨를 배합하여 색소를 첨가한 붉은색의 혼성주이다. 알코올 농도는 20~25%이다.

트리플 섹(Triple Sec)

화이트 큐라소의 다른 명칭으로 세 번 증류했다는 의미의 프랑스산 리큐르이다. 오렌지 껍질을 브랜디에 담근 큐라소로, 달콤하고 오렌지 향이 나지만 알코올 도수가 40%인 독주이다.

▶ 큐라소(Curacao)

남미 베네수엘라의 북방, 럼의 본고장 카리브해에 있는 큐라소 섬에서 재배되는 오렌지를 원료로 하여 만든 리큐르가 유명하여 오렌지 껍질을 이용해 만드는 오렌지 리큐르를 큐라소라고 부른다. 네덜란드에서 처음 만들어졌으나 현재는 전 세계에서 생산되고 있다. 화이트 큐라소(**트리플 섹**), 오렌지 큐라소, 블루 큐라소, 그린 큐라소, 레드 큐라소 등이 있다.

(3) 스코틀랜드

▶ 드람브이(Drambuie)

드람브이의 어원은 스코틀랜드의 켈트어인 'Dram Buid Heach'로 '만족할 만한 음료'라는 뜻에서 유래했다. 유명한 스코틀랜드산 리큐르로 몰트 위스키에 60여 종의 허브 향과 꿀을 첨가하여 만들며 알코올 도수는 40~45도이다.

(4) 독일

▶ 예거마이스터(Jagermeister)

예거마이스터는 '사냥 전문가'라는 뜻으로 병의 라벨에 뿔 달린 수사슴의 머리가 그려져 있다. 허브, 과일, 뿌리, 향신료 등 56가지의 재료가 들어간 알코올 35%의 리큐르이다. 우리나라의 가스 활명수 같은 맛이 나는 것으로도 유명하다. 초기에 기침, 천식, 위장병에 좋은 약용으로 개발되어 현재도 상비약으로 이용되는 독일의 국민 술이다.

(5) 멕시코

▶ 칼루아(Kahlua)

칼루아란 아랍어로 커피를 의미하며 럼을 베이스로 하여 멕시코 고지대에서 재배되는 품질 좋은 아라비카 원두에서 추출한 커피 원액과 설탕, 바닐라 등을 첨가한 커피 리큐르이다. 다른 리큐르에 비해 20%의 낮은 알코올 도수와 단맛이 나는 커피 향으로 여성들이 선호하는 술이다.

리큐르(Liqueur) 종류

barinart / Shutterstock.com, Ivica Drusany / Shutterstock.com, Paulo Vilela / Shutterstock.com, Gary Perkin / Shutterstock.com, Olga Popova / Shutterstock.com, DenisMArt / Shutterstock.com, monticello / Shutterstock.com

우리나라의 술

우리나라에서 술의 역사는 삼국시대로 거슬러 올라간다. 고구려 때부터 술 빚는 방법이 완성되어 신라에 와서는 다양한 양조주들이 개발되었으며 조선시대에서는 300여 가지의 술이 만들어지며 탁주, 약주, 소주 이외 혼성주도 출현했다. 쌀을 원료로 하는 우리나라 전통주의 특징은 쌀의 품종과 같은 재료, 누룩의 종류에 따른 발효법과 보관기술에 의해 술의 맛이 매우 다양해진다는 것이다.

교동법주

교동법주는 조선시대 때부터 빚은 술로 350여 년의 역사를 가진 경주 최씨 가문의 가양주에서 유래했다. 현재까지도 전통적인 재래방법으로 인간문화재가 빚어 내는 술로 문화적 가치를 지닌다. 찹쌀을 주원료로 하여 양조주로 볼 수 있으나 구기자나무 뿌리가 들어가 약주로 분류된다. 알코올 도수는 17%이다.

문배주

고려시대 때부터 이어져 오는 가양주이다. 메조와 쌀, 찰수수가 원료이며 문배나무 꽃향처럼 우아하고 그윽한 향이 난다고 하여 붙여진 이름으로 2018년에는 남북정상회담 공식 만찬주로 선정되었다.

이강주

전통 소주에 배와 생강, 울금, 벌꿀, 계피를 첨가하여 만들며 알코올 도수는 25%이다. 조선시대 3대 명주에 속했던 전통주로 안동소주가 유명하다.

안동소주

고려시대에 몽골이 침략하여 주둔지였던 안동에 소주를 전파한 것이 안동소주의 유래가 되었다. 멥쌀이나 찹쌀 고두밥을 누룩과 혼합하여 발효한 후 다시 증류한 것이다. 알코올 도수 45%에 달하지만 은은한 향과 감칠맛이 특징이다. 경상북도 무형문화재 12호로 지정된 전통주이다.

국화주

숙성된 술에 잘 말린 국화를 넣거나, 고운 보자기에 꽃잎을 넣어 술이 든 술독에 매달아 향을 내어 만든 술이다. 국화주에 대한 기록은 고려시대부터 내려져 오고 있으며 지역마다 방법이나 첨가하는 재료가 다소 다르다.

11. 칵테일(Cocktail)

© Getty Images Bank

칵테일은 강한 증류주를 기본으로 그것에 향미를 첨가한 술을 넣고 신맛, 단맛을 가진 음료를 더하여 만든 혼합주이다. 칵테일의 어원은 여러 가지 설이 있으나, 1776년 미국 텍사스주의 요크타운이란 마을의 파티에서 술 취한 한 장교가 닭고기 요리를 만든 뒤 그 꼬리를 빈 병에 꽂아 둔 것을 보고 "헤이 마담 콕-테일 한 잔만 더"라고 했던 말이 지금까지 'Cocktail'로 전래되었다는 설이 일반적이다.

1860년경 미국을 중심으로 발전하며 널리 알려진 칵테일이 대중화되기 시작한 것은 1920년에 금주법이 시행되면서이다. 술을 마실 수 없던 사람들은 증류주에 주스나 탄산수 등을 섞어 마시기 시작했고 전쟁 중이던 미국의 군인들이나 이주한 바텐더들에 의해 유럽 등지로 전파되며 더욱 다양한 칵테일이 제조되기도 했다.

주류의 권위자인 미국의 데이비드 엠버리(David A. Embury)는 『The Fine Art of Mixing Drinks』라는 저서에서 '칵테일은 식욕을 증진시키는 윤활유' '식욕과 동시에 마음도 자극하고 분위기를 만들어내는 것' '칵테일은 맛있고 시원해야 한다' 등으로 칵테일을 정의했다.

이렇듯 칵테일은 색, 향, 맛의 세 가지 요소가 조화를 이루는 예술적 감각의 음료라 할 수 있다. 칵테일은 기본이 되는 술인 베이스(Base), 베이스와 섞이는 다양한 음료인 믹서(Mixer), 시각적 아름다움을 더하는 가니시(Garnish), 시즈닝(Seasoning)의 네 가지로 구성된다.

1) 칵테일의 조주법

▶ 휘젓기(Stir)

비중이 가볍고 잘 섞이는 술이나 내용물을 믹싱 글라스(Mixing Glass)에 담고 얼음을 넣어서 바 스푼으로 잘 휘저어서 내용물이 충분히 차가워지면 바 스트레이너(Bar Strainer)로 걸러서 글라스에 따르는 방법이다. 탄산가스가 있는 믹서류와 섞을 때는 너무 휘저어서 탄산이 빠져나가지 않도록 주의해야 한다.

▶ 흔들기(Shake)

주스류, 달걀, 크림, 꿀 등 주류와 잘 섞이지 않는 재료를 셰이커(Shaker)에 얼음과 같이 넣어서 흔들어 섞는 방법이다. 계란이나 주스를 섞어 펀치(Punch) 등 거품이 많이 필요할 때는 전기 믹서를 사용해도 무방하다.

▶ 직접 넣기(Build)

기구 사용 없이 글라스에 얼음과 재료를 넣고 바 스푼으로 가볍게 저어서 만드는 방법이다. 칵테일 주조 중 가장 기본적인 기법이다.

▶ 띄우기(Float)

비중이 다른 두 재료가 서로 섞이지 않게 층을 쌓는 방법으로 레이어링(Layering)이라고도 한다. 글라스 안쪽에 바 스푼을 대고 스푼 등 위로 글라스 안의 다른 재료와 섞이지 않게 조심스럽게 흘려 넣는 방법이다.

▶ 으깨기(Muddling)

과육의 질감과 향을 살리기 위해 머들러로 허브 혹은 과일이나 과일 껍질을 으깨는 방법이다.

▶ 블렌드(Blend)

전기 블렌더를 사용하여 재료와 잘게 부순 얼음을 함께 갈아 만드는 방법으로 주로 도수가 낮은 트로피컬 칵테일(Tropical Cocktail) 종류를 만들 때 적합하다.

2) 칵테일 기본 용어

▶ 베이스(Base)

칵테일 주조 시 기본이 되는 술을 의미한다. 보통 위스키, 진, 보드카, 브랜디, 럼, 리큐르 등이다.

▶ 온스(Ounce)

중량을 뜻하는 단위로 1온스는 28.35g, 부피로는 28.35ml가 된다.

▶ 티스푼(Tea Spoon)

재료의 분량을 잴 때 쓰는 용어로 1tsp은 약 0.8oz이다.

▶ 체이서(Chaser)

도수가 높은 술을 스트레이트로 마신 뒤 곁들여 마시는 도수 없는 술이나 청량음료를 뜻한다.

▶ 대시(Dash)

비터스(Bitter) 병에서 한 번 쏟아져 나오는 소량으로 1dash는 1ml(약 5~6drop)가 된다.

▶ 드롭(Drop)

비터스 병에서 나오는 한 방울의 양을 말한다.

▶ 프로스트(Frost)

글라스의 Rim(입구 가장자리)에 레몬이나 라임 즙을 적신 후 설탕가루나 소금을 묻히는 방법이다.

▶ 슬라이스(Slice)

과일을 얇게 자른 모양을 말하며 과일을 통째로 얇게 써는 Full Slice와 반으로 얇게 써는 Half Slice가 있다.

▶ 웨지(Wedge)

오렌지, 레몬, 라임 등 과일을 1/8쪽 쐐기 모양으로 자른 것을 말한다.

▶ 껍질(Peel)

오렌지, 레몬 등의 껍질로 칵테일 가니시로 사용한다.

▶ 설탕 시럽(Sugar Syrup)

설탕을 용해한 시럽으로, 설탕을 사용할 때보다 칵테일 조주 시간을 단축시킬 수 있다.

▶ 그레나딘 시럽(Grenadine Syrup)

칵테일 조주 시 맛과 향을 내는 시럽으로 가장 많이 사용되며 대부분 인공 착색에 의한 붉은 자두 빛의 시럽이다.

▶ 향신료(Spices)

완성된 칵테일의 풍미를 높이기 위한 것으로 시나몬(Cinnamon), 너트메그(Nutmeg), 민트(Mint), **클로브(Clove)** 등이 있다.

클로브(Clove)

열대성 정향나무의 꽃을 말려 향신료로 사용

3) 조주기물

▶ 셰이커(Shaker)

칵테일을 혼합할 때 사용하는 기구로 캡(Cap), 스트레이너(Strainer), 바디(Body)의 세 부분으로 구성되어 있으며 칵테일 주조법(Cocktail Recipe)에 따라 각종 재료를 넣고 그 재료들을 서로 잘 혼합하고 냉각시키기 위해서 흔들어 주는 기구이다. 재질은 스테인리스, 유리, 크롬 등이며 크기는 대, 중, 소가 있다.

▶ 믹싱 글라스(Mixing Glass)

셰이커와 같이 칵테일에 필요한 재료를 넣어서 혼합할 때 사용하는 기구로 셰이커를 사용하지 않아도 쉽게 혼합될 수 있는 재료일 경우에 바 스푼으로 휘저어 칵테일을 만드는 기물이다.

▶ 바 스푼(Bar Spoon)

믹싱 스푼 혹은 롱 스푼이라고도 하며 재료를 혼합하거나 소량을 잴 때 혹은 술의 비중을 이용하여 재료를 띄울 때 사용하는 기물이다. 손잡이가 매우 길고 나선형으로 되어 있으며 끝부분은 포크 모양과 같아 레몬 슬라이스를 찍어 올리기 편하게 되어 있다.

▶ 측량컵(Measure Cup)

일명 지거(Jigger)라고도 부르며, 칵테일을 조주할 때 용량을 측정하는 기구로 윗부분이 보통 1.5oz(45ml)와 1oz(30ml)로 되어 있는 것을 사용한다.

▶ 스퀴저(Squeezer)

레몬이나 오렌지 등의 과일의 즙을 짤 때 사용하는 기구로 중앙에 나선형의 돌기가 있어 과일을 반으로 잘라 돌기에 대고 비틀면서 누르면 과즙이 나온다.

▶ 스트레이너(Strainer)

믹싱 글라스에서 만들어진 칵테일을 글라스에 따를 때 사용하는 기물로 얼음 조각들이 흘러나오지 않게 해 주며 철사망으로 되어 있다

▶ 머들러(Muddler)

음료를 젓는 용도로 쓰는 막대기 모양과 허브나 과일을 으깰 때 사용하는 방망이 모양의 기물로, 재질은 여러 가지이다.

▶ 코르크스크루(Corkscrew)

와인의 코르크를 빼내는 기구로 와인 오프너(Wine Opener)라고도 한다.

▶ 아이스 텅(Ice Tong)

얼음을 집는, 끝이 톱니 모양으로 된 집게이다.

▶ 아이스 스쿠퍼(Ice Scooper)

얼음을 떠내기 위한 기구로 셰이커나 믹싱 글라스에 얼음을 넣을 때 사용한다.

▶ 아이스 페일(Ice Pail)

얼음을 담아 두는 통으로 아이스 버킷(Ice Bucket)이라고도 한다. 재질과 디자인은 다양하다.

칵테일 조주기물
– 스트레이너, 머들러, 아이스 텅, 바 스푼, 셰이커, 지거, 와인 오프너

믹싱 글라스와 스트레이너

기본주(Base)별 칵테일 레시피

Whisky Base Cocktail

위스키는 각각 개성이 독특하여 다른 재료와 섞이는 칵테일을 제조할 때에는 향과 맛이 강한 Scotch Whisky보다는 주로 American Whiskey를 많이 사용한다.

Name	Base	Mixer	Garnish	기법	이미지
Whisky Sour	Whisky 1~2oz	Lemon Juice 0.5oz 탄산수 1oz	Lemon/S Cherry	Shake	
• 셰이커에 모든 재료와 얼음, 설탕 1티스푼을 넣고 흔들어 글라스에 따른 후 장식한다.					
Bourbon Cock	Bourbon Whisky 1oz	Coke	-	Build	
• 글라스에 얼음과 위스키를 넣고 콜라로 채운 후 저어 준다. • 같은 방법으로 하되 기본주를 잭 다니엘(테네시 위스키)로 하면 Jack & Coke가 된다.					
Manhattan	Whisky 1~1.5oz	Sweet Vermouth 0.5oz 앙고스트라 비터스 1dash	Cherry	Stir	
• 믹싱 글라스에 재료와 얼음을 넣고 저은 후 칵테일 글라스에 따르고 장식한다. • '칵테일의 여왕'이라 불리는 칵테일로 식전주에 어울린다.					

Gin Base Cocktail

Name	Base	Mixer	Garnish	기법	이미지
Gin & Tonic	Gin 1.5oz	Tonic Water	Lemon/S	Build	
• 글라스에 얼음과 진을 넣고 토닉워터를 컵의 2/3 채운 후 저어 주고 장식한다.					
Orange Blossom	Gin 1oz	Orange Juice 1.5oz	–	Shake	
• 셰이커에 얼음과 재료, 설탕이나 시럽 1티스푼을 넣은 후 잘 흔든 후 칵테일 잔에 따른다. • 혹은 Gin & Orange라 하여 하이볼(High Ball)에 진과 오렌지를 섞어 만들기도 한다.					
Tom Collins	Gin 1.5oz	Lemon Juice 0.5oz Soda Water	Lemon/S Cherry	Shake & Build	
• 셰이커에 얼음과 함께 진, 레몬주스, 설탕 1티스푼을 넣고 잘 흔든 후 콜린스 글라스에 따르고 소다수로 잔을 채운 후 장식한다.					
Martini	Gin 2oz	Dry Vermouth 0.3oz	Olive	Stir	
• 믹싱 글라스에 얼음과 재료를 넣고 칵테일 잔에 따른 후 장식한다. • 드라이 진과 드라이 베르무트의 비율에 따라 다양한 종류의 마티니가 만들어진다. • '칵테일의 왕'이라 불리는 칵테일로 독한 술을 좋아하는 남성들이 즐겨 마신다.					

Vodka Base Cocktail

<table>
<tr><th>Name</th><th>Base</th><th>Mixer</th><th>Garnish</th><th>기법</th><th>이미지</th></tr>
<tr><td>Screw Driver</td><td>Vodka 1.5oz</td><td>Orange Juice</td><td>Orange Wedge</td><td>Build</td><td rowspan="2"></td></tr>
<tr><td colspan="5">• 하이볼 글라스에 얼음과 보드카를 넣고 오렌지주스를 잔의 2/3 따른 후 장식한다.</td></tr>
<tr><td>Bloody Mary</td><td>Vodka 1.5oz</td><td>Tomato Juice</td><td>Lemon/S Celery</td><td>Build</td><td rowspan="2"></td></tr>
<tr><td colspan="5">• 하이볼 글라스에 얼음과 보드카를 넣고 토마토주스를 잔의 2/3 따른 후 타바스코 소스와 우스터 소스 1~2dash, 소금, 후추를 약간 뿌리고 저어 준 후 장식한다.
• 숙취에 효과가 있어 '해장 칵테일'로 불리며, 약간의 신맛이 있어 식전주로도 좋다.
• 보드카를 빼고 만들면 무알코올 음료인 버진 메리(Virgin Mary)가 된다.</td></tr>
<tr><td>Black Russian</td><td>Vodka 1oz</td><td>Coffee Liqueur(Kahlua) 0.5oz</td><td>-</td><td>Build</td><td rowspan="2"></td></tr>
<tr><td colspan="5">• 올드패션 글라스에 얼음과 재료를 넣고 저어 준다.</td></tr>
</table>

기타 Cocktail(Brandy · Champagne · Wine Base)

Name	Base	Mixer	Garnish	기법
B&B	Brandy 0.5oz	Benedictine 0.5oz	–	Float

• 리큐르 글라스(Liqueur Glass; Cordial Glass)에 얼음 없이 베네딕틴을 먼저 따른 후 바 스푼으로 브랜디가 섞이지 않게 천천히 띄운다.

Name	Base	Mixer	Garnish	기법
Kir	White Wine 3oz	Creme de Cassis 0.5oz	Lemon Peel	Stir

• 와인 잔에 얼음 없이 재료를 넣고 가볍게 젓는다. 식전주로 어울린다.

Name	Base	Mixer	Garnish	기법
Kir Royal	Champagne 3oz	Creme de Cassis 0.5oz	–	Stir

• 와인 잔에 얼음 없이 재료를 넣고 가볍게 젓는다.

Name	Base	Mixer	Garnish	기법
Buck Fizz	Champagne 2.5oz	Orang Juice 2.5oz	Orange/S	Build

• 올드패션 글라스에 얼음 없이 오렌지주스를 먼저 넣고 샴페인을 따른 후 장식한다.

Name	Base	Mixer	Garnish	기법
Campari Soda	Campari 1.5oz	Soda Water	–	Build

• 하이볼 글라스에 얼음을 넣고 캄파리를 부은 후 잔의 2/3를 소다수로 채워 가볍게 젓는다.
• 강렬한 붉은빛과 쌉쌀한 맛이 특징으로 식전주에 어울린다.

3절 | 비알코올성 음료의 특성

1. 청량음료(Soft Drinks)

1) 탄산음료(Carbonated Drinks)

(1) 탄산음료의 특성

물에 과일의 즙을 희석하거나 인공 향료 또는 감미료를 넣어 만든 음료로 청량감을 주는 탄산가스가 함유된다. 칵테일 제조에서도 부재료로 매우 많이 쓰이는 음료이다.

(2) 탄산음료의 종류

▶ 콜라(Cola)

콜라는 미국을 대표할 정도로 미국에서 세계 각지로 보급되고 있는 대중 음료이다. 주원료로 서아프리카, 서인도제도, 브라질, 말레이시아 등지에서 재배되고 있는 콜라두(Cola Bean)를 가공 처리하여 콜라 엑기스(Extract)를 만들고 여기에 물을 섞고 각종 향료를 넣은 후 이산화탄소를 첨가하여 만든다. 항료로는 레몬, 오렌지, 너트메그(Nutmeg), 시나몬(Cinnamon), 바닐라 등이 쓰인다. 콜라 엑기스에는 커피의 2배 정도의 카페인이 함유되어 있다. 인공감미료(Artificial Sweeteners)를 넣은 'Diet Type'도 있다.

▶ 사이다(Cider)

구연산과 여러 과일 엑기스를 혼합한 시럽에 증류수를 넣고 액화 탄산가스를 주입한 후 라임과 레몬 향을 가미한 무색투명한 음료를 말한다. 근래에 많이 이용되고 있으며, 천연 또는 인공 감미료를 첨가하여 만들기도 하며 작은 거품이 지속적으로 일어나는 특징이 있다. 위스키와 잘 어울리며, 구미에서 사이다는 사과를 발효하여 제조한 일종의 과일주로 알코올 성분이 1~6% 정도 함유된 청량음료를 말한다.

▶ 토닉워터(Tonic Water)

영국에서 처음 개발된 무색투명의 음료로 레몬, 라임, 오렌지, 키니네 껍질(Quinine Peel) 등으로 엑기스를 만들어 당분을 배합한 것이다. 열대지방 사람들의 식욕을 증진하고 원기를 회복시키는 강장제 음료로, 진과 보드카와 같이 혼합하여 즐겨 마신다.

▶ 소다워터(Soda Water)

탄산가스와 무기염류를 포함한 천연 광천수와 인공 제품이 있다. 소화제로 마시기도 하나 주로 위스키와 배합하여 조주된다.

▶ 진저에일(Ginger Ale)

생강(Ginger)의 향을 함유한 소다수로 식욕을 증진하거나 소화를 돕기 위해 많이 마시나, 주로 진이나 브랜디와 혼합하여 마신다.

▶ 콜린스 믹서(Collins Mixer)

피즈(Fizz)나 콜린스(Collins)류를 만들 때 쓰이며 소다수에 레몬주스와 당분을 섞어 만든 음료이다.

2) 무탄산음료(Non-carbonated Drinks)

(1) 무탄산음료의 특성

무탄산음료의 대표는 자연 식수이다. 물은 우리들의 일상생활에 없어서는 안 될 필수 음료의 하나이다. 물이 음료로 적당하려면 깨끗하고 색이 없이 투명하고 공기 함유량이 충분하고 냄새가 없어야 하며 끓이고 난 후에도 변질되지 않아야 한다.

(2) 무탄산음료의 종류

▶ 순수물(Pure Water)

지하수나 용천수 등 불순물을 함유하지 않은 깨끗한 물로 생수를 의미한다.

▶ 광천수(Mineral Water)

광천수에는 땅속에서 솟아나는 천연수와 인공수가 있는데, 보통 말하는 광천수란 칼슘, 인, 칼륨, 라듐, 염소, 마그네슘, 철 등의 무기질을 함유한 인공 광천수를 말한다. 유럽 등지에서는 수질이 나빠서 이러한 광천수를 만들어 일상 음료로 마시고 있다. 천연 광천수로는 비시 워터(Vichy Water), 에비앙 워터(Evian Water), 페리에 워터(Perrier Water) 등이 있다.

2. 영양음료(Nutritious Drinks)

1) 영양음료의 특성

인체에 필요한 여러 가지 영양분을 공급해 주는 천연 과즙이나 유제품을 의미한다.

2) 영양음료의 종류

(1) 주스류(Juice)

주로 애용되는 주스로는 오렌지, 사과, 파인애플, 토마토, 망고, 구아바 등이 있다.

(2) 우유류(Milk)

일반 우유인 Fresh Milk, 우유의 지방을 분리한 탈지유(Skim Milk), 장기간 보존하기 위해 130°C 이상에서 가열하여 미생물을 멸균 처리한 멸균우유(Sterilized Milk)와 우유에 비타민이나 무기질 등을 첨가하여 영양을 높인 강화우유(Fortified Milk) 등이 있다.

3. 기호음료(Fancy Taste)

기호음료는 카페인을 함유한 음료로 영양분을 섭취하기보다는 깊은 맛으로 생활의 멋과 삶의 여유를 찾고자 즐기는 현대인의 음료이다.

1) 커피(Coffee)

커피는 쓴맛, 떫은맛, 신맛, 구수한 맛이 나는 기호음료로, 피로감을 없애 주고 머리를 맑게 하며 혈액순환이 잘되게 해 주는 성분과 특유의 맛과 향이 있어 대중적으로 사랑받고 있다.

역사적으로 커피를 언제부터 마시기 시작했는지는 명확하지 않다. 최초의 기록은 아라비아의 의학자 라세스(Rhazes, 854~925년)의 것으로, 그는 커피 즙이 위장에 좋다고 하면서 커피의 약용 효능을 강조했다. 뒤이어 1세기쯤 후에 아라비아의 의학자이며 철학자인 아비센나(AvIcenna, 980~1037년)가 커피를 기호음료라고 기록한 것이 커피를 음료로 소개한 최초의 문헌이라고 알려져 있다. 원산지인 아비시니아에서 약재와 식료 및 음료로 쓰이던 커피콩은 홍해를 넘어 아덴, 메카, 카이로 등지로 전파되었고, 다시 1300년경에는 이란으로, 1500년경에는 터키까지 전해졌으며, 터키의 유럽 침공을 계기로 유럽 제국에 소개되면서 전 세계에 알려지게 되었다.

우리나라는 1896년 고종이 러시아 공사관으로 피신해 있을 당시 처음 맛을 본 이후 덕수궁으로 환궁한 후에도 즐겨 마셨다고 알려져 있다. 이후 1902년 독일 여성 손탁(Sontag)은 서울에 손탁호텔을 짓고 카페를 열어 우리나라 최초로 커피를 판매했다. 이 당시 커피는 한자음을 빌려 '가비(Coffee)', '가베(Cafe)'로 불렀다가 일제 강점기 '고히'에서 광복 후 커피라는 명칭으로 부르기 시작했다.

커피의 대표적 생산국은 남미(브라질, 콜롬비아, 페루), 중미(멕시코, 과테말라, 엘살바도르), 서인도제도(자메이카, 아이티, 도미니카), 아프리카(에티오피아, 케냐, 예가체프), 아시아(베트남, 인도네시아, 인도) 등이다.

(1) 커피의 조리

커피는 커피나무에서 열리는 열매(Coffee Cherry)에서 생두를 얻고 '로스팅'이라는 커피를 볶는 과정을 거쳐 원두를 얻게 된다. 일반적으로 커피 맛은 수질과 원두의 배합비율, 끓이는 온도와 추출하는 시간 등에 좌우된다.

▶ 물

커피음료의 99%는 물이며 나머지 1%가 커피에 포함된 성분들이다. 같은 원두라도 사용하는 물에 따라 맛이 달라질 수 있기 때문에 커피의 맛에 미치는 물의 영향은 중요하다고 할 수 있다. 칼슘이나 마그네슘 이온이 많이 함유된 경수보다 비교적 함유량이 적은 연수가 더 적당하다. 경수로 커피를 추출하게 되면 주요 성분인 카페인이나 타닌의 추출이 저해되기 때문에 커피의 맛이 떨어질 수도 있다.

신선한 물을 100°C까지 끓여 커피 성분을 추출하기 적당한 온도로 식힌 후 사용하며, 한 번 끓인 물을 다시 끓이거나 냄새가 나는 물을 사용하지 않도록 한다.

▶ 온도

섭씨 85~95°C가 최적이다. 100°C가 넘으면 카페인이 변질하여 이상한 쓴맛이 나며, 70°C 이하에서는 타닌의 떫은맛이 남기 때문이다. 일단 끓여서 추출된 커피를 잔에 따랐을 때의 적정 온도는 80~83°C이며, 설탕과 크림을 넣어 마시기에 최적의 온도는 66°C 내외이다.

▶ 배합비

레귤러 커피의 경우 10g 내외의 커피를 130~150cc의 물에 넣어 100cc를 추출하는 것이 적당하다. 3인분이라면 400cc의 물에 커피 30g을 넣어 300cc를 추출한다. 인스턴트 커피는 1인분에 커피 1.5~2g 정도가 적당하다.

▶ 크림

커피에 크림을 넣는 경우, 설탕을 먼저 넣고 저은 다음에 크림을 넣는다. 뜨거운 커피에 크림을 첨가하여 커피의 표면에 작은 깃털 같은 모양의 응고현상(Feathering)이 일어나는 것을 방지하기 위해서이다.

▶ 시간

추출이 진행 중일 때 물과 커피가 만나는 시간을 말한다. 커피 맛과 향의 완벽한 추출을 위해서는 충분한 시간이 필요한데, 이는 맛과 향이 담긴 섬유조직이 팽창되어 와해되어야만 하기 때문이다. 커피와 물이 만나는 시간을 길게 할수록 많이 추출되는데, 추출시간이 5분 이상으로 길어지면 쓴맛과 떫은맛이 강해지므로 되도록 2~5분 안에 추출하는 것이 좋다.

(2) 커피의 종류

커피는 비알코올성 커피(Non-alcoholic Coffee)와 알코올성 커피(Alcoholic Coffee)로 나눌 수 있으며, 각각을 살펴보면 다음과 같다.

분류	설명	종류
비알코올성 커피	술이 첨가되지 않은 순수 커피로 만드는 방법이나 재료의 종류에 따라 커피 이름을 달리한다.	에스프레소(Espresso Coffee), 카푸치노(Cappuccino Coffee), 라테(Latte Coffee), 비엔나 커피(Vienna Coffee), 카페 모카(Cafe Mocha), 카페 프라페(Coffee Frappe), 아이스 커피(Ice Coffee) 등
알코올성 커피	술이 첨가되는 커피로, 첨가되는 술의 종류에 따라 그 명칭을 달리한다.	아이리시 커피(Irish Coffee), 스패니시 커피(Spanish Coffee), 커피 로열(Coffee Royal) 등
카페인 제거 커피	카페인 성분을 제거한 커피이다.	상카 커피(Sanka Coffee)

(3) 커피의 추출법

▶ 침지법(Infusion)

분쇄된 커피를 뜨거운 물에 넣어 침출시킨 후 커피 성분이 물에 녹으면 커피 가루를 분리하여 마시는 방법으로 프렌치 프레스가 이에 해당한다.

▶ 여과법(Brewing)

분쇄된 커피에 물을 부어 투과시켜 커피 성분을 추출해 마시는 방법으로 핸드드립, 콜드 브루(Cold Brew)가 이에 해당한다.

▶ 달임법(Decoction)

추출기구 안에 물과 분쇄된 커피를 넣고 끓인 뒤 커피 가루가 가라앉으면 마시는 방법으로 터키식 커피가 이에 해당한다.

▶ 가압추출법(Pressed Extraction)

분쇄된 커피에 고온고압의 물을 통과시키는, 즉 압력을 가해 추출하는 방식으로 에스프레소, 모카 포트가 이에 해당한다.

2) 차(Tea)

차는 수천 년 동안 전 세계의 다양한 문화권에서 건강과 여유 있는 삶을 유지하는 데 중요한 역할을 해 왔다. 차의 기원은 매우 오래되어 나라별로 다소 차이를 보이나 중국에서 유래했다는 의견이 가장 일반적이다. 1610년에 네덜란드 동인도회사에 의해 중국의 차가 유럽으로 전파되면서, 특히 영국에서 사랑받으며 18세기에 이르러서는 영국이 최대 소비국가가 되었다.

세계적인 차 생산국인 인도에는 히말라야 북동부를 중심으로 한 주요 차나무 재배지 이외에도 소규모로 차나무를 재배하는 지역이 많고 인도 차는 저렴한 가격으로 생산하여 티 블렌드 제조업체에서 선호하며 수요가 높다.

차는 찻잎의 발효정도에 따라 불발효차, 반발효차, 발효차로 분류할 수 있다. 줄기에서 처음 나온 잎을 따서 발효시킨 후 볶아서 건조한 것이 제일 좋은 차이다. 찻잎에 함유된 카페인과 타닌이 차의 상쾌한 맛을 내는 주성분으로, 그윽한 맛으로 삶의 여유를 더하는 것 외에도 노화 방지와 항암의 효능을 가진 것으로 알려져 있다.

© Getty Images Bank

(1) 차의 종류

▶ 녹차(Green Tea)

역사적으로 가장 먼저 개발된 녹차는 발효되지 않아 녹색의 잎을 띠는 대표적인 불발효차이다. 찻잎을 수확한 후 산화되는 것을 막기 위해 별도의 건조과정을 거친다. 팬에 볶거나 증기에 찌는 방식에 따라 향과 모양이 달라진다.

© Getty Images Bank

▶ 홍차(Black Tea)

© Getty Images Bank

홍차는 서양에서 소비되는 차의 75%를 차지하는 가장 대중적인 차라고 할 수 있다. 찻잎을 85% 이상 발효시킨 후 건조한 것으로 붉은 갈색을 띠며 다른 차보다 카페인 함량이 더 높다. 스리랑카, 인도, 중국 등이 주요 생산국으로, 인도 다즐링, 중국 안휘성 지역의 기문과 스리랑카의 우바는 세계 3대 명차로 알려져 있다.

▶ 우롱차(Oolong Tea)

© Getty Images Bank

녹차와 홍차의 중간 성질을 가진 반발효차로 6~8월에 난 새싹을 건조한 후 홍차보다는 덜 발효시켜 만든다. 찻잎은 부분적으로 갈색이나 녹색을 띤다. 최상급 우롱차는 주로 타이완에서 생산되며, 녹차보다는 복합적이지만 홍차보다는 강하지 않은 향기가 나는 차이다.

이 밖에 두 개 이상의 차를 혼합하거나 다른 재료를 혼합하여 원하는 향미를 얻는 티 블렌드(Tea Blend)가 있다. 가장 유명한 티 블렌드로는 세 개 이상의 홍차를 혼합한 잉글리시 브렉퍼스트(English Breakfast), 중국 등에서 생산된 홍차에 베르가모트 에센스를 가향한 얼 그레이(Earl Grey)와 인도산 홍차에 여러 향신료와 설탕, 우유를 혼합한 마살라 차이(Masala Chai)가 있다.

(2) 차의 서비스 방법

티 백을 끓는 물을 담은 포트에 넣고 2분 정도 흔들면 차의 맛이 잘 우러난다. 이때 물의 온도는 70~75°C 정도가 적당하다. 특히 중동 지방 사람들은 매우 진한 차를 좋아하므로 중동 지방 고객에게 서비스할 때는 차를 진하게 우려 준비하는 것이 좋다.

기내에서 서비스되는 커피와 차

주요 커피 메뉴

에스프레소(Espresso Coffee)

압축에 의한 방법으로 커피를 추출하는 것으로, 맛이 진하고 보통 블랙으로 마시지만 생크림을 제공하기도 한다.

카페 카푸치노(Cafe Cappuccino)

계피 향이 독특한 조화를 이루는 이탈리아의 대표적인 커피로, 진하게 추출된 커피에 설탕을 넣어 녹인 후 계피 가루를 뿌려서 제공한다.

카페오레(Cafe au Lait)

보통 커피의 농도보다 진하게 추출하여 큰 컵에 우유와 커피를 동시에 반씩 따라서 거의 같은 양이 되도록 한다. 설탕은 별도로 제공한다.

비엔나 커피(Vienna Coffee)

추출된 커피를 컵에 넣고 설탕을 녹인 후 휘핑크림(Whipped Cream)을 채워서 제공한다.

카페 마키아토(Cafe Macchiato)

데미타스(Demitasse)에 에스프레소를 담고 스팀기를 이용해 거품을 만든 후 커피를 담은 잔에 우유 거품만 따라 담아 부드러운 맛을 낸다.

카페 모카(Cafe Mocha)

에스프레소에 우유와 초콜릿 소스를 섞고 휘핑크림을 올린 후 초코 가루나 아몬드를 이용하여 장식한다.

커피 프라페(Coffee Frappe)

에스프레소와 우유, 바닐라 아이스크림, 잘게 부순 얼음을 블렌더에 넣고 갈아 부드럽고 시원하게 만든 커피이다.

아이리시 커피(Irish Coffee)

따뜻하게 데운 커피잔에 설탕과 뜨거운 커피를 채우고 설탕이 완전히 녹을 때까지 젓고 아이리시 위스키를 넣은 후 컵의 끝까지 휘핑크림으로 가득 채워 제공한다.

스패니시 커피(Spanish Coffee)

1온스의 칼루아(Kahlua)에 설탕을 넣어 녹인 후 녹은 설탕에 커피를 넣고 휘핑크림을 얹어 제공한다.

카페 로열(Cafe Royal)

진하게 추출된 커피를 컵에 따른 후 스푼을 컵에 걸치고 그 위에 각설탕을 올리고 브랜디를 부어 불을 붙이면 브랜디에 젖은 각설탕이 타면서 파란 불꽃을 내고 브랜디의 향이 퍼진다. 이 브랜디의 향이 커피에 스며들어 독특한 맛을 낸다.

차 메뉴

레몬티(Lemon Tea)

뜨거운 홍차에 레몬 슬라이스를 넣어 마시는 것이다. 레몬 슬라이스를 넣으면 레몬의 비타민 C로 산성이 증대되고 홍차의 색깔이 더욱 진해지는 효과가 있다.

밀크티(Milk Tea)

크림은 홍차의 향을 감소시키므로 커피에 사용하는 크림을 넣지 않고 반드시 데운 우유를 이용해야 한다.

아이스티(Ice Tea)

글라스에 얼음을 가득 넣고 진한 차를 부어 마시는 것으로 레몬을 넣으면 더욱 좋다.

4절 | 항공 기내 음료의 서비스 절차와 내용

1. 항공 기내 음료 서비스 원칙

1) 기내 음료 서비스 기본원칙

(1) 음료 주문받기

① 제공되는 음료에 대해 충분히 숙지하며, 승객의 기호와 취향을 파악하여 적절하고 적극적으로 추천한다.

② 음료를 추천할 때는 클래스별 특성을 충분히 고려하며, 외래어나 전문 용어를 사용하는 것보다는 승객이 이해하기 쉽게 설명한다.

③ 승객을 정면에서 바라보며, 성의를 갖고 따듯한 마음으로 응대한다.

④ 착석 위치를 기준으로는 창가 승객부터 서비스하며, 남녀노소 승객이 동석한 경우라면 노인, 어린이 동반자, 여자 승객에게 우선적으로 주문을 받고 서비스한다.

(2) 음료 제공하기

© Lee Chi Min / CENGAGE

① 음료를 제공하기 전에 먼저 승객의 식사 테이블을 펴 드리며, 창가 승객에게는 양해를 구해 승객이 직접 식사 테이블을 펴도록 권유한다.
② 모든 음료는 뜨겁게 서비스해야 할 것은 뜨겁게, 차갑게 서비스해야 할 것은 차갑게 제공될 수 있도록 준비한다.
③ 음료를 서비스할 때와 회수할 때는 서비스 용품이 승객의 머리 위로 지나치지 않도록 유의한다.
④ 뜨겁거나 무거운 것을 제공할 때(편한 손으로 제공)를 제외하고, 왼쪽 승객에게는 왼손으로, 오른쪽 승객에게는 오른손으로 제공한다.
⑤ 음료의 종류별 서비스 방법에 유의하며, 칵테일을 서비스할 때는 충분한 지식과 기술로 레시피에 따라 적절히 제조한다.

(3) 음료 회수하기

① 서비스한 컵이나 잔을 회수할 때는 승객의 음용 만족도 및 리필(Refill) 희망 여부를 확인하고 반드시 회수해도 좋은지를 물어본 다음에 회수한다.
② 제공한 순서대로 회수하는 것을 원칙으로 하되 승객이 요구할 때는 먼저 회수하며, 식사가 일찍 끝난 승객에게는 승객의 의향을 묻고 먼저 정리해 드린다.
③ 통로 쪽 승객부터 회수하되, 창가 승객이 먼저 드신 경우에는 통로 쪽 승객에게 양해를 구한 후 회수한다.

2) 기내 음료 서비스 기본방법

(1) 음료 서비스를 위한 개인위생

① 서비스 시작 전후에 반드시 손을 씻고 청결을 유지한다.
② 음료를 서비스 전에는 손에 로션을 바르지 않으며 향수를 지나치게 많이 사용하지 않도록 한다.
③ 가니시류(레몬 슬라이스 등)는 갤리(주방)에서 비닐장갑을 착용하고 준비한다.

© Lee Chi Min / CENGAGE

④ 서비스 도중에 머리를 쓰다듬거나 코를 만지지 않는다.

(2) 고객 응대 및 서비스 기본자세

① 항상 밝은 표정과 적극적인 태도로 올바른 서비스 매너를 갖추어 승객을 응대한다.

② 용모와 복장은 항상 청결하고 단정하게 유지한다.

③ 승객의 요구에 응하지 못할 경우에는 타당한 사유를 설명하고 반드시 그에 상응하는 대체품을 권한다.

④ 손님과 눈을 맞추고 바른 자세로 적절한 대화를 하며 서비스하도록 한다.

⑤ 서비스를 할 때 손가락을 가지런히 모으며, 서비스 동작의 속도는 두 가지 단계로 하여 시작할 때는 보통, 일시 정지(Pause Motion), 되돌아올 때는 천천히 하며, 서비스 용품은 허리의 벨트라인 위로 전달되도록 한다.

(3) 기본적인 음료 서비스 방법

© Lee Chi Min / CENGAGE

© Lee Chi Min / CENGAGE

① 카트를 이용한 서비스를 제외하면, 모든 음료는 반드시 트레이에 준비하여 제공한다.

② 승객의 트레이 테이블 오른쪽에 음료를, 음료 왼쪽에 견과류를 제공한다.

③ 캔째 제공하는 음료는 컵의 왼쪽에 놓는다.

④ 모든 음료는 식사 트레이 위에 제공할 때를 제외하고 칵테일 냅킨이나 코스터(Coaster)를 받쳐서 제공한다.

⑤ 컵이나 글라스는 컵의 하단이나 글라스의 스템(Stem) 부분을 손끝으로 안정감 있게 잡는다.

⑥ 잔에 얼음을 넣을 때는 얼음을 먼저 넣고 음료를 그 위에 따른다.

⑦ 어린이와 장애 승객에게는 컵의 1/2~2/3만 채워 드리고, 추후 같은 양으로 리필한다.

⑧ 승객의 요구에 따라 음료를 제공하되 알코올 음료는 만취 승객이 생기지 않도록 유의하여 제공한다.

⑨ 로고(Logo)가 새겨진 컵이나 서비스 용품은 로고가 승객의 정면에 오도록 제공한다.

3) 기내 음료 서비스를 위한 기물 및 취급요령

(1) 기물 사용 원칙

① 사용하기 전에 기물의 청결 상태를 다시 한번 확인한다.

② 기물은 서로 부딪치거나 소리가 나지 않도록 조심스럽게 다룬다.

③ 서비스할 때 음식이 닿는 부분과 입이 닿는 부분에 손이 닿지 않도록 주의한다.

④ 기내주방 안에서만 사용하는 일부 기물은 승객 서비스용 기물과 구분하여 사용한다.

⑤ 사용 후 모든 기물은 깨끗이 하여 제자리에 보관한다.

⑥ 모든 기물은 경유지가 아닌 모기지에서 하기한다.

© Lee Chi Min / CENGAGE

(2) 기내 음료 서비스 기물 취급방법

▶ 카트(Cart) 취급방법

종류	용도	취급방법	공통사항
음료 카트	음료 탑재 및 서비스	• 도어를 여닫을 때는 로킹(Locking)고리를 이용한다. • 카트 정지 시 반드시 페달(Pedal)을 이용하여 고정시킨다. • 이동 시 카트의 내용물이 흐트러지지 않도록 조심스럽게 다룬다. • 카트에서 내용물을 꺼내거나 넣을 때 무릎을 굽히고 자세를 낮추어 허리에 무리가 가지 않도록 주의한다.	• 카트는 안정감 있게 두 손으로 잡고, 통로(Aisle)를 지날 때는 승객이 다치지 않도록 특히 주의한다. • 카트를 옮길 때 카트에 체중을 싣지 않도록 유의한다. • 사용 후에는 카트를 통로나 도어 주변에 방치하지 않는다.
서빙 카트	카트를 이용한 음료 서비스	• 상단에 카트 매트를 깔고 사용한다. • 상 · 중 · 하단을 펼쳐 로킹고리로 고정한다. • 하단에는 서비스 용품을 놓지 않는다. • 카트 중단에 있는 물품을 꺼낼 때는 서비스하는 승객의 반대쪽 방향으로 몸을 이동시킨다. • 사용 후 접어서 제자리에 보관한다.	

▶ 트레이(Tray) 취급방법

종류	용도	취급방법
대형 트레이 (Large Tray)	음료 서비스 및 회수	트레이는 안정감 있게 두 손으로 잡고, 장축이 통로(Aisle)와 평행이 되게 유지한다.
소형 트레이 (Small Tray)	음료 등 개별 서비스 및 회수 차 / 커피 서비스	

▶ 기타 기물 취급방법

종류	용도	취급방법
소형 리넨 (Small Linen)	와인 서비스	청결한 상태로 구김이 가지 않게 한다.
카트 매트 (Cart Mat)	서빙 카트 상단	
머들러 선반 (Muddler Shelf)	설탕, 크림, 티백, 머들러 등을 항상 보관	그 밖에 얼음 주걱(Ice Scoop), 얼음 송곳(Ice Pick), 석면 장갑 등 기내주방용 기물은 주방 안에서만 사용한다.

비알코올 음료와 기호음료의 서비스 방법

Cold Beverage

종류	서비스 방법
생수(Mineral Water)	• 생수는 칠링하여 얼음 없이 제공한다. • 충분히 칠링되지 않은 경우에는 잔에 얼음을 넣어 서비스한다. • 음료가 잔에 1/2 이하 남은 경우 리필한다. • 병을 들고 나가 제공할 경우 다른 한 손에 여분의 컵을 준비한 소형 트레이(Small Tray)를 들고 나가 승객에게 컵을 집도록 하거나 승객의 컵을 소형 트레이에 받아 따라 준다.
주스(Juice)	• 칠링하여 제공하며, 칠링하지 않은 경우에는 얼음을 넣어 제공한다.
청량음료(Soft Drink)	• 칠링한 후 반드시 얼음을 넣어 제공한다. • 얼음을 담은 잔과 함께 캔을 그대로 서비스한다.
우유(Milk)	• 항상 차게 보관하며 우유 팩과 빈 잔을 함께 제공한다. • 따뜻한 우유를 준비할 때는 뜨거운 물에 우유 팩째 넣고 데워서 우유 팩과 빈 잔을 함께 제공한다(우유를 끓이지 않는다).

Hot Beverage

종류		서비스 방법
커피	브루 커피 (Brewed Coffee)	• 커피를 브루(Brew)하기 전에 커피포트를 뜨거운 물로 깨끗이 헹군다. • 향과 신선도를 살릴 수 있도록 서비스 직전에 브루하여 뜨겁게 제공한다. 브루한 지 20분 이상이 경과된 커피는 서비스하지 않는다. • 커피는 크림과 설탕을 주문받아 함께 제공한다.
	인스턴트 커피 (Instant Coffee)	• 향과 신선도를 살릴 수 있도록 제공 직전에 가루 커피에 뜨거운 물을 넣어 충분히 저은 다음 커피의 농도와 맛을 점검하고 제공한다.
	디카페인 커피 (Decaffeine Coffee)	• 팩에 뜨거운 물과 함께 제공하되 개별적으로 서비스할 때는 팩을 뜯어 잔에 가루를 담고 뜨거운 물을 부어 저은 다음에 제공한다.
차	홍차 (Black Tea)	• 홍차는 크림, 설탕, 레몬 슬라이스를 주문받아 제공하며 밀크티(Milk Tea)를 주문한 경우 우유를 제공한다. • 뜨거운 물을 잔에 따라 제공하고 티백(Tea Bag)은 뜯지 않고 따로 제공한다. 레몬은 직접 집도록 권유하거나 레몬 슬라이스를 꽂은 칵테일 픽 끝을 잡고 레몬 슬라이스만 컵 안에 넣은 다음에 칵테일 픽은 빼낸다.
	녹차 (Green Tea)	• 녹차는 설탕과 크림 없이 제공한다. • 뜨거운 물을 잔에 따라 제공하고 티백은 뜯지 않고 따로 제공한다.

클래스별 기내 음료 서비스 기물 소개

일등석 서비스 기물

F/CLS Glassware 종류

Tumbler	Wine	Liqueur	Brandy Snifter	Champagne Flute
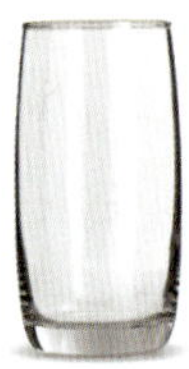				

photo credit ©shutterstock

F/CLS Chinaware 종류

Coffee Cup	Coffee Saucer	Tea Pot	Tea Cup	Cream Pitcher

각종 커피와 차 (홍차, Tea Pot 미탑재 노선 녹차)	각종 커피와 차 (홍차, Tea Pot 미탑재 노선 녹차)	녹차 6시간 이상 중 · 장거리 노선	녹차 6시간 이상 중 · 장거리 노선	액상 크림, 뜨거운 음료용 중탕 우유

photo credit ©Lee Chi Min / CENGAGE

F/CLS Linen 종류

Tray Mat	Linen Napkin	Cart Mat

Large Tray 크기에 맞는 리넨	단추구멍이 있음 와인과 물 서비스용	서빙 카트에 까는 용도의 리넨 상단에 까는 큰 사이즈, 하단에 까는 작은 사이즈 2종류 사용

photo credit ©Lee Chi Min / CENGAGE

F/CLS 음료 서비스용 기물 종류

photo credit ©Lee Chi Min / CENGAGE

비즈니스석 서비스 기물

C/CLS Glassware 종류

Tumbler	Wine	Liqueur	Brandy Snifter

물, 주스, 청량음료, 얼음을 제공하는 칵테일 및 음료	와인, 샴페인, 얼음을 제공하지 않는 칵테일	리큐르(스트레이트 포함), 포트와인, 아이스 와인, 밀크티용 우유	브랜디

photo credit ©Lee Chi Min / CENGAGE

C/CLS Chinaware 종류

Cup	Saucer

커피, 각종 차	커피, 각종 차. 아이스크림(Saucer)

photo credit ©Lee Chi Min / CENGAGE

C/CLS Tray 종류

Serving Tray Large	Serving Tray Medium	Large Tray

음료 서비스	Hot Beverage 서비스(리넨과 함께)	회수 시(리넨 없이)

photo credit ©Lee Chi Min / CENGAGE

C/CLS Cutlery 종류

Tea Spoon
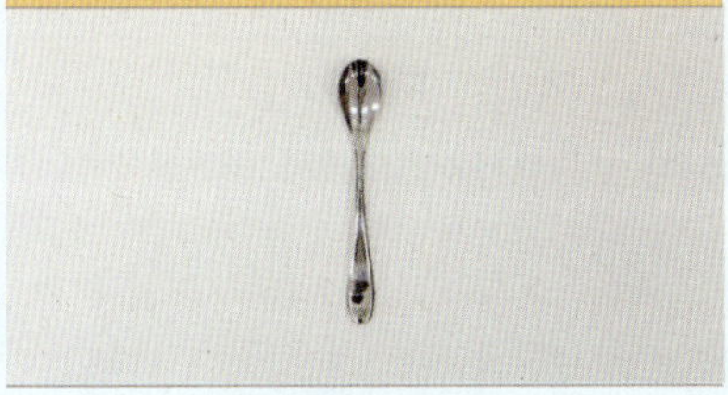
커피, 차

photo credit ©Lee Chi Min / CENGAGE

C/CLS Linen 종류

Tray Mat	Linen Napkin	Cart Mat

Large Tray 크기에 맞는 리넨	단춧구멍이 있음 와인, 물 서비스용	서빙 카트에 까는 용도의 리넨 상단에 까는 큰 사이즈, 하단에 까는 작은 사이즈 2종류 사용

photo credit ©Lee Chi Min / CENGAGE

C/CLS 음료 서비스용 기물 종류

Wine Opener	Lemon Tongs	Ice Tongs	Towel Tongs
	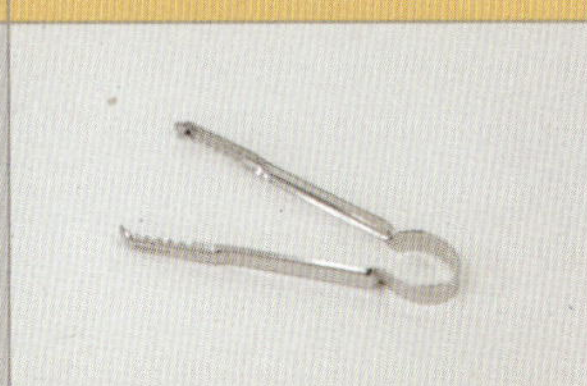	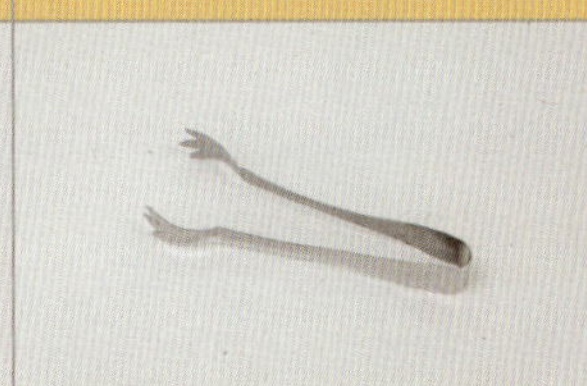	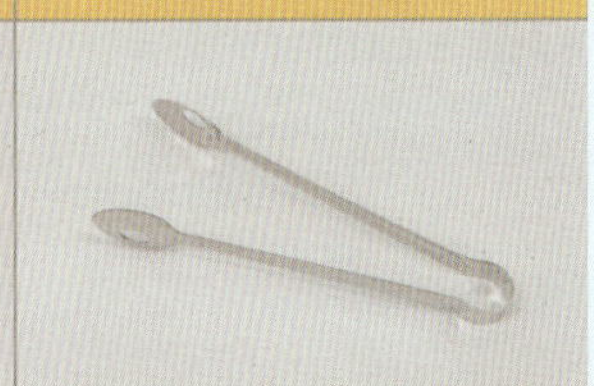
Bread Tongs	**Silver Pot**	**Muddler Box**	**Ice Bucket**
		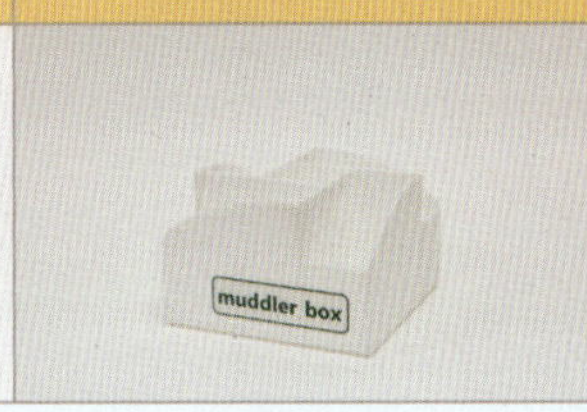	

photo credit ©Lee Chi Min / CENGAGE

일반석 서비스 기물

Y/CLS Glassware 종류

Plastic	Wine	Paper

물, 주스, 청량음료, 얼음을 제공하는 칵테일 및 음료	와인, 샴페인, 얼음을 제공하지 않는 칵테일	뜨거운 음료

photo credit ©Lee Chi Min / CENGAGE

Y/CLS Tray 종류

Large Tray	Small Tray

음료 서비스 및 회수 각종 서비스 및 회수	음료 등 개별 서비스 차, 커피 서비스

photo credit ©Lee Chi Min / CENGAGE

Y/CLS Cutlery 종류

Tea Spoon

커피, 차

photo credit ©Lee Chi Min / CENGAGE

Y/CLS Linen & Mat 종류

Tray Mat(L)	Tray Mat(S)	Linen Napkin

Large Tray 크기에 맞는 종이	Small Tray 크기에 맞는 종이	단춧구멍이 있음 빵, 와인, 물 서비스용

photo credit ©Lee Chi Min / CENGAGE

Y/CLS 음료 서비스용 기물 종류

Full Cart	Half Cart	Serving Cart	Wine Opener
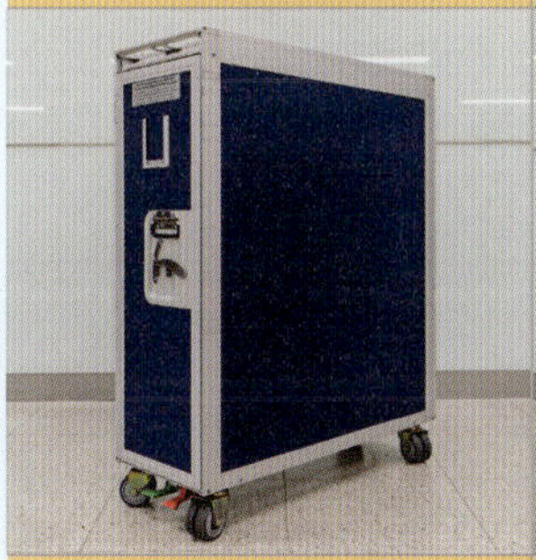			
Ice Tongs	**Silver Pot**	**Muddler Box**	**Ice Bucket**
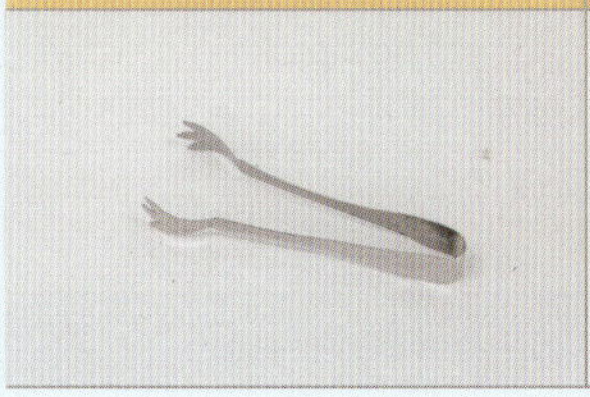			

photo credit ©Lee Chi Min / CENGAGE

2. 항공 기내 음료 서비스 절차

1) 일등석(First Class) 음료 서비스 절차

(1) 중 · 장거리 노선

Wine List & Menu Book
Order Taking
Hot Towel
Table Opening & Tablecloth Spread
Aperitif
Tableware Setting ◆

Lunch/Dinner/Supper Light Meal	Breakfast/Brunch	Refreshment
Water	Water	Water
Wine	Hot Beverage	Bread
Bread	Bread	Wine
Appetizer	Yoghurt ◆	Soup
Soup	Wine(Brunch Only)	Main Dish
Salad ◆	Main Dish ◆	Toothpick
Main Dish ◆	Toothpick	Tableware 회수
Toothpick	Tableware 회수	Fruit
Tableware 회수	Fruit	Hot Beverage
Cheese & Fruit ◆	Hot Beverage	2nd Hot Towel
Tablecloth 회수	2nd Hot Towel	Clear Off
Dessert	Clear Off	
Espresso Coffee 안내지		
Hot Beverage & Liqueur ◆		
2nd Hot Towel		
Clear Off		

◆ 표시된 서비스 단계는 서빙 카트를 이용한 Presentation Service를 실시함

(2) 단거리 노선

Lunch/Dinner/Supper Light Meal	Breakfast/Brunch	Refreshment

Menu Book
Menu Order Taking
Hot Towel
Table Opening
Aperitif

Lunch/Dinner/Supper Light Meal	Breakfast/Brunch	Refreshment
Basic Tray	Basic Tray	Basic Tray
Wine	Bread	Wine
Bread	Hot Beverage	Toothpick
Main Dish	Wine(Brunch Only)	Basic Tray 회수
Toothpick	Main Dish	Dessert Tablecloth Spread
Basic Tray 회수	Toothpick	Fruit
Dessert Tablecloth Spread	Basic Tray 회수	Hot Beverage & Liqueur
Fruit	Dessert Tablecloth Spread	2nd Hot Towel
Hot Beverage & Liqueur	Fruit	Clear Off
2nd Hot Towel	Hot Beverage	
Clear Off	2nd Hot Towel	
	Clear Off	

2) 비즈니스석(Business Class) 음료 서비스 절차

(1) 중 · 장거리 노선

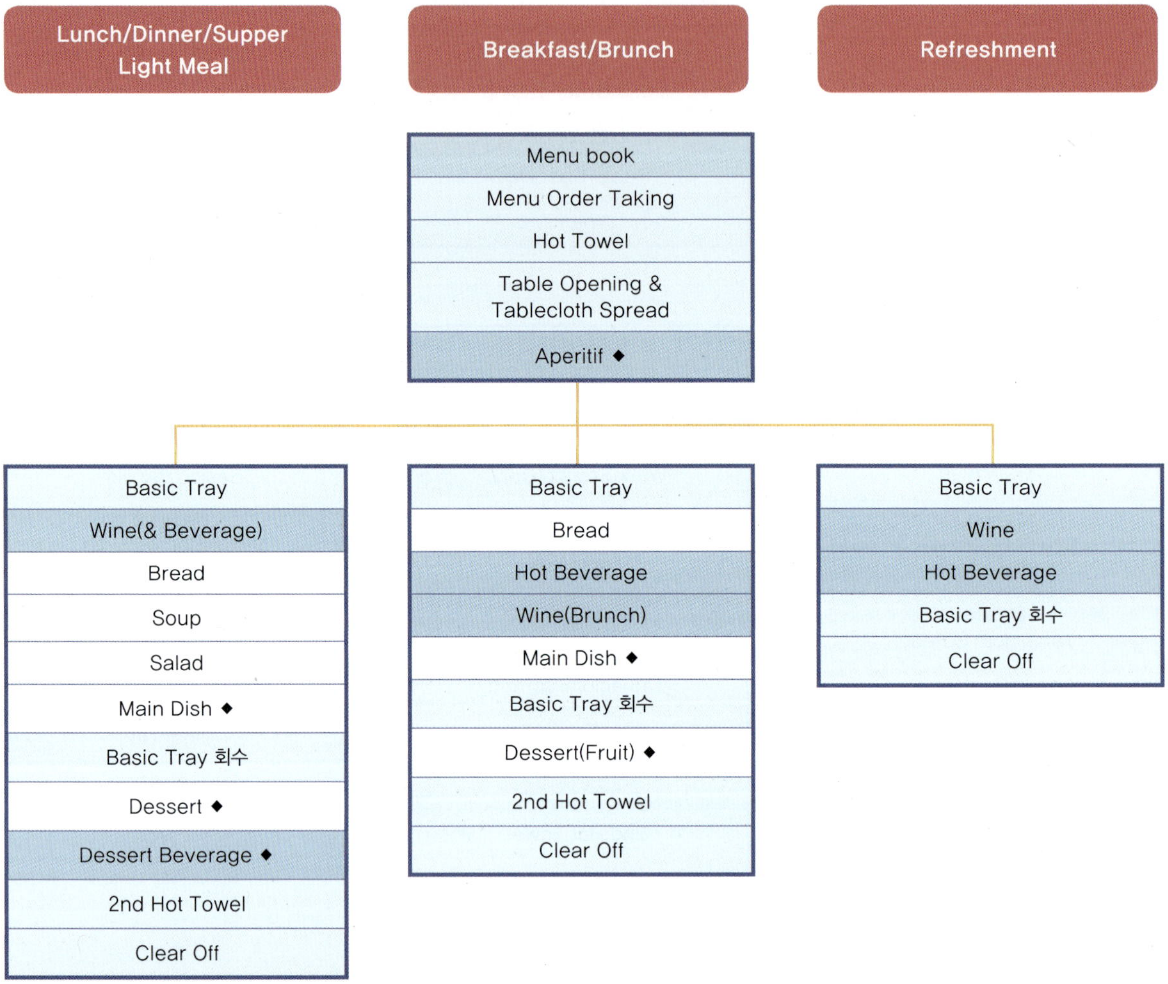

◆ 표시된 서비스 단계는 서빙 카트를 이용한 Presentation Service를 실시함

(2) 단거리 노선

Lunch/Dinner	Breakfast/Brunch	Refreshment
	Menu Book	◀on the Ground
	Menu Order Taking	
	Hot Towel	
	Table Opening	
	Aperitif	

Lunch/Dinner	Breakfast/Brunch	Refreshment
Basic Tray & Wine	Basic Tray & Wine	Basic Tray & Wine
비빔밥용 국 – 한식	비빔밥용 국 – 한식	Hot Beverage
Bread	Bread	Basic Tray 회수
Main Dish	Hot Beverage	Clear Off
Hot Beverage	Main Dish	
Basic Tray 회수	Basic Tray 회수	
Clear Off	Clear Off	

3) 이코노미석(Economy Class) 음료 서비스 절차

(1) 중 · 장거리 노선

1st Meal

1. Headphone
2. Child Giveaway
3. Refreshing Towel
4. Aperitif [Welcome Cart] [Morning Cart] [Nuts Basket & BEV Tray] [Beverage Tray]
5. Meal Tray [wz Wine & Cold Beverage] [wz Hot & Cold Beverage]
6. Hot Beverage
7. Meal Tray 회수
8. Clear Off

2nd Meal

1. Hot Towel
2. Aperitif [Beverage Tray]
3. Meal Tray [wz Cold & Hot Beverage]
4. Meal Tray 회수
5. Clear Off

Refreshment

1. Refreshing Towel
2. Aperitif [Beverage Tray] [Beverage & Snack Cart]
3. Refreshment 회수
4. Clear Off

(2) 단거리 노선

Tray Meal

1. Child Giveaway
2. Meal Tray
3. Hot Beverage
4. Meal Tray 회수
5. Aisle Cleaning

Box Meal

1. Child Giveaway
2. Meal Box
3. Meal Box 회수
4. Hot Beverage - Order Basis
5. Aisle Cleaning

3. 항공 기내 음료 서비스 내용

1) 일등석(First Class) 음료 서비스 내용

(1) Welcome Drink Service

▶ 서비스 준비

Sorbis / Shutterstock.com

© Lee Chi Min / CENGAGE

① Fresh Orange Juice, Champagne을 Chilling하고, Champagne은 Ice를 넣은 Ice Bucket에 꽂아 Bar에 준비한다.

② Champagne이 충분히 차갑지 않을 경우에는 단시간에 효과적으로 Chilling하기 위해 Ice Bucket에 물과 얼음을 함께 넣어 Chilling하는 방법을 이용하는 것이 좋다.

③ Glass의 청결 상태와 파손 유무를 확인한 후 Serving Tray에 Champagne Glass, Tumbler Glass를 준비한다.

▶ 서비스 방법

① 승객의 직함으로 호칭하며, 탑승에 대한 환영의 의미가 담긴 음료임을 안내하고 준비된 음료를 소개하고 권유한다.

② 음료는 승객 Table의 오른쪽에 Coaster를 깔고 놓으며, Nuts는 음료의 왼쪽에 Cocktail Napkin을 깔고 놓는다.

③ Champagne을 주문받은 경우에는 Champagne Glass를 먼저 승객 Table이나

Armrest에 놓은 다음 Champagne을 병째 들고 나와 Label을 Showing하고 서비스한다.

④ 준비한 음료 이외의 음료를 주문받을 경우 Galley에서 준비하여 서비스한다.

⑤ Glass를 회수하기 전에 반드시 Refill을 권유한다.

⑥ Wine, Champagne 서비스 시에는 Linen Napkin을 4절로 접어 한 손에 준비한다.

⑦ 해당 Station의 세관 규정상, 지상에서 Liquor Cart의 Seal Open이 불가한 경우는 알코올성 음료의 서비스를 제외한다.

© Lee Chi Min / CENGAGE

© Lee Chi Min / CENGAGE

(2) Wine List Service

▶ 서비스 준비

Wine List의 청결 상태와 수량을 점검하고 해당 노선에서 제공되는 와인 내용을 숙지하며, 보졸레 누보 와인(Beaujolais Nouveau Wine) 안내지가 탑재되는 경우 함께 준비한다.

▶ 서비스 방법

해당 노선에서 제공되는 Wine과 Cocktail을 간단히 소개하며 승객에서 Wine List를 건네 드린다.

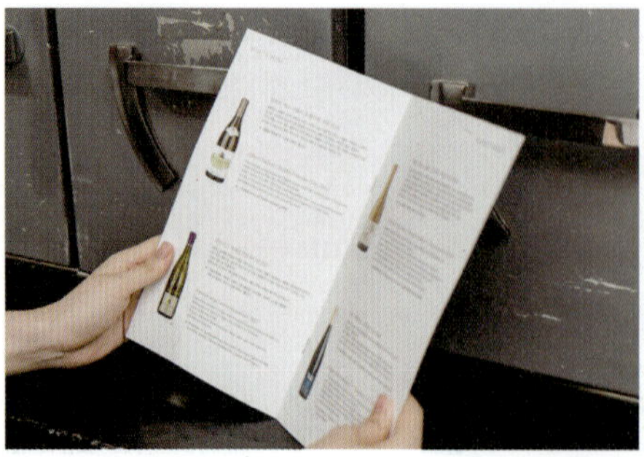

© Lee Chi Min / CENGAGE

© Lee Chi Min / CENGAGE

(3) Aperitif Order Taking

▶ 서비스 준비

승객에게 주문을 받기 전에 해당 노선에서 서비스할 음료 내용을 숙지하고, Serving Tray 위에 Order Chart를 준비한다.

▶ 서비스 방법

① 앞쪽 승객부터 눈높이 자세로 Aperitif를 주문받는다.

② 승객이 음료를 결정하지 못한 경우 Champagne, Wine, Cocktail 등을 적극 권유한다.

③ Hard Liquor류를 Straight로 원하는 승객에게는 Chaser를 함께 주문받는다.

© Lee Chi Min / CENGAGE

© Lee Chi Min / CENGAGE

photo credit ©Lee Chi Min / CENGAGE

(4) Aperitif Service

▶ 서비스 준비

Serving Tray Large에 승객이 주문한 내용에 따라 Aperitif, Napkin, Starter를 준비한다.

© Lee Chi Min / CENGAGE

▶ 서비스 방법

① 승객 Table 오른쪽에 Aperitif를 서비스하고, Starter는 Table 중앙에 놓아 드리고 그 오른쪽에 Cocktail Napkin을 서비스한다.

② Champagne, Wine을 주문받았을 경우 먼저 Table에 Glass를 놓아 드린 다음 병을 들고 나가 승객 앞에서 따라 드리고, 이때 Linen Napkin을 4절로 접어 한 손에 준비한다.

③ Cocktail을 제공했을 경우 승객의 만족 여부를 반드시 확인한다.

④ 회수하기 전에 2회 이상 Refill한다.

© Lee Chi Min / CENGAGE

(5) Water Service

▶ 서비스 준비 및 방법

① Chilling한 Mineral Water를 병째 들고 나가 승객 Table 위에 놓아 둔 Tumbler Glass에 Logo의 반 정도(7~8부)가 채워질 때까지 따른다.

② 다른 한 손에는 Linen Napkin을 4절로 접어 걸쳐 둔다.

(6) Wine Service

© Lee Chi Min / CENGAGE

▶ 서비스 준비

① 와인은 종류별로 항상 서비스 적정 온도가 유지되도록 관리하고, 이를 위해 서비스 전이나 서비스 중에도 지속적으로 온도를 점검한다.

② 제공되는 와인의 네 종류를 Wine Basket에 담아 준비하고, Wine Basket에 Wine 서비스용 Linen으로 Linen Napkin을 4절로 접어 함께 준비한다.

③ 와인 서비스 적정 온도는 화이트 와인의 경우 6~12°C, 레드 와인의 경우 실온(15~20°C)이다.

▶ 서비스 방법

① Bread 서비스가 절반 정도 이루어지면 Wine Basket을 이용하여 와인을 서비스한다.

② 한 손으로 Wine Basket 손잡이를 잡고 다른 한 손은 Basket 아래를 받쳐 들며, 와인 서비스 시 와인 병은 Basket의 뒤쪽으로 꺼내고 넣는다.

③ 상세한 와인 소개 후 주문을 받고 서비스하며, 승객이 선택한 와인은 Order Chart에 기입하여 Refill할 때 승객이 드시는 와인을 착오 없이 제공하도록 한다.

④ 개별 서비스 이후 와인은 Serving Cart 중단 Holder에 Setting하여 Dessert Course까지 지속적으로 Refill하도록 한다.

© Lee Chi Min / CENGAGE

(7) Hot Beverage & Liqueur Service

▶ 서비스 준비와 방법

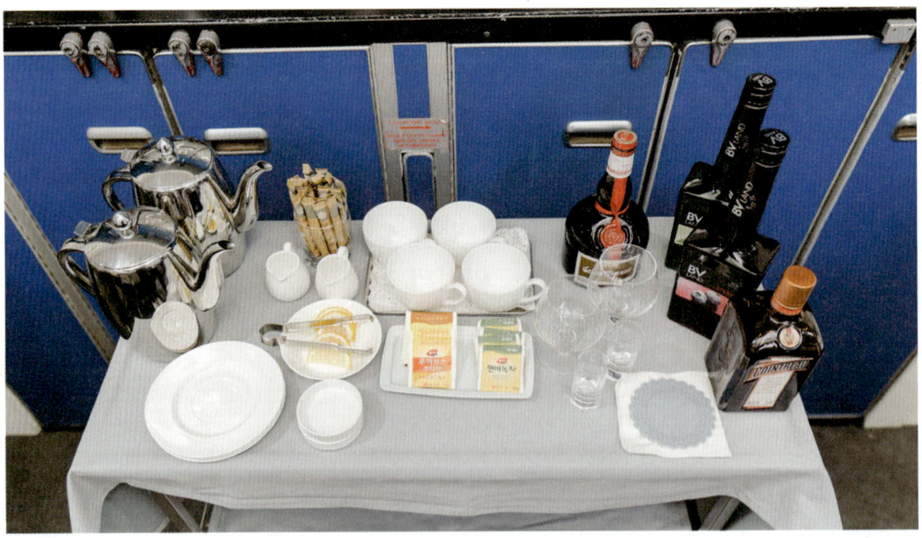

© Lee Chi Min / CENGAGE

① Cart 상단 한쪽에 Hot Beverage 서비스 용품, 다른 한쪽에 Liqueur를 Setting 한다.

② Coffee를 Brew하고 Coffee Cup, Silver Ware Pot를 Warming하며, Coffee는 서비스하기 전에 맛을 보아 온도와 농도를 점검한다.

③ 차게 보관했던 Liquid Cream은 냉기가 가시도록 서비스 전에 실온에 미리 꺼내 두었다가 Cream Pitcher에 담아 준비하며, Milk Tea 서비스용 Fresh Milk는 Pack째 미리 중탕해 둔다.

④ Tea Bag류는 와인 Glass에, Sugar는 Tumbler Glass에 담고, 8″ Plate에는 장식용 Doily를 깔아 Warming한 Coffee Cup을 준비하고, 3″ Plate, 5″ Plate, Tea Spoon을 적당량 준비한다.

⑤ 각종 Liqueur, Brandy, Port Wine Bottle 외부의 청결 상태를 확인하여 이물질이 묻은 경우 닦아 내고 Liqueur Glass, Brandy Glass, Wine Glass와 함께 Cart에 Setting한다.

⑥ Cocktail Napkin, Coaster를 Setting하고 Cart 중단에 Water/Water 서비스용 Linen을 준비한다.

⑦ Hot Beverage ⇨ Liqueur, Brandy, Port Wine 순으로 주문받아 서비스한다.

Espresso Coffee Maker 작동법

① 전원용 Switch를 누르고 'Ready' Light에 불이 들어올 때까지 기다린다.
② Brew Handle을 위로 들어 올리고 Brew Cup을 빼서, Brew Cup에 Espresso Coffee Pack을 넣는다.
③ Brew Cup을 장착한 후 Demitasse Cup을 Plate의 Brew Head 아래에 놓고 Brew Handle을 내린다.
④ Brew Switch를 'On'하여 약 20초 후에 완료되면 Brew Switch의 Lamp Light가 'Off' 된다.

Milk Frothing 방법

① 전원용 Switch를 누르고 'Ready' Light에 불이 들어올 때까지 기다린다.
② Frothing Pitcher에 200ml(Milk/Pack)의 우유를 붓고, Frothing Tube를 담근다.
③ Coffee Maker Plate에 Frothing Pitcher를 놓는다.
④ 'Froth' Switch를 'On'하여 우유를 적정 온도로 데우고, Switch가 'Off'되면 Pitcher에 Frothing Tube가 담긴 채로 Coffee Maker에서 꺼낸다.

Espresso Coffee 종류별 제조법과 사용 기물

종류	제조법	사용 기물
Espresso	Espresso Coffee	Demitasse
Cappuccino	Espresso Coffee + Steam Milk(Cup의 1/2) + 우유 거품 (Cup의 1/2) + 계피 가루	Regular Cup
Americano	Espresso Coffee + Hot Water	Regular Cup
Caffe Latte	Espresso Coffee + Steam Milk(Cup의 8부) *승객의 기호에 따라 설탕을 첨가한다.	Regular Cup
Caffe Mocha	Choco Syrup(1Ts) + Espresso Coffee + Steam Milk (Cup의 8부) + Whipping Cream + Choco Syrup (격자무늬 가로 3줄 + 세로 3줄) *Mocha는 Coffee와 Choco가 함유되었다는 의미이다.	Regular Cup
Vienna Coffee	설탕 + Espresso Coffee + Whipping Cream *Coffee를 젓지 않고 그대로 마신다.	Regular Cup
Espresso Macchiato	Espresso Coffee + 우유 거품	Demitasse
Espresso Romano	Espresso Coffee + Lemon Peel *Lemon Slice를 이용하여 Cup 가장자리에 Lemon 즙을 묻히고 Lemon Peel을 띄운다.	Demitasse
Baileys Coffee	Baileys(1Ts) + Espresso Coffee	Demitasse
Ice Coffee	Ice Cube(3~4개) + Espresso Coffee + Cold Water (Glass의 8부) *Liqueur Glass에 올리고당을 6부 정도 부은 후 Tumbler Glass 오른편에 준비한다.	Tumbler Glass

▶ Coffee 서비스 방법

① Coffee와 함께 Sugar, 액상 Cream을 주문받는다.

② Coffee Cup을 손잡이가 오른쪽으로 오도록 하여 5″ Plate에 받쳐 들고, Cup의 7~8부까지 Coffee를 따른다.

③ Sugar, Cream을 모두 원하는 경우 Tea Spoon은 Cup의 앞쪽에, Sugar는 Cup의 뒤쪽에 놓고, Cream은 Cream Pitcher를 이용하여 승객이 원하는 만큼 Cup에 따른다.

© Lee Chi Min / CENGAGE

▶ Tea 서비스 방법

Milk Tea

① Cup의 손잡이를 오른쪽으로 하여 5″ Plate에 받쳐 들고, Cup의 7~8부까지 뜨거운 물을 따르고, Tea Spoon은 Cup의 앞쪽에 놓고 Sugar는 Cup의 뒤쪽에 놓아 서비스한다.

② Tea Bag은 3″ Plate에 담아 Cup의 오른쪽 상단에 놓고, Fresh Milk는 Liqueur Glass에 담아 3″ Plate의 오른쪽에 놓는다.

© Lee Chi Min / CENGAGE

Lemon Tea

① 뜨거운 물을 Cup의 7~8부까지 따르고, Tea Bag은 5″ Plate에, Tea Spoon은 Cup의 앞쪽에 놓고 Sugar는 Cup의 뒤쪽에 놓아 서비스한다.

② Lemon은 Tongs로 집어 3″ Plate에 담고 Cup의 오른쪽 상단에 놓는다.

© Lee Chi Min / CENGAGE

Black Tea

① 뜨거운 물을 Cup의 7~8부까지 붓고, Tea Spoon은 Cup의 앞쪽에 놓고 Sugar는 Cup의 뒤쪽에 놓아 서비스한다.

② Tea Bag은 3″ Plate에 담아 Cup의 오른쪽에 놓는다.

Green Tea

① Cup의 손잡이를 오른쪽으로 하여 5″ Plate에 받쳐 뜨거운 물을 Cup의 7~8부까지 따른다.

② Tea Bag은 Pack째 3″ Plate에 담아 Cup의 오른쪽 상단에 놓는다.

© Lee Chi Min / CENGAGE

▶ Liqueur 서비스 방법

① 식후주로 Liqueur류, Brandy, Port Wine 등이 준비되어 있음을 안내하고 주문을 받는다.

② 주문받은 식후주를 Glass에 담아 Hot Beverage 오른쪽 상단에 놓는다.

© Lee Chi Min / CENGAGE

2) 비즈니스석(Business Class) 음료 서비스 내용

(1) Welcome Drink Service

▶ 서비스 준비(Seal Open 가능 Station)

① Orange Juice와 Champagne은 Chilling하여 준비한다.

② Large Tray에 Cotton Tray Mat를 깔고 Glass의 청결 상태와 파손 유무를 확인한 후, Champagne, Mimosa, Orange Juice, Coaster, Cocktail Napkin, Nuts를 Setting한다.

③ 승객 탑승이 50% 정도 진행된 후 음료를 따르고 특히 Champagne은 서비스

직전에 Open한다.

© Lee Chi Min / CENGAGE

▶ 서비스 준비(Seal Open 불가 Station)

① Orange Juice, Guava Juice를 Chilling하여 준비한다.

② Large Tray에 Cotton Tray Mat를 깔고 Glass의 청결 상태와 파손 유무를 확인한 후, Orange Juice, Guava Juice, Coaster, Cocktail Napkin, Nuts를 Setting한다.

③ 승객 탑승이 50% 정도 이루어진 후 음료를 준비한다.

▶ 서비스 방법

① 승객의 직함으로 호칭하며, 탑승에 대한 환영의 의미가 담긴 음료임을 안내하고, 준비된 음료를 승객에게 Showing하며 권유한다.

② 선택한 음료는 승객이 직접 집도록 유도하며 Nuts, Cocktail Napkin, Coaster도 권한다.

③ 만일 준비된 음료 이외의 음료를 주문받을 경우 Galley에서 준비하여 서비스한다.

(2) Aperitif Service

▶ 서비스 준비(Serving Cart 이용)

① Ice를 Ice Bucket에 담아 Tongs와 함께 상단에 준비하고, Liquor류, Champagne, Beer류 및 4종의 Wine은 각각의 서비스 적정 온도를 유지하여 준비한다.

② Whisky 등의 Liquor류는 Setting 전에 Bottle 외부의 청결 여부를 점검하고 이물질이 묻어 있을 경우, 깨끗이 닦아 청결을 유지한다.

③ 각종 Juice, Soft Drink, Mixer, Mineral Water를 Chilling하여 Setting하고, Garnish는 Cocktail Pick에 꽂아 Wine Glass, Cocktail용 Mudder는 Tumbler Glass에 담아 준비한다.

④ Cocktail Napkin과 Nuts는 Cart 상단에 적정량 놓고 Wine과 Tumbler Glass를 Rack째 준비한다.

⑤ Wine 서비스용 Linen은 Linen Napkin을 4절로 접어 준비한다.

▶ 서비스 방법

© Lee Chi Min / CENGAGE

① Tablecloth Spread가 1/3 정도 진행되었을 때 Serving Cart를 끌고 나가 Cart에 준비된 음료를 소개하고 Aperitif를 주문받는다.

② 승객이 음료를 결정하지 못한 경우 Champagne, Wine, Cocktail 등을 적극 권유한다.

③ Champagne과 Wine을 서비스할 때는 Glass를 먼저 Table에 놓고 병을 들어 승객 앞에서 직접 따른다.

④ 음료는 승객의 Table 오른쪽에 서비스하고, Nuts는 음료의 왼쪽에 Cocktail Napkin을 깔고 서비스한다.

⑤ Table에 Linen이 깔려 있지 않은 경우 음료 밑에 Coaster를 받쳐 서비스한다.

⑥ Hard Liquor류를 Straight로 원하는 승객에게는 Chaser를 함께 주문받아 서비스한다.

⑦ Cocktail을 제공했을 경우 승객의 만족 여부를 반드시 확인한다.

⑧ 승객이 Cart에 준비되지 않은 음료를 주문할 경우 Galley에서 별도로 준비하여 서비스한다.

(3) Wine Service – 1st Meal

▶ 서비스 준비(Serving Cart 이용)

Aperitif 서비스 후 Cart의 용품을 보충하고 재정리하여 Wine & Beverage Cart를 준비한다. Cart 중단에는 Wine Glass와 Tumbler Glass를 절반씩 Setting하여 Rack째 준비한다.

▶ 서비스 방법

① Basic Tray 서비스가 1/3 정도 진행된 후 준비된 Wine & Beverage Cart로 Basic Tray를 서비스한 승객에게 Wine과 기타 음료를 제공한다.

② Basic Tray에 Wine Glass가 Pre-Set되지 않으므로 Wine을 원하는 승객에게는 Cart 중단의 Wine Glass를 Basic Tray에 우선 Setting한 후 Wine의 종류를 소개하고 주문을 받아 서비스한다.

(4) Wine Service - 2nd Meal

▶ 서비스 준비

① Wine은 종류별로 항상 서비스 적정 온도가 유지되도록 관리하고, 이를 위해 서비스 전이나 서비스 중에도 지속적으로 온도를 확인한다.

② 제공되는 Wine의 4종류를 Wine Basket에 담아 준비하고, Wine 서비스용 Linen은 Linen Napkin을 4절로 접어 준비하며 Wine Basket 손잡이 부분에 걸어 둔다.

▶ 서비스 방법

① Basic Tray 서비스가 1/2 정도 이루어지면 Wine Basket을 이용하여 서비스한다.

② 한 손으로 Wine Basket 손잡이를 잡고 다른 한 손은 Basket 아랫부분을 받쳐 들며, Wine 서비스 시 Wine 병은 Basket의 뒤쪽으로 꺼내고 넣는다.

③ Wine은 Dessert Course까지 Refill한다.

© Lee Chi Min / CENGAGE

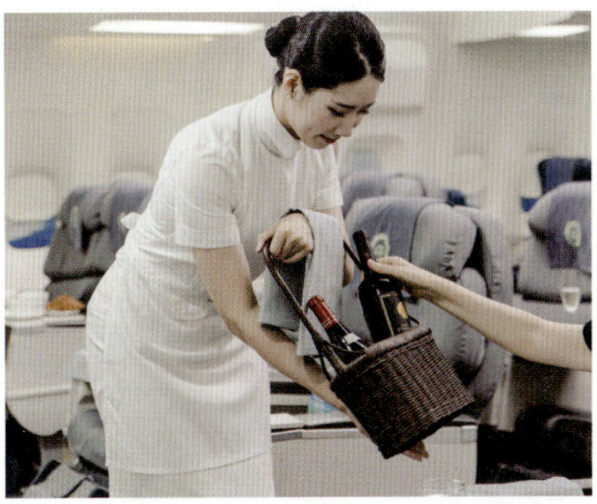

© Lee Chi Min / CENGAGE

(5) Dessert Beverage Service

▶ 서비스 준비(Serving Cart 이용)

© Lee Chi Min / CENGAGE

① Hot Beverage, Cold Beverage, Liqueur류를 함께 준비한다.

② Coffee를 Brew하고 Coffee Cup과 Tea Pot를 Warming하며, Coffee는 서비스하기 전에 맛을 보아 온도와 농도를 점검한다.

③ 차게 보관했던 Liquid Cream은 냉기가 가시도록 서비스 전에 실온에 미리 꺼내서 Soup Bowl에 담아 두고, Milk Tea 서비스용 Fresh Milk는 우동 Bowl 혹은 Pot를 이용하여 Pack째 미리 중탕해 둔다.

④ Juice류, Mineral Water를 Chilling하여 준비하고, Liqueur류는 Bottle 외부의 청결 여부를 점검하고 이물질이 묻어 있을 경우 깨끗이 닦아 준비한다.

⑤ 상단 한쪽에 Hot Beverage 서비스 용품을 준비하고, 다른 한쪽에 Liqueur류 및 Brandy, Port Wine, Chilling한 Juice류, Mineral Water를 Setting한다.

⑥ Cocktail Napkin, Coaster를 준비한다.

▶ 서비스 방법

© Lee Chi Min / CENGAGE

① Hot Beverage ⇨ Liqueur 순으로 주문받아 제공하며 기타 Cold Beverage도 준비되어 있음을 안내하고 주문받아 Coaster, Cocktail Napkin과 함께 서비스한다.

② 승객이 Cart에 준비되지 않은 Liquor류, Wine, Champagne 및 Soft Drink 등을 주문할 경우, Galley에서 별도로 준비하여 제공한다.

③ Hot Beverage 서비스 요령은 일등석의 서비스 요령과 같다.

3) 이코노미석(Economy Class) 음료 서비스 내용

시점별 Aperitif 서비스 기준

Type 1. Welcome Cart: 음료 Cart 이용
STD 07:00~18:59 Flight의 1st Meal DNR/LCH/SPR/Light Meal 제공 시

Type 2. Morning Cart: 음료 Cart 이용
STD 07:00~18:59 Flight의 1st Meal BRF/BRCH 제공 시

Type 3. Nuts Basket & Beverage Tray
STD 19:00~06:59 Flight의 1st Meal DNR/LCH/SPR/Light Meal 제공 시

Type 4. Beverage Tray: Large Tray 이용
- STD 19:00~06:59 Flight의 1st Meal BRF/BRCH 제공 시
- 중/장거리 Flight의 2nd Meal 제공 시
- 중/장거리 Flight의 Walkaround 시

(1) Aperitif Service 1 – Welcome Cart

▶ 서비스 준비(음료 Cart 이용)

① Cart 상단에 Juice류, Soft Drink, Scotch Whisky, White & Red Wine, Plastic Cup, 와인 서비스용 Linen, Mineral Water, Lemon Slice With Mudder를 준비하고 Cart 상단 양쪽에 Ice Bucket With Ice Tongs를 Setting한다.

② Cart 내부는 다음 표와 같이 준비한다.

© Lee Chi Min / CENGAGE

© Lee Chi Min / CENGAGE

전면	후면
Cherry, Olive, Mustard, Tomato Ketchup, Toothpick, Cocktail Pick, Muddler, Cocktail Napkin, 딸기잼, 붕어간장	Ketchup, Toothpick, Cocktail Pick, Muddler, Cocktail Napkin
Nuts	Nuts
Extra Ice, 우유	Extra Ice, 우유
Beer 2열, Coke/Sprite 각 1열	Mixer, Diet Coke/Sprite
Liquor 종류, Mineral Water, Plastic Cup	Extra Juice 종류

③ 모든 음료와 주류는 상품의 제호가 승객에게 바로 보일 수 있도록 바로 세워 준비하고, Wine 서비스용 Linen은 Linen Napkin을 4절로 접어 Wine 옆에 따로 준비한다.

④ Lemon Slice는 Cocktail Pick을 꽂아 Plastic Cup에 담아 Cart 상단에 Mudder와 함께 준비한다.

⑤ 맥주, 화이트 와인, Cold Beverage는 충분히 차갑지 않은 경우 Ice 또는 Dry Ice 등을 이용하여 Chilling된 상태로 준비한다. 맥주와 화이트 와인의 경우는 특별히 직접 서비스 온도를 유지하도록 관리한다.

▶ 서비스 방법

① 기종별로 정해진 Service Flow에 따라 서비스하며, Nuts와 Cocktail Napkin을 먼저 제공하고 원하는 음료를 주문받아 서비스한다.

② 맥주는 Open하여 잔에 따른 후 Can과 함께 제공하며, Juice류, Mineral Water 등은 충분히 Chilling되지 않은 경우에만 얼음을 넣어 제공한다.

③ Soft Drink는 Ice를 담은 Plastic Cup과 Can째 서비스한다.

④ 모르는 Cocktail을 주문받은 경우 양해를 구하고 승객에게 제조법을 물어 제공하며 재료가 없을 경우 다른 음료를 권유한다.

⑤ Galley Duty 승무원은 Welcome Cart 서비스가 진행되는 동안 진행 현황을 수시로 점검하며 부족한 용품의 보충 등 Aisle 서비스를 지원한다.

(2) Aperitif Service 3 – Nuts Basket & Beverage Tray

▶ 서비스 준비

© Lee Chi Min / CENGAGE

① Bread Basket에 Nuts를 적정량 준비하고, 준비된 Nuts Basket 한쪽에 Cocktail Napkin을 준비한다.

② Large Tray에 Plastic Cup을 이용하여 16인분 기준으로 Orange Juice, Pineapple Juice, Water를 종류별로 따라 준비한다.

③ Large Tray 한쪽에 Cocktail Napkin을 준비하고, Soft Drink는 개별적으로 주문받아 서비스하며, 서비스 시 Ice를 담은 Plastic Cup과 Soft Drink를 Can째 서비스한다.

▶ 서비스 방법

© Lee Chi Min / CENGAGE

① 기종별로 정해진 Service Flow에 따라 제공하며, Nuts Basket을 먼저 들고 나가 원하는 승객 위주로 서비스하고 Cocktail Napkin을 함께 드린다.

② Nuts Basket에 이어 곧바로 음료 Tray를 들고 나가 서비스하며 Nuts 서비스와 동일한 Flow로 진행한다.

③ Beverage가 Setting된 Large Tray는 Cocktail Napkin이 놓인 쪽이 승객을 향하도록 잡고 승객이 음료를 선택한 후 Cocktail Napkin을 직접 집을 수 있도록 권한다.

④ 수시로 Galley를 오가며 부족한 음료를 Tray 위에 Refill하여 모든 승객이 음료를 선택할 수 있도록 한다.

⑤ Cocktail이나 Hard Liquor, Soft Drink류 등의 준비되지 않은 음료를 주문할 경우 Galley에서 별도로 준비하여 제공한다.

(3) Aperitif Service 4 – Beverage Tray

© Lee Chi Min / CENGAGE

서비스 준비 및 방법은 'Aperitif Service 3'과 동일하며 식사 전 음료 서비스뿐 아니라 식사 서비스를 제외한 Walkaround 시 제공한다.

(4) Wine Service

Wine은 승객에게 권유하여 서비스하되 기타 음료는 원하는 승객 위주로 서비스하고, Wine 서비스 시 Wine 서비스용 Linen을 한 손에 준비하여 Wine을 따른 후 병 입구에 맺힌 방울을 닦는다.

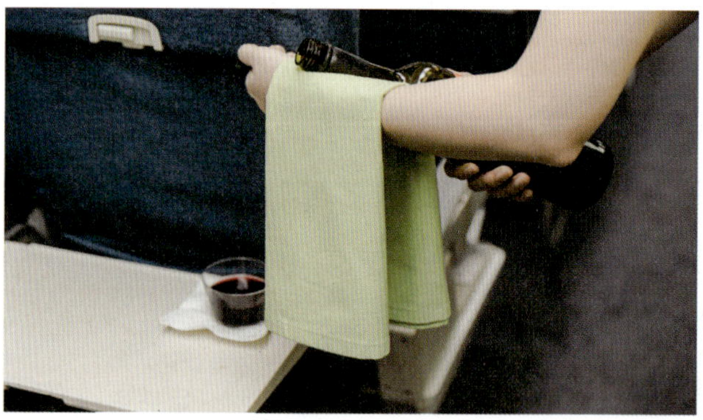

© Lee Chi Min / CENGAGE

(5) Hot Beverage Service 1 – Cart

▶ 서비스 준비

① Meal Tray 서비스가 끝난 후 Meal Cart 상단과 Drawer를 재정리한다.

② White & Red Wine(Refill용), Wine 서비스용 Linen, Orange Juice, Mineral Water, Plastic Cup, Hot Beverage 서비스 용품, Small Tray, Coffee Pot, Tea Pot, Lemon, Muddler Box, Towel(Paper 또는 Cotton)을 Cart에 준비한다.

© Lee Chi Min / CENGAGE

© Lee Chi Min / CENGAGE

▶ 서비스 방법

① Meal Tray 서비스 후 Hot Beverage를 서비스하고 기타 음료는 원하는 승객 위주로 주문받아 Refill한다.

② Hot Beverage 서비스 및 Wine, Beverage Refill은 Meal Tray 서비스 진행 방향과 동일한 방향으로 실시한다.

③ Hot Beverage 서비스 시에는 Small Tray에 승객으로부터 Coffee Cup을 건네받아 Hot Beverage를 따른 후 Sugar, Cream, Tea Bag과 함께 다시 Small Tray를 이용하여 건네 드린다.

④ 승객이 Lemon Slice를 원하는 경우 Lemon이 담긴 Plastic Cup을 들고 Lemon을 꽂은 Cocktail Pick 끝을 잡아 Lemon Slice만 Cup에 넣어 드린다.

⑤ Cart 위의 Tea와 Coffee는 식은 상태에서 서비스되지 않도록 수시로 점검하여 Refill한다.

(6) Hot Beverage Service 2 – Tray

▶ 서비스 준비

① 커피메이커 장비에 찌꺼기 등이 남지 않도록 브루(Brew) 전후에 깨끗이 세척한다.

② 커피는 신선한 맛을 내기 위해 서비스 직전에 브루하여 준비한다.

③ 포트 내·외부의 청결 상태를 확인한 후 뜨거운 물로 따뜻하게 준비한다.

④ 커피 서비스 시 포트에 커피를 준비하고 소형 트레이에 설탕, 크림 등을 추가로 준비한다.

⑤ 차류 서비스를 위해 포트에 뜨거운 물을 준비하고, 트레이에는 각종 티백류와 레몬을 함께 준비한다.

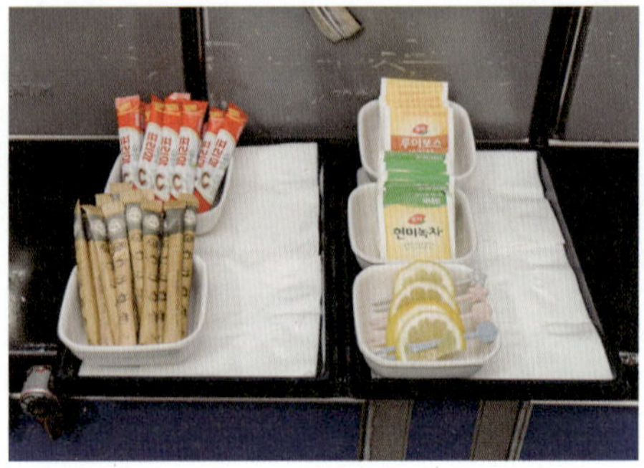

▶ 서비스 방법

① 디저트와 함께 드실 수 있도록 승객의 취식 정도를 감안하여 적당한 시점에 식사 트레이 서비스와 같은 순서로 서비스한다.

② 항상 뜨거운 상태로 서비스하도록 한다.

③ 차류 서비스의 경우 승객이 직접 소형 트레이 위에 컵을 올려 놓고 승무원이 통로에서 뜨거운 물을 따른 후 필요한 차류, 설탕 등을 승객이 직접 집도록 권유한다. 이때 차와 곁들여 드실 레몬을 적극적으로 서비스한다.

④ 승객에게 제공할 때 트레이를 낮추어 승객이 컵을 잡기 쉽도록 배려한다.

⑤ 뜨거운 음료는 잔의 70~80% 정도로 제공하며, 어린이 승객에게 제공할 때는 각별히 유의하여 잔의 50~60% 정도 제공한다.

⑥ 뜨거운 음료는 최소 1회 이상 리필한다.

chapter

3

항공 기내식의 이론과 실무

In-flight Meals: Theory and Practice

1절 | 서양 음식 문화의 이해

1. 서양 음식의 이해

서양 음식이란 유럽과 미국에서 발달한 음식의 총칭이다. 서양 음식은 프랑스를 비롯하여 이탈리아, 스페인 등 라틴계열의 음식과 영국, 미국, 북유럽의 앵글로 색슨계 요리 등 수많은 나라의 음식을 표현하는 것이다.

서양 음식이라 해도 나라와 지역에 따라 자연환경과 오랜 역사, 기후, 풍토 및 인종과 민족의 차이가 각기 다른 특징적인 식문화를 형성하고 있는데, 예를 들면 지형적 상황이 음식 문화로 나타나기도 한다. 서양 음식을 대표하는 요리는 프랑스 요리로, 이론적 기초가 체계화된 조리법과 맛의 조화를 고려한 특색 있는 요리의 미묘한 맛이나 아름다운 모양은 프랑스의 풍부한 예술이라 할 수 있다.

서양 음식은 우리의 식사 형태와 달리 아침과 저녁 메뉴로 구분되며 식사를 할 때는 와인을 함께 즐기고, 식사에 사용하는 개인용 그릇, 스푼, 나이프 등이 음식에 따라 달라 개인위생에 이로우며 식사 예법도 동양과 다른 점이 많다. 조리의 식품 재료는 육류, 수, 조가 많이 쓰이며 우유, 유제품, 유지도 많이 이용된다. 조미료로는 식품의 맛을 그대로 유지할 수 있는 소금을 사용하고 그 외에 여러 가지 향신료와 주류를 사용하여 음식의 향미를 좋게 하며 재료와 조리법에 어울리는 다양한 소스의 종류가 발달했다.

서양 요리는 비교적 식품의 선택이 광범위하고 재료의 분량과 배합이 체계적이고 과학적이다. 오븐을 사용하는 조리가 발달하여 식품의 맛과 향미, 색상을 살리는 간접적인 요리방법이 자주 사용되는 것도 독특하다. 특히 식사의 방법과 조리법에 있어 다음과 같은 특징이 있다. 사용하는 식품 재료가 매우 다양하고 폭넓으며 배합이 편리하고 조리에 따른 음식의 색과 맛의 변화, 용기에 담아내는 법 등이 합리적이고 예술적이며 맛과 영양을 보충하기 위해 여러 가지 소스를 개발해 사용한다. 조미료는 요리를 만든 후 개인의 식성에 따라 조절할 수 있도록 다양하게 제공된다.

서양 요리 서비스 전략은 무엇보다 각 나라의 문화적 특징을 살려서 이색적이고 참신해야 하며 고객의 관심을 끌 수 있어야 한다. 이를 위해서는 서비스를 제공하는 장소의 분위기와 시설이 좋아야 하고 메뉴가 전문적, 독창적이며 판매가격이 적당해야 한다.

오늘날 서양 요리를 찾는 사람은 그 유형이 뚜렷하게 나누어지고 있다. 부유층이나 접대가 빈번한 사람은 대중적인 시설을 갖춘 고가의 양식 레스토랑을 선택할 것이며, 반면에 특정 나라의 음식이나 음료를 즐기는 사람은 특화된 서비스가 가능한 음식점을 선호할 것이다. 따라서 서양 음식의 서비스 전략은 이와 같은 고객 유형에 깊은 관심을 두고 시장성을 조사하여 어떤 서비스를 제공할 것인지 결정해야 한다.

서양 음식의 품질은 단순히 기술적 품질만이 아니라 위생, 영양, 기호, 경제, 보존, 디자인 등을 포함하기 때문에 광범위하며 하나로 정의하기가 어렵다. 접근방법에 따른 품질을 정의해 보면 크게 4가지로 구분할 수 있다. 첫째, 절대적인 우수성(Innate Excellence)으로서의 품질, 둘째는 가치 중심(Value-based)의 품질, 셋째는 제품 중심(Product-based)의 품질, 마지막 넷째는 서비스 중심(Service-based)의 품질이다.

이와 같이 다양한 관점에서 품질을 정의할 수 있지만 궁극적으로 사용자가 원하는 제품이나 서비스를 전달하기 위해서는 제품 중심의 품질 정의와 서비스 중심의 품질 정의를 함께 고려해야 한다. 더 나아가서는 가치 중심의 품질 정의도 구현해야 한다.

2. 서양식 조리법

조리란 요리를 만드는 데 있어서 식품을 먹기 위해 가공하는 것을 말한다. 동일한 식재료와 양이라 하더라도 조리법에 따라 조리에 소요되는 시간이 다르고 맛, 색, 모양, 영양가가 여러 형태로 변형된다. 조리법은 크게 두 가지로 나뉘는데, 생으로 먹는 생식 조리법과 가열과정을 거쳐 익히는 가열 조리법이 있다.

다음은 기본 조리법(Basic Cooking Skill)의 분류표이다.

<table>
<tr><th colspan="3">조리법</th><th>예 및 종류</th></tr>
<tr><td>생식 조리법</td><td colspan="2">열을 사용하지 않고 생으로 먹는 것을 말함</td><td>샐러드, 생선회, 물회 등</td></tr>
<tr><td rowspan="6">가열 조리법</td><td colspan="2">습열 조리법
(Moisture Cooking Method)</td><td>블랜칭(Blanching), 보일링(Boiling),
포칭(Poaching), 시머링(Simmering)
스티밍(Steaming), 글레이징(Glazing)</td></tr>
<tr><td rowspan="2">건열 조리법
(Dry Heat Cooking Method)</td><td>기름을 사용하는 건열 조리법</td><td>소테(Saute),
섈로우 프라잉(Shallow Frying),
딥 팻 프라잉(Deep Fat Frying)</td></tr>
<tr><td>기름을 사용하지 않는
건열 조리법</td><td>로스팅(Roasting), 그릴링(Grilling),
브로일링(Broilling), 베이킹(Baking)</td></tr>
<tr><td colspan="2">복합 조리법
(Combination Cooking Method)</td><td>브레이징(Braising), 스튜잉(Stewing),
글레이징(Glazing)</td></tr>
<tr><td colspan="3">전자레인지(Microwave Oven)</td></tr>
<tr><td colspan="3">훈연법(Smoking Method)</td></tr>
</table>

1) 습열식 조리법(Moisture Cooking Method)

습열식 조리법이란 수분의 온도를 이용하여 음식을 조리하는 방법으로, 물속에 담가 직접 조리하기도 하지만 뜨거운 수증기를 일정한 곳에 담아 그 안에서 압력과 함께 익혀 조리하는 방법도 있다. 일반적으로 재료의 형태를 유지하기 좋으며, 부드러운 음식을 만들 때 효율적이다.

(1) 블랜칭(Blanching)

블랜칭이란 데치기를 뜻하며, 끓는 물이나 기름에 짧은 시간 담갔다 건지는 조리법이다. 찬물에 담가 끓일 경우 야채나 고기 세포막이 열리게 되어 맛을 손실할 수 있으나, 뜨거운 물에 데칠 경우에는 세포막이 열리지 않아 맛과 색을 그대로 보존할 수 있다.

▶ 물에서의 블랜칭

야채 종류를 끓는 물에 재빨리 넣었다가 바로 건져서 흐르는 찬물에 헹구는 조리법으로 **소테(Saute)**나 글레이즈(Glaze) 등을 위한 사전조리에 사용된다. 또한 냄새의 제거, 조직의 연화 및 재료 고유의 색상을 선명하게 하는 역할을 한

소테(Saute)

일종의 지짐 또는 부침. 기름을 팬의 표면에 바르고 고기나 생선을 같은 크기로 잘라 강한 불에 익히는 조리법

다. 야채는 끓는 소금물에 넣었다가 빨리 건져야 비타민, 무기질, 색소의 손실을 막을 수 있다.

▶ 기름에서의 블랜칭

기름을 이용한 블랜칭인 프리-프라잉(Pre-Frying)의 과정과 같다. 생선, 육류, 감자, 야채는 130°C에서 데친 후 식힌다.

(2) 포칭(Poaching)

포칭은 **비등점** 이하의 낮은 온도(65~80°C)에서 물이나 육수에 재료를 넣고 서서히 익히는 조리법이다. 온도가 80°C 이상이 되면 재료의 단백질과 비타민이 파괴될 수 있으니 온도에 각별히 주의를 기울여야 한다. 포칭은 서서히 익히는 요리과정으로 음식이 건조해지거나 딱딱해지는 것을 방지해 준다. 일반적으로 달걀이나 생선을 조리할 때 많이 쓰이며, 음식과 같이 제공되는 소스로 와인이나 **샬롯**, 허브 종류를 넣고 조리하기도 한다.

비등점
(Boiling point; 끓는점)
액체 물질의 증기압이 외부 압력과 같아져 끓기 시작하는 온도

샬롯(Shallot)
양파의 1/4 정도로 작아 미니 양파라고도 불리지만, 훨씬 강한 단맛을 낸다.

(3) 시머링(Simmering)

시머링은 85~96°C의 끓는 물에 재료를 넣고 서서히 익히는 조리법이다. 보일링(Boiling)까지 온도를 높이다가 불을 약간 줄여 소스와 같이 액체를 졸이기 위해 사용된다. 시머링은 육수(Stock)를 끓일 때 대표적으로 사용하는 방법으로 질긴 고기나 섬유질을 함유한 식재료의 조직을 좀 더 부드럽게 하기 위해 장시간에 걸친 조리를 하게 된다.

(4) 보일링(Boiling)

보일링은 물이나 육수(Stock)를 이용하여 비등점까지 끓여서 가열하는 방법으로 주로 파스타, 쌀, 건조한 야채(Dry Vegetable)의 조리에 사용된다. 파스타류는 끓는 물에 소금과 기름을 넣고 삶아 낸다.

(5) 스티밍(Steaming)

스티밍은 음식물을 직접적으로 증기에 노출시킴으로써 음식물을 요리하는 것을 의미하며, 증기압을 이용하는 방법과 순수한 증기만을 이용하는 방법이 있다. 식재료의 신선도를 유지하기에 좋은 온도는 100°C 이상으로, 보통 200~250°C 정도의 뜨거운 상태에서 조리해서 빠른 시간 안에 요리를 완성할 수 있다. 주로 생선, 갑각류, 육류, 야채, 후식 등의 요리에 사용되며, 식품 고유의 맛을 유지할 수 있는 장점이 있다.

2) 건열 조리법(Dry Heat Cooking Method)

건열 조리법은 물기 없이 뜨거운 공기나 금속, 기름에 의해 열이 전달되는 방법으로, 재료를 직접적으로 가열하거나 간접적으로 불을 사용하는 방법과 기름을 사용하는 방법이 있다. 이때 사용되는 기름의 양이나 온도는 조리 사용법에 따라 달라진다.

(1) 섈로우 프라잉(Shallow Frying)

팬 프라잉(Pan Frying) 방식으로 깊이가 얕은 팬(Pan)을 사용하며, 팬에 소량의 기름과 버터를 사용하여 단시간에 고온(160~240°C)에 살짝 볶아 내는 조리법으로 일명 소테(Saute)라고도 한다. 잘게 썬 고기류나 야채 등은 팬을 자주 돌리면서 빠르게 조리해야 하며, 스테이크 조리 시 고기의 표면을 수축시켜 내부의 영양분과 고기즙이 밖으로 흘러나오지 않도록 조리해야 한다.

▶ 뫼니에르(Meuniere)

생선에 밀가루를 살짝 입혀서 버터로 구워 낸 다음, 다진 파슬리, 레몬즙, 연갈색 버터를 첨가한 생선 요리법 중의 하나이다.

▶ 에스칼로프(Escalope)

얇게 저민 고기나 생선을 밀가루, 계란, 빵가루 등을 입혀서 굽는 방법이다.

(2) 딥 팻 프라잉(Deep Fat Frying)

기름을 가열하여 150~190°C에서 재료를 튀기는 조리법이다. 육류, 가금류, 야채, 생선 등의 식재료를 뜨거운 기름에 완전히 잠기게 하여 단시간에 익혀 내는 것으로, 이때 빵가루 또는 튀김반죽을 입혀 재료의 모양이나 색의 변형을 막고, 기름을 흡수시켜 영양소나 열량과 함께 기름의 풍미를 더한다.

샐로우 프라잉

디프 패트 프라잉

소테

에스칼로프

(3) 로스팅(Roasting)

로스팅은 화염이나 오븐을 사용하여 계속적으로 기름을 칠하면서 굽는 건열 조리법이다. 쇠고기, 닭, 칠면조, 양다리구이 등을 덩어리째 굽는데, 이때 재료의 표면에 있는 지방질이 녹아 고기 내부로 스며들어 맛을 더해 준다. 210~250℃에서 시작하여 150~200℃에서 마치며, 식품의 맛을 완전히 보존할 수 있는 조리법 중 가장 힘들고 우수한 방법이다.

(4) 포트 로스팅(Pot Roasting)

포트 로스팅은 약 140~210°C의 오븐에서 뚜껑이 있는 팬을 이용하여 가금류, 육류 등을 조리하는 방법이다. 조리 중 흘러내린 기름을 표면에 계속 뿌려 주어야 한다. 조리가 끝나면 포트에 있는 고기를 제거하고 우러난 육즙에 약간의 백포도주나 브라운 스톡을 첨가하여 조린 후 소스로 사용한다.

(5) 그릴링(Grilling) 또는 브로일링(Broilling)

그릴링은 가스·전기·나무 같은 곳에 그릴(석쇠)이나 그리들(번철)을 이용하여 아래로부터 전달되는 직접 열로 조리하기 때문에 스테이크를 굽는 데 적합하다. 특히 숯을 사용할 경우 음식에 특유한 향을 주어 풍미를 더욱 좋게 한다.

반면에 브로일링은 재료를 브로일러 위에 얹고 불꽃에 직접 닿게 하여 위에서 내려오는 높은 열로 굽는 방법으로 일반적으로 연한 고기, 가금류, 생선, 채소류에 사용된다. 고기를 구울 때는 고기의 두께가 두꺼울수록 온도가 낮아야 하며 얇을수록 온도가 높아야 한다.

(6) 베이킹(Baking)

식품을 오븐에 넣어 적당한 온도의 건식열로 조리하는 것으로 주로 제과에서 사용하는 방법이다. 오븐을 이용할 경우 재료의 특성에 따라 140~240°C에서 조리하며, 석쇠를 이용할 경우 180~250°C에서 조리한다.

(7) 그라탱(Gratin)

그라탱은 250~300°C 온도에서 요리를 마무리하는 조리법으로, 크림, 치즈, 계란, 버터 등을 요리의 표면에 뿌린 뒤 오븐을 이용하여 표면을 갈색으로 굽는 방법이다. 생선, 육류, 가금류, 감자, 누들, 파스타, 수프 요리에 많이 이용된다.

3) 복합 조리법(Combination Cooking Method)

(1) 브레이징(Braising)

브레이징은 뚜껑이 있는 용기에 재료를 넣고 장시간 조리는 방법으로, 야채는 140°C, 생선은 160°C, 육류는 180~200°C에서 조리한다. 육류나 야채를 약간 뜨거운 기름에 갈색이 나도록 익힌 다음 약간의 물을 넣고 완전히 익을 때까지 직접 열로 서서히 조리하며, 이때 고기의 표면이 마르지 않도록 자주 국물이나 스톡을 고기에 발라 주도록 한다.

(2) 글레이징(Glazing)

글레이징은 조리의 마지막 단계에서 식재료의 표면에 윤이 나게 코팅을 입히는 조리법이다.

▶ 야채 글레이징

야채를 글레이징할 때는 설탕, 버터, 스톡 또는 소스를 야채에 첨가한 후 뚜껑을 덮고 낮은 불(150~200°C)에서 서서히 조린다. 물기가 거의 증발한 다음 뚜껑을 열고 계속 흔들어 윤이 나게 조리하는데, 호박, 양파, 당근이나 무 등에 적합하다.

▶ 흰 고기 글레이징

기본적으로는 브레이징과 같으나 더 약한 불로 조리한다. 처음 백포도주를 넣고 조린 다음 브라운 스톡을 첨가한 후 약한 불로 계속 조린다.

(3) 스튜잉(Stewing)

뚜껑이 달린 스튜잉 포트(Pot)나 팬을 이용하여 브레이징할 때보다 더 낮은 온도(110~140°C)로 서서히 조리는 방법으로, 육류, 야채, 과일 찜에 사용된다. 고기나 야채 등을 큼직하게 썰어 기름이나 버터에 볶은 후 육수를 넣어 걸쭉하게 끓여 내는 방법이다.

3. 서양 요리 소스

1) 소스의 정의

소스(Sauce)의 어원은 라틴어의 'Salus'에서 유래했으며 소금을 의미하는 말이다. 기본 역할은 요리에 풍미를 더해 주는 것으로, 서양 요리는 소스의 맛으로 결정된다고 해도 과언이 아닐 것이다. 소스는 요리와 재료의 맛을 살리고 식욕을 촉진하는 한편 소화를 돕는 작용을 한다. 또한 주재료를 보조하며, 수분의 공급(보습작용), 시각적 미의 상승, 부족한 영양분을 보충하고, 접시의 여백을 채움으로써 그 역할을 다한다.

소스의 종류는 수백 종에 이를 정도로 다양하며, 가장 많이 쓰이는 색상에 따라 분류하면 다음의 5가지 모체소스로 나눌 수 있다.

화이트 소스(White Sauce): 베샤멜 소스(Bechamel Sauce)
블론드 소스(Blond Sauce): 벨루테 소스(Veloute Sauce)
브라운 소스(Brown Sauce): 데미글레이스 소스(Demi Glace Sauce)
레드 소스(Red Sauce): 토마토소스(Tomato Sauce)
옐로우 소스(Yellow Sauce): 홀란데이즈 소스(Hollandaise Sauce)

농후제(농밀제; Liaison/Thickening Agent)

리에종이란 '연결시키다' 또는 '연결체'란 의미로, 두 가지 재료를 한데 합하여 새로운 형태가 되게 하는 역할을 한다. 소스의 맛, 색깔, 농도를 조절하는데, 일반적으로 Butter, Roux, Cream, Starch, Egg Yolk 등의 농도를 되게 하는 재료가 많이 이용된다.

주재료에 **농밀제**를 첨가하면 바로 모체소스가 된다. 이 모체소스에 부재료를 첨가하면 Secondly Sauce가 되고 다시 여기에 특징적인 재료가 들어가면 파생소스인 Small Sauce가 된다. 이러한 여러 가지 부재료에 따라서 다양한 파생소스가 만들어지는데 그 종류가 수백 가지에 이른다.

▼ **대표적인 농후제**

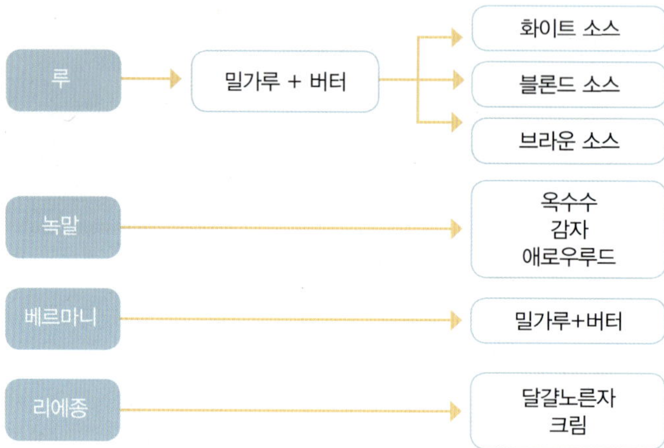

▼ **소스의 기본체계**

2) 소스의 구성요소

(1) 스톡(Stock)

스톡은 소스와 수프의 맛을 좌우하는 가장 기본이 되는 요소로 불어로는 퐁(Fond) 또는 부용(Bouillon)이라고 한다. 쇠고기, 닭고기, 생선 등의 뼈나 채소 등에 향신료를 첨가하여 재료의 본 맛을 우려낸 국물이다. 쇠고기 스톡은 오랜 시간 약한 불에 서서히 끓여 만들고 생선과 채소 스톡은 짧은 시간에 끓여 맛을 우려낸다. 고기의 누린내를 없애고 향미 있는 스톡을 만들기 위해서는 허브와 조미료를 잘 사용해야 한다. 빨리 조리하기 위해서는 생채소를 블렌더에 갈아 쓰거나 고압냄비를 사용하기도 한다.

(2) 루(Roux)

루는 가장 대표적인 리에종(Liaison)으로 밀가루와 버터를 1:1 비율로 섞어 만든다. 서서히 가열된 냄비에 반고체 상태로 녹은 버터와 체에 친 밀가루를 한데 담고 나무 주걱으로 뭉치지 않게 잘 저어서 밀가루가 완전히 익을 때까지 볶는다. 일반적으로 퐁과 섞어 소스를 만들 때 쓰인다. 볶은 정도에 따라 화이트 루(White Roux), 블론드 루(Blond Roux), 브라운 루(Brown Roux) 등으로 나뉜다.

루(Roux)의 종류

화이트 루는 4~5분, 블론드 루는 20분, 브라운 루는 15분 정도 약한 불에 볶으면 된다.

소스는 주재료의 역할을 하는 수분 스톡과 적당한 농도를 갖추기 위한 농밀제, Seasoning과 Flavoring 재료로 이루어지며 Seasoning, Flavoring 재료의 첨가에 따라 다양한 파생소스가 만들어진다.

3) 소스의 분류

(1) 화이트 소스(White Sauce)

▶ 베샤멜 소스(Bechamel Sauce)

베샤멜 소스는 화이트 루에 따뜻한 우유를 첨가하여 만든 화이트 소스의 모체소스로 프랑스의 황제 루이 14세의 집사였던 루이 드 베샤멜(Louis de Bechamel)이 처음 만들어 그의 이름을 붙인 것이다. 화이트 루에 뜨거운 우유를 넣으면서 잘 저어 준 뒤 육두구(Nutmeg), 양파, 월계수 잎, 소금 등을 첨가하여 45분에서 1시간 정도 끓인 후 천을 받쳐서 걸러 내며, 주로 생선이나 야채에 사용된다.

▶ 치즈 소스(Cheese Sauce)

화이트 크림 소스에 치즈를 넣어 농도를 진하게 맞춘 것이다.

▶ 모르네이 소스(Mornay Sauce)

베샤멜 소스에 그뤼에르 치즈(Gruyere Cheese) 4oz와 파르메산 치즈(Parmesan Cheese) 2oz를 갈아 넣어 끓인 후 불을 끄고 계란 노른자를 넣어 농도를 맞춘다.

(2) 블론드 소스(Blond Sauce)

▶ 벨루테 소스(Veloute Sauce)

화이트 스톡에 야채를 넣고 버터에 볶은 후 블론드 루로 섞은 다음에 끓인 소스이다. 치킨 스톡으로 만들면 치킨 벨루테, 생선 스톡으로 만들면 피시 벨루테가 된다. 스톡에 따라 생산되는 벨루테의 종류가 다양하고 루를 첨가하여 농도를 내며, 스톡의 품질에 따라 풍미가 좌우된다.

▶ 백포도주 소스(White Wine Sauce)

생선 스톡에 백포도주, 양파, 월계수 잎, 버섯을 끓여 조린 후 피시 벨루테와 크림을 넣어 농도를 맞춘 다음 소금과 후추를 넣고 거른다.

▶ 홀스래디시 소스(Horseradish Sauce)

벨루테 소스에 크림에 갈아 놓은 홀스래디시(서양 고추냉이)를 넣은 다음 농밀제인 계란 노른자를 2개 첨가하여 농도를 맞춘다. 로스트비프 소스로 잘 어울린다.

(3) 브라운 소스(Brown Sauce)

▶ 데미글레이스 소스(Demiglace Sauce)

데미는 '절반'이라는 뜻이며 글레이스는 '얼음'이라는 의미지만, 데미의 의미처럼 스톡을 반으로 졸여서 만들었다는 뜻, 즉 데미글레이스 소스는 '졸여서 만든 진한 소스'라는 뜻이다. **미르푸아(Mirepoix)**를 볶다가 백포도주를 첨가한 후 **퐁 드 뷰(Fond de Veau)**를 넣고 끓인다. **부용(Bouillon)**에 토마토 페이스트와 밀가루를 함께 섞어 풀어지게 하여 끓기 전의 퐁 드 뷰에 넣고 향신료와 토마토를 첨가한 후 끓여 거른다.

▶ 보르드레즈 소스(Bordelaise Sauce)

양파, 당근, 셀러리를 잘게 썰어 소테하여 색을 낸 후 적포도주를 넣고 조린다. **퐁 드 뷰 리에(Fond De Veau Lie)**와 마늘, 타임(Thyme), 월계수 잎, 소금, 후추 등을 넣고 끓인 후 천을 받쳐 천천히 거른다.

(4) 레드 소스(Red Sauce)

▶ 토마토소스(Tomato Sauce)

미르푸아를 소테하다가 토마토 페이스트를 넣고 다시 소테한 후 백포도주를 넣고 조린다. **루 블랑(Roux Blanc)**을 넣고 소테한 다음 **퐁 블랑(Fond Blanc)**과 토마토주스, 향신료를 넣고 끓인다. 거품을 걷어 내고 3시간 정도 끓인 후 거른다.

(5) 옐로 소스(Yellow Sauce)

▶ 홀란데이즈 소스(Hollandaise Sauce)

버터소스 중 대표적인 것으로 따뜻한 마요네즈라고 생각하면 된다. 네덜란드가 프랑스 식민지일 때 프랑스에 공물로 바치던 버터가 지금의 소스 이름으로 굳은 것이다. 달걀 노른자와 검은 후추, 월계수 잎을 끓여 만든 소스를 넣고 약한 불이나 끓는 물 위에서 잘 저으며 흘러내리지 않을 정도로 익혀 불에서 내린

미르푸아(Mirpoix)

양파·당근·셀러리(2:1:1 비율) 등의 야채를 다져서 혼합한 것

퐁 드 뷰(Fond de Veau)

미르푸아(양파, 당근, 샐러리)는 잘게 썰고 마늘은 통으로 팬에 투명해질 때까지 볶은 후 레드 와인을 넣고 1/3로 끓여 졸인 것

부용(Bouillon)

수프나 소스를 만드는 육수로 쇠고기를 고아서 만든 것

퐁 드 뷰 리에 (Fond De Veau Lie)

브라운 소스의 모체소스로 미르푸아, 양송이버섯, 토마토를 넣고 팬에 갈색이 나도록 볶은 후 다시 와인을 넣고 반으로 졸인 다음 브라운 소스와 향신료를 넣고 끓인 것

루 블랑(Roux Blanc)

화이트 루

퐁 블랑(Fond Blanc)

맑은 육수

후 버터를 조금씩 넣으면서 젓는다. 레몬주스, 소금 등으로 간을 맞춘 후 천을 받쳐 걸러 내어 따뜻하게 보관한다.

▶ 베어네이즈 소스(Bearnaise Sauce)

이 소스의 이름은 헨리 4세가 태어난 지역이름을 상기시키는데, 실제로 베아른(Bearn)에서는 전혀 유래하지 않았다고 한다. 이 소스는 파빌리온 헨리 4세를 위해 1830년 클리네(Collinet)라는 요리사가 처음 만들었다. 홀란데이즈 소스에 파슬리와 **타라곤(Tarragon)**을 섞고 소금과 후추로 간을 맞춘다.

타라곤(Tarragon)

국과 식물에 속하며 달콤한 향기와 매콤하면서 쌉쌀한 맛을 내는 향신료

4. 서양 음식의 조미료

1) 조미료의 종류

(1) 버터(Butter)

▶ 플레인 버터(Plain Butter)

다른 양념 없이 그대로 사용하는 버터이다.

▶ 컴파운드 버터(Compound Butter)

버터에 다른 재료를 섞어 만들어 양념이 된 버터로 생선, 육류, 채소 요리에 잘 어울린다. 대표적인 것으로 다음과 같은 것들이 있다.

마르샹 드 벵(Marchand de Bin)

마늘을 버터로 볶고 적포도주를 뿌려 졸인 농축 육즙(포도주 상인이란 뜻)

- Maitre D'hotel Butter: 녹인 버터에 파슬리, 후추, 레몬주스 등을 잘 섞은 버터, 구운 육류, 생선, 데친 채소에 잘 어울린다.
- Shrimp Butter: 플레인 버터에 새우를 넣어 여러 가지 양념을 한 버터이다.
- **Marchand de Bin** Butter: 버터에 육수와 적포도주를 넣어 만든 것이다.

(2) 설탕(Sugar)

음식의 단맛(Sweet Taste)을 내면서 광택, 방부, 보습의 역할을 하며 디저트와

음료 등에는 빠뜨릴 수 없는 중요한 감미료이다.

(3) 소금(Salt)

서양 요리에서 가장 기본이 되는 양념으로 음식의 간을 맞춘다. 식사 서비스 시에도 테이블에 항상 놓여 각 개인이 간을 맞추는 데 사용된다.

(4) 유지류

- 올리브유(Olive Oil): 질이 좋은 식물성 기름으로 샐러드 드레싱에 많이 쓰인다.
- 샐러드유(Salad Oil): 채소의 씨앗에서 짜내는 기름이며, 종류가 다양하고, 튀김용으로 적당하다.
- 버터(Butter): 우유의 지방 원료인 버터는 식탁용과 조리용을 겸하여 맛이 좋고 영양도 풍부하다.
- 마가린(Margarine): 식물성 유지를 원료로 하여 버터와 같은 맛과 영양을 함유하게 만든 인공 버터로 제과용으로 적당하다.
- 쇼트닝(Shortening): 식물성 유지로서 맛과 냄새에 특징이 없고 버터와 같은 용도로 쓰인다.
- 치즈(Cheese): 우유의 순수한 단백질을 응고시켜 만든 것으로 조미용, 식사용 등 용도가 광범위하고 영양이 풍부하며 종류가 많은 것이 특징이다.

(5) 식초(Vinegar)

- 발효식초: 희석 알코올에 초산균을 작용시켜 자연적으로 얻는 것이다.
- 가향식초: 허브, 스파이스 혹은 벌꿀을 첨가한 식초 음료이다.
- 레몬식초: 식초와 레몬주스를 같은 양으로 섞어 만든 것이다.
- 농축식초: 순수한 화학가공 공정을 통해 여러 가지 다른 방법으로 제조한다.
- 포도주식초: 포도주를 산화시켜 얻는 식초이다.

향신료

이름	사진	설명
바실 (Basil)		동아시아와 중앙 유럽이 원산지이며 민트과에 속한다. 일년생 식물로 45cm까지 자라고 꽃과 잎은 오랫동안 요리에 이용되어 왔다. 주로 토마토가 들어가는 음식의 중요한 향신료이며 생선과 고기요리, 수프, 스튜, 샐러드, 피클, 달걀요리 등에 이용되고 특히 양갈비(Lamp Chop)에 많이 쓰인다.
월계수잎 (Bay Leaf)		월계수는 상록관목의 나무로 원산지는 지중해 연안이고 그 중 이탈리아, 그리스, 터키가 그 중심지이다. 나무의 잎을 건조하여 사용하게 되는데, 얼얼한 맛과 특이한 향미가 있어 쇠꼬리 수프, 고기 스튜, 돼지 바비큐, 양의 다리구이와 갈비구이, 청어 절임, 소스, 생선 차우더(Chowder) 등과 이탈리아풍 요리에 많이 사용된다.
보라지 (Borage)		원래 지중해 지역에서 나왔으며 초본과 같이 생긴 이 식물은 휘어진 잎사귀와 줄기에 푸른 꽃이 핀다. 어린 생잎은 샐러드에 사용되며, 푸른 꽃은 식초의 착색에, 건조한 것은 양배추 양념으로 이용된다.
처빌 (Chervil)		서부 아시아, 러시아, 코카서스가 원산지이며, 방향성이 매우 강한 꼬부라진 잎이다. 파슬리 향이 있으며 신선한 것은 수프나 샐러드에 이용되고 건조한 것은 소스의 양념과 양고기에 이용된다.
케이퍼 (Caper)		원산지는 지중해 국가인 스페인, 이탈리아와 마즈로카 지방이다. 잡목의 꽃봉오리이며 열매는 그 크기에 따라 분류하는데 제일 작은 것이 품질이 우수하다. 이것은 소금물에 저장했다가 물기를 빼서 식초에 담가 두었다가 미트볼, 스튜, 미트 파이, 타르타르 스테이크, 샐러드, 소스, 청어 절임에 주로 사용한다. 음식과 함께 요리하지 않고 요리가 끝난 다음 첨가하는 경우가 많다.
캐러웨이 씨드 (Caraway Seed)		네덜란드가 원산지이며 러시아, 폴란드 등에서 자라는 이년생 초본 식물로 가지가 많고, 작은 하얀 꽃을 피운다. 열매는 약 0.3cm 길이로 되어 있으며 열매가 익었을 때 회색깔을 띠고, 각각의 암술은 5개의 얇은 고랑이 있다. 후추와 감귤향이 나며 요리의 향신료로 비프스튜, 수프에 넣기도 하고 호밀빵에서 생과자 토핑 및 케이크에 이르기까지 베이킹 레시피에 가장 많이 사용된다.
차이브 (Chive)		유럽, 미국, 러시아, 일본 등에 널리 퍼져 있고, 부추와 같은 속이며 선녹색을 띤 관 모양의 정원초이다. 순한 향을 가진 잎은 다져서 음식의 장식으로 사용하고 샐러드, 생선, 수프, 크림치즈, 오믈렛 등에 이용한다.

이름	사진	설명
시나몬 (Cinnamon)		분말로 만들어 페이스트리, 빵, 푸딩, 케이크, 캔디에 사용하고 껍질은 과일 절임, 피클, 과일 수프와 뜨거운 음료에 이용하며 기름은 향료나 약재로 사용한다. 중국, 인도네시아, 스리랑카 등에서 생산되는 계피나무 껍질을 그대로 우려서 사용하거나 가루로 만들어 쓴다.
마조람 (Marhoram)		박하류에 속하며 지중해 지역이 원산지이고, 그 밖의 영국, 독일, 프랑스, 체코슬로바키아 등지에서 재배되는 연한 장밋빛 꽃을 가진 조그만 식물이다. 꽃이 핀 후에 잘라 말리며, 잎은 회색을 띤 녹색이며 잎을 그대로 사용하거나 분말로 만들어 사용한다. 감자수프, 거위요리(Stuffed Goose), 소스와 달팽이요리, 토끼구이, 햄, 허브소스 등에 사용하며 밀봉 저장해야 한다.
코리안더 (Coriander)		지중해 연안, 모로코, 남부 프랑스, 동양 등이 원산지이고 줄기가 딱딱한 식물로 약 60cm의 높이이며 흰 꽃을 피운다. 파슬리과에 속하며 건조된 열매는 조그만 후추 열매와 같이 겉에 주름이 잡혀 있으며 적갈색을 띤다. 분말로 만든 것은 생강 빵, 케이크, 페이스트리와 카레에 이용되고 통째로 절임, 소시지 등에 사용된다.
딜 (Dill)		유럽이 원산지이며 미국과 서인도 제도에서도 자란다. 독일의 정원초로 형태나 맛이 캐러웨이와 비슷하며, 씨의 각각의 사면에는 양피지 같은 표피가 있다. 피클, 샐러드, 수프, 소스, 특히 연어에 많이 사용된다.
마늘 (Garlic)		중앙아시아와 지중해 국가에서 잘 자라는 식물이다. 가장 뚜렷한 성분은 방향 성분이며 건조된 마늘은 인스턴트 마늘 가루, 마늘 다짐, 마늘 장아찌로 제조되며, 고기요리, 수프, 샐러드, 드레싱, 파스타, 소스, 피클 등에 이용된다.
생강 (Ginger)		아시아가 원산지이고 한국, 일본, 중국, 자메이카, 아프리카 등지에서 자란다. 갈대와 잎이 비슷한 초본식물의 뿌리로 10개월짜리 어린 뿌리가 제일 좋은 것이다. 분쇄한 생강은 피클, 스튜, 프루트케이크, 아이스크림, 진저밀크의 향료로 쓰인다. 설탕에 절인 생강은 제과, 진저엘 등에 이용한다.
파프리카 (Paprika)		스페인, 헝가리, 남부 프랑스, 이탈리아, 유고가 원산지이다. 영어로는 스위트 페퍼(Sweet Pepper)로 불리며, 선홍색을 띠는 원추형의 열매는 5~7.5cm 길이로 야채 피클로 만들어 먹거나 샐러드에 이용한다. 씨를 빼고 피막을 벗겨 낸 다음 분말로 만들어 사용한다. 스페인산 파프리카는 윤이 나는 빨간색을 띠며 달콤하면서 순한 맛을 내고 헝가리산 파프리카는 얼얼한 맛을 내며 검붉은 색이다. 주로 매운맛과 색깔을 내기 위해서 사용하며, 생선요리, 조개요리, 야채, 계란, 샐러드, 스튜, 카나페 등에 이용한다.

이름	사진	설명
파슬리 (Parsley)		지중해 연안 국가들이 원산지이며 정원초로 일 년에도 몇 차례 수확할 수 있다. 특이한 방향 성분은 잎과 꽃술에 있는 휘발성 기름에서 나오며, 비타민 A를 많이 함유하고 소화를 돕는 소화 효소가 풍부하다. 샐러드, 수프, 야채, 생선, 고기 등의 요리에 쓰이고 모든 요리의 장식에 이용된다.
로즈메리 (Rosemary)		지중해 연안이 산지로 솔잎을 닮았으며 녹색잎을 가진 키가 큰 잡목으로 보라색이고 잎을 그대로 쓰기도 하고 분말로도 사용한다. 신선한 것이나 건조시킨 것은 고기, 가금요리와 샐러드의 향을 돋우는 데 이용하며 스튜나 수프에 사용한다.
후추 (Pepper)		산지는 동남아시아 주로 바르 해협, 보루네오, 자바, 수마트라이며, 페퍼콘이라는 열매는 완전히 익었을 때 붉은색으로 변하고, 검은 통후추, 검은 가루 후추, 거칠게 간 검은 후추, 흰 통후추, 흰 가루 후추 등으로 사용 된다. 블랙페퍼는 덜 익은 후추종을 외피가 주름지고 검은색으로 변할 때까지 햇빛에 말린다. 이것은 화이트 페퍼보다 매운맛이 훨씬 강하다. 가장 좋은 품질은 말리바르 해협산으로 깨끗이 해서 체로 친 것이다. 화이트 페퍼는 같은 작물에서 블랙페퍼가 완숙되었을 때 딴 것으로 이것을 수확 후 발효시키고 외피를 씨와 분리시켜 조그만 흰색 씨를 말린 것으로 매운 편이다. 통후추는 수프, 고기, 그레이비, 피클에 풍미를 내는 데 사용하고 분말은 음식 양념에 이용된다.
바닐라 (Vanilla)		바닐라는 중남미가 원산지인 난초형의 식물에서 얻으며, 세계 각국에 퍼져 있고, 오늘날은 마다가스카르가 주요 생산국이다. 바닐라콩을 끓는 물에 푹 담가서 서서히 건조하여 분말로 만든다. 디저트, 과일 수프, 쿠키와 케이크, 라이스 푸딩, 아이스크림, 팬케이크, 와플 등에 이용된다.
양귀비 씨 (Poppy Seed)		극동아시아와 네덜란드가 원산지이며 다년생 양귀비 나무에서 얻는 것으로 씨에는 기름이 함유되어 있다. 성숙한 씨를 건조한 것은 박하와 비슷한 향을 내며 1파운드당 900,000개의 씨를 함유하고 있다. 빵, 케이크, 쿠키, 샐러드, 캐비지, 국수와 같은 부드러운 요리와 페이스트리(Pastry) 필링에도 사용된다.
겨자 (Mustard)		영국과 미국에서 자라는 겨자나무의 씨를 이용하며, 겨자 양념은 겨자씨와 함께 다른 향료와 식초를 넣어 만든다. 매운맛이 나며 소스, 샐러드, 마요네즈, 피클, 그레이비, 특히 돼지고기와 소시지에 많이 사용한다.
사프란 (Saffron)		원산지는 아시아이고 색은 노란색에서 빨간색에 이르기까지 매우 다양하다. 사프란 나무꽃의 암술을 채취하여 이것을 미지근한 물에 우려내어 음식에 사용하면 진한 노란색을 띠며 순하고 씁쓸하면서 단맛이 나고, 값이 매우 비싸다. 소스, 수프, 생선, 쌀, 감자, 빵 페이스트리 등에 이용된다.

이름	사진	설명
홀스래디시 (Horseradish)		겨자과의 관상용 식물의 한 종류이며 다년생 초본식물로 중앙 유럽과 아시아가 원산지이고, 현재는 전 유럽과 미국에서도 재배되고 있다. 뿌리를 껍질 벗겨 갈아 식초와 우유를 넣고 끓여 이용하며, 매우 강하고 얼얼한 맛을 낸다. 신선한 것은 강판에 갈아 소스, 생선, 고기요리에 다양하게 사용한다.
주니퍼 (Juniper)		이탈리아, 체코슬로바키아, 루마니아에서 자라고 삼나무과에 속하는 나무이며 검푸른 열매는 완두콩 크기만 하다. 이탈리아에서는 이 열매를 손으로 따는데 이것의 품질이 제일 좋다. 돼지구이, 진, 코디얼 등의 향을 돋우어 주고, 피클, 사슴, 양, 오리, 거위의 로스트요리에 이용된다.
박하/페퍼민트 (Mint/ Peppermint)		전 유럽과 미국에서 재배되며, 스페어민트(Spearmint)는 유럽이 원산지이다. 박하는 특이한 방향과 라일락색을 띠며 이 중에서도 가장 인기 있는 종류로는 꽃술이 붉은 잉글리시 스페어민트이고, 리큐르, 코디얼, 캔디, 음료 등에 이용되며, 그 외 양고기, 야채, 과일 수프, 소스, 아이스크림 등에도 사용된다.
세이보리 (Savory)		지중해 국가들이 원산지이며, 프랑스 남부 지방에서 많이 재배한다. 매우 향기로운 초본으로 잎에서 향기가 나며 꽃은 연한 라일락색이다. 주로 콩, 소시지, 야채, 수프, 양고기구이에 넣어 사용하며 생선요리, 달걀요리에도 사용한다. 세이보리는 반드시 음식과 같이 넣어 요리해야 하는 특징이 있다.
타라곤 (Tarragon)		유럽이 원산지이며, 프랑스, 스페인에서 나는 국과 식물에 속한다. 다년생 초본으로 잎이 길고 얇으며 녹색이고 꽃은 작은 단추 같은 모양이다. 피클, 소스, 수프, 샐러드에 사용하고 식초나 겨자 제품의 방향제로도 이용하며 특히 육류, 토마토, 달걀요리에 많이 쓰인다.
육두구 (Nutmeg)		인도네시아가 원산지인 향신료로 너트메그라고도 하는데, '사향 냄새가 나는 호두'라는 뜻이다. 목련목 육두구과에 속하는 상록 소교과목으로 높이 9~13m로 자라며 열매는 노란색에 매끈하고 서양배 모양이다. 달콤하고 향이 독특하며 알맹이로 된 육두구는 강판에 갈아 사용한다. 에그녹(Eggnog), 크림푸딩(Cream Pudding), 스파게티(Spaghetti), 커스터드(Custard) 등에 사용한다.
정향 (Clove)		인도네시아 몰루카 제도가 원산지인 나무이며, 향신료로 쓰이는 부분은 꽃봉오리이다. 생긴 것부터 냄새까지 못과 비슷하여 정향(丁香)이라는 이름이 붙었다. 영어 이름인 '클로브(Clove)' 역시 원래는 못이란 뜻이다. 흔히들 치과 냄새가 난다고 하는데 향이 짙고 맛이 얼얼하다. 그 꽃봉오리를 훈연가공품, 과자류, 수프, 스튜, 과일피클, 푸딩 등에 이용하고 인도의 커리, 중국의 오향, 서양의 디저트, 육류요리 등에 다양하게 활용하는 재료이다.

2절 | Dinner

1. 서양 테이블 매너

1) 테이블 연출

테이블 매너가 완성된 것은 19세기 영국의 빅토리아 여왕 때이다. 이 시대는 형식을 매우 중시했으므로 식사 예절에 대해서도 엄격한 격식이 요구되었다. 그러나 테이블 매너의 기본 정신은 형식에 있는 것이 아니라 요리를 맛있고 품위 있게 먹는 데 있다.

요리의 맛을 최고로 즐기기 위해서는 요리가 맛있어야 한다는 기본적인 조건 외에 근사한 테이블 연출, 아름다운 음악 선율, 혀끝에서 느껴지는 환상적인 맛, 코를 자극하는 향긋한 냄새 등이 충족되어야 한다. 요리사의 요리 솜씨와 함께 미각, 시각, 후각, 청각, 촉각 등 오감각적 요소들이 종합적으로 조화를 이룰 때 요리의 가치가 높아지므로 이 점에 각별히 유의해야 한다.

2) 풀코스 테이블 세팅

테이블 세팅이란 식탁과 식사하는 장소를 꾸며 분위기를 연출하는 일이다. 식탁 예술은 유럽 역사의 흐름에서 탄생했으며, 오늘로 이어지는 식탁의 역사는 중세 이탈리아를 시작으로 18세기의 프랑스 베르사이유 궁전에서 브루봉 왕조가 중심이 되어 발전했다. 그 후 20세기 초의 아메리칸 드림을 거쳐 오늘날에는 각자 개성을 살려 자유롭게 테이블을 세팅하며 즐기는 시대가 되었다.

진정한 테이블 매너는 밝고 즐거운 식사 분위기 연출, 오늘의 분위기에 맞는 테이블 세팅, 마음이 담긴 요리와 서비스의 세 가지로 집약된다. 기본적으로 테이블을 세팅할 때는 풍요로운 마음으로 우아한 분위기에서 즐길 수 있도록 식탁이나 기물을 정확하게 세팅하고 모든 식기류를 사용하기 편리하도록 청결하고 깔끔하게 배열해야 한다.

3) 서양식의 식기류

(1) 은기물(Silverware)류

은기물은 음식을 자르거나 먹는 데 사용하는 순은제, 은도금제, 스테인리스 제품을 총칭하여 말한다. 고대 이집트에서 시작되었으며, 프랑스와 영국은 15세기부터, 한국은 무열왕릉에서 청동 수저가 발굴되면서부터 신라 시대를 은수저 시대로 보게 되었다. 수저가 먼저 발달했고 그다음 나이프, 포크로 발전했다. 현재와 같은 포크는 16세기 이탈리아 플로렌스의 명가인 카트린 드 메디시스(Catherine de Medicis) 공주가 프랑스의 앙리 2세와 결혼하면서 요리와 함께 전파되어 발전한 것이다.

귀족들이 포크를 적극적으로 사용하기 시작한 때는 1789년 프랑스 혁명 이후로 당시 포크는 귀족들이 신분을 과시하는 상징이었으며, 그 후 18세기 산업 혁명기에 철이 대량 공급되면서 은을 도금한 실버플레이트 포크가 등장하여 대중화를 이루게 되었다.

풀코스 테이블 세팅

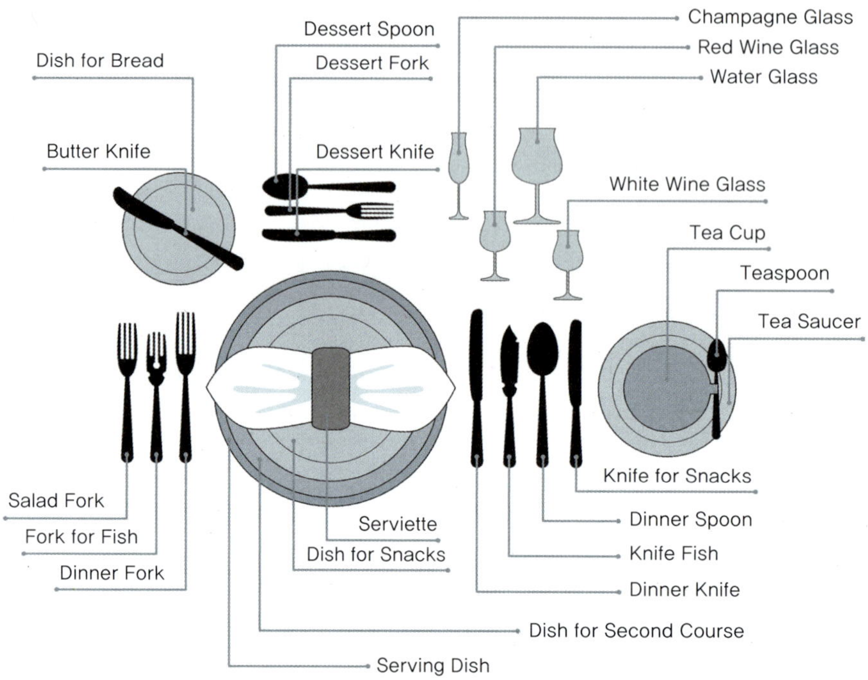

글라스 종류

- 실린드리컬 글라스: 올드 패션, 하이볼, 콜린스, 스트레이트 등
- 스템드 글라스: 와인잔(Red, White, Rose, Champagne, Sherry, Port), 칵테일(Cocktail), 리큐르(Liqueur), 샷 글라스(Shot Glass) 등

1 Collins
2 Shot
3 High Ball
4 Old fashioned
5 Beer Mug
6 Weizen Beer Glass
7 Irish Coffee Cup
8 Pousse Café
9 Parfait Glass
10 Red Wine
11 White Wine
12 Sherry
13 Champagne Flute
14 Brandy Snifter
15 Cocktail
16 Cordial
17 Whisky Sour

커틀러리(Cutlery) 사용법

나이프와 포크 사용법

- 식탁의 냅킨은 주빈 또는 연장자가 먼저 편 후에 나머지 사람이 따라 펴는 게 예의이고, 일반적으로는 모두가 자리에 앉고 나면 무릎 위에 펼쳐놓는다.
- 식탁 위의 가운데 접시(Show Plate)를 중심으로 오른쪽에는 나이프, 왼쪽에는 포크가 같은 수로 놓이게 되는데, 음식이 제공되는 순서에 따라 식탁의 바깥쪽에서 안쪽으로 사용한다.
- 양식 코스에 따라 각각 다른 커틀러리를 사용하고 육류를 자를 때는 나이프와 포크의 끝이 서로 직각이 되게 하여 팔꿈치를 옆으로 벌리지 말고 팔목만 움직여 자르는 것이 좋다.
- 나이프와 포크 사용 시 소리를 내지 않도록 주의하고, 바닥에 떨어뜨렸을 때는 줍지 말고 서비스 제공자에게 알려 새것으로 사용한다.
- 식사 후에는 접시 오른쪽에 나이프와 포크를 나란히 놓는다.

식사 중일 때

식사를 마쳤을 때

커틀러리(Cutlery) 용도

- 나이프(Knife): 육류, 생선, 전채요리(애피타이저), 디저트(치즈)
- 포크(Fork): 육류, 생선, 전채요리(애피타이저), 디저트, 케이크용
- 스푼(Spoon): 수프, 요리, 디저트, 차, 데미타스(일반 컵의 절반 크기인 데미타스 컵에는 작은 스푼을 준비)

(2) 글라스(Glassware)류

글라스류는 유리로 만든 유리 제품을 총칭하는 것으로 와인이나 칵테일 등 음료의 종류에 따라 디자인이 다르고, 식탁을 우아하고 화려하게 연출하는 데 가장 큰 역할을 한다. 요리를 맛있게 먹기 위해서는 정찬 코스 단계별로 글라스의 종류를 다르게 하여 음식과 어울리는 음료와 술을 마시게 되는데, 특히 프랑스에서는 와인을 마실 때 포도의 품종이나 지역에 따라 맛과 향을 살릴 수 있는 글라스를 구분하여 사용하고 있다.

19세기 이전까지는 와인 글라스 표면에 조각을 새기고 색깔을 입히는 것이 유행이었다. 19세기 중반 이후부터 긴 다리와 얇고 섬세한 민자 글라스가 점차적으로 확산되어 현재까지 사용되고 있다. 글라스의 종류는 실린드리컬 글라스(Cylindrical Glass, 원통형)와 스템드 글라스(Stemmed Glass, 손잡이가 있는 형태)로 구분된다.

4) 재치 있는 테이블 매너

▶ 식사 중 자리를 뜰 때

식탁에서 부득이 자리를 뜰 때는 잠깐 실례하겠다는 인사를 잊지 않는다. 냅킨은 적당히 접어 놓거나 테이블 위에 얹어 둔다. 식사 전에 미리 화장실을 다녀오는 것이 좋다.

▶ 소금과 후추를 사용할 때

식탁 위에는 대개 소금, 후추 등의 조미료가 놓여 있다. 먼저 음식을 소량 먹어본 후 기호에 맞게 조미료를 뿌리도록 한다. 만약 손이 닿지 않는 곳에 조미료가 있으면 직접 손을 뻗지 말고 옆 사람에게 부탁해서 건네받는다.

▶ 기침이나 재채기가 나올 때

기침이나 재채기가 나올 때는 손수건으로 입과 코를 가린다. 손수건이 없으면 급한 대로 냅킨이나 손을 사용한다. 기침이 계속 나오면 양해를 구하고 자리를 나온다. 코를 풀고 싶을 때도 테이블에서 물러 나오는 것이 좋다. 가볍게 코를 닦을 땐 손수건이나 휴지를 사용하며, 냅킨을 써서는 안 된다.

▶ 이물질을 먹었을 때

음식에 돌, 머리카락 등이 들어 있을 때는 서비스 제공자를 불러 지적하고, 음식 교체를 요구할 수도 있다. 가정집에 초대받은 상황이라면 남의 눈에 띄지 않게 재빨리 제거한 후 식사를 계속 한다. 이미 입안에 들어간 상태라도 되도록 조용히 뱉어 처리한다.

▶ 생선 가시나 이물질이 목에 걸렸을 때

물을 마시거나 냅킨으로 가리고 기침을 해서 내뱉는다. 긴급할 때는 손가락으로 꺼내 접시 한쪽에 놓는다. 옆사람의 눈에 띄지 않게 조심한다. 만약 잘 되지 않으면 양해를 구한 후 물러 나 와 뒤처리를 한다.

▶ 음식물이 이 사이에 끼었을 때

상대방과 마주앉은 상태에서는 이쑤시개를 사용하지 말아야 한다. 식사를 마친 후 화장실에서 처리한다. 양식당에는 이쑤시개를 준비해 놓지 않은 곳도 많다.

▶ 실수했을 때

식사 중에 물을 엎지르거나 식기를 떨어뜨리는 등 실수를 했을 때는 직접 처리하지 말고, 서비스 제공자를 불러 도움을 청한다. 가능한 한 다른 사람이 눈치채지 않도록 하는 것이 좋다. 동석한 사람들도 모르는 척하는 것이 예의이다. 변상이 필요한 경우에는 책임을 회피하지 말고 즉시 처리한다.

▶ 뜨거운 음식을 먹었을 때

음식이 너무 뜨거우면 즉시 찬물이나 음료를 마신다. 마실 것이 가까이 없을 때는 종이 냅킨에 뱉어 접시 한쪽에 놓아 둔다.

▶ 냅킨을 사용할 때

여성들이 냅킨으로 입을 닦을 때는 립스틱을 묻히지 않도록 조심한다. 또 립스틱이 유리잔에 묻지 않게 식사 전에 입술을 종이 휴지로 가볍게 닦아 낸다. 식사 중에 잠깐 자리를 비울 때는 의자 위에 올려 놓거나 테이블에 살짝 걸쳐 접시로 눌러 둔다. 냅킨을 테이블 위에 두면 식사가 모두 끝났다는 의미이므로, 커피까지 다 마신 후 테이블에 접어 올려 놓는다. 서양에서는 식사 후 냅킨을 처리하는 모습을 보고 그 사람의 매너를 판단한다고 할 정도로 이 예절을 중시하므로 세심한 주의가 필요하다.

▶ 소품을 처리할 때

레스토랑에 들어서면 모자, 코트, 가방 등은 보관소(Clock Room)에 맡기는 것이 원칙이다. 그러나 여성의 경우 화장품이나 손수건이 들어 있는 핸드백은 착석 후 자신의 등 뒤에 놓는다.

2. 전채요리(Appetizer)

1) 전채요리의 기원과 특성

전채요리의 명칭

영어로는 'Appetizer' 이탈리아어로는 'Antipasti' 프랑스어로는 'Hors D'oeuvre' 러시아에서는 'Zakuski'라고 부른다.

전채요리는 오르되브르(Hors D'oeuvre)라고도 하며 러시아에서 연회를 하기 전에 밖에서 기다리는 손님에게 술과 함께 자쿠스키(Zakuski)라는 간단한 요리를 제공한 데서 유래되었다고 한다. 또 다른 학설에 의하면 14세기 초 이탈리아의 탐험가 마르코 폴로(Marco Polo)가 중국의 원나라에 가서 배워 온 면류와 냉채요리가 이탈리아를 통해 프랑스로 전파되어 오늘날의 전채요리가 되었다고도 한다.

전채요리는 디너 코스에서 제일 먼저 제공되는 요리로 식욕을 촉진하는 역할과 조리 기술을 최대한 발휘하여 아름답게 제공함으로써 우아하고 멋있는 식사 분위기를 연출할 수 있다. 주요리와 잘 어울리며 맛이 있고 식욕을 촉진하기 위해서는 다음과 같은 몇 가지의 특성을 지녀야 한다.

- 한 입에 먹을 수 있도록 양이 적어야 하며, 맛과 영양이 풍부하고 주요리와 조화가 잘 되어야 한다.
- 타액 분비를 촉진하여 소화가 잘 되도록 짠맛, 신맛이 어우러져야 한다.

• 메뉴 구성을 할 때 계절적 요소와 지방색을 곁들이고 시각적인 면에서 색감이나 체재가 아름다워야 한다.

2) 전채요리의 종류

전채요리는 크게 차가운 형태인 Cold Appetizer와 더운 형태인 Hot Appetizer로 구분할 수 있다. 또한 가공하지 않고 만들어 형태와 모양과 맛이 그대로 유지되는 Plain Appetizer와 조리사에 의해 가공되어 모양이나 형태가 바뀌는 Dressed Appetizer로도 구분할 수 있다.

(1) 찬 전채요리(Cold Appetizer)

차게 서비스되는 전채요리는 우아하게 차려져야 한다. 일등석에서 제공되는 전채요리에는 먹을 수 있는 장식용 가니시가 여러 종류 담기는데 이는 전채요리의 품위를 높여 준다.

▶ 캐비아(Caviar)

캐비아는 철갑상어의 알로서 전채요리 중 가장 대표적이며 최고급 음식으로 꼽힌다. 카스피해 연안을 중심으로 한 이란산과 러시아산이 유명하다. 30% 이상이 단백질이며, 비타민 A, B, C, D를 비롯하여 인, 칼륨, 철분 등 몸에 좋은 영양소를 많이 함유하고 있다. 또한 성욕을 일으키는 효능이 있으며, 칼로리가 낮고 고영양 식품으로 소화도 잘되고 콜레스테롤을 전혀 만들어 내지 않는 100% 완전 흡수 식품으로 외국에서는 수술 후 환자나 상류층 귀부인들의 다이어트 식품으로 애용되고 있다.

캐비아는 제조시간이 약 15분 정도로 세계에서 가장 빠른 요리 중 하나이다. 포획하는 과정에서 철갑상어가 고통을 느끼면 체내에 화학성분이 분비되어 쓴 맛을 내므로 질 좋은 캐비아를 얻지 못한다. 그래서 철갑상어를 산 채로 잡은 뒤 머리 부분을 망치로 단번에 가격하여 온몸을 마비시킨 후 곧바로 알을 꺼낸다. 알의 성숙도에 따라 전문가에 의해 소금이 첨가되어 맛을 들이는 작업에 들어가고 그다음에 곧 진공 상태로 저장한다.

이 제조과정에서 소량의 소금을 의미하는 'Malossol'이란 용어가 도입되어 소금이 첨가된 모든 캐비아의 브랜드에 Malossol이란 표현이 사용되고 있다. 캐비아는 항상 냉장 보관해야 하며 쉽게 상하므로 유의해야 한다. 요리는 다진 양파(Chopped Onion), 다진 삶은 달걀 흰자와 노른자(Chopped Egg White & Yolk), 레몬웨지(Lemon Wedge), 멜바 토스트(Melba Toast) 등과 같이 제공되며 음료로는 차갑게 칠링된 화이트 와인이나 얼린(Freezing) 보드카가 잘 어울린다.

철갑상어는 전 세계에 약 24종류가 있으나 철갑상어 알이라고 해서 모두 다 캐비아가 될 수 있는 것은 아니고 벨루가(Beluga), 오세트라(Ossetra), 세브루가(Sevruga) 이 세 종류의 철갑상어에서만 캐비아를 얻을 수 있다. 캐비아의 이름은 알을 산출한 철갑상어의 이름에서 그대로 가져온 것이다.

벨루가(Beluga)

철갑상어 중 가장 크고 섬세한 알을 낳는다. 알이 성숙되는 기간이 18년에서 20여 년 정도로, 오래 기다려야 얻을 수 있으므로 가장 희귀하고 값비싼 캐비아로 꼽힌다. 색상은 밝은 회색에서 어두운 회색까지 다양하며, 고소하고 진한 맛이 특징이다.

오세트라(Ossetra)

벨루가 다음으로 알이 크며 오세트라 특유의 향이 매우 다양하다. 색상은 어두운 회갈색에서 황금색까지 매우 다양하고, 유난히 감미로운 맛을 낸다.

세브루가(Sevruga)

알의 크기가 제일 작다. 철갑상어 중 입이 뾰족하고 길어서 외양이 가장 특징적이다. 어두운 회색을 띠며, 고유의 농축된 강한 맛과 독특한 풍미로 인기가 높다. 가격이 가장 저렴하다.

▶ 푸아 그라(Foie Gras)

오리나 거위의 간을 살짝 익힌 요리로 영어로는 'Goose Liver'라고 하며 캐비아와 함께 전채요리 중 최고급 요리에 속한다. 희귀하고 값비싸기로 유명한 식용버섯의 일종인 트러플(Truffle)과 잘 어울리며 주로 차게 해서 먹는다.

푸아 그라의 제조과정을 보면, 거위를 잡기 약 2주 전부터 옥수수 사료를 강제로 먹이고 어두운 곳에서 잠만 자게 하여 비대해지게 만든 다음 간장을 채취한다. 채취한 간장에 소량의 술, 향신료 등을 혼합한 다음 형틀에 넣어 오븐에서 오랜 시간 약한 불로 구워 파테(Pate)로 만든다. 최고 품질일수록 염분 이외의 첨가물은 넣지 않으며 스테인리스 캔에 넣거나 그냥 구이를 하여 병에 넣기도 한다.

푸아 그라는 맛이 부드럽고 풍미가 강하며 고단백 식품으로 유명하다. '파테의 왕자'라고 불릴 만큼 유명한 **파테(Pate)** 요리 중 하나이다.

> **파테(Pate)**
> 테린(Terrine)과 비슷하나 페이스트리 반죽을 씌워 굽는 요리로, 속의 빈 공간은 아스픽(Aspic)으로 채운다. 그다음 고기, 생선, 야채, 과일 등을 반죽하여 오븐에 구워 차게 또는 따뜻하게 해서 먹는 파이의 일종

푸아 그라와 트러플의 조화

흑진주, 흑다이아몬드라고도 불리는 독특한 향의 트러플과 푸아 그라는 절묘한 조화로 세계 최고의 사치요리로 평가되기도 한다. 트러플의 진가는 독특한 향에 있으며, 프랑스 페리고르드(Perigord) 지방이 푸아 그라와 트러플의 본고장으로 유명하다.

많은 종류의 트러플 중에 'Black Truffle'이 향이 가장 기묘한 버섯으로 평가된다. 인공 재배가 가능하나 보통 수확 때까지 10년 이상이 걸리므로 생산량이 매우 적으며 그에 따라 가격이 매우 비싸다. 트러플은 떡갈나무, 개암나무 뿌리 등에 공생관계로 서식하며, 다른 버섯과 달리 땅 밑에서 서식하기 때문에 눈에 띄지 않아 채취가 어려우므로 주로 개, 돼지 등 동물의 힘을 빌려 어렵게 채취하고 있다. 채취된 트러플은 바로 거래되기도 하나 대부분 유통과정에서 그 신선함을 유지하기 어려워 주로 통조림으로 제조된다.

▶ 훈제 연어(Smoked Salmon)

훈제 연어는 색깔이 아름다울 뿐 아니라 맛이 뛰어나고 영양가도 높아 매우 인기 있는 전채요리 중 하나이다. 보기에 좋고 짜면서 새콤한 맛이 식욕을 돋우며 화이트 와인과 잘 어울린다.

▶ 새우 칵테일(Shrimp Cocktail)

크기가 중간 정도의 새우를 삶거나 쪄서 익히고 꼬리 부분의 2~3마디의 껍질은 남기고 몸통 부분의 껍질을 벗겨 레몬 슬라이스, 셀러리 등과 같이 차갑게 제공된다.

▶ 생굴(Fresh Oyster)

생굴 요리는 영양이 풍부하고 맛이 상큼하여 식욕 촉진 요리로 인기가 높다. 생굴은 껍데기에 놓인 채로 잘게 부순 얼음 위에 올려져 레몬 슬라이스와 함께 차갑게 제공된다.

▶ 스터프 에그(Stuffed Egg)

이름에 'Stuffed'가 붙는 요리는 삶은 계란이나 토마토 등의 내용물을 제거하고 빈속에 다른 내용물을 채워 만드는 요리이다. 모양이 아름답고 다양한 맛을 느낄 수 있다.

▶ 멸치젓(Anchovy)

지중해에 사는 15cm 정도 크기의 멸치과에 속하는 생선으로 내장을 제거하

여 주로 기름에 담거나 소금에 절여 보관, 판매하고 있다. 전채요리로 만들 때는 **카나페(Canape)**에 쓰이는 것이 대부분이고 일반 요리로는 피자, 소스, 샐러드 등에 많이 이용된다. 그 외에 차가운 전채요리로 게살(Crab Meat), 훈제 송어(Smoked Trout), 생과일(Fresh Fruit), 햄, 치즈 등과도 같이 많이 이용된다.

카나페(Canape)
빵조각이나 크래커 위에 캐비아, 안초비(Anchovy), 연어, 푸아 그라 등을 얹어 칵테일과 함께 즐기는 전채요리의 종류

키슈 로레인(Quiche Lorraine)
작은 빵 위에 베이컨, 스위스 치즈 슬라이스를 얹고 달걀과 우유, 크림 등으로 만든 파이 껍질을 덮어 쪄낸 계란찜 형태의 작은 파이

프티 바게트(Petite Barquette)
생선, 새우 등을 마요네즈에 섞어 파이 껍질을 싸서 구운 빵

(2) 따뜻한 전채요리(Hot Appetizer)

Hot Appetizer는 접시에 접은 냅킨이나 페이퍼 도일리(Paper Doily)를 깔고 생 파슬리 혹은 튀긴 파슬리로 장식되어 뜨겁게 서비스된다. 일반적으로 프티(Petites; 작은) 앙트레라고도 불리는데 보통 디너 메뉴의 수프 다음 코스에 제공되기도 하며 Cold Appetizer와 동시에 서비스되기도 한다.

따뜻한 전채요리로 대표적인 것은 작은 파이인 **키슈 로레인(Quiche Lorraine)**과 **프티 바게트(Petite Barquette)** 등이다.

▶ 식용 달팽이(Snail)

달팽이 요리도 고급 요리로 프랑스 레스토랑에서 단골 메뉴이다. 이 요리는 뜨겁게 제공되는데 보통은 껍질째 요리하므로 칸막이가 있어 달팽이가 구르지 못하게 되어 있는 달팽이 전용 접시(Snail Plate)에 담아서 제공되며 달팽이 집게(Snail Tongs)와 화이트 와인도 함께 준비된다.

▶ 구운 바닷가재(Grilled Lobster)

바닷가재는 맛이 담백하고 영양이 풍부하여 미식가들에게 각광받는 요리이다. 가격이 비싸므로 전채요리로 제공될 경우 양이 적고 주요리로 주문할 경우에는 통째로 준비된다. 바닷가재는 껍질이 워낙 단단하므로 조리할 때 손님이 먹기 편하도록 껍질을 갈라 놓는다. 또한 다리부분의 살을 발라 먹기 편하도록 가늘고 뾰족한 랍스터 픽(Lobster Pick)을 세팅하여 놓는다. 바닷가재는 표면에 버터를 발라 구워 소스를 곁들여

먹으면 더욱 맛있게 먹을 수 있다.

▶ 가리비(Coquilles St. Jacques)

가리비는 패류의 일종으로 맛과 영양이 풍부하고 양이 적어 식욕 촉진 요리로 적합하다. 가리비의 껍데기에서 살을 떼어 내 잘게 썬 후 양송이, 양파 등을 다져 가리비 껍데기 안에 넣고 그 위에 버터와 치즈 가루를 뿌리고 오븐에서 구워 낸다. 그 외에 따뜻하게 먹는 전채요리로 구운 굴(Baked Oyster), 튀긴 양송이(Fried Mushroom), 넙치(Fried Sole), 개구리 다리(Frog Leg) 등이 있다.

또한 전채요리로 사용되는 재료로 과실류(Fruits)가 있는데, 생(Fresh)으로 차게 제공하거나 굽거나 튀겨서 따뜻하게 제공할 수 있으며 주스류(Juices)로 과일이나 야채를 이용할 수 있다. 칵테일(Cocktail) 종류로는 Fruit Cocktail이나 Seafood Cocktail 등이 있으며 카나페(Canapes)와 딥(Dip) 등이 있다.

(3) 딥(Dip)

전채요리의 세이보리, 해산물, 야채, 카나페 등을 찍어 먹는 스파이시한 소스를 말한다. 딥의 재료로는 마요네즈, 치즈, 크림, 케첩 등이 주로 이용되며 딥에 찍어 먹을 때는 해산물의 경우 삶은 후 껍질을 까서 먹는 것이 보통이다.

▶ 메리 로즈 소스(Mary Rose Sauce)

- 재료: 마요네즈, 코냑, 토마토 케첩
- 색상: 진한 살구색
- 어울리는 요리: Lobster, Poached Trout

▶ 라비고트 소스(Ravigote Sauce)

- 재료: 마요네즈, 타라곤(Tarragon; 쑥의 일종), 비니거(Vinegar), 레몬 주스
- 색상: 연한 살색
- 어울리는 요리: Bay Shrimp, Crab Meat

▶ 칵테일 소스(Cocktail Sauce)

- 재료: 홀스래디시 소스, 토마토 케첩, 칠리 소스, 타바코 소스, 후추, 허브, **우스터셔 소스(Worcestershire Sauce)**
- 색상: 빨간색
- 어울리는 요리: Shrimp, Crab Claw

우스터(셔) 소스
(Worcestershire Sauce)

간장(Soy Sauce), 식초, 당밀(Molasses), 고추, 열대성 과일과 각종 향신료를 주원료로 만든 매운맛의 인도 소스(칵테일, 토마토주스 등에 사용)

▶ 컴벌랜드 소스(Cumberland Sauce)

- 재료: 딸기잼, 레드 와인, 양파, 오렌지 또는 레몬 껍질
- 색상: 빨간색
- 어울리는 요리: Chicken Pate, Game Pate, Duckling Pate

3. 수프(Soup)

1) 수프의 기능

수프는 스톡을 기본으로 하여 만들며 육류, 생선, 가금류 등을 혼합하고 향신료를 넣어 만든 국물 요리이다. 원래 수프의 의미는 포타지(Potage)로 'Pot에서 익혀 먹다'라는 어원적 뜻이 있고, 영어로는 Soup(수프), 프랑스어로는 Soupe(수페), 이탈리아어로 Zuppa(주빠)로 불린다.

양이 적어 위에 부담을 주지 않으며 영양이 풍부하고 건강에 좋아야 하는 수프는 본격적으로 요리를 먹기 위한 첫 코스이다. 수프를 제공할 때 가장 중요한 것은 뜨거운 것은 뜨겁게, 차가운 것은 차갑게 제공되어야 한다는 것이다. 미지근한 상태로 제공되는 수프는 아무런 의미가 없다.

오늘날에는 일반 가정이나 식당에서 육수가 필요할 때 통조림을 사용하는 것이 일반화되고 있어 육류와 맛 좋은 야채를 넣고 끓여 낸 국물을 밀봉한 제품이 육수를 대신하여 널리 사용되고 있다.

2) 수프의 종류

브로스(Broth)
종종 스톡과 브로스를 혼동하는데 스톡은 원래 끓여서 만든 묽고 향이 나는 액체이고, 브로스는 간을 한 고기, 생선, 야채 등이 남아 있는 기본 수프이며, 쌀, 보리, 콩 등을 첨가하여 요리에 가깝다.

엽조류(Game)
사냥해서 잡은 야생동물(조류, 짐승, 꿩, 노루, 멧돼지 등)을 일컫는 말

미네스트로네(Minestrone)
여러 가지 야채와 페이스트 소스를 넣어 만든 이탈리아식 야채 수프

(1) 맑은 수프(Clear Soup)

맑은 스톡 또는 **브로스(Broth)**를 사용하며 농밀제를 사용하지 않고 맑게 만든 수프이다. 맑은 수프에는 다음의 세 종류가 있다.

▶ 콩소메(Consomme)

Consomme는 '진하게 농축된 육수'라는 의미로 고대 주방에서 불리던 명칭이다. 고기와 채소 등을 끓여 정제한 것으로 스톡의 재료나 Garnish에 따라 수프의 이름이 다양하게 바뀐다. 쇠고기 콩소메(Beef Consomme), 치킨 콩소메(Chicken Consomme), 생선 콩소메(Fish Consomme) 등이 있다.

▶ 브로스(Broth) 또는 부용(Bouillon)

일반적으로 고기나 야채를 시머링시켜서 만드는 진한 수프로 첨가하는 재료의 독특한 맛을 최대한 그대로 살려 맑게 만든다. 쇠고기 브로스(Beef Broth), 치킨 브로스(Chicken Broth), **가메** 브로스(**Game** Broth) 등이 대표적이다.

▶ 야채 수프(Vegetable Soup)

미네스트로네(Minestrone), 양파 수프(fresh Onion Soup)와 같이 스톡이나 브

로스에 야채나 고기를 넣어서 만든 수프로 고명으로 야채가 들어가지만 진한 수프와 달리 믹서로 갈거나 농밀제로 넣어 걸쭉하게 만들지 않는다.

(2) 진한 수프(Thick Soup)

루(Ruox)와 같은 농밀제나 부용(Bouillon)을 기본으로 하여 야채, 녹말, 생선, 육류, 가금류 등을 주재료로 양념을 첨가하여 농도가 진하게 걸쭉하게 만든 수프를 말한다.

▶ 퓌레 수프(Puree Soup)

야채가 씹히는 촉감이 있을 만큼 작은 알갱이로 갈아 준 것을 퓌레라고 하며 부용과 혼합하여 수프를 만든다. 일반적으로 크림을 사용하지 않고 주재료만으로 농도를 맞춘다. 대표적인 것으로 야채 수프가 있으며 각종 야채를 익혀서 진하게 만드는 수프는 모든 종류의 스톡으로 만들 수 있다.

▶ 크림 수프(Cream Soup)

가장 일반적인 수프로 한국인의 입맛이나 정서에 잘 어울리는 수프이다. 밀가루를 버터로 볶고 우유를 넣어 만드는 수프로 흰 스톡을 사용하거나 기타 스톡으로도 만들 수 있는데, 어느 것이든 베샤멜 소스(Bechamel Sauce)를 기본으로 하여 만든다. 크림 수프에는 버섯 수프(Mushroom Soup), 콩 수프(Pea Soup) 등이 있다.

▶ 벨루테 수프(Veloute Soup)

포타지 벨루테(Potage Veloute)도 크림 수프처럼 화이트 루를 기본으로 하여 여러 종류의 스톡에 농밀제인 계란 노른자와 진한 크림을 넣어 만드는 수프이다.

▶ 비스크 수프(Bisque Soup)

비스크 수프는 프랑스식의 진하고 부드러운 크림 상태의 수프를 말한다. 주로 바닷가재나 새우, 게와 같은 갑각류의 껍질로 우려낸 스톡에 크림을 넣은 다음 끓여서 천에 거르므로 질감이 균일하며 색도 선홍색이다. 종류에는 바닷가재, 게, 토마토, 체스트넛, 스쿼시(Squash), 새우 비스크(Shrimp Bisque) 등이 있다.

3) 수프에 쓰이는 가니시

(1) 맑은 수프에 잘 쓰이는 가니시

- 줄리엔느(Julienne): 가늘게 채 썬 야채
- 베르미첼리(Vermicelli): 이탈리아의 가는 국수
- 셀레스틴(Celestine): 계란과 밀가루를 반죽하여 밀전병으로 만들고 가늘게 채 썬 것
- 로열(Royal): 달걀 노른자, 크림을 반죽하여 지단을 만들고 주사위 모양이나 다이아몬드 모양으로 자른 것

Julienne

Vermicelli

Celestine

Royal

(2) 진한 수프에 잘 쓰이는 가니시

- Crouton(크루통): 빵을 주사위 모양으로 잘라 버터를 묻혀 튀겨 낸 것
- Chopped Bacon: 잘게 다진 베이컨
- Diced Sausage: 주사위 모양으로 자른 소시지
- Cracker: 크래커

Crouton

Chopped Bacon

Diced Sausage

Cracker

4. 빵(Bread)

1) 빵의 구분

빵은 사용 용도에 따라 저녁빵(Dinner Bread)과 아침빵(Breakfast Bread)으로 나눠진다. 빵은 수프 코스(Soup Course)부터 주요리(Main Dish)까지 계속 서비스되는 것이 상례이며 여러 음식 고유의 맛을 감지하기 위해 입안에 남아 있는 맛을 깔끔하게 씻어 내는 역할도 한다. 따라서 저녁빵은 버터와 함께 서비스된다. 보통 빵(Bread)은 식빵과 같이 큰 덩어리(Loaf)로 된 것을 말하고 롤(Roll)은 개개인이 먹을 수 있도록 한 개씩 따로따로 구워 낸 것을 가리킨다.

2) 대표적인 저녁빵(Dinner Bread)

- 하드 롤(Hard Roll): 겉이 딱딱한 빵으로 프랑스 빵(바게트)이 대표적이다.
- 소프트 롤(Soft Roll): 식빵과 같이 부드럽게 만든 빵
- 그리시니(Grissini): 연필과 같이 길고 딱딱한 빵

Hard Roll

Soft Roll

Grissini

3) 아침빵(Breakfast Roll)

- 크로와상(Croissant): 파이 반죽을 하여 구운 빵으로 초승달 모양의 블란서 빵
- 브리오슈(Brioche): 계란과 효모균을 넣어 부드럽게 만든 빵으로 빵 위에 작은 빵이 올려진 것 같은 모양의 빵
- 대니시 롤(Danish Roll): 속에 과일을 넣어 만든 덴마크식 빵
- 머핀(Muffin): 우유나 버터를 사용하여 원주형 틀에 넣어 구운 빵

Croissant

Danish Roll

Muffin

5. 샐러드(Salad)

1) 샐러드의 어원과 기능

신선한 채소나 향초 등을 소금만으로 간을 맞추어 먹었던 것에서 유래된 샐러드의 어원은 라틴어의 'Herba Salate'로 소금을 뿌린 향초(Herb)라는 뜻이다. 이후 발전하여 다양한 드레싱과 기름과 식초 등을 첨가하여 먹게 되었고, 채소도 여러 가지를 혼합하여 사용하게 되었다. 샐러드는 씨앗에서 싹이 튼 모종(Plants), 잎채소, 뿌리채소, 열매채소(Vegetable), 계란, 고기, 해산물 등에 기름과 식초 또는 마요네즈를 이용하여 만든 각종 드레싱과 혼합하거나 곁들여 제공된다.

샐러드는 지방분이 많은 주요리의 소화를 돕고, 비타민 A, C 등 필수 비타민과 미네랄이 함유되어 있어 건강의 균형을 유지해 주는 좋은 역할을 한다. 최상의 샐러드를 즐기기 위해서는 다음 4C에 유의해야 한다.

- Clean: 깨끗하고 신선한 재료를 사용한다.
- Cool: 차게 보관한다.
- Crispy: 냉각한 것처럼 바삭거려야 한다.
- Colorful: 색상이 다채롭고 풍성해야 한다.

2) 샐러드의 구성

일반적으로 샐러드는 신선한 푸른 채소를 기본으로 향신 채소를 이용하여 만들며, 과일, 유제품, 육류와 가금류, 해산물 등이 쓰인다. 주재료에 끼얹어 먹는 소스로 다양한 드레싱과 시각을 자극해 맛을 돋우는 가니시(Garnish)로 구분된다. 샐러드는 네 가지 기본 요소, 즉 바탕(Base), 본체(Body), 곁들임(Garnish), 드레싱(Dressing)으로 구성된다.

(1) 바탕(Base)

바탕은 샐러드를 만들 때 기본이 되는 양상추, 로메인 레티스와 같은 그린 채소 종류를 말하고, 샐러드 접시를 채워 주는 역할을 하며 주재료와의 조화를 고려하여 배합해야 한다.

- Iceburg Lettuce: 잎이 공처럼 단단히 말려 있는 모양의 양상추로 일반 샐러드에 가장 많이 사용된다.
- Romain Lettuce: 로메인 또는 코스 양상추는 단단하고 짙은 녹색 잎의 키 큰 머리에서 단단한 갈비를 중심으로 자라며 주로 시저 샐러드에 사용된다.
- Butterhead Lettuce: 결구상추라고 하며 양상추보다 결이 더 부드러운 특징이 있다.

Iceburg Lettuce

Romain Lettuce

Butterhead Lettuce

(2) 본체(Body)

본체는 샐러드를 구성하는 주재료를 말하는데, 사용한 재료와 종류에 따라 정확한 조리법으로 만들어야 하며 주재료가 되는 채소에는 다음의 종류가 있다.

Belgian Endive

Chicory

Radiccio

Water Cress

Green Vlitamin

Scallions

Radish

Mustard & Cress

Celery

Winter Mushroom

Dandelion

Arugula

Pak Choi

Escarole

Corn Salad

(3) 곁들임(Garnish)

곁들임은 샐러드의 시각적인 색을 보완하며, 향과 질감을 향상시켜 주는 재료로 소량 사용한다. 곁들임은 기본 샐러드 재료의 일부이거나 본체와 혼합되는 재료일 수도 있다.

비네그레트(Vinaigrette)

식초 혹을 레몬주스에 오일과 소금, 후추를 섞어서 만든 소스

(4) 드레싱(Dressing)

드레싱은 일반적으로 샐러드에 혼합하거나 곁들이는데, 풍미와 맛을 더하고 모양을 돋보이게 하며, 소화를 돕는 소화 촉진제의 역할을 한다. 드레싱은 **비네그레트(Vinaigrette)**, 마요네즈(Mayonnaise), 조리하거나 끓여 만든 것으로 크게 세 가지로 나눌 수 있으며, 여기에 부재료를 가미하여 여러 종류를 만든다. 비네그레트와 마요네즈로 만든 드레싱은 기름이 기본이 되는 반면에 끓인 드레싱은 약간의 버터 외에는 기름이나 지방을 포함하지 않는다.

▶ 프렌치 드레싱(French Dressing)

식초(Wine Vinegar), 올리브유, 레몬주스, 소금, 후추, 향료를 섞어서 만든다. 식초의 종류에 따라 여러 가지 소스가 만들어지며, 풍미를 위해서 더 많은 부재료를 첨가하거나 제외할 수 있다.

▶ 아메리칸 프렌치 드레싱(American French Dressing)

계란, 식초, 샐러드유, 마늘, 겨자, 레몬주스, 우스터셔 소스 등을 재료로 한 드레싱이다.

오레가노(Oregano)

독특한 향과 맵고 쌉쌀한 맛으로 토마토와 잘 어울려 토마토를 이용한 이탈리아 요리에 쓰이는 허브 향신료

딜(Dill)

흔히 야채로 피클을 만들 때 넣는 허브의 일종

▶ 이탈리안 드레싱(Italian Dressing)

식초, 올리브유, 마늘, 레몬주스, **오레가노(Oregano)**, **딜(Dill)** 등을 재료로 한다.

▶ 러시안 드레싱(Russian Dressing)

마요네즈에 토마토 케첩을 넣고 캐비아 또는 연어알, 삶은 계란, 양파, 적피망, 올리브유, 피클, 레몬주스, 소금, 후추를 혼합한 드레싱으로 사우전 아일랜드 드레싱과 비슷하다.

▶ 사우전 아일랜드 드레싱(Thousand Island Dressing)

마요네즈를 바탕으로 달콤한 피클이 주재료로 들어간 약간 단맛이 나는 드레싱이다. 마요네즈, 토마토 케첩, 올리브유, 토마토 페이스트, 양파, 피클, 셀러리, 레몬주스, 백포도주, 파프리카, 파슬리, 소금, 후추 등을 혼합하여 만든다. 양파와 피클 등이 많은 섬같이 보인다고 하여 '천 개의 섬을 가진 소스'라고 부른다고 한다.

▶ 블루 치즈 드레싱(Blue Cheese Dressing)

블루 치즈, 마요네즈, 사우어 크림, 마늘, 소금, 후추, 양파 등으로 만든다. 특히 프랑스 남부 로크포르(Roquefort) 마을의 양치기에 의해 우연히 만들어져 유래된 로크포르 치즈를 이용했기 때문에 치즈 고유의 이름을 붙여 '로크포르 드레싱'이라고도 한다.

French Dressing	Italian Dressing	Russian Dressing	Thousand Island Dressing	Blue Cheese Dressing

3) 샐러드의 종류

(1) 순수 샐러드(Simple Salad)

고전적인 순수 샐러드는 한 가지 야채만으로 만들었으며, 여기에 파슬리(Parsley), 처빌(Chervil), 타라곤(Taragon)을 잘게 썰어 넣고, 비네그레트(Vinaigrette) 드레싱을 곁들였다고 한다. 현대에서는 순수 샐러드라 할지라도 단순하게 한 종류의 야채보다는 여러 가지 야채를 적당히 배합하여 영양, 맛, 색 등이 서로 조화되도록 변화, 발전했으며, 각종 향초나 향료류가 드레싱에 가미되어 곁들여지고 있다. 순수 샐러드로는 다음과 같은 종류가 있다.

▶ 그린 샐러드(Green Salad)

양상추(Lettuce), 치커리(Chicory), 엔디브(Endive), 로메인(Romaine)을 한 입 크기(Bite Size)로 잘라 만든 샐러드이다.

▶ 가든 샐러드(Garden Salad)

양상추(Lettuce Head), 치커리(Chicory), 에스카롤(Escarole), 오이, 당근, 셀러리, 토마토(Tomato Wedge), 적양파, 래디시를 재료로 한 샐러드이다.

▶ 스피니치 및 머쉬룸 샐러드(Spinach & Mushroom Salad)

버섯(Mushroom), 시금치(Spinach), 토마토(Tomato Wedge), 삶아 썬 달걀(Chopped Boiled Egg), 양파(Spring Onion), 잘게 썬 베이컨(Chopped Bacon), 블랙 오일(Black Olive), 그린 올리브(Green Olive), 터닙 새싹(Turnip Sprout)을 이용한 샐러드이다.

머쉬룸 샐러드

팜 샐러드

▶ 팜 샐러드(Palm Salad)

여러 가지 야채를 혼합하여 만들며, 오이, 당근, 셀러리, 치커리, 햄, 스위스 치즈 등의 야채와 익힌 칠면조고기를 채 썰고 팜(Palm), 양상추(Lettuce Head), 삶은 달걀(Boiled Egg Wedge), 토마토, 피멘토 링(Pimento Ring)을 이용해 만든다.

(2) 혼성 샐러드(Compound Salad)

혼성 샐러드란 각종 재료에 향료, 소금, 후추 등을 넣어 양념, 조미료 등을 더이상 첨가하지 않은 샐러드이다. 일반적으로 기름과 식초를 많이 사용하며, 경우에 따라 각종 드레싱과 마요네즈도 사용한다.

▶ 시저 샐러드(Caesar Salad)

마늘을 갈색이 될 때까지 볶고, 빵을 큐브 모양으로 썰어 갈색이 되도록 기름에 튀긴다. 샐러드 볼(Salad Bowl)에 잎채소 샐러드의 일종인 로메인상추를 적당한 크기로 잘라 넣고 멸치젓(Anchovies), 케이퍼(Caper), 마늘, 큐브 모양으로 썰어 튀긴 빵조각(크루통) 등을 넣고 잘 섞은 후, 우스터셔와 머스터드를 넣어 만든 드레싱을 첨가하고 그 위에 파르메산 치즈를 뿌려 제공한다.

시저 샐러드(Caesar Salad)

시저 샐러드는 1924년 멕시코에서 시저 카디니에 의해 개발된 것으로 알려져 있다.

시저 샐러드

새우와 아스파라거스 샐러드

▶ 새우와 아스파라거스 샐러드(Shrimp and Asparagus Salad)

연한 소금물에서 새우가 핑크색이 될 때까지 삶아 낸 다음 꼬리만 남기고 몸통을 껍질을 까서 준비해 놓고 삶은 아스파라거스와 크림 소스를 곁들여 제공한다.

▶ 쇠고기와 토마토 샐러드(Sliced Beef and Potato Salad)

삶은 감자를 얇게 썰고 지방과 뼈를 제거한 삶은 쇠고기를 얇게 썰어서 샐러드 볼에 담고 피클과 토마토 슬라이스를 곁들이고 드레싱을 뿌려 제공한다.

▶ 아티초크 샐러드(Artichoke Salad)

잘게 썬 청피망, 적피망, 양파, 스터프 올리브 슬라이스, 블랙 올리브, 양상추, 파슬리를 오일과 비니거(프렌치 드레싱)로 버무린 샐러드이다.

▶ 시푸드 샐러드(Seafood Salad)

가자미살(Halibut Fillet), 홍합(Mussel), 조개, 새우, 오징어, 게살, 양상추, 토마토 슬라이스, 블랙 올리브 슬라이스, 양파, 오일과 비니거(프렌치 드레싱)로 버무린 샐러드이다.

▶ 화이트 와인 복숭아 샐러드(White Wine Peach Salad)

샐러드 볼에 백도를 썰어서 담고 화이트 와인에 설탕을 넣어 완전히 녹인 용액을 복숭아 위에 붓는다. 뚜껑을 덮고 냉장고에 넣어 적어도 1시간 이상 재운다.

6. 주요리(Main Dishes)

1) 주요리의 정의와 분류

앙트레(Entree)

정확하게는 Main Course 중간에 제공되는 작은 요리, 미국에서는 애피타이저와 디저트 중간에 나오는 Main Course Meal을 뜻한다.

주요리는 **앙트레(Entree)**라고도 하며 주로 육류요리를 의미한다. 육류요리는 쇠고기(Beef), 양고기(Lamb), 돼지고기(Pork), 송아지고기(Lamb) 등으로 정식 요리에서 중심이 되는 요리를 의미하는데, 최근에는 주요리로 제공되는 모든 요리를 앙트레라고 한다.

육류는 흰색 육류(White Meat)와 붉은색 육류(Dark Meat)로 구분하며, 흰색 육류에는 송아지고기, 새끼 돼지, 새끼 염소, 가금류 등이 있고, 붉은색 육류에는 쇠고기, 돼지고기, 양고기 등이 있다. 그 밖에 앙트레로 사용할 수 있는 재료로는 어패류, 생선, 계란 등이 있고, 커리(Curry), 파스타(Pasta), 스파게티(Spaghetti), 샐러드 등도 포함시킬 수 있다.

2) 육류요리(Meat)

육류는 칼로리가 높고, 특히 단백질, 탄수화물, 지방, 무기질, 비타민 등이 풍부하여 주요리에서 가장 선호되는 재료이다. 육류를 조리하는 방법은 나라마다 달라서 프랑스에서는 버터, 이탈리아에서는 올리브유, 독일에서는 라드(Lard), 미국에서는 샐러드유로 고기를 구우며, 영국에서는 주로 조리고, 중국과 일본에서는 장유로 조려 독특한 맛과 향을 낸다.

(1) 쇠고기의 부위별 명칭

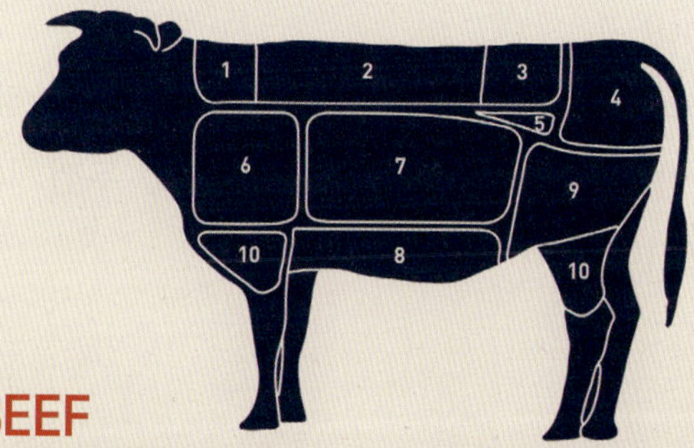

BEEF

1. 목심 (Chuck)	6. 앞다리 (Fore Shank)
2. 등심 (Sirloin)	7. 갈비 (Rib)
3. 채끝 (Short Loin)	8. 양지 (Brisket)
4. 우둔 (Rump Cap)	9. 설도 (Round)
5. 안심 (Tenderloin)	10. 사태 (Shank)

(2) 안심 스테이크(Tenderloin Steak)의 종류

안심은 등뼈 바깥쪽에 있는 채끝살의 안쪽에 붙어 있는 가늘고 긴 모양의 부위로 한 마리에 평균 5~6kg 정도로 양이 적다. 척추뼈 안쪽에 위치한 근육으로 움직임이 없어 조직이 부드럽고 연하며, 다른 부위에 비해 지방이 적어 담백하면서도 육즙이 풍부해서 쇠고기 부위 중 가장 인기가 높은 최고급 스테이크 재료이다.

프랑스에서는 안심을 앞머리부터 '비프 텍(Beef Teck)', '샤토브리앙(Chateaubriand)', '트르느도(Tournedos)', '필레 미뇽(Fillet Mignon)'으로 구분하고, 샤토

브리앙을 최고로 인정한다고 한다.

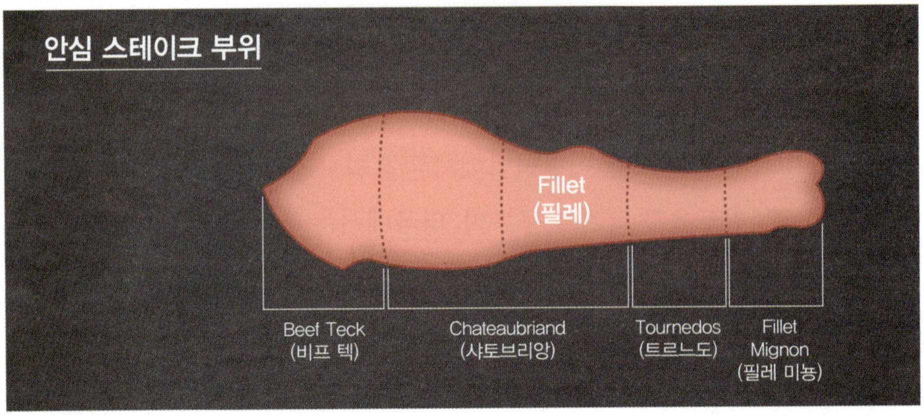

▶ 샤토브리앙(Chateaubriand)

프랑스 혁명 전에 귀족 샤토브리앙이 즐겨 먹었던 것으로 그의 주방장 몽미레이유(Montmireil)에 의해 고안된 것이라고 한다. 안심부위를 두껍게(4~5cm) 잘라서 굽는 최고급 스테이크이다.

> **필레(Fillet)**
> 안심(소, 양, 돼지, 송아지 등), 저민 생선살을 의미한다. 쇠고기 필레는 소의 크기에 따라 다르나 길이가 약 60cm로 머리는 굵고 꼬리는 가늘며 척추 양쪽에 1개씩 2개가 있으며, 1개로 약 8~10인분의 스테이크를 만든다.

▶ 트르느도(Tournedos)

이 요리는 1855년 파리에서 처음으로 시작되었으며 Tournedos란 '눈 깜박할 사이에 다 된다'는 의미이다. **필레(Fillet)**의 중간 뒤쪽 부위를 약 150g 정도로 잘라 낸 것에 얇게 저민 돼지비계나 베이컨을 감아서 모양을 낸 것으로 이는 지방분을 보충하고 스테이크에 풍미를 가미하기 위한 조리법이다.

▶ 필레 미뇽(Fillet Mignon)

필레 미뇽은 '아주 예쁜 작은 크기의 안심 스테이크'라는 의미로 소고기 안심 부위의 끝부분을 쓰기 때문에 고기맛이 가장 부드러운 최고급 스테이크로 애호되고 있다. 이 스테이

크에 푸아 그라(Foie Gras)와 **마데이라 소스(Madeira Sauce)**를 뿌린 필레 미뇽 로시니(Fillet Mignon Rossini) 요리가 유명하다.

마데이라 소스(Madeira Sauce)

데미글레이스 소스에 마데이라 화이트 와인, 버터, 토마토, 각종 향신료를 넣어 만든 소스

(3) 그 외 스테이크의 종류

▶ 립아이 스테이크(Rib Eye Steak)

제5늑골부터 13늑골 사이에 붙어 있는 등심으로 우리나라에서는 흔히 꽃등심으로 불리는 부위이다. 그 중 가장 좋은 부분으로 만들며 둥근 원추형 가운데 흰 지방이 있어 풍미가 좋고 쇠고기 특유의 감칠맛을 느낄 수 있는 최적의 부위이다.

▶ 티본 스테이크(T-Bon Steak)

T자 모양의 뼈를 사이에 두고 한쪽에는 필레, 다른 한쪽에는 설로인(Sirloin)이 붙어 있어 하나의 스테이크에서 두 가지 부위를 맛볼 수 있는 별미의 스테이크이다.

▶ 포터 하우스 스테이크(Porter House Steak)

티본 스테이크와 동일하나 크기가 훨씬 더 크며 2인분으로 요리된다. 한쪽에는 안심 필레가 있고 다른 쪽에는 뉴욕 스트립 스테이크로 더 잘 알려진 상단 허리가 있어 두 가지 풍미를 맛볼 수 있다.

▶ 등심 스테이크(Sirloin Steak)

필레 위에 붙어 있는 허릿살 등심이자 제13~14번째 갈비부터 꼬리까지 이어지는 길고 둥근 근육으로 안심보다는 육질이 조금 더 질기고 고소한 맛을 지녀 인기 있는 스테이크이다.

설로인(Sirloin)

영국 국왕 찰스 2세가 즐겨 먹던 고기로, 남작 작위를 받을 만큼 고기 맛이 훌륭하다 하여 'Sir'이라는 호칭이 붙었다. 1급 고기 부위 중 하나이다.

▶ 뉴욕 커트 스테이크(New York Cut Steak)

13번째 갈비에서 좌골 끝 사이의 척추 월이 붙은 등심살(Short Loin)을 말하며 잘랐을 때 모양이 뉴욕 맨해튼(New York Manhattan)을 닮았다고 하여 이 명칭

이 붙었다. 육질이 적당히 발달하고, 지방도 적당히 섞여 있어 안심과 함께 가장 연한 부위로 꼽힌다. 안심보다는 마블링이 더 많고 골고루 퍼져 있어 더 풍부한 육즙과 향미를 즐길 수 있다.

▶ 미니트 스테이크(Minutes Steak)

늑골 허릿살이나 등심살(Sirloin)을 얇게 잘라 낸 작은 크기의 스테이크이며 빨리 조리할 수 있기 때문에 이 명칭이 붙었다.

▶ 타르타르 스테이크(Tartare Steak)

최고의 필레 부위를 예리한 칼로 얇게 저민 다음 각종 향신료로 조미한 날고기 요리이며 유럽에서 인기 있는 요리이다.

▶ 서프 & 터프(Surf & Turf)

해산물[보통 바닷가재 꼬리나 왕새우(Prawn)]와 비프 스테이크를 함께 접시에 담아 낸다.

▶ 한국식 갈비

항공사들은 한국의 맛을 알리기 위해 서울을 출발하는 중동 노선에 갈비를 이용한 요리를 선택적으로 탑재하고 있다.

(4) 스테이크 굽는 정도에 따른 분류

굽는 정도	단계	상태
레어 (Rare)		스테이크 속이 따뜻할 정도로 겉부분만 익혀서 자르면 속에서 피가 흘러나오도록 굽는다. 조리시간은 약 2~3분이며 고기 안쪽의 온도는 52°C 정도이다.
미디엄 레어 (Medium Rare)		레어보다는 더 익히되 미디엄보다는 덜 익힌 것으로, 역시 자르면 피가 보이도록 해야 한다. 조리시간은 3~4분 정도이며 고기 안쪽의 온도는 55°C 정도이다.
미디엄 (Midium)		레어와 웰던의 절반 정도를 익히는 것이며, 고기를 잘랐을 때 붉은색이 보여야 한다. 조리시간은 약 5~6분이며 고기 안쪽의 온도는 60°C 정도이다.
미디엄 웰던 (Medium Well-done)		거의 익히는데, 고기를 잘랐을 때 가운데 부분에만 약간 붉은색이 보여야 한다. 조리시간은 약 8~9분이며 고기 안쪽의 온도는 65°C 정도이다.
웰던 (Well-done)		속까지 완전히 익히는 것이다. 조리시간은 10~12분 정도이다.

(5) 송아지고기(Veal)

송아지고기는 어미소의 젖으로만 기른 것으로 지방층이 적고 수분을 많이 함유하여 육질이 매우 부드러운 것이 특징이며 생후 12주 이내의 것이 좋다. 육질이 좋은 송아지고기는 단단하고 우수한 조직을 지니며 크림색에서 연한 핑크색을 띤다. 흐늘흐늘하거나 너무 밝은 색의 고기는 피한다. 송아지고기는 지방이 적고 매우 연하기 때문에 조심스럽게 적당한 온도에서 조리해야 한다. 너무 오래 굽거나 조리하면 쉽게 단단해지고 금방 수분이 줄므로 주의해야 한다.

▶ 스캘러피니(Scaloppine)

송아지 다리 부위에서 잘라 낸 작고 얇은 고기로 소금과 후추로 양념한 후 밀가루를 뿌리고 살짝 튀겨 내어 소스를 곁들인다.

▶ 빌 커틀릿(Veal Cutlet)

뼈를 제거한 송아지고기를 얇게 저민 후 소금과 후추를 뿌리고 계란과 빵가루를 입힌 후 버터에 튀겨 **빌 소스(Veal Sauce)**와 함께 제공한다.

빌 소스(Veal Sauce)

빌 스톡을 이용한 소스. 빌 스톡은 송아지고기의 뼈와 미르푸아(셀러리, 당근, 양파를 다져 섞은 것), 여러 향신료를 오랫동안 끓여서 만든 육수

(6) 돼지고기(Pork)

돼지고기는 영국산이 가장 많이 알려져 있다. 주로 고기를 사용하는 베이컨용(Bacon Type)과 주로 지방을 사용하는 라드용(Lard Type)으로 나뉜다.

▶ 포크 찹(Pork Chop)

돼지 갈비살 부분을 1~1.5cm 두께로 자르고 소금, 후추를 뿌린 후 바비큐 소스와 함께 제공한다.

▶ 포크 커틀릿(Pork Cutlet)

돼지고기를 얇게 저미고 소금과 후추를 뿌린 후 밀가루, 계란, 빵가루를 입혀 프라이팬에 튀겨 낸다.

3) 생선(Fish)

(1) 생선요리의 기능과 분류

생선요리는 원래 격식을 갖춘 정식 메뉴에서 수프 다음에 제공되는 것이 원칙이나 약식 메뉴에서는 생략되는 경우가 많다. 생선은 육류보다 섬유질이 연하고 맛이 담백하며 열량이 적으며 소화가 잘되고 단백질, 지방, 칼슘, 비타민(A, B, C) 등이 풍부하여 건강식으로 육류에 비해 선호도가 높아지고 있다. 수프, 샐러드, 주요리, 통조림 등 많은 종류의 요리에 이용되어 여성이나 노인을 대상으로 혹은 종교적인 이유로 주요리로 제공되는 경우가 많아지고 있으나 부패하기 쉬우므로 신선도 유지에 유의해야 한다.

일반적으로 생선요리 재료로는 바다생선(Sea Fish), 민물고기(Fresh Water Fish), 조개류(Shell Fish), 갑각류(Crutacean), 연체류(Mollusca), 식용개구리, 달팽이 등을 들 수가 있다. 이들의 저장방법에 따라 생물 생선(Fresh Fish), 얼린 생선(Frozen Fish), 절인 생선(Cured Fish), 통조림(Canned Fish) 등으로 나누어진다.

(2) 생선 조리법

생선의 조리방법은 여러 가지 생선의 모양, 조직과 그 밖의 요소에 의해 결정되는데, 어떤 생선의 가장 적합한 조리방법은 생선의 지방 함유량을 참고하여 결정한다. 지방이 많은 생선은 직열하거나 굽는 조리법이 좋으며, 지방이 적은 생선은 건열 조리법을 사용하고, 습열 조리법은 모든 생선류에 사용할 수 있다. 또한 생선은 섬유질이 육류에 비해 연하므로 무리하게 조리하면 단백질이 단단하게 응고되어 질겨지고 생선이 지닌 특유의 향미도 잃게 되므로 적당한 조리시간을 지키는 것이 매우 중요하다.

▶ 브로일드 / 그릴드 피시(Broiled or Grilled Fish)

브로일러(Broiler)에서 굽는 스테이크나 생선은 두께가 약 1인치 정도일 때 가장 좋다. 두꺼운 고기나 생선은 표면이 갈색이 되는 동안 속이 적당하게 익는데, 얇은 고기나 생선은 너무 빨리 말라 버린다. 브로일러에 굽기 전에 녹인 버터나 마가린 또는 기름을 발라 준다. 두꺼운 생선은 구우면서 가끔 뒤집어 준다. 생선구이는 대략 10~15분이 소요되며, 이 조리법에는 육질이 단단한 생선인 넙치나 연어, 고등어 등이 적합하다.

▶ 오븐 프라이드 피시(Oven-fried Fish)

생선에 빵가루를 골고루 묻히고 450F°로 미리 가열된 오븐에서 굽는다. 약간의 샐러드 오일과 버터를 바른 팬에서 10~15분 정도 익히며 생선살에 포크가 쉽게 들어갈 때까지 조리한다. 이 조리법에서는 생선을 뒤집거나 기름을 바르지 않아도 되며 생선에 빵가루를 입히는 것은 생선의 독특한 향미를 보존하기 위한 방법이다.

▶ 팬 프라이드 피시(Pan-fried Fish)

살코기나 얇은 스테이크 등의 조리에 많이 쓰이는 방법이다. 생선은 보통 튀기기 전에 빵가루를 입힌다. 생선이 익어 가면 도중에 한 번 뒤집어 준다. 두께에 따라 다르지만 조리시간은 대략 8~10분 소요된다.

▶ 딥 프라이드 피시(Deep-fried Fish)

빵가루나 반죽을 입힌 살코기, 스테이크 등은 재료가 기름에 잠기도록 깊이가 깊은 팬에서 조리한다. 빵가루를 입힌 생선은 빵가루가 떨어지는 것을 방지하기 위해 잠시 선반에서 건조한 후 350°C로 가열된 깊은 프라이팬에서 익혀 낸다. 생선 튀김은 황금색이 되어 충분히 익은 상태에서 건져 내어 종이 타월로 기름을 제거한다. 조리시간은 보통 3~5분 정도 소요된다.

▶ 베이크드 피시(Baked Fish)

생선의 살코기나 스테이크를 350°C로 예열된 오븐에서 구울 동안에 뒤집을 필요는 없다. 생선을 굽는 동안에 생선의 표면이 마르는 것을 방지하기 위해 버터나 기름, 소스를 발라 준다. 3파운드 정도의 생선은 조리시간이 30분 정도 소요되며, 스테이크는 12~15분 정도이며 만일 냉동된 상태에서 조리한다면 시간이 조금 더 걸릴 것이다.

▶ 포치드 피시(Poached Fish)

생선을 뚜껑이 있는 팬 또는 스튜 냄비 속의 천천히 끓는 스톡에 넣어 조리하는 방법으로 이 스톡은 우유, 화이트와인, 소금, 물의 혼합물 또는 생선 소스 등이 될 수 있다. 이 조리법에서는 스톡이 끓게 되면 생선 조직이 질겨지거나 생선살이 부스러지게 되므로 적당한 온도를 유지하는 것이 매우 중요하다.

▶ 스팀드 피시(Steamed Fish)

모든 생선 종류에 많이 사용되는 조리법으로 깊은 팬이나 스팀 쿠커(Steam Cooker)에서 증기를 이용하여 생선을 익히는 방법이다.

▶ 브레이즈드 피시(Braised Fish)

팬에 버터나 기름을 바르고 야채를 깐 다음, 그 위에 생선을 얹고 와인과 스톡을 넣고 뚜껑을 덮어 오븐에서 익혀 내는 방법이다.

기내에서 많이 사용되는 어패류의 종류

분류	영문명	한글명
바다 생선류 (Sea Fish)	Halibut	넙치
	Turbot	가자미
	Sole	혀가자미
	Cod	대구
	King Fish(Croaker)	민어
	Eel	바닷장어
	Herring	청어
	Mackerel	고등어
	Sea Bass	농어
	Tuna	참치
	Sea Bream	도미
	Red Snapper	붉은 도미
	Salmon	연어
	Trout	송어
	Anchovy	멸치
	Sardine	정어리
조개류 (Shell Fish)	Abalone	전복
	Clam	대합
	Mussel	홍합
	Oyster	굴
	Scallop	가리비
연체류 (Crustacean)	Crab	게
	Lobster	바닷가재
	Prawn	왕새우
	Shrimp	새우
	Sea Cucumber	해삼
기타 (Others)	Frog Legs	개구리 다리
	Snail	식용 달팽이
	Turtle	자라

4) 가금류(Poultry)

가금류는 여러 가지의 영양분을 가지고 있으며 어떤 것은 지방질이 유난히 많이 함유되어 많은 사람들이 즐겨 찾기도 하는데, 특히 철분과 인이 많이 함유되어 있다. 가금류는 무게가 1파운드인 암탉에서부터 24파운드가 넘는 큰 칠면조까지 범위가 넓다. 조리방법으로 인해 이름 붙여진 로스트 코스에서는 일반적으로 가금류나 엽조류(Game)를 긴 꼬챙이에 끼워 숯불이나 직열(Direct Heat)로 구워 내지만 요즈음에는 거의 오븐에서 굽는다.

가금류에는 대표적으로 칠면조, 닭, 오리, 거위 등이 있으며, 사냥을 해서 얻은 엽조류에는 꿩, 산비둘기, 메추라기 등이 있다. 가금류는 서양에서 전통적으로 휴일과 축제일에 이용되는 요리 재료이기도 하다.

(1) 가금류의 선택

가금류를 선택할 때는 외형, 중량, 연령이 중요한 요소이다. 가금류의 연령은 유연함을 결정 짓는데 어린 가금류는 육질이 부드러워 직접 불에 굽거나 튀길 수 있다. 나이가 많은 가금류는 농후하고 맛이 있는 데 반해 고기가 덜 부드러워서 오랫동안 익히거나 약한 불로 물에 넣어 상당한 시간을 두고 끓여야 한다.

(2) 가금류의 요리법

▶ 구운 칠면조 요리(Roast Turkey)

칠면조의 물기를 닦아 낸 다음 로즈메리를 넣어 향을 우려낸 올리브유를 바르고 안쪽과 바깥에 소금과 후추를 뿌린 후 몸통 안쪽에 레몬과 허브 등 향신료를 넣고 몸통을 묶은 다음 그릴의 뚜껑을 덮고 익히는데 중간중간 버터를 발라 준다. 조리시간은 대략 2시간 30분 정도 소요된다.

▶ 허브 로스트 치킨(Herb Roasted Chicken)

소금, 오일, 각종 향신료를 혼합하여 만든 소스를 닭의 몸통과 속안에까지 골고루 잘 바른 후 12시간 내지 하룻밤 정도를 냉장고에서 재운 후, 3시간 정도 구워 내는데 굽는 동안 가끔 버터를 발라 준다. 그 외에 Roast Goose, Roast Duck, Roast Game 등이 있다.

▶ 뷰셰(Bouchees)

가금류, 생선 등을 소금, 후추, 와인, 향신료와 배합하여 갈아서 한입에 들어갈 만한 크기의 볼 형태로 만들어 황금색이 될 때까지 튀긴 다음 겉면에 소스를 발라 데친 야채와 함께 제공한다.

▶ 프리카세(Fricassee)

주로 가금류를 많이 이용하며, 닭 육수에 드라이 화이트 와인과 각종 향신료, 밀가루를 넣어 걸쭉한 크림 소스를 만들고 그 소스에 닭을 넣어 익혀 낸 요리이다.

▶ 코코뱅(Coq au vin)

'포도주 안의 수탉'이라는 뜻으로 프랑스 중부지방의 농가에서 즐겨 먹던 전통 요리에서 시작되었으며, 지금은 크리스마스의 대표적인 프랑스 음식이다. 닭껍질을 벗기지 않고 야채와 함께 적포도주를 부어 조린 찜닭요리이다.

데미글레이스 소스 (Demiglace Sauce)

각종 브라운 소스에 화이트 와인, 토마토 퓌레, 버터, 각종 향신료를 넣어 만든 농축 소스(Demi=Half)

▶ 비가라드(Roast Brast of Duckling Bigarade)

가슴 부위의 살을 로스트한 후 설탕, 오렌지주스, 거위 육수를 넣어 졸인 것에 **데미글레이스 소스(Demiglace Sauce)**를 곁들이고 오렌지 슬라이스를 얹어 요리한 것이다.

5) 그 외 주요리

(1) 랍스터(Lobster)

바닷가재를 말하며 일반적으로 껍질을 벗기고 알맹이만 삶아서 냉채로 만들어 전채요리로 제공되는 것이 보통이지만 앙트레의 주요리로도 유명하다.

▶ 랍스터 테르미도르(Lobster Thermidor)

테르미도르(Thermidor)는 프랑스어로 '혁명 기념일'이란 의미이다. 바닷가재의 껍질을 벗기고 알맹이만 섞어서 조리한 후에 그 위에 치즈가루를 뿌려 오븐에 다시 한번 구워 낸 **코키유(Coquille)**의 일종이다.

코키유 생자크
(Coquille Saint Jacques)
조갯살, 크림, 버섯 등을 섞어 가리비 조개 껍데기 속에 채워 넣은 후 오븐에서 탄 자국이 나도록 구워 낸 것

▶ 랍스터 뉴버그(Lobster Newburg)

바닷가재 살만 발라서 부용(Bouillon)에 삶은 후 적당하게 잘라서 셰리, 코냑, 크림 등을 섞어 만든 황색의 **뉴버그 소스(Newburg Sauce)**를 넣은 요리이다.

뉴버그 소스
(Newburg Sauce)
바닷가재 살, 버터, 파프리카, 생선 벨루테, 드라이 셰리와인, 레몬주스, 소금, 후추 등을 넣어 만든 소스

(2) 왕새우(Prawn)

몸통 길이가 4.5~10cm 정도인 새우를 말한다. 끓는 물에 데친 후에 식혀서 칵테일 소스를 첨가하여 전채요리로도 쓰고, 앙트레 코스에서 튀기거나 삶아서 크림을 뿌리거나 그라탱 등의 요리에 많이 사용된다.

(3) 크로켓(Croquettes)

가금류나 생선 등을 갈고 잘게 다진 야채 등을 섞어 원추형으로 모양을 만든 다음 밀가루, 계란, 튀김가루 등을 순서대로 묻혀 겉이 황금색이 될 때까지 튀겨서 익혀 낸다.

6) 주요리에 사용되는 야채와 곡물

(1) 야채류(Vegetables)

야채는 전분과 같이 주요리에서 빠뜨릴 수 없는 중요한 부분이다. 주요리에 포함되는 야채는 일단 익혀서 조리한 것을 사용하며 대부분 소금, 설탕 혹은 그 외 양념을 넣은 물에 삶아 버터크림 등으로 살짝 볶거나 구워 요리한다.

(2) 곡물류(Starch)

Starch란 곡물, 감자, 콩 등 탄수화물을 다량 함유한 식품을 말한다. 서양 요리에는 Starch 중 감자가 가장 많이 사용되며 동양 승객을 위해 쌀과 국수도 많이 쓰인다. 각각의 종류는 다음과 같다.

스타치(Starch)

우리나라에서 사람의 식량이 되는 쌀, 보리, 콩, 밀, 옥수수 등을 총칭하는 의미에 감자, 녹말 등 탄수화물을 다량 함유한 식품까지 포함한 말이다.

▶ 감자(Potato)

감자가 서양 요리에 사용되기 시작한 것은 약 200년밖에 되지 않으나 서양인의 입맛에 맞게 요리방법이 다양해졌으며 그 종류도 200여 종에 이른다.

- 구운 감자(Baked Potato): 감자를 껍질을 벗기지 않고 통째로 구워서 버터, 사워크림, 파, 베이컨 등과 함께 먹는 요리이다.
- 매시드 포테이토(Mashed Potato): 찐 감자의 껍질을 벗겨 내고 으깨어 버터, 우유, 크림 등을 넣고 섞은 요리이다.
- 파리지엔 포테이토(Parisienne Potato): 감자를 작은 볼 모양으로 도려 내 버터에 노랗게 구운 것을 말한다.
- 샤토 포테이토(Chateau Potato): 감자를 장방형 혹은 원형으로 만들어 버터에 노랗게 구운 것으로 가장 많이 사용된다.
- 해시드 포테이토(Hashed Potato): 감자를 가늘게 채 썰고 소금과 후추로 간하여 버터로 노랗게 구운 것을 말한다.
- 리오네즈 포테이토(Lyonnaise Potato): 잘라서 양파와 함께 버터를 넣고 볶은 것을 말한다.
- 뒤셰스 포테이토(Duchesse Potato): 감자를 삶아 으깨어 계란 노른자와 버터를 넣고 작은 케이크 모양으로 만들어 구운 것이다.
- 마케르 포테이토(Macaire Potato): 감자를 구워서 잘 으깨어 버터를 넣어 섞은 다음 팬케이크와 같이 작은 팬에 볶은 것을 말한다.
- 아나 포테이토(Anna Potato): 감자를 동그란 모양으로 잘라 버터를 바른 Mould에 넣고 구운 것이다.
- 베르니 포테이토(Berny Potato): 감자를 삶아 으깨어 볼 모양으로 만들어 기름에 튀긴 후 아몬드를 뿌린 것을 말한다.

대표적인 야채의 종류

이름	사진	내용
브로콜리 (Broccoli)		브로콜리는 보통 헤딩(Heading) 브로콜리가 아닌 스프라우팅(Sprouting) 브로콜리를 의미한다.
당근 (Carrot)		어리고 연한 당근은 봄과 이른 여름철에도 구입할 수가 있다. 당근은 많은 용도로 쓰이는 야채이며, 다른 식품과 요리하거나 단독으로 쓰고, 날것, 익힌 것, 어느 것으로도 제공할 수 있다. 당근은 비타민 A의 풍부한 급원소이고, 많은 음식에 색과 맛을 더해 주며 당분을 많이 함유하고 있다.
콩 (Bean)		콩류는 이른 여름부터 10월까지 시장에 나온다. 콩류는 잘 숙성되고 견고하고 연하고 흠이 없어야 한다. 완전 성숙된 콩은 껍질이 딱딱하여 종자로 쓰이거나 말린 야채로 사용한다.
버섯 (Mushroom)		버섯은 주요리로 이용되기도 하고 곁들임과 전채로, 또 소스와 샐러드로도 이용된다. 블랙 트러플(Black Truffles)은 찬 음식의 장식과 곁들임용으로 쓰인다.
콜리플라워 (Cauliflower)		잎은 잿빛을 띤 녹색이며, 꽃방석처럼 퍼진 모양으로 양배추과에 속한다. 브로콜리와 모양이 비슷하나 꽃봉오리는 흰색으로 날것을 그대로 먹거나 샐러드로 사용한다. 연중내내 구입할 수 있는 인기 있는 야채로 1970년대 말부터 본격적으로 재배하기 시작했다.
토마토 (Tomato)		토마토는 재배와 용도에 따라 야채로 분류하지만 식물학적으로는 과일에 속한다. 토마토에는 비타민 A, C가 풍부하다. 토마토는 샐러드나 가니시로 매우 인기 있다. 또한 녹색 토마토가 있는데 이것은 색깔과 관계없이 익은 것이다.
양파 (Onion)		좋은 양파는 둥글고 약간 넙적하거나 배 모양으로 되어 있다. 꼭지가 두껍고 딱딱한 심이 있거나 싹이 튼 양파는 사용하지 않는다.
아스파라거스 (Asparagus)		4월과 6월 사이가 제철인 고급 야채이다. 가지의 끝부분이 보라색이나 푸른 어린 아스파라거스 가지는 나무같이 딱딱한 성숙된 아스파라거스보다 훨씬 더 좋다.
스쿼시 (Squash)		보통 어두운 초록 내지 초록색이며 하얀색의 줄무늬가 있다. 스쿼시는 맛이 좋아서 수프 혹은 전채요리에 이용된다. 주키니(Zucchini)는 여름 호박을 말한다.
방울(다다기) 양배추(Brussels Sprouts)		아주 작은 양배추처럼 생긴 엽액에서 자라나는 싹 봉오리로 보통 새끼 양배추라고 불린다. 스프라우트는 연중 구입이 가능하지만 9월과 2월까지가 제철이다. 삶고, 굽고, 찌고, 프랑스식 튀김으로 요리한다.
아티초크 (Artichoke)		엉겅퀴과 꽃식물인 아티초크는 요리의 묘미가 있다. 적색이나 청갈색 종은 녹색 종보다 품질이 우수하고 꽃의 밑부분과 그 밑의 두꺼운 잎 부분이 신선하고 풍미가 있다.

Baked Potato

Mashed Potato

Parisienne Potato

Chateau Potato

Hashed Potato

Lyonnaise Potato

Duchesse Potato

Macaire Potato

Anna Potato

Berny Potato

▶ 쌀(Rice)

- 스팀드 라이스(Steamed Rice): 한국식 쌀밥
- 라이스 필라프(Rice Pilaf): 기름에 곡식 재료를 볶은 다음 양념을 넣은 육수에 넣어 가열 조리하는 방식으로 만들며, 양파와 버터를 넣어 옥수수로 지은 밥
- 프라이드 라이스(Fried Rice): 기름에 계란, 양파, 고기류나 해산물류, 햄을 넣고 볶은 밥
- 사프란 라이스(Saffron Rice): 사프란(Saffron) 향료를 넣고 요리하여 노란색이 나도록 한 밥
- 와일드 라이스(Wild Rice): 야생 벼에서 탈곡한 쌀에 육수를 부어 지은 검은색 밥
- 라이스 비시(Rice Bisi): 완두콩을 넣어 육수로 지은 밥

Steamed Rice

Rice Pilaf

Fried Rice

Saffron Rice

Wild Rice

Rice Bisi

(3) 파스타(Pasta)

14세기 초에 이탈리아의 탐험가 마르코폴로가 중국으로부터 본국에 들여온 국수가 이탈리아의 기후, 풍토, 식성에 맞아 정착하여 파스타라고 하는 각종 면 요리의 시초가 되었다고 한다. 파스타는 건조가 잘 되어 있고 투명도가 높은 것이 상품이며 보관이 편리하다. 맛있는 소스, 치즈와 함께 곁들여 내면 좋다.

- 마카로니(Macaroni): 속이 빈 대롱같이 생긴 국수를 말한다.
- 스파게티(Spaghetti)
- 라자냐(Lasagna): 넓적한 국수에 토마토와 치즈 소스를 곁들여 오븐에 구운 것을 말한다.
- 카넬로니(Canelloni): 밀가루 반죽을 밀어 고기로 속을 채우고 토마토와 치즈 소스를 곁들여 오븐에 구워 낸 것이다.
- 라비올리(Ravioli): 시금치, 고기, 치즈 등으로 속을 채운 작은 베개 모양으로 만든 파스타이다.
- 토르텔리니(Tortellini): 돼지고기, 송아지고기, 칠면조고기 등을 잘게 다져서 파르메산 치즈와 함께 혼합하여 속을 채운 작은 초생달 모양의 파스타를 말한다.
- 루오테(Ruote): 차바퀴 모양으로 만든 국수를 말한다.
- 그라탱(Noodle Gratin): 국수에 모르네이 소스(Mornay Sauce)를 혼합하여 치즈를 뿌린 후 오븐에서 갈색으로 구워 낸 것이다.

Macaroni

Spaghetti

Lasagna

Canelloni

Ravioli

Tortellini

Ruote

etorres69 / iStock.com
Noodle Gratin

Spinach Noodle

Egg Noodle

• 시금치 국수(Spinach Noodle): 시금치로 색을 낸 연두색 국수를 말한다.
• 달걀 국수(Egg Noodle): 달걀을 넣고 가늘게 만든 국수이다.

7. 디저트(Dessert)

1) 디저트의 특성과 종류

식사의 마지막 코스를 장식하는 디저트는 감미 요리로서 시각적으로 구미가 당기게 화려한 모양으로 만들어지며, 지나치게 달거나 기름지지 않고 산뜻한 맛을 주는 것이 특징이다.

식사의 마지막에 단 음식을 먹는 습관은 최근의 일로 14세기경 파리의 만찬회 식단을 보면 '프루먼티'라는 달콤한 죽 같은 것이 있을 뿐, 오늘날과 같이 디저트가 다양하지 않았다. 기원전 5세기경 인도에서는 설탕이 이미 널리 사용되고 있었으나, 그 외 나라에서는 설탕이 아주 진귀하고, 값이 비싸서 '흰색의 금(White Gold)'이라고도 불렸다.

9세기에 이베리아 반도를 정복한 무어인은 동양에서 남아프리카를 경유하여 시실리아와 스페인 방면으로 세력을 확장하며 사탕수수 재배 지역도 차츰 넓혀 갔다. 그러나 유럽에서 설탕을 많이 사용하게 된 것은 16세기로 스페인이 카리브해의 인접 국가를 식민지화하여 그곳에 사탕수수 농장을 만든 후부터이다. 그 이후 공급이 원활하여 값이 저렴해지고 많이 사용하게 되었으나 디저트를 다른 요리와 분리하여 마지막에 내놓는 형식은 바로 나타나지 않았다. 그 당시에는 요리를 식탁에 풍성하고 호사스럽게 차리는 데 익숙했으므로 좀처럼 그 습관이 바뀌지 않았던 것이다.

그러나 19세기 중반에 러시안 서비스 방법이 도입되자 손님 접대의 기본으로 급속히 유럽 전역에 보급되었는데, 새로운 이 방법은 요리가 최상의 상태일 때 제공되어 그 맛을 상실하지 않음으로써 고객에게 호평을 받기 시작했다. 연이어 조리방법과 서비스 방법이 개발되고, 각종 요리가 정해진 순서를 따라 식탁에 오르면서 그 마지막을 장식하는 데 있어 디저트는 빼놓을 수 없는 음식이 되었다.

서양 요리에서 디저트는 후식과 간식을 겸하며 그 종류가 헤아릴 수 없을 정도로 많고 맛과 향취도 다양하다. 디저트의 종류에는 치즈, 과일, 케이크, 파이, 푸딩, 샬럿, 얼린 디저트 등이 있다.

2) 치즈(Cheese)

치즈는 우유, 양유, 염소젖 등을 주원료로 하며 응유효소(Rennet)와 응유소를 첨가하여 응고시킨 후 이 응고 과정에서 얻어진 덩어리(Curd)로부터 여러 공정을 거쳐 유청(Whey)을 분리시킨다. 분리된 덩어리를 틀에 넣어 모양을 만들고 상황에 따라 압력을 가하여 단단한 치즈를 만들기도 하고 자연적으로 단단해지도록 하기도 한다. 숙성 과정에서 맛을 높이기 위해 모양을 낸 덩어리에 소금을 뿌리거나 소금물에 담근 후 온도 조절이 가능한 지하창고나 일정한 온도와 습도를 갖춘 장소에서 일정기간 동안 숙성시켜 만든 식품이다. 이 기간 동안 치즈를 규칙적으로 뒤집어 주며, 치즈의 외피를 소금물로 닦아 주거나 솔질을 해 주기도 한다.

치즈의 이름은 일정한 규칙에 의해 정해지는 것은 아니며 보통 생산지명, 수도원명, 치즈의 외관, 특성에 따라 이름이 붙여진다.

원유

Rennet 첨가

커드 절단

유청 분리(유청 제거)

가염

숙성

- 생산지명을 따른 경우: Cheddar, Emmenthal, Roquefort, Camenbert
- 수도원명을 따른 경우: Port du Salut
- 치즈의 성질을 따른 경우: Blue Cheese

치즈는 수분 함량에 따라 다음과 같이 분류된다.

수분 함량	유형
55~70%	연성 치즈
45~55%	반경성(반연성) 치즈
30~45%	경성 치즈
25~30%	초경성 치즈

(1) 치즈의 제조공정에 따른 분류

▶ 생치즈(Fresh Cheese)

저온 살균을 거친 소젖으로 만들며 발효나 숙성을 거치지 않은 치즈이다. 특이한 맛과 향을 더하기 위해 향초나 마늘, 후추 등의 향신료나 호두 등을 첨가하는 경우도 많다.

치즈의 안쪽은 흰 빛을 띠며 크림 성분이 강하거나 응집력이 없이 부스러지는 형태이며, 차게 냉장 보관하며, 빵 위에 발라 먹거나 신선한 상태로 차게 먹는다. 맥주, 백포도주, 가벼운 적포도주와 매우 잘 어울린다.

종류에는 부르생(Boursin), 람볼(Rambol)이 있다.

LunaseeStudios / Shutterstock.com

Boursin

Photo by kakao per Open Food Facts

Rambol

생산국에 따른 치즈의 분류

생산국	이름	맛과 향	유형	특징
네덜란드	Edam (에담)	약간 짠맛이나 부드러운 맛	경성	빨간 표피로 덮여 있어 '빨간 공'이라 불린다.
	Gouda (고다, 가우더)	에담 치즈보다 더 순한 맛	반경성	에담 치즈와 비슷하게 빨간 표피로 덮여 있으나 지방이 더 많고 매끄러우며 탄력이 있다.
이탈리아	Gorgonzola (고르곤졸라)	자극적인 독특한 향	반경성	녹색 빛이 강한 푸른곰팡이 치즈이다.
	Bel Paese (벨 파에제)	달고 부드러운 맛	연성	이탈리아어로 '아름다운 나라'라는 뜻이며 독특하고 부드러운 맛으로 인기가 좋다.
	Parmesan (파르메산)	고소하고 약간 짠맛	초경성	주로 분말로 만들어 사용하며 샐러드와 스파게티에 많이 사용된다.
스위스	Emmenthal (에멘탈)	약간 단 호두 맛이 남	경성	스위스의 대표적인 치즈이며 '치즈 눈(Cheese Eye)'이라 부르는 동전만한 구멍이 많이 나 있다.
	Gruyere (그뤼에르)	에멘탈 치즈보다 맛이 약간 더 강함	경성	에멘탈 치즈와 같은 유형의 치즈이나 구멍의 크기가 작다.
프랑스	Camembert (카망베르)	순하고 부드러운 맛	연성	표면이 단백질의 흰 곰팡이로 덮여 있으며 안쪽은 노란빛의 크림색을 띤다.
	Roquefort (로크포르)	짜릿한 냄새와 매우 자극적인 맛	반경성	양젖으로 만들며 파란 얼룩이 있는 푸른곰팡이 치즈이다.
	Brie (브리)	부드러운 맛	연성	표면이 붉은빛이 나는 흰색 곰팡이로 덮여 있으며 카망베르 치즈와 비슷하나 맛이 더 강하다.
	Port du Salut (포르 뒤 살루)	진하고 섬세한 맛	반경성	황색 치즈이다.
영국	Cheddar (체더)	약간 신맛이 나며 부드러운 맛	경성	흰색과 노란색이 있으며 부담 없는 맛으로 누구나 좋아한다.
	Stilton (스틸턴)	단맛	반경성	표면이 메론 껍질 모양처럼 곰팡이로 덮여 있으며 안쪽은 회색과 푸른색 곰팡이로 줄이 쳐 있다.

▶ 연성 치즈(Soft-Ripened Cheese)

저온 살균을 거친 우유를 주로 사용하며 3~6주 정도의 숙성기간을 거쳐 만들어진다.

치즈 안쪽은 거의 희고 크림 형태에 가까우며, 치즈 표면은 희고 부드러운 식용의 껍질로 덮여 있으며, 냉장 보관 후 먹기 1시간 전에 미리 꺼내 두어 실온으로 먹는 것이 좋다. 빵 위에 얹어 먹기도 하며 하루 중 어느 때 먹어도 좋은 치즈이며, 특히 식후에 적포도주와 먹으면 더욱 잘 어울린다.

종류에는 브리(Brie), 카망베르(Camembert)가 있다.

Brie

Camembert

▶ 가공 치즈(Processed Cheese)

가공 치즈는 먼저 자연 치즈에서 만들어진다. 즉 가공 치즈는 제조 시 천연 발효 숙성시킨 자연 치즈를 가열 살균시켜 숙성되지 않도록 가공한 치즈이다. 가공 치즈는 크기가 아주 큰 압착형의 치즈를 가공하여 만들며 때로는 우유, 크림 버터 또는 여러 향신료를 첨가하여 만들기도 한다.

치즈 살이 부드럽고 크림 타입이며 색깔이 아주 밝고 오랜 기간 보관할 수 있다. 특히 부드러운 맛으로 어린이들이 매우 좋아하는 치즈이다. 빵이나 크래커에 얹어 먹거나 꼬치에 꽂아 통째로 먹기도 하며, 하루 중 어느 때 먹어도 좋으며, 가벼운 적포도주나 백포도주와 함께 먹으면 조화를 이루며 몇몇 가공 치즈는 전채요리에 잘 어울리며 샴페인과의 어울림도 매우 좋다.

Sorbis / Shutterstock.com

여러 가지 형태, 예를 들면 입방형, 원통형, 삼각형 모양으로 알루미늄 종이에 싸여 있는 것도 있고 후추, 호두, 건포도 등을 얹어 낱개로 개별 포장한 종류도 많다.

▶ 블루 치즈(Blue Cheese)

블루 치즈는 치즈 살이 푸릇푸릇하게 보이는 색깔에서 그 이름이 비롯되었다. 양의 젖으로 만드는 로크포르(Roquefort)를 제외하고는 대부분이 소의 젖으로 만드는 천연 발효 숙성 치즈이다.

기름기가 많고 밝은색을 띠는 단단한 치즈 살 위로 푸릇푸릇한 초록빛의 특징 있는 반점들을 볼 수 있으며 적당히 기름진 부드러운 촉감을 띤다. 치즈의 향이 매우 강하지만 역하지 않다. 식후에 먹는 것이 좋으며 빵 위에 얹어 먹기도 하고 적포도주와도 어울리나 스위트한 백포도주와는 더 훌륭한 조화를 이룬다.

- 유럽 전역에서 만들어지는 푸른곰팡이 치즈를 블루 치즈라 부른다.
- 덴마크에서 만든 블루 치즈가 많이 알려져 있으며 덴마크산 치즈는 'Danish Blue'라고 한다.
- 소젖으로 만든 반경성 치즈로 발효할 때 곰팡이에 의해 숙성된다.
- 대리석 모양의 푸른곰팡이가 있으며 코를 찌르는 강한 냄새가 나는 개성이 강한 치즈이다.

종류에는 로크포르(Roquefort), 스틸턴(Stilton), 고르곤졸라(Gorgonzola)가 있다.

Roquefort	Stilton	Gorgonzola	Danish Blue

로크포르(Roquefort)

- 프랑스 동남부 '로크포르'라는 마을에서 만들기 시작했으며, 이 마을은 치즈 숙성에 적당한 자연동굴(온도 5~8°C, 습도 95%)을 이용하는 것으로도 유명하다.
- 푸른곰팡이에 의해 숙성되는 반경성 치즈로 '로크포르'라고 부르고, 프랑스의 다른 지방에서 나오는 푸른곰팡이 치즈는 '블루 치즈'라고 부른다.

스틸턴(Stilton)

- 영국의 스틸턴 지방에서 만들어지는 반경성의 감미로운 푸른색 곰팡이 치즈이다.
- 지방이 많고 양질의 소젖이 주원료이며 숙성기간이 길다.
- 셰리와인과 잘 어울린다.
- 청록색의 결이 안쪽에서 바깥으로 뻗쳐 있다.

고르곤졸라(Gorgonzola)

- 청록색 결이 퍼져 있는 이탈리아의 대표적인 푸른곰팡이 치즈이다.
- 고르곤졸라는 밀라노 근교의 마을 이름이다.
- 모양은 평평한 원통형으로 블루 치즈와 같이 10~15cm 높이의 삼각형으로 잘라 나눠진 모양이 많다.

(2) 나라별 치즈

▶ 프랑스 치즈

카망베르(Camembert)

- 프랑스가 노르망디 지방의 중심부인 카망베르 마을에서 17세기 말에 처음으로 만들었다.
- 현재는 세계 각국에서 제조하며 약간의 크림을 첨가한 우유로 만든다.
- 크기는 직경 10cm, 두께 3cm가 표준이다.
- 숙성은 13°C 전후에서 약 3주간 한다.
- 한번 자르면 변하기 쉬우므로 될 수 있는 대로 빠른 시일 내에 먹는 것이 좋다.

부르생(Boursin)

- 프랑스가 원산지이다.
- 크리미하고 독특한 향내가 나며 마늘과 파슬리를 함유하거나 후추를 묻히기도 한다.
- 지방을 70% 정도 함유한다.

브리(Brie)

- 프랑스가 원산지로 표면에 생육한 흰 곰팡이에 의해 숙성된 연성 치즈이다.
- 평평한 원판 모양으로 직경 40cm, 두께 3cm 정도의 대형, 소형이 있다.
- 3~4주간 숙성된다.
- 살균하지 않은 우유로 만들어 숙성기간이 짧아 변질되기 쉬우므로 수출이 어려우나, 살균한 우유로 만들어 수출하기도 한다.

포르 뒤 살루(Port du Salut)

- 9세기 후반에 프랑스의 '포르 뒤 살루' 수도원에서 처음 만들어진 반경성의 치즈이다.
- 직경 25cm, 두께 5cm 정도의 원판형이 일반적이다.
- 내부는 진한 크림색으로 결이 섬세하고 탄력이 있으며 맛이 독특하다.

셰브르(Chevre)

- 프랑스가 원산지이다.
- 염소젖으로 만들며 통나무 모양이다.
- 플레인으로 만들기도 하나 허브, 후추 또는 야채 등을 덮어서 만들기도 한다.

ValentynVolkov / iStock.com

Camembert

Boursin

gresei / iStock.com

Brie

Port du Salut

Chevre

▶ 스위스 치즈

에멘탈(Emmenthal)

- 스위스의 대표적인 치즈로 유명하며 '스위스 치즈'로 불린다.
- 탄력 있는 조직과 숙성이 진행되면서 가스 구멍인 '치즈 눈(Cheese Eye)'이 생긴다.
- 52~54°C의 고온에서 가열하고 발효할 때 생기는 탄산가스로 특유의 풍미가 만들어진다.
- 1단계 숙성은 21~23°C에서 5~8주간 숙성시키면서 에멘탈 특유의 '치즈 눈'을 형성하고, 2단계 숙성은 7~9°C에서 8~9개월간 오래 숙성시킨다.

그뤼에르(Gruyere)

- 스위스 '그뤼에르' 지방에서 200년 전부터 만들기 시작한 경성 치즈이다.
- 에멘탈보다 풍미가 더 진하며 가스 구멍인 치즈 눈이 훨씬 작으므로 쉽게 구별된다.
- 6~12개월가량 숙성시키며 각종 요리에 많이 이용된다.

Emmenthal

Gruyere

cometary / iStock.com

▶ 이탈리아 치즈

벨 파에제(Bel Paese)

- 이탈리아어로 '아름다운 나라'를 뜻하는 치즈의 상품명으로 감미롭고 온화한 맛과 부드러운 맛을 느낄 수 있다.
- 숙성이 빠른 테이블 치즈이다.
- 인기가 있어 동종의 치즈가 많이 만들어지며 '버터 치즈' 등의 이름으로도 불린다.

아마인유(Linseed Oil)

아마의 씨에서 짜낸 건성 지방유

▶ 네델란드 치즈

에담(Edam)

- 네델란드에서 만드는 치즈 중 가장 널리 알려져 있다.
- 발효 도중 **아마인유(Linseed Oil)**로 코팅하여 더 발효하는 것을 막는다.
- 수출용에는 붉은 파라핀 왁스를 입힌다.
- 지방이 40%인데도 진한 풍미를 지닌다.

고다(Gouda)

- 네델란드가 원산지이며 경성 치즈이다.
- 작은 발효 가스 구멍이 있는 것이 특징이다.
- 제조법과 모양은 에담과 거의 비슷하나 더 짙은 색깔과 진한 풍미를 지닌다.
- 직경 3cm 정도로 작게 만든 것은 '베이비 고다(Baby Gouda)'라고 한다.
- 2~3개월간 숙성시킨다.

Edam

Gouda

(3) 치즈에 잘 어울리는 빵

Dark Rye Crispbread

Light Rye Crispbread

Matzos

Pumpernickel

Corn Tortillas

Vollkornbrot

Pretzel

Glissini

(4) 치즈 보관법

▶ 냉장 보관한다.

치즈는 온도가 높은 곳에 두면 곰팡이가 생겨 풍미가 떨어질 수 있다. 또한 치즈에 함유된 수분이 얼어 버릴 정도로 냉동 보관하게 되면 부서지게 되므로 치즈가 얼지 않도록 유의해야 한다.

▶ 특유의 수분 함량을 유지해야 하므로 건조해지지 않게 한다.

치즈의 잘린 부분이 건조해지면 딱딱하게 변질되므로 잘 감싸서 공기에 닿지 않게 보관한다.

▶ 물방울이 생기지 않게 한다.

치즈는 냉장 보관하더라도 온도가 자주 변하거나 습도가 일정하지 않을 경우 외관에 물방울이 생겨서 곰팡이가 생길 위험이 있으므로 물기가 닿지 않도록 유의해야 한다.

(5) 치즈 자르는 법

카망베르, 에담, 고다 등 둥근 치즈는 중심으로부터 바깥쪽을 향해 부채꼴로 자른다. 체더, 에멘탈, 그뤼에르 등 각진 치즈는 3mm 정도로 얇게 썬다. 양 끝부분은 서비스하지 않는다. 치즈를 자를 때는 서로 다른 나이프를 써서 냄새가 옮는 것을 방지한다. 경성 치즈는 자른 후 치즈 나이프의 등 쪽 끝부분으로 비스듬히 찍어 접시에 놓고 좌우로 빼면 좋다.

3) 과일(Fruits)

과일이란 식물 중에서 씨를 가진 것으로 80~90%의 수분을 함유하고 야채와 비슷한 성분을 가진다. 대부분 단맛과 특유의 맛을 내므로 생으로 먹는 것이 보통이다. 싱싱한 과일은 샐러드에도 쓰이고 전채요리, 가니시 등, 또 디저트 조리에도 많이 쓰인다.

치즈 자르는 법

- 치즈는 맛과 향이 살아나도록 공기와 접촉하는 면이 많게 자른다.
- 치즈를 나이프로 자를 때는 위에서 아래로 수직으로 누르듯 자른다.
- 치즈 고유의 향이 섞이지 않도록 치즈 종류에 따라 각각의 나이프를 사용한다.

카망베르, 에담, 고다 등의 둥근 형 치즈는 중심에서 바깥쪽을 향해 부채꼴로 자른다.	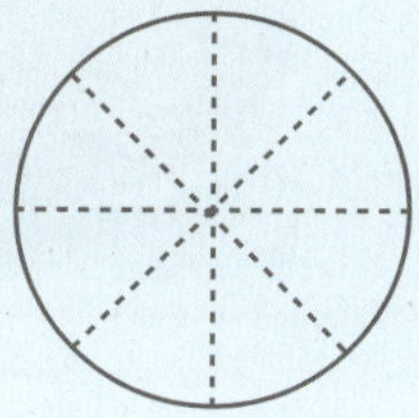
체더, 에멘탈, 그뤼에르 등 각진 치즈는 3mm 정도로 얇게 썰며 양 끝부분은 대체로 딱딱하게 굳어 있으므로 서비스하지 않는다.	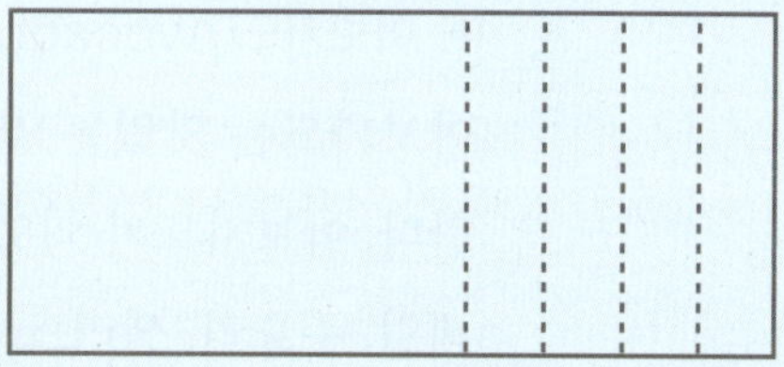
브리, 숌므(Chaume), 포르 뒤 살루 등의 삼각형 치즈는 가로, 세로 방향으로 자른다.	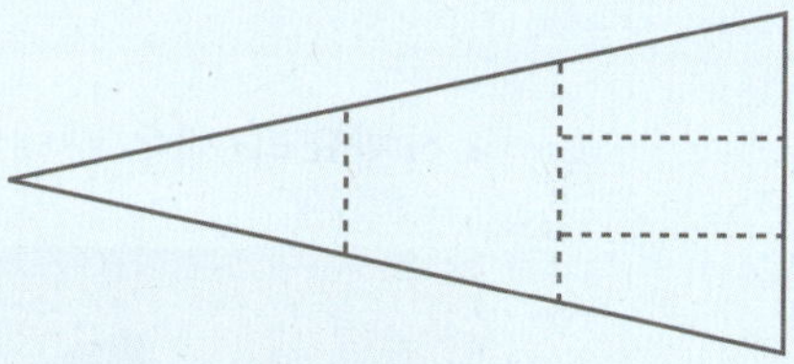
블루 치즈는 부채꼴 원형대로 잘라 숙성(푸른곰팡이) 부분이 골고루 있게 한다.	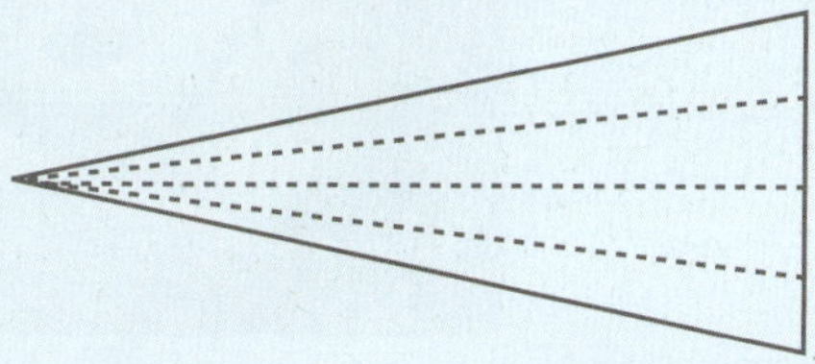
부르생과 같이 부드럽고 크리미한 유형의 치즈는 티스푼을 이용하여 뜨듯이 접시에 담아 낸다.	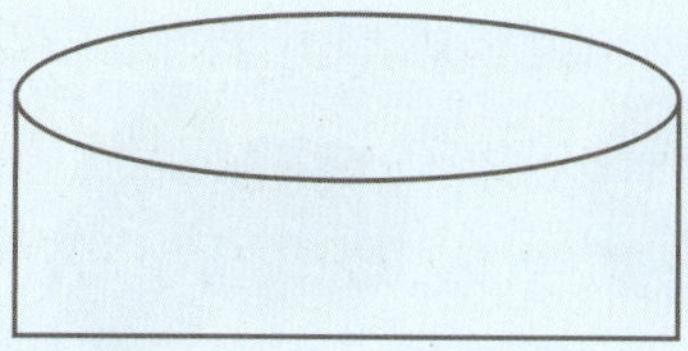

▶ 사과(Apple)

- 디저트용: 사과(애플) 파이
- 샐러드용: 과일 샐러드
- 소스용: 사과 소스

Apple Pie

Fruit Salad

Apple Sauce

▶ 아보카도(Avocado)

아보카도는 맛있는 열대과일로 미국, 남미, 남아프리카, 이탈리아 등지에서 자란다. 아보카도가 익었을 때 반으로 잘라서 씨를 빼고 날것으로 먹기도 하고 칵테일, 주요리, 샐러드, 정식요리 혹은 디저트로 낼 수도 있다. 아보카도는 단백질, 지방과 비타민 A와 B도 풍부하다.

- 전채요리: 새우 칵테일

▶ 베리(Berries)

Blue Berries

Black Berries

Longan Berries

Rasp Berries

Kateryna Bibro / iStock.com

Straw Berries

▶ 체리(Cherries)

체리는 페르시아에서 기원되었다. 모든 종과류와 같이 체리도 하루 내지 이틀 밖에 저장할 수가 없다. 체리에는 여러 종류가 있는데 사워 체리(Sour Cherries)는 신맛이 강하고 당분이 낮으며 즙이 풍부하여 건과를 만들거나 냉동 저장하고 과자, 아이스크림, 과일 칵테일의 중요한 재료로 쓰인다. 스위트 체리는 가니시(Garnish)로 사용되며 당분이 높아서 생으로 먹거나 통조림을 만들며 양주에 넣기도 한다.

▶ 바나나(Banana)

바나나는 수확한 후에 익으며 익는 과정 중 가장 먹기에 좋은 품질로 성숙시킨다. 15~20°C에 저장하며 절대 냉장해서는 안 된다. 껍질에 검은 반점이 있는 것은 농익은 것이므로 케이크, 빵, 푸딩을 만들 때 사용한다.

▶ 그레이프프루트(Grapefruit)

이름에서 '포도(grape)'는 종종 포도송이 모양으로 열매를 맺는 것에서 유래했다. 내부 살은 분할되어 있으며 흰색에서 노란색, 분홍색에서 빨간색으로 다양하다. 전통적인 아침식사용 과일로 전채요리 또는 디저트 과일, 과일주스로 많이 쓰인다.

▶ 레몬(Lemon)

대부분이 칵테일의 가니시 또는 주스로 사용되고 샐러드나 생선구이 등에 양념으로도 쓰인다.

▶ 라임(Lime)

라임은 밀감 속 과일로 외형은 조그만 레몬과 같지만 껍질의 색깔이 녹색이고 얇다. 라임은 음식의 맛을 돋우기 위한 주스로 사용하거나 음료수의 혼합주스로 이용된다. 라임주스는 종종 맥주와 혼합하기도 하고 칵테일로도 쓰이며 셔벗으로 만들기도 한다.

▶ 멜론(Melon)

- 허니듀 멜론(Honeydew Melon): 미국 캘리포니아와 멕시코에서 생산되고 겉은 매끄럽고 크림색이 나며 과육은 두껍고 녹색인 멜론
- 머스크 멜론(Musk Melon): 그물 멜론계 일종으로 겉에 거미줄같이 줄이 그어져 있는 멜론
- 칸탈루프(Cantaloupe): 대표적인 미국산 멜론의 일종으로 머스크 멜론과 비슷하고 겉은 희고 과육은 오렌지색이다.

Honeydew	Musk Melon	Cantaloupe

▶ 파인애플(Pineapple)

샐러드의 재료로 쓰이고 외관이 화려하여 뷔페에서 장식용으로 많이 사용된다. 특히 폴리네시아와 하와이 요리의 가니시로 유명하다.

▶ 복숭아(Peach)

가장 좋은 복숭아는 껍질이 단단하며 촉감이 부드럽고 노란색을 띤다. 복숭아는 뜨거운 차, 차가운 요리, 가니시 디저트로도 이용된다.

▶ 배(Pear)

배는 피루스과 식물로 유럽, 아시아, 남아프리카에 걸쳐 20~25종이 있다. 바틀렛트 배(Bartllett), 베르당주 배(Burre D'anjou), 보스크 배(Bosc) 등이 널리 알려져 있다.

▶ 자두(Plum)

자두나무의 열매로 과거에는 '오얏'이라고도 부르기도 했으며 파이, 푸딩, 타트케이크, 젤리와 잼을 만들기에 좋다. 말린 자두는 섬유소가 풍부하여 아침식사에 건강식으로 사용되고, 양과자의 장식으로 쓰인다.

열대과일의 종류

이름	사진	내용
애플 망고 (Apple Mango)		사과보다 조금 큰 계란형의 과일로 과일과 껍질이 진한 황색을 띠고 속에 큰 씨가 있다.
파파야 (Papaya)		장원형과 원형 두 가지 종류가 있으며 장원형은 녹색 껍질에 과육이 붉고 원형은 황색 과피에 황색 과육으로 되어 있다.
포므롤 (Pomerol)		오렌지과의 식물이며 오렌지보다 크고 과피가 맑은 노란색이며 과육이 투명한 엷은 노란색이다.
람부탄 (Rambutan)		5~6cm 정도의 정방형으로 표피는 붉은빛의 자주색을 띠며 표피에는 푸른색 털이 밤송이같이 돋아나 있다. 맛이 리치(Lychee)와 거의 다름 없다.
만다린 (Mandarin)		귤의 일종으로 우리나라 밀감과 비슷하나 표피가 푸른색이 도는 황색이며 달콤하다.
키위 (Kiwi)		뉴질랜드산으로 작은 감자와 비슷하게 생겼으며 과육이 녹색으로 멜론의 맛에 여러 가지 과일을 섞은 것과 같은 단맛을 낸다.
오렌지 (Orange)		오렌지라는 말은 아라비아 말의 '나랑지(Naranji)'와 페르시아 말의 '나롱(Narong)'에서 기원한 것이다. 오렌지는 사워 오렌지와 스위트 오렌지로 나뉜다. 품질이 좋은 오렌지는 껍질이 미세한 조직으로 되어 있고 색깔이 좋으며 단단하고 무겁다. 스위트 오렌지는 다과용과 주스용으로 이용되며 샐러드, 디저트, 가니시로도 쓰인다.
망고스틴 (Mangostine)		귤 크기의 구형으로 자주색의 두꺼운 과피 속에 6조각으로 나누어져 있는 크림의 과육이 씨를 덮고 있다. 고급 향과 단맛, 약간 신맛이 나며 '과일의 여왕'이라고 불린다.
리치 (Lychee)		남아시아 중국 대륙 남부의 상록수 열매로 과피를 벗기면 하얀 씨를 덮은 과육이 있다. 약간 신맛을 띤 단맛이 나며 그대로 먹기도 하고 설탕에 졸여 통조림으로 만들기도 한다.
구아바 (Guava)		미국과 아시아의 열대지역에서 생산되는 구아바 나무의 열매이다. 오렌지, 배 혹은 무화과와 같이 여러 종류의 모양이 있으며 생으로 먹기도 하고 때로 스튜와 잼 혹은 젤리로 많이 요리해서 먹는다.
두리안 (Durian)		파인애플 크기로 표면이 성게와 같으나 청황색이다. 과육은 포므롤과 비슷하고 맛이 좋으나 독특한 향내가 매우 자극적이다.

4) 스위트 디시(Sweet Dish)

(1) 가토(Gateau)

구운 케이크를 말한다. 계란, 설탕, 버터, 소맥분, 전분, 각종 향료, 과일 등을 사용해 여러 종류의 케이크를 만든다.

▶ 그로 가토(Gros Gateau)

그로 가토는 대형 케이크를 의미하며, 데코레이션 케이크(Decoration Cake), 웨딩 케이크(Wedding Cake) 등이 있다.

zoranm / iStock.com

▶ 프티 가토(Petit Gateau)

소형 케이크를 말한다.

Juanmonino / iStock.com

margouillatphotos / iStock.com

(2) 파이(Pie)

▶ 타르트(Tarte)

비스킷 등을 파이 모양으로 만들어 굽고 그 안에 과일을 넣고, 계란 노른자, 우유, 생크림을 넣어 섞은 것을 얹어 오븐에 구운 것이다.

▶ 플랑(Flan)

재료와 만드는 방법이 타르트와 같으나 겉껍질이 더 높고 원판형이다. 과일 외에 크림을 안에 넣은 것도 있다.

(3) 젤리(Jelly)

젤라틴에 설탕, 계란 흰자 등을 혼합하여 모양을 만들고 차게 굳힌 것으로 와인 혹은 리큐어, 셰리, 과일 등을 넣어 만든다.

(4) 푸딩(Pudding)

푸딩에는 차가운 것과 뜨거운 것이 있는데 만드는 방법은 같다. 계란, 우유, 버터, 소맥분, 캐러멜을 섞어 만든 커스터드 푸딩은 차게 제공한다.

- 슈크림, 푸딩
- 바바리안[Bavarian(Cold)]: 우유, 계란 노른자, 설탕, 바닐라, 젤라틴, 휘핑크림 등을 기본으로 하여 여러 가지 향료를 넣어 만든 크림의 일종
- 베뉴[Beignet(Hot)]: 밀가루 반죽에 파인애플, 사과, 바나나 등을 넣고 튀긴 것
- 블랑 망제[Blanc Manger(Cold)]: 우유, 설탕, 바닐라, 젤라틴, 휘핑크림을 섞어 만든 흰색 크림의 디저트
- 샬럿(Charlottes): 과일, 크림 등을 빵으로 싸서 만든 과자

Mango Pudding

sereznity / iStock.com

Pudding

Bavarian Cream

Crisp Beignet

Cinnamon and Golden Raisin Beignets

Blanc Manger Coco Dessert

Almond Milk Blanc Manger

Charlottes

(5) 무스(Mousse)

무스는 프랑스어로 '거품'이라는 의미로 재료를 갈아 거품을 일게 한 다음 크림을 넣어 부드럽게 만든 모든 요리에 붙는 이름이다. 계란, 생크림, 설탕, 럼(Rum)을 혼합한 다음 글라스에 담아 차갑게 한 것이며, 첨가되는 부재료에 따라 다양하게 만들어진다.

디저트 요리에서 무스는 계란, 설탕, 우유를 적당히 끓여 거품을 낸 다음 차갑게 식힌 후 향료와 양주 등을 첨가하고 용기에 담아 얼려 굳힌 것으로, 각종 과일을 갈아서 넣은 것도 있다.

letterberry / iStock.com

yumehana / iStock.com

(6) 셔벗(Sherbet)

셔벗은 과즙, 향료, 양주, 설탕 등을 섞어 혼합하고 냉동해서 얼린 것으로 담백하고 시원한 맛이 특징이다. 셔벗이 아이스크림과 다른 점은 유지방을 사용하지 않았다는 점이다. 주된 재료는 과즙, 설탕, 물, 술, 계란 흰자이며, 저칼로리 식품으로서 시원하고 산뜻하여 생선요리 다음에 제공하거나 후식으로 제공하는데, 이는 소화를 돕고 입맛을 상쾌하게 해 주기 때문이다. 또한 모든 과즙은 재료로 사용 가능하며, 그 외에 술이나 향신료를 이용할 수도 있다.

yumehana / iStock.com

(7) 프티 푸르(Petits Fours)

한 입에 먹기 좋게 만든 작은 케이크로 장식과 다양한 색상으로 매우 화려하게 만든 것이 특징이다.

Serhii Sobolevskyi / iStock.com

(8) 프뤼 프롸(Fruits Froids)

과일을 사용한 냉과로 파인애플, 셰리, 복숭아, 딸기, 사과, 배, 멜론, 오렌지 등에 향료, 설탕, 양주 등을 넣어 차게 하거나 얼린 것으로, 위에 생크림을 얹기도 하고 아이스크림과 함께 제공한다.

▶ 피치 멜바(Peach Melba)

프뤼 프롸(Fruits Froids)의 메뉴로 유명하다. 복숭아를 바닐라 향을 넣은 시럽으로 조린 다음 셰리가 들어간 크림을 위에 부어 만든다.

(9) 세이보리(Savory)

세이보리란 디저트 코스에 제공되는 가벼운 음식을 통틀어 일컫는 말이다. 치즈 커스터드, 치즈 수플레(Cheese Suffle), 치즈 스트로(Cheese Straw) 등이 있다.

(10) 샬럿(Charlottes)

여러 가지 모양의 작은 티 케이크의 일종으로 설탕으로 차게 하여 겉에 크림을 입혀 장식한 디저트이다.

(11) 빙과류(Frozen Dessert)

▶ 아이스크림(Ice Cream)

일반적인 아이스크림 등을 속에 넣고 겉은 빵이나 크림으로 감싸서 잘 녹지 않게 만든 베이크드 알래스카(Baked Alaska)라는 아이스크림이 기내에서 많이 제공된다.

▶ 체리 주빌레(Cherry Jubille)

아이스크림의 장식용으로 많이 쓰이는 것으로 체리, 쿠앵트로, 브랜디 향료를 섞어 만든 것이다.

▶ 파르페(Parfait)

계란 노른자, 생크림, 설탕, 럼, 뜨거운 물을 재료로 하여 기포상태가 된 것을 냉동시켜 만든 것이며 여러 가지 과일과 술을 이용하여 다양하게 만든다.

Sarsmis / iStock.com

3절 아침식사(Breakfast)

1. 아침식사 메뉴

서양의 아침식사는 하루 식사 중 가장 가벼운 메뉴로 구성되며 유럽의 아침식사는 더욱 간단하여 빵과 커피 정도로 제공되는 경우가 많다. 예를 들면, 영국에서는 아침식사로 생선 튀김과 홍차를, 프랑스에서는 카페오레와 빵을, 그리고 미국에서는 과일주스로 시작하여 그릴 요리까지 먹는다. 아침식사의 메뉴를 자세히 살펴보면 다음과 같다.

유럽식 아침식사(Continental Breakfast)	미국식 아침식사(American Breakfast)

유럽식은 계란요리를 곁들이지 않고 간단한 아침식사로 빵류, 주스류, 시리얼, 요거트, 커피나 홍차 등을 제공한다.	미국식은 계란요리와 햄, 베이컨, 또는 소시지 등이 곁들여 제공되고 계절과일, 주스류, 시리얼류, 빵류, 케이크와 함께 커피나 홍차가 제공된다.

2. 아침식사의 종류

1) 미국식 아침식사(American Breakfast)

계란요리를 중심으로 신선한 과일, 주스, 시리얼, 케이크, 음료, 빵 등이 제공되는데 메뉴 작성에 따라 한두 가지 생략될 수도 있다.

Continental Breakfast

Juice Selection

**

Fresh Seasonal Fruits

**

Yoghurt and Cereal

**

Selection of Breakfast Bread

Served with Preserves, Honey and Butter

**

Tea and Coffee

American Breakfast

Juice Selection

**

Appetizer

Fresh Seasonal Fruits, Yoghurt and Cereal, Fruit Yoghurt, Muesli or Corn Flakes

**

Main Course

Omelette with Parsley

**

Accompaniments

Grilled Veal Sausages, Parmentier Potatoes, Broiled Tomato with Herbs, Button Mushrooms

**

Bread Selection

Croissants, Banana Muffin, Hazelnut Danish or Soft Roll served with Preserves, Honey and Butter

**

Tea and Coffee

(1) 제철 과일(Fruits)

살구, 사과, 체리, 천도복숭아, 복숭아, 배, 자두, 오렌지, 자몽, 딸기, 포도, 멜론, 무화과, 야자대추, 망고, 키위, 파파야, 파인애플, 바나나 등의 신선한 과일이 있다.

(2) 생과일주스(Fresh Juices)

오렌지주스, 사과주스, 파인애플주스, 자몽주스, 딸기주스, 망고주스 등의 과일 주스와 토마토 주스, 야채 주스가 제공된다.

(3) 시리얼(Cereal)

주로 아침식사에만 제공되는 곡물 죽 종류로 뜨겁게 제공되는 핫 시리얼과 차갑게 제공되는 콜드 시리얼이 있다. 콜드 시리얼은 콘플레이크(Cornflake)나 퍼프드 라이스(Puffed Rice)와 같이 건조한 상태의 식품이므로 드라이 시리얼이라고도 하며 차가운 우유와 설탕이 같이 제공된다. 그리고 핫 시리얼은 오트밀, 크림 휘트(Wheat)에 따뜻한 우유와 설탕이 함께 제공된다.

(4) 계란(Egg)

계란은 계절에 관계없이 경제적이고 가장 널리 알려진 요리이다. 계란은 요리에서 음식 재료를 응고시키거나 발효시키는 데 사용되며 슈크림이나 반죽 등에 탄력을 줄 때 사용되기도 한다. 또한 계란은 맛과 향을 좋게 하고 음식물을 코팅하여 황금색이 나도록 한다.

계란의 노른자위는 진한 소스나 커스터드, 샐러드 드레싱을 만들 때 오일과 섞여 유상(油狀)의 상태로 만드는 역할을 한다. 계란은 항상 낮은 온도로 적당히 요리해야 한다. 만일 너무 높은 온도로 가열하거나 장시간 요리한다면 마르거나 고무같이 질겨질 것이다.

흰 계란이 갈색 계란보다 더 위생적이고 더 좋아 보일 수 있고 그 반대의 경우도 있는데, 이것은 전적으로 개인적인 취향일 뿐 요리에서 중요한 것은 아니다. 계란은 크기에 따라 여러 등급으로 분류되는데 Jumbo, Extra Large, Large, Medium, Small로 나뉜다.

계란은 구입할 때 손상 여부를 확인해야 하는데, 깨진 계란에는 식중독의 원인인 박테리아가 기생할 수 있기 때문이다. 만일 계란이 신선하지 않다고 의심되면 받침접시에 깨뜨려 냄새를 맡아 본다. 신선한 계란이라면 깨뜨렸을 때 깨끗하고 달콤한 냄새가 날 것이다. 그런데 불쾌한 냄새가 난다면 분명히 상한 것이다. 흰자위가 반투명하고 두껍고 껍질이 딱딱하고 노른자가 부드럽고 둥글어야 한다. 만일 노른자가 평평하고 접시 위의 흰자위 쪽으로 넓게 퍼지면 그 계란은 상한 것이다.

계란을 냉장고나 바람이 잘 통하는 곳에 상자에 담아 보관했다면 한 달 정도 지나도 신선하다. 계란 껍질에는 작은 구멍이 있어 치즈나 양파 같은 강한 음식 냄새가 스며들 수 있기 때문에 보관 시에는 멀리 떨어뜨려 놓는다.

미국식 아침식사에서는 계란요리가 주요리로 제공되는데 조리방법에 따라 명칭이 다르므로 주문 시에 주문 내용을 정확하게 확인해야 한다. 계란요리에는 다음과 같은 종류가 있다.

▶ 플레인 에그(Plain Egg)

날것으로 제공되기 때문에 매우 신선하고 위생적으로 처리된 위생란을 사용한다.

▶ 보일드 에그(Boiled Egg)

계란을 껍질째 끓는 물에서 삶는 것으로 반숙(Soft Boiled)과 완숙(Hard Boiled)가 있다. 반숙은 노른자가 흐르지 않을 정도로 고정되어야 하고 흰자위는 완전히 불투명한 상태로 익어야 하지만 크림같이 부드러운 상태여야 한다. 완숙은

계란 삶는 시간

- Soft Boiled: 3~5분
- Medium Boiled: 6~8분
- Hard Boiled: 10~15분

멜바 토스트(Melba Toast)

바삭바삭하게 구운 얇은 토스트. 흰 식빵을 얇게 썰어 오븐에 갈색이 나게 굽는데, 보통 가로 3cm, 세로 5cm, 두께 2mm 정도 된다.

흰자와 노른자가 단단해질 때까지 완전히 익도록 삶는 것을 말한다. 그러나 너무 오래 끓이면 노른자가 딱딱해지고 푸르스름한 회색빛이 나타나게 된다. 삶은 계란은 손님에게 주문을 받을 때 적당한 조리시간을 물어보는 것도 좋다.

에그 스탠드를 이용하여 제공

▶ 포치드 에그(Poached Egg)

서서히 끓는(팔팔 끓지 않고) 물 또는 기타 용액에서 3~5분간 계란의 껍질을 깨어 익히는 조리 방법이다. 만일 계란이 신선하지 않다면 흰자가 노른자 주변에 응집되지 않고 넓게 퍼져 실패할 것이다. 계란이 다 익고 나면 국자로 건져 낸 후 종이 타월(Paper Towel)로 물기를 제거한 후 **멜바 토스트(Melba Toast)** 위에 얹어 제공한다.

▶ 스크램블드 에그(Scrambled Egg)

계란을 깨어 우유, 크림, 물을 섞어 가끔 휘저어 가며 익힌다. 이때 너무 자주 휘저으면 매우 작은 조각으로 나뉘고 마르며 부스러지는데, 우유와 크림을 넣으면 보송보송하고 더욱 부드러운 요리가 된다. 이 계란요리도 역시 멜바 토스트 위에 얹어 제공할 수 있다.

▶ 프라이드 에그(Fried Egg)

Over Easy

Sunny Side up

Over Hard

계란 껍질을 깨고 프라이팬에서 한쪽 면만 익히는 것으로 흰자의 가장자리는 바삭바삭하고 단단하게 익히되 노른자는 뜨겁지만 완전히 익히지 않는 요리이다. 이 상태를 Sunny Side Up이라고 하는데, 흰자는 양쪽 면을 다 익혔으나 노른자는 덜 익힌 것을 Over Easy라고 하며 노른자까지도 완전히 익힌 것을 Over Hard라고 한다.

램킨(Ramekin)

치즈에 빵 조각, 달걀 등을 섞어서 구운 요리. 또는 오븐에 사용할 수 있는 지름 8~10cm의 그릇을 말하며, 수플레 그릇을 축소한 것과 모양이 비슷하다.

▶ 구운 계란(Baked Egg)

두 개의 계란을 껍질을 깨고 **램킨(Ramekin)**이라는 작은 용기에 눌어붙지 않도록 버터를 발라 오븐에서 구워 내는 것이다. 소금, 후추, 파프리카 등으로 간을 맞추고 15분 정도 조리하는데 계란 흰자는 완전히 불투명해질 때까지 익혀야 하고 노른자는 부드러울 정도로 익혀 제공한다.

램킨에 구운 달걀요리(Baked Egg and Vegetable)

▶ 오믈렛(Omelette)

French Omelette with Tomato and Spinach

계란을 개어서 우유, 양파, 버섯 등 기타 양념을 넣고 잘 섞어 오믈렛 팬에서 적당한 낮은 온도로 조리해야 한다. 오믈렛은 완성되면 바로 제공해야 하며 고객이 원하는 재료를 추가로 주문받는 것도 좋은 방법이다.

(5) 케이크(Cakes)

계란요리 대신에 Cake 요리가 제공되기도 하는데 그 종류로는 팬 케이크, 와플, 프렌치 토스트 등이 있으며 케이크에는 꿀이나 시럽이 함께 제공된다.

Pancake with Strawberry and Blueberry	Waffle with Raspberry	French Toast

(6) 브레드와 롤(Breads and Rolls)

아침식사에 빼놓을 수 없는 것이 빵 종류이다. 여기에는 토스트용 식빵(Bread)과 롤(Roll) 빵이 제공된다. 롤으로는 크로와상(Croissant), 브리오슈(Brioche), 대니시 페이스트리(Danish Pastry), 머핀(Muffin) 등이 제공되며 브레드로는 버터와 잼 등이 곁들여 제공된다.

(7) 음료(Beverages)

아침식사에 제공되는 음료에는 커피, 차, 우유 등이 있는데 커피를 가장 많이 마시며 커피 서비스는 고객의 요구에 따라 식전부터 제공하는 경우가 많다.

(8) 베이컨, 햄, 소시지(Bacon, Ham, Sausage)

미국식 아침식사에서 계란요리에 곁들이는 요리로 고객은 베이컨, 햄, 소시지 중에서 한 가지를 선택할 수 있다.

2) 유럽식 아침식사(Continental Breakfast)

유럽식 또는 대륙식이라고도 하는 유럽식 아침식사는 주로 유럽에서 일반화된 아침식사 형태로 미국식 아침식사에 비해 매우 간소하여 계란과 육류 없이 주스, 빵, 커피 정도의 간단한 메뉴로 구성된다. 이 식사는 보통 시간이 없는 고객이나 객실에서 룸 서비스를 이용하는 고객에게 제공된다.

3. 아침식사용 빵(Breakfast Roll)의 종류와 특성

주로 부드럽고 달콤한 빵이 제공되며 다음과 같은 종류가 있다.

- 크로와상(Croissant): 파이 반죽을 하여 구운 초생달 모양의 불란서 빵
- 대니시 페이스트리(Danish Pasty); 잼을 속에 넣고 네모지게 모양을 잡아 설탕 조림을 위에 얹어 만든 빵
- 머핀(Muffin): 버터를 사용하여 원주형 틀에 넣어 구운 빵
- 브리오슈(Brioche): 계란과 효모균을 넣어 부드럽게 만든 빵으로 빵 위에 작은 꼭지 빵이 올려진 것 같은 모양이다. 이 빵은 잼과 마말레이드(Marmalade)와 함께 서비스한다.
- 커피 케이크(Coffee Cake): 커피로 맛을 내거나 커피와 함께 먹을 수 있는 케이크이다. 영국식 커피 케이크는 전형적으로 커피 향이 나는 스폰지 케이크이며, 커피 버터의 착빙에 의해 두 개의 층으로 나누어진 둥근 모양의 케이크이다.

Croissant

Brioche

Danish Pastry

Muffin

Coffee and Walnut Cake

4. 기타 아침식사 메뉴

(1) 프렌치 토스트(French Toast)

저먼 토스트(German Toast)라고도 하며 식빵을 2~2.5cm 정도 두께로 자르고 생계란, 우유, 설탕이 잘 혼합된 것에 담갔다가 건져 양면을 노릇노릇하게 익힌 것으로 시럽, 꿀, 잼, 버터 등을 곁들여 제공한다.

(2) 팬케이크(Pancake)

밀가루, 달걀, 우유를 혼합하여 프라이팬에 얇게 부친 것으로 여러 가지 종류가 있으며 시럽, 꿀, 휘핑버터 등을 곁들여 제공한다,

- 크레이프(Crepes): 양주나 달걀, 과일 등을 사용하여 얇게 구운 불란서 풍의 팬케이크를 말함
- 잉글리시 팬케이크(English Pancake): 팬케이크에 레몬을 곁들여 만 것
- 카넬로니(Cannelloni): 이탈리아풍 파스타로 밀가루에 적당히 물을 넣고 반죽한 것을 사각으로 만들어 고기를 채워 말아서 구운 것
- 크레이프 수제트(Crepes Suzette): 팬케이크에 오렌지 껍질과 과일을 넣고 코냑, 그랑 마니에르(Grand Marnier)를 부어서 불꽃을 내어 향을 스미게 한 것

Crepes

English Pancake with Lemon

Cannelloni

Crepes Suzette

(3) 와플(Waffle)

밀가루를 계란과 우유를 혼합한 것에 부드럽게 풀어 원형의 격자무늬가 있는 틀에 넣어 구운 것으로 시럽, 꿀, 휘핑버터 등을 곁들여 제공한다.

4절 | 항공 기내식의 서비스 절차와 내용

1. 항공 기내식 서비스 원칙

1) 기내식 서비스 기본원칙

(1) 식사 주문받기

① 제공되는 메뉴의 내용에 대해 충분히 숙지하며, 승객의 기호와 취향을 파악하여 적절하고 적극적으로 추천한다.

② 식사를 추천할 때는 클래스별 특성을 충분히 고려하며, 외래어나 전문 용어를 사용하는 것보다는 승객이 이해하기 쉽게 설명을 한다.

③ 승객을 정면에서 바라보며, 성의를 갖고 따듯한 마음으로 응대한다.

④ 뜨겁거나 무거운 것을 제공할 때(편한 손으로 제공)를 제외하고, 왼쪽 승객에게는 왼손으로, 오른쪽 승객에게는 오른손으로 제공한다.

© Lee Chi Min / CENGAGE

(2) 식사 제공하기

① 식사를 제공하기 전에 먼저 승객의 식사 테이블을 펴드리며, 창가 승객에게

는 양해를 구해 승객이 직접 식사 테이블을 펴도록 권유한다.

② 창가 승객부터 서비스하며, 남녀노소 승객이 같이 동석한 경우라면 노인, 어린이 동반자, 여자 승객에게 우선적으로 주문을 받고 서비스한다.

③ 모든 식사는 뜨겁게 서비스해야 할 것은 뜨겁게, 차갑게 서비스해야 할 것은 차갑게 제공될 수 있도록 준비한다.

④ 식사를 서비스할 때와 회수할 때는 서비스 용품이 승객의 머리 위로 지나치지 않도록 유의한다.

© Lee Chi Min / CENGAGE

(3) 식사 회수하기

① 서비스한 식기나 트레이를 회수할 때는 승객의 취식 만족도를 확인하고 반드시 회수해도 좋은지를 물어본 다음에 회수한다.

② 제공한 순서대로 회수하는 것을 원칙으로 하되 승객이 요구할 때는 먼저 회수하며, 식사가 일찍 끝난 승객에게는 승객의 의향을 묻고 먼저 정리해 드린다.

③ 통로 쪽 승객부터 회수하되, 창가 승객의 식사가 먼저 끝난 경우에는 통로 쪽 승객에게 양해를 구한 후 회수한다.

2) 기내식 서비스 기본방법

(1) 식사 서비스를 위한 개인위생

① 서비스 시작 전후에 반드시 손을 씻고 청결을 유지한다.

② 서비스 전에는 손에 로션을 바르지 않으며 향수를 지나치게 많이 사용하지 않도록 한다.

③ 가니시 류(레몬 슬라이스 등) 준비는 갤리(주방)에서 비닐장갑을 착용하고 한다.

④ 서비스 도중에 머리를 쓰다듬거나 코를 만지지 않는다.

(2) 고객 응대 및 서비스 기본자세

① 항상 밝은 표정과 적극적인 태도로 올바른 서비스 매너를 갖추어 승객을 응대한다.

② 용모와 복장은 항상 청결하고 단정한 차림을 유지한다.

③ 승객의 요구에 응하지 못할 경우에는 타당한 사유를 설명하고 반드시 그에 상응하는 대체품을 권한다.

④ 고객 응대의 시작과 끝마무리에서는 반드시 손님과 눈을 맞추고, 바른 자세로 적절한 대화를 하며 서비스하도록 한다.

⑤ 손가락은 가지런히 모으고, 팔과 상체의 동작 속도는 보통에서 시작하여 잠시 멈추었다가 천천히 되돌아오는 안정적인 흐름을 유지한다.

(3) 기본적인 식사 서비스 방법

© Lee Chi Min / CENGAGE

① 서비스 시점과 기종별로 정해진 서비스 진행 순서에 따라 실시한다.

② 수시로 서비스 진행 정도를 확인하여 동일 클래스의 서비스가 적정한 균형을 이룰 수 있도록 한다.
③ 서비스 도중 카트는 항상 청결하고 정돈된 상태로 유지한다.
④ 모든 서비스가 식사 코스별로 충분히 제공될 수 있도록 서비스 속도를 조절한다.

3) 기내식 서비스를 위한 기물 취급요령

(1) 기물 사용 원칙

① 사용하기 전에 기물의 청결 상태를 다시 한번 확인한다.
② 기물은 서로 부딪치거나 소리가 나지 않도록 조심스럽게 다룬다.
③ 서비스할 때 음식이 닿는 부분과 입이 닿는 부분에 손이 닿지 않도록 주의한다.
④ 기내주방 안에서만 사용하는 일부 기물은 승객 서비스용 기물과 구분하여 사용한다.
⑤ 사용 후 모든 기물은 깨끗이 하여 제자리에 보관한다.
⑥ 모든 기물은 경유지가 아닌 모기지에서 하기한다.

(2) 기내식 서비스 기물 취급방법

▼ 카트(Cart) 취급방법

종류	용도	취급방법
Meal Cart	식사 서비스 및 회수	• 도어를 여닫을 때에는 로킹(Locking)고리를 이용한다. • 카트 정지 시 반드시 페달(Pedal)을 이용하여 고정시킨다. • 이동 시 카트의 내용물이 흐트러지지 않도록 조심스럽게 다룬다. • 카트에서 식사 트레이를 꺼내거나 넣을 때 무릎을 굽히고 자세를 낮추어 허리에 무리가 가지 않도록 주의한다. • 카트는 안정감 있게 두 손으로 잡고, 통로(Aisle)를 지날 때는 승객이 다치지 않도록 특히 주의한다. • 사용 후에는 통로나 도어 주변에 방치하지 않는다.

▼ 트레이(Tray) 취급방법

종류	용도	취급방법
Large Tray	Basic Meal Tray 각종 서비스 및 회수	트레이는 안정감 있게 두 손으로 잡고, 장축이 통로(Aisle)와 평행이 되게 유지한다.
Small Tray	Basic Meal Tray 각종 개별 서비스 및 회수	
2/3Tray	Basic Meal Tray	

▼ 바구니(Basket) 취급방법

종류	용도	취급방법
Bread Basket/ Tongs	빵, 견과류 등 서비스	• 손바닥으로 바스켓의 바닥을 받쳐 안정감 있게 잡는다. • 서비스 중이 아닐 때 집게는 바스켓 아래에 두도록 한다. • 바닥에 내려놓지 않도록 한다.
Towel Basket/ Tongs	타월 서비스 및 회수	

▼ 커틀러리(Cutlery) 취급방법

종류	취급방법
Knife Fork Soup/Tea Spoon	• 목 부분을 잡는다. • 개별 서비스 때 나이프는 칼날이 안쪽을 향하도록 놓는다. • 테이블에 놓을 때는 포크는 왼쪽, 나이프는 오른쪽에 놓는다.

▼ 기타 기물 취급방법

종류	용도	취급방법
Small Linen	빵 바구니, 와인	청결한 상태로 구김이 가지 않도록 한다.
Cart Mat	서빙 카트 상단	
Muddler Shelf	설탕, 크림, 티백(Tea Bag), 머들러 등을 항상 보관	그 밖에 얼음 주걱(Ice Scoop), 얼음 송곳(Ice Pick), 석면 장갑 등 기내주방용 기물은 주방 안에서만 사용한다.
석면 장갑	주요리(Entrée) 세팅	

클래스별 항공 기내식 서비스 기물 소개

일등석 서비스 기물

F/CLS Cutlery 종류

Bread Knife	Soup Spoon	Knife	Fork	한식용 Soup Spoon	한식 수저
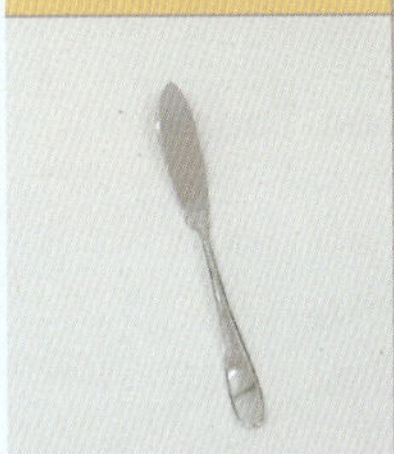		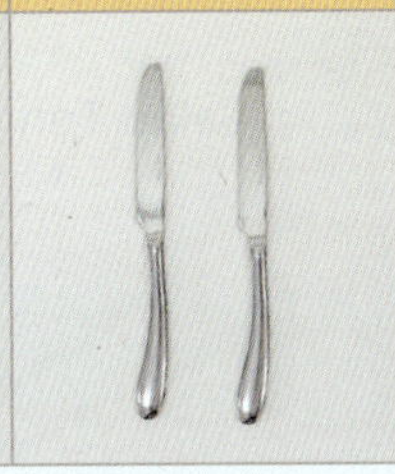			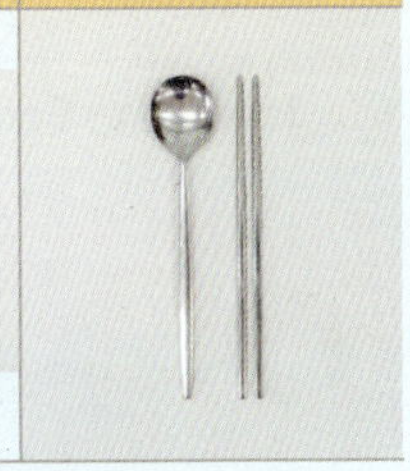

photo credit ©Lee Chi Min / CENGAGE

F/CLS Plate 종류

Service Plate	9″ Plate	7″ Plate	6″ Plate

첫 번째 식사 양식 접시 위치 (Soup~Main Dish)	양식 Main Dish	한식 Main Dish, 치즈, 과일	빵, In-between Snack

photo credit ©Lee Chi Min / CENGAGE

F/CLS Bowl 종류

Butter Bowl	Bowl Small	Bowl Medium	Bowl Large

버터, 티백, 레몬 슬라이스, 소스류, 라면, 반찬, 한식 양념류 등	샐러드, 가니시, 아이스크림, 시리얼, 요거트, 단거리용 샐러드	샐러드, 양식 수프	라면, 비빔밥 나물, 한식 죽류/면류/탕(국)류/덮밥류

photo credit ©Lee Chi Min / CENGAGE

F/CLS 식사 서비스용 기물 종류

Serving Spoon & Fork	국자	주걱	Pepper Mill
	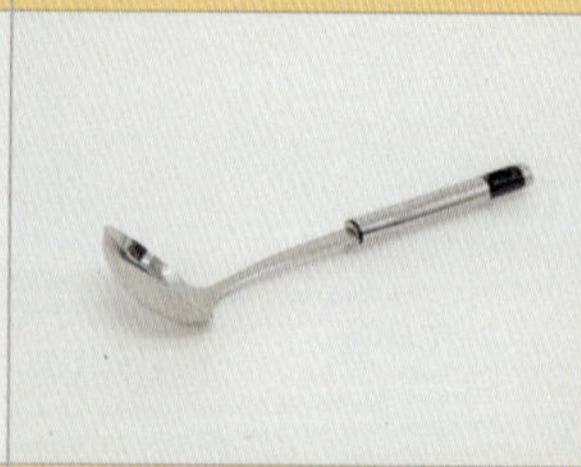	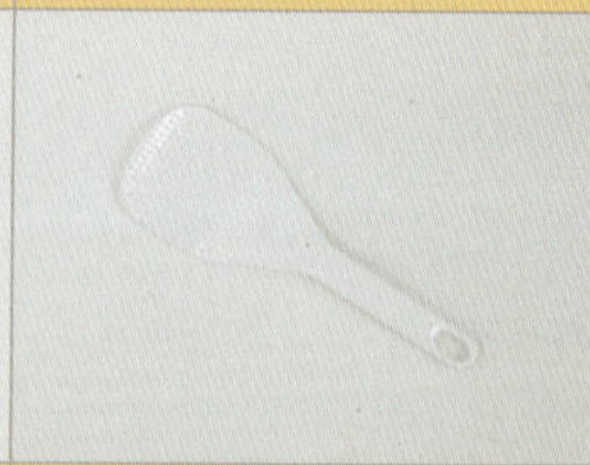	
Icecream Scoop	**Towel Tongs**	**Salad Tongs**	**Food Tongs**
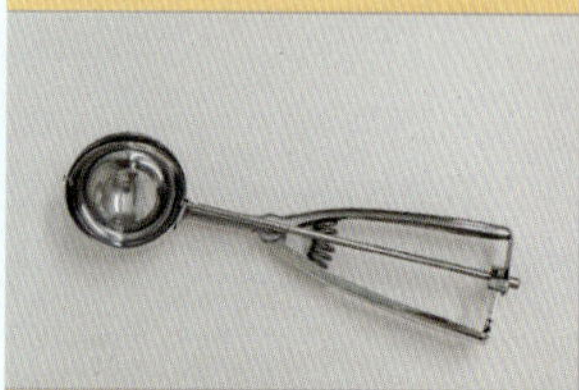	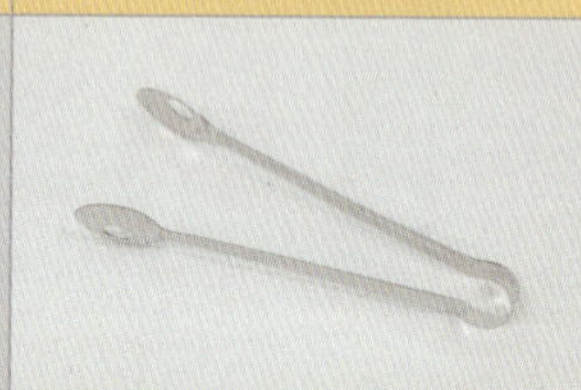	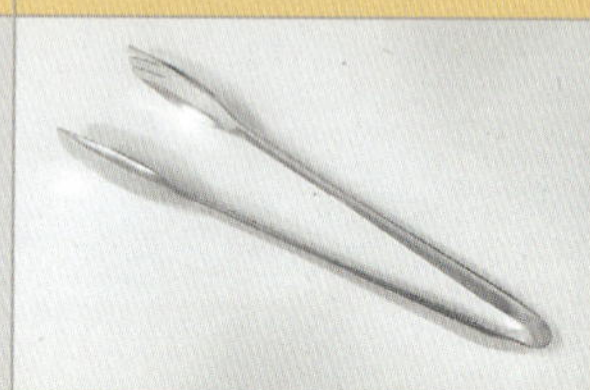	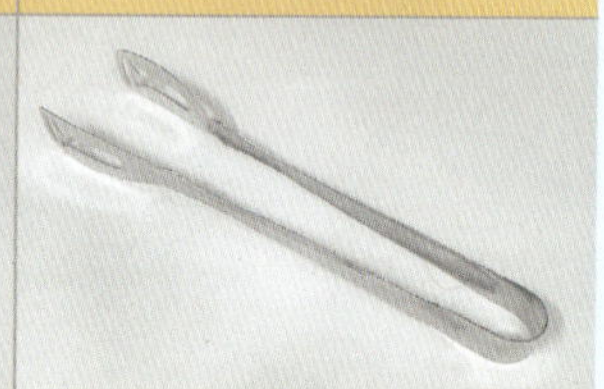
Gravy Boat	**Condiment Set**	**Muddler Box**	**Oven Mitt**

Cheese Board			

photo credit ©Lee Chi Min / CENGAGE

비즈니스석 서비스 기물

C/CLS Plate 종류

8″ Plate	6″ Plate	5.5″ Plate

애피타이저, Cold Meal, 양식 Main Dish 등	빵, 치즈, 과일, 스낵 등	단거리 빵, In-between Snack

photo credit ©Lee Chi Min / CENGAGE

C/CLS Bowl 종류

Butter Bowl	Bowl Small	Bowl Medium	Bowl Large

버터, 티백, 레몬 슬라이스, 소스류, 라면, 반찬 등	양식 수프, 단거리용 샐러드, 소바	샐러드, Porridge	라면, 비빔밥 나물, 면류/탕류

photo credit ©Lee Chi Min / CENGAGE

C/CLS Tray 종류

Serving Tray Large	Serving Tray Medium	Large Tray	Small Tray

식사 서비스 빵 서비스(브레드 클로스와 함께)	승객의 간단한 주문 Hot Towel 서비스 (매트 없이)	Basic Tray 서비스 라면 서비스 회수 시 (리넨 없이)	Extra Cutlery 서비스 (리넨으로 주머니 모양을 만듦)

photo credit ©Lee Chi Min / CENGAGE

C/CLS Cutlery 종류

Soup Spoon	Tea Spoon	Knife	Fork	한식 수저
	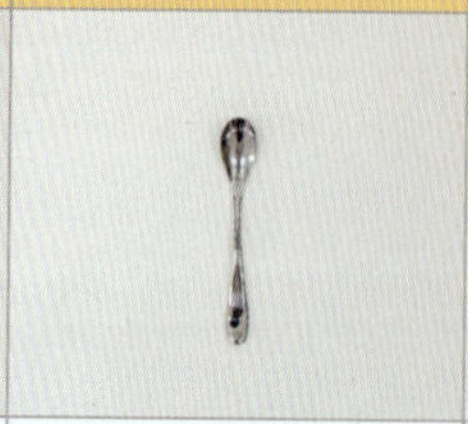	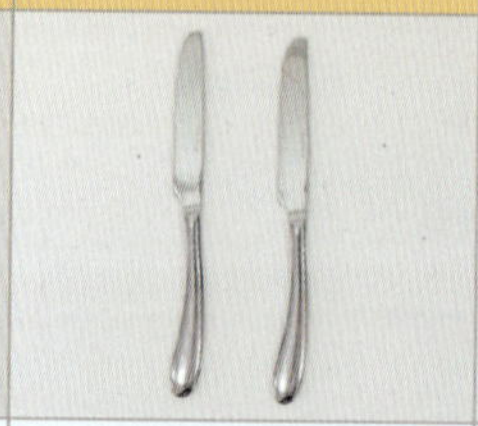		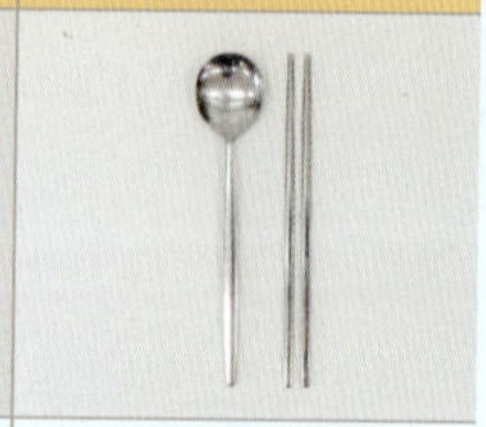
수프, 시리얼, 라면	차, 커피, 아이스크림, 요거트	Main Dish, 치즈, 디저트	Main Dish, 치즈, 디저트	한식 Main Dish, 라면

photo credit ©Lee Chi Min / CENGAGE

C/CLS Cutlery Pack 종류

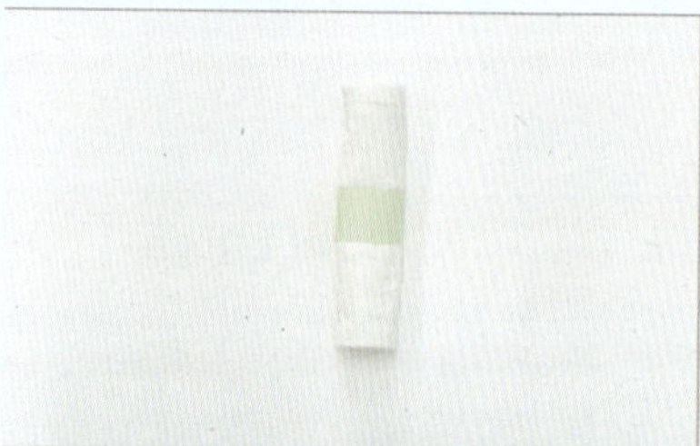	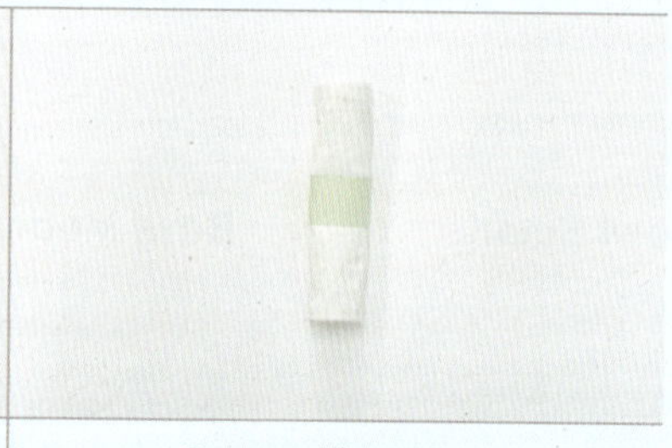
Gray 색 Holder 포크 1, 나이프 1 한식 수저 1 젓가락 1, 코튼 냅킨 1	Green 색 Holder 포크 2, 나이프 2 수프 스푼 1 젓가락 1, 코튼 냅킨 1

photo credit ©Lee Chi Min / CENGAGE

C/CLS Linen 종류

Tray Mat	Linen Napkin	Table Cloth

Large Tray 크기에 맞는 리넨 라면, 기타 서비스 용품 제공 시 Large Tray에 깔아서 사용	단춧구멍이 있음 식사 서비스 시 승객 제공용, 와인, 물 서비스용	식사 시 테이블에 깔아 드림 홍콩을 포함한 3시간 이상 노선에서 제공

photo credit ©Lee Chi Min / CENGAGE

Cart Mat	Bread Cloth
	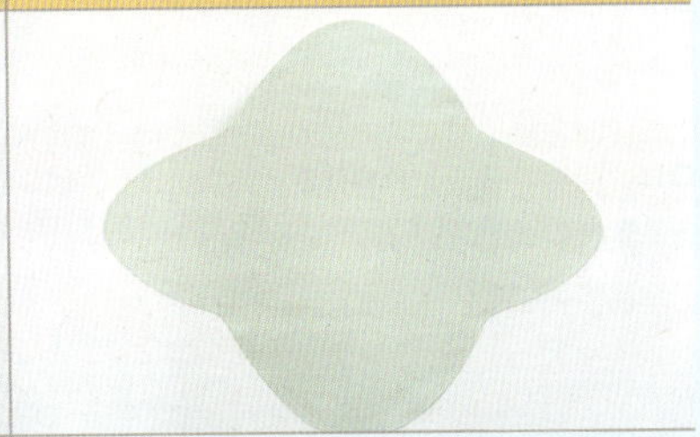
서빙 카트에 까는 용도의 리넨 상단에 까는 큰 사이즈, 하단에 까는 작은 사이즈 2종류 사용	테두리에 레이스가 있는 리넨 빵 서비스용(대형 서빙 트레이에 깔아 빵을 담은 후 제공)

photo credit ©Lee Chi Min / CENGAGE

C/CLS 식사 서비스용 기물 종류

Serving Spoon & Fork	국자	주걱	Condiment Set
	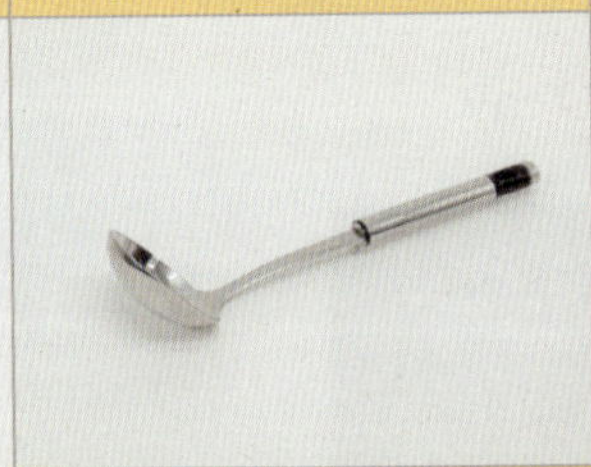	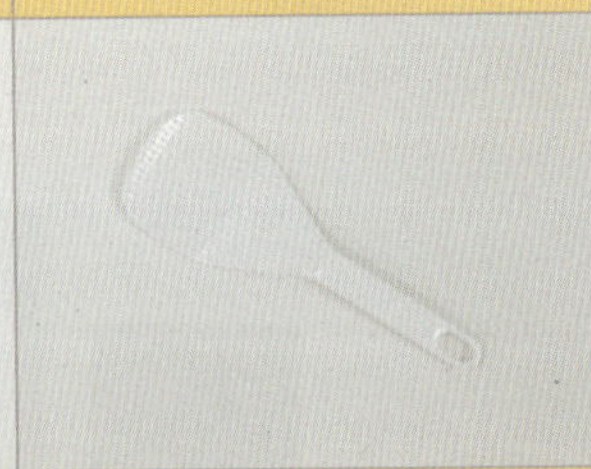	
Towel Tongs	**Lemon Tongs**	**Food Tongs**	**Ice Tongs**
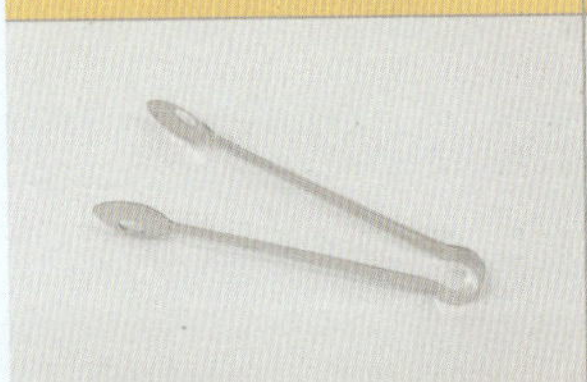	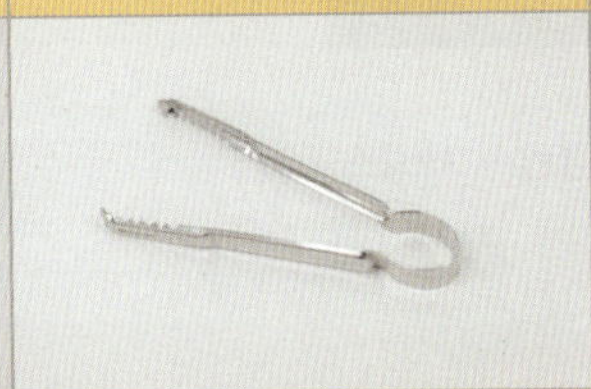		
Bread Tongs	**Muddler Box**	**Oven Mitt**	**Cheese Board**
	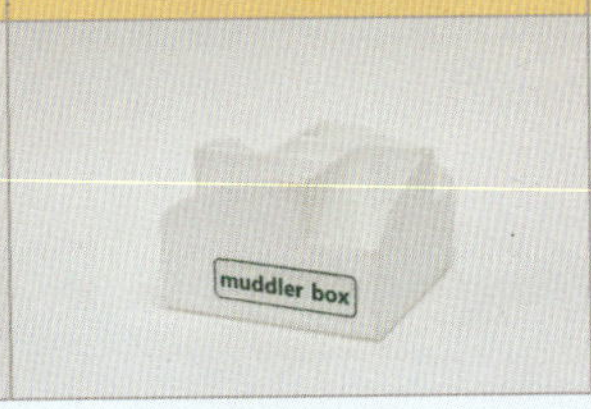		

photo credit ©Lee Chi Min / CENGAGE

일반석 서비스 기물

Y/CLS Cutlery 종류

Soup Spoon	Tea Spoon	Knife	Fork
		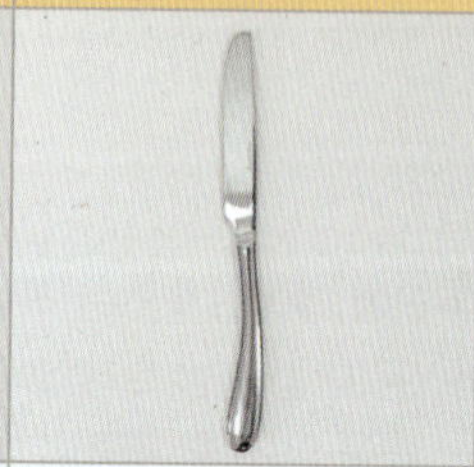	
라면	차, 커피, 요거트	Main Dish, 치즈, 디저트	Main Dish, 치즈, 디저트

photo credit ©Lee Chi Min / CENGAGE

Y/CLS Tray 종류

Large Tray	Small Tray

Basic Meal Tray 서비스 각종 서비스 및 회수	Basic Meal Tray 서비스

photo credit ©Lee Chi Min / CENGAGE

Y/CLS Linen & Mat 종류

Tray Mat(L)	Tray Mat(S)	Linen Napkin

Large Tray 크기에 맞는 종이	Small Tray 크기에 맞는 종이	단춧구멍이 있음 빵, 와인, 물 서비스용

photo credit ©Lee Chi Min / CENGAGE

Y/CLS 식사 서비스용 기물 종류

Full Cart

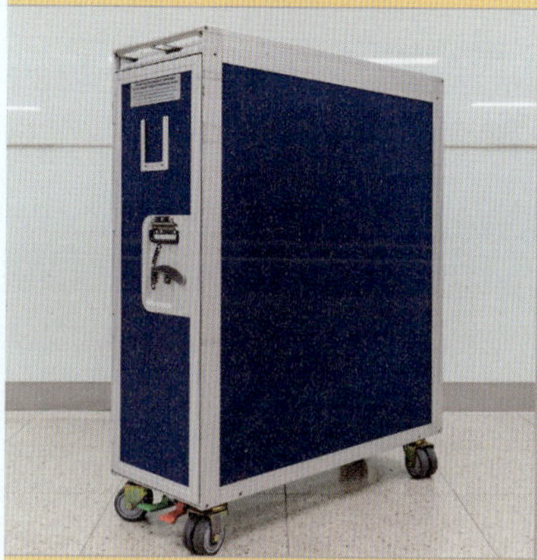

Half Cart

Serving Cart

Towel Basket

Bread Basket

Muddler Box

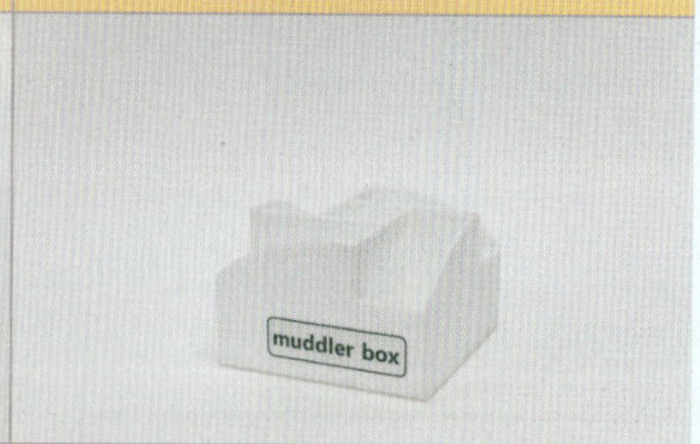

Towel Tongs

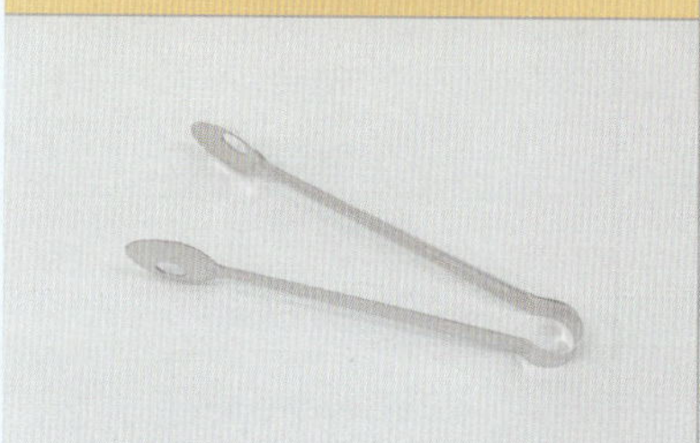

Bread Tongs

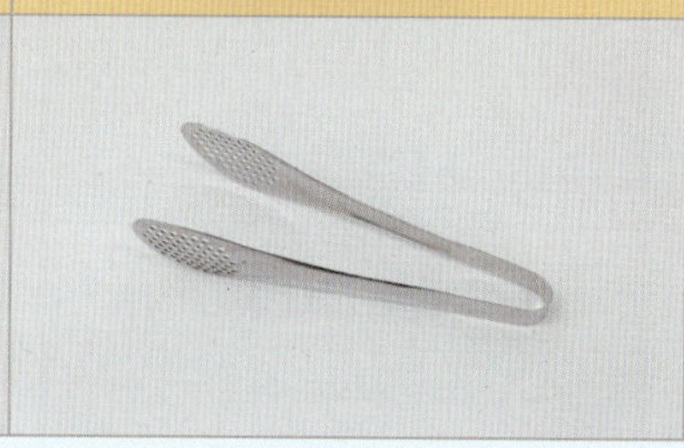

Oven Mitt

photo credit ©Lee Chi Min / CENGAGE

2. 항공 기내식 서비스 절차

1) 일등석(First Class) 기내식 서비스 절차

(1) 중 · 장거리 노선

Lunch/Dinner/Supper Light Meal | **Breakfast/Brunch** | **Refreshment**

Common steps:

- Wine List & Menu Book
- Order Taking
- Hot Towel
- Table Opening & Tablecloth Spread
- Aperitif
- Tableware Setting ◆

Lunch/Dinner/Supper Light Meal	Breakfast/Brunch	Refreshment
Water	Water	Water
Wine	Hot Beverage	Bread
Bread	Bread	Wine
Appetizer	Yoghurt ◆	Soup
Soup	Wine(Brunch Only)	Main Dish
Salad ◆	Main Dish ◆	Toothpick
Main Dish ◆	Toothpick	Tableware 회수
Toothpick	Tableware 회수	Fruit
Tableware 회수	Fruit	Hot Beverage
Cheese & Fruit ◆	Hot Beverage	2nd Hot Towel
Tablecloth 회수	2nd Hot Towel	Clear Off
Dessert	Clear Off	
Espresso Coffee 안내지		
Hot Beverage & Liqueur ◆		
2nd Hot Towel		
Clear Off		

◆ 표시된 서비스 단계는 서빙 카트를 이용한 Presentation Service를 실시함

(2) 단거리 노선

Lunch/Dinner/Supper Light Meal | **Breakfast/Brunch** | **Refreshment**

Common steps:

- Menu Book
- Menu Order Taking
- Hot Towel
- Table Opening
- Aperitif

Lunch/Dinner/Supper Light Meal

- Basic Tray
- Wine
- Bread
- Main Dish
- Toothpick
- Basic Tray 회수
- Dessert Tablecloth Spread
- Fruit
- Hot Beverage & Liqueur
- 2nd Hot Towel
- Clear Off

Breakfast/Brunch

- Basic Tray
- Bread
- Hot Beverage
- Wine(Brunch Only)
- Main Dish
- Toothpick
- Basic Tray 회수
- Dessert Tablecloth Spread
- Fruit
- Hot Beverage
- 2nd Hot Towel
- Clear Off

Refreshment

- Basic Tray
- Wine
- Toothpick
- Basic Tray 회수
- Dessert Tablecloth Spread
- Fruit
- Hot Beverage & Liqueur
- 2nd Hot Towel
- Clear Off

2) 비즈니스석(Business Class) 기내식 서비스 절차

(1) 중 · 장거리 노선

Lunch/Dinner/Supper Light Meal	Breakfast/Brunch	Refreshment

공통
Menu Book
Menu Order Taking
Hot Towel
Table Opening & Tablecloth Spread
Aperitif ◆

Lunch/Dinner/Supper Light Meal	Breakfast/Brunch	Refreshment
Basic Tray	Basic Tray	Basic Tray
Wine(& Beverage)	Bread	Wine
Bread	Hot Beverage	Hot Beverage
Soup	Wine(Brunch)	Basic Tray 회수
Salad	Main Dish ◆	Clear Off
Main Dish ◆	Basic Tray 회수	
Basic Tray 회수	Dessert(Fruit) ◆	
Dessert ◆	2nd Hot Towel	
Dessert Beverage ◆	Clear Off	
2nd Hot Towel		
Clear Off		

◆ 표시된 서비스 단계는 서빙 카트를 이용한 Presentation Service를 실시함

(2) 단거리 노선

Lunch/Dinner | **Breakfast/Brunch** | **Refreshment**

◀on the Ground

1. Menu Book
2. Menu Order Taking
3. Hot Towel
4. Table Opening
5. Aperitif

Lunch/Dinner

1. Basic Tray & Wine
2. 비빔밥용 국 – 한식
3. Bread
4. Main Dish
5. Hot Beverage
6. Basic Tray 회수
7. Clear Off

Breakfast/Brunch

1. Basic Tray & Wine
2. 비빔밥용 국 – 한식
3. Bread
4. Hot Beverage
5. Main Dish
6. Basic Tray 회수
7. Clear Off

Refreshment

1. Basic Tray & Wine
2. Hot Beverage
3. Basic Tray 회수
4. Clear Off

3) 이코노미석(Economy Class) 기내식 서비스 절차

(1) 중 · 장거리 노선

1st Meal

- Headphone
- Child Giveaway
- Refreshing Towel
- Aperitif
[Welcome Cart]
[Morning Cart]
[Nuts Basket & BEV Tray]
[Beverage Tray]
- Meal Tray
[wz Wine & Cold Beverage]
[wz Hot & Cold Beverage]
Hot Beverage
- Meal Tray 회수
- Clear Off

2nd Meal

- Aperitif
- ↓
- Aperitif
[Beverage Tray]
- Meal Tray
[wz Cold & Hot Beverage]
- ↓
- Basic Tray 회수
- Clear Off

Refreshment

- Aperitif
- ↓
- Aperitif
[Beverage Tray]
[Beverage & Snack Cart]
- ↓
- 회수
- Clear Off

(2) 단거리 노선

Tray Meal

- Child Giveaway
- Meal Tray
- Hot Beverage
- Meal Tray 회수
- Aisle Cleaning

Box Meal

- Child Giveaway
- Meal Box
- Meal Box 회수
- Hot Beverage-Order Basis
- Aisle Cleaning

3. 항공 기내식 서비스 내용

1) 일등석(First Class) 기내식 서비스 내용

(1) Menu Book

© Lee Chi Min / CENGAGE

© Lee Chi Min / CENGAGE

▶ 서비스 준비

① Menu Book Cover와 안내지의 청결 상태, 수량 등을 점검한다.

② 한식 Menu 안내지는 승객 국적에 따라 Menu Book의 해당 언어 면을 펴서 함께 준비한다.

▶ 서비스 방법

① 한 손으로 Menu Book Cover의 아랫부분을 받치고 검지로 Menu Book의 첫 면을 펼쳐 승객에게 드린다.

② 해당 노선의 식사 내용과 제공 시점을 간단히 소개하고, Menu Book은 한 번에 5개 이상 들고 서비스하지 않도록 한다.

(2) Menu Order Taking

▶ 서비스 준비

① 승객에게 주문을 받기 전에 해당 노선에서 서비스할 Meal 내용을 숙지한다.

② 승객의 좌석번호와 성함을 작성한 Seat-chart를 준비한다.

▶ 서비스 방법

① 앞쪽 승객부터 눈높이 자세로 Main Dish를 주문받는다.

② 승객이 주요리를 결정하지 못한 경우 요리의 재료, 조리법, 맛 등을 소개하며 선택할 수 있도록 돕는다.

③ Beef Steak(Portion Type)의 경우 익힘 정도(Rare, Medium, Well-done)를 함께 주문받는다.

④ 한식 메뉴에 따라 밥 종류(흰밥, 현미밥, 흑미밥)와 장 종류(양념간장, 고추장)를 주문받는다.

(3) Hot Towel

▶ 서비스 준비

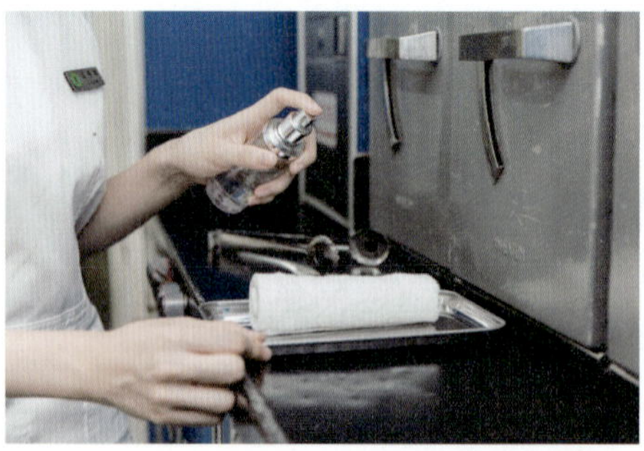

① Towel을 뜨겁게 Heating한다. (Med 20~25분)

② 각 승객에게 제공할 Towel을 서비스용 Tray에 한 개씩 준비한다.

③ 제공하기 전에 습기와 온도를 확인하고 Eau De Toilette를 Spray한다.

▶ 서비스 방법

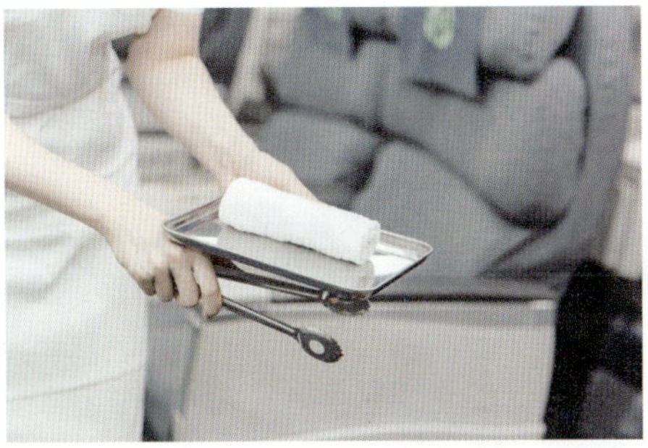
© Lee Chi Min / CENGAGE

© Lee Chi Min / CENGAGE

① Towel은 Towel Tongs를 이용하여 말린 상태로 제공하며, 회수 시는 승객이 직접 담을 수 있도록 유도하거나 Tongs를 이용하여 회수한다.

② Tongs은 사용하지 않을 때는 Tray 아랫부분에 놓아 둔다.

(4) Table Opening & Table Cloth Spread

▶ 서비스 준비

Table Cloth의 청결 및 다림질 상태를 확인하고 승객 수만큼 준비한다.

▶ 서비스 방법

© Lee Chi Min / CENGAGE

© Lee Chi Min / CENGAGE

① 식사가 제공됨을 알리며 Table을 펴 드린다.

② 3절로 접혀 있는 Table Cloth를 걸치고 나가 Table 중앙에 놓아 드린 후 접혀 있는 Cloth를 펴 드린다.

(5) Table Ware Setting

▶ 서비스 준비

© Lee Chi Min / CENGAGE

① 6인분 기준으로 Setting 준비를 한다. (Butter, Olive Oil, Condiment Set, Tumbler Glass, Wine Glass, 각종 Cutlery, Linen Napkin, Bread Plate)

② Bread용 서비스 기물(Butter, Olive Oil Bowl, 6인치 Plate, Bread Knife)은 양식 취식 인원 수를 고려하여 준비한다.

▶ 서비스 방법

© Lee Chi Min / CENGAGE

① L · R Side별 Table Ware Setting 순서에 따른다. (창 측에서 통로 측 방향으로)

② Tumbler와 Wine Glass는 주문한 승객에게, Butter와 Olive Oil & Bowl은 취식 의향을 문의한 후 제공한다.

(6) Bread

▶ 서비스 준비

© Lee Chi Min / CENGAGE

© Lee Chi Min / CENGAGE

① 'Do Not Re-Heat'라고 명기된 Bread를 제외한 모든 Bread는 별도로 정해진 Heating 기준을 따라 Heating해야 하며 따뜻하게 서비스될 수 있도록 서비스 직전에 꺼내어 준비한다.

② Heating하지 않는 Bread도 Chiller 등에 장시간 보관되어 차갑지 않도록 서비스하기 전에 미리 꺼내 두어 냉기를 없앤다.

③ Garlic Bread/Foccacia 등 향이 강한 Bread는 Linen으로 따로 감싸 다른 Bread에 그 향이 배지 않도록 한다.

④ Serving Tray 위에 Olive Oil과 빈 3″ Plate를 적당히 Setting해 둔다.

▶ 서비스 방법

© Lee Chi Min / CENGAGE

① Bread의 종류를 소개하고 승객이 자리에서 직접 보고 고르실 수 있도록 Basket의 위치를 낮추어 보여 드린다.

② 유기농 Bread 제공 시 반드시 안내해 드린다.

③ Tongs로 Bread를 집을 때는 Tongs의 끝부분으로 Bread의 위나 아래를 집어서 Bread의 모양이 손상되지 않도록 한다.

④ Bread 서비스에 이어 곧바로 준비해 둔 Olive Oil을 들고 나가 승객에게 소개하고 원하는 경우 3″ Plate와 Olive Oil을 승객 Table에 놓아 드린다.

⑤ Cheese Course까지 수시로 Refill한다.

⑥ Heating한 Bread류는 계속 따뜻하게 제공될 수 있도록 Oven이나 Warmer에 보관한다. 또한 Bread는 양식 취식 승객에게만 서비스하며 한식 취식 승객은 원하는 경우 제공한다.

(7) Appetizer

▶ 서비스 준비

① Appetizer의 경우 Setting 상태를 확인하고 서비스 직전에 소스를 뿌린다.

② Galley에 Wine/Champagne과 Wine 서비스용 Linen을 준비한다.

▶ 서비스 방법

① Appetizer를 간단히 소개하고 서비스한다.

② Appetizer 서비스 후 Wine과 Champagne을 권유하여 서비스한다.

© Lee Chi Min / CENGAGE

© Lee Chi Min / CENGAGE

(8) Soup

© Lee Chi Min / CENGAGE

© Lee Chi Min / CENGAGE

▶ 서비스 준비

① Soup의 온도, 맛, 점도 등을 점검하여 뜨겁지 않은 경우 Hot Cup에 끓여 준비하고 Garnish는 필요시 Warming한다.

② 농도가 진한 경우 Soup의 타입에 따라 우유나 물을 첨가하여 조절한다.

③ Warming한 Bowl에 적정량을 담고 서비스 직전에 Soup Garnish를 얹는다.

▶ 서비스 방법

① Large Tray에 준비한 Soup과 Soup Spoon을 가지고 나가 서비스한다.

② Soup Spoon을 Table의 가장 오른쪽에 내려놓고 Soup을 내려놓은 후 주문하신 Soup을 소개한다.

③ Clear Soup의 경우 Chilling한 Tio Pepe와 Hot Sauce를 권유한다.

(9) Salad-Bulk Type Salad

▶ 서비스 준비

© Lee Chi Min / CENGAGE

① Cart 상단에는 Salad Bowl & Salad Tongs/Salad Dressing (In Gravy Boat & Small Ladle)/Garnish(wz Tea Spoon)/Salt Shaker & Pepper Mill/Salad Plate를 준비한다.

② Cart 중단에는 Water/Water 서비스용 Linen/Extra Cutlery Tray를 준비한다.

③ Salad를 너무 빨리 꺼내 놓을 경우 야채의 신선도가 떨어지므로 서비스 직전에 Chiller에서 꺼내 준비한다.

④ 야채는 통째로 실리므로 나이프를 사용하여 Cutting 후 적정량을 Salad Bowl에 담아 보기 좋게 Setting한다.

▶ 서비스 방법

© Lee Chi Min / CENGAGE

© Lee Chi Min / CENGAGE

① Dressing 종류와 Anchovy를 소개하고 주문을 받는다.

② Salad Plate에 Salad Tongs로 야채와 Vegetable Garnish를 색상이 조화를 이루도록 골고루 담고 Dressing을 야채 위에 'S'자 형으로 끼얹는다.

③ 주문받은 Anchovy를 보기 좋게 Topping한다.

④ Dish-up한 Salad Plate를 승객 Table에 놓아 드린 후 소금과 통후추를 주문받아 Salt Shaker와 Pepper Mill을 이용하여 직접 뿌려 드린다.

⑤ Wine은 Dressing의 신맛 때문에 Salad와 잘 어울리지 않으므로 승객이 원할 경우에만 제공한다.

(10) Main Dish

▶ 서비스 준비

① 8″ Plate를 Warming하고, 각 Main Dish를 Heating 기준에 맞추어 Heating한다.

② Main Dish의 익힘 정도를 확인하고 Warming한 8″ Plate에 Serving Spoon과 Serving Fork를 이용하여 Dish-up한다.

③ Entree Sauce류 서비스 기준은 Dish-up 시 Entree Sauce를 Plate에 깐 다음 Entree를 그 위에 놓는다. Au Jus Sauce의 경우는 Entree 전체에 골고루 끼얹는다. Beef Wellington Sauce는 Custard의 Crispy한 맛을 음미하실 수 있도록 Beef 위가 아닌 곁에 부어 서비스하며, 기타 Entree Sauce는 Entree 오른쪽 1/3 정도 위에 끼얹는다.

④ Cart 중단에는 Extra Cutlery, 물, Wine, Wine Linen을 Setting한다.

Entree별 Dish-up 방법

Meat류

- 기름이 붙어 있는 경우 기름 부분이 위로 가도록 담는다.
- 뼈가 붙어 있는 경우 뼈 부분이 Plate의 상단 왼쪽으로 가도록 담는다.
- Bacon이 둘린 Steak류는 Bacon이 둘린 채로 모양을 살려 담는다.

Seafood류

- Fish의 경우 복부가 앞쪽, 꼬리가 오른쪽으로 가도록 한다.
- 조개류는 등쪽이 Plate에 닿도록 담는다.

Starch류

- Plate의 상단 왼쪽으로 담는다.
- Baked Potato인 경우 Garnish류는 Sour Cream, Bacon, Chive의 순으로 Topping 하여 담는다.

Vegetable류

- Plate 상단의 오른쪽에 백, 청, 적의 순으로 담는다.

▶ 서비스 방법

© Lee Chi Min / CENGAGE

① 승객 Table 중앙에 Main Dish Plate를 놓아 드린다.

② 스테이크의 경우 통후추를 주문받아 Pepper Mill을 이용하여 직접 뿌려 드린다.

③ 승객이 주문한 Main Dish에 어울리는 Wine을 권유하거나 드시던 Wine을 Refill한다.

④ 승객이 Ready-Made Sauce나 고추장을 원할 경우 Galley에서 준비하여 갖다 드린다.

⑤ 고추장은 비빔밥 서비스 시를 제외하고 고추장 Tube로 3″ Plate에 담아 드린다.

⑥ Water, Bread를 Refill한다.

(11) Cheese & Fruit

© Lee Chi Min / CENGAGE

① Cart 상단에는 Fruit을 Tray째 Setting하고 Salad Tongs를 준비한다.

② 치즈는 서비스 30분 내지 1시간 전부터 Breathing하여 Cart에 준비한다.

③ Cheese는 Cheese Board에 올리고(Blue Cheese 제외) Food Tongs를 준비한다.

④ 치즈 종류별로 치즈의 Name Tag가 잘 보이도록 꽂는다.

⑤ Cracker는 비닐을 벗겨 Lemon Tongs와 함께 Plate에 담아 준비한다.

⑥ Port Wine과 Wine Glass/6″ Plate/Cocktail Napkin을 준비한다.

⑦ Cart 중단에는 Wine 4종/Water/Wine 서비스용 Linen/Water 서비스용 Linen/Extra Cutlery Tray를 준비한다.

Whole Type Fruit Cutting 요령

과일은 형태나 생김새에 따라 Linen Napkin으로 받쳐, 꼭지가 있는 부분부터 자르고, 과육이 위로 향하도록 Plate에 담는다.

- 사과, 배: 1/2이나 1/4로 잘라 담는다.
- 복숭아: Whole로 제공하는 것을 원칙으로 하나 자를 때는 옆을 잘라 담는다.
- Mango: 씨를 중심으로 옆을 길이로 잘라 Tea Spoon과 함께 제공한다.
- Melon: 길이로 8등분하여 씨를 제거하고 한쪽씩 담는다.
- Kiwi: 반으로 잘라 껍질이 붙어 있도록 하여 Tea Spoon과 함께 제공한다.
- Orange: 꼭지 있는 부분을 잘라 내고 Whole로 세워 담는다.
- Grape: 물에 헹궈 내어 별도 Plate에 담고 적당량을 잘라서 송이째 제공한다.
- Strawberry, Cherry: 물에 깨끗이 헹구어 내어 별도의 Plate에 담아 서비스한다.

(12) Dessert

▶ 서비스 준비

① 서비스 진행 상태를 감안하여 적정 시점에 Ice Cream의 Dry Ice를 제거한다.

② Cart 상단 한쪽에 양식용 Dessert와 6″ Plate를 준비한다.

③ Ice Cream과 Cake를 각각 별도의 Large Casserole에 Setting하고, Serving Spoon과 Serving Fork를 준비한다.

④ Ice Cream Sauce는 Soup Bowl에 붓고 Tea Spoon을 꽂아 준비한다. (Ice Cream Sauce는 Heating하지 않음)

▶ 서비스 방법

© Lee Chi Min / CENGAGE

① Cutlery를 먼저 놓아 드린 후 Dessert를 서비스한다.

② 아이스크림만 원하시는 경우 Bowl Small에, 케이크만 원하시는 경우 Fish Plate에 제공한다.

③ Cheese/Fruit이 모두 취식이 완료된 상태에서 제공한다.

2) 비즈니스석(Business Class) 기내식 서비스 내용

(1) Menu Book

▶ 서비스 준비

① Menu Book Cover와 안내지의 청결 상태, 수량 등을 점검한다.

② 특정 서비스를 안내하는 안내지(Beaujolais Nouveau Wine 안내지 등)가 탑재되는 경우 Menu Book의 해당 면에 끼워 준비한다.

▶ 서비스 방법

① 한 손으로 Menu Book Cover의 아랫부분을 받치고 검지로 Menu Book 첫 면을 펼쳐 승객에게 드린다.

② 해당 노선의 식사 내용과 제공 시점을 간단히 소개한다.

③ Menu Book을 한꺼번에 5개 이상 들고 서비스하지 않도록 한다.

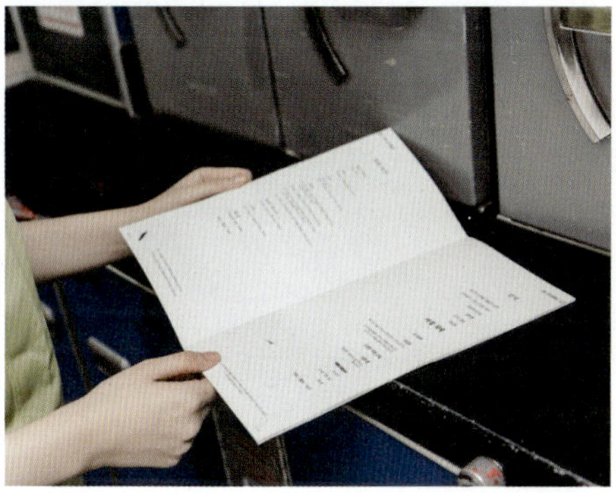

© Lee Chi Min / CENGAGE

© Lee Chi Min / CENGAGE

(2) Menu Order Taking

▶ 서비스 준비

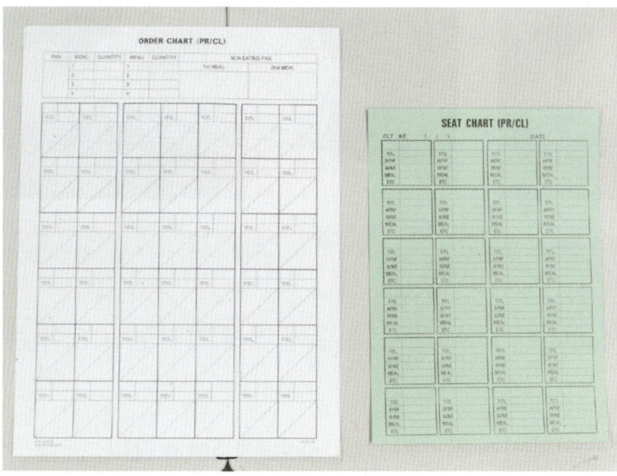

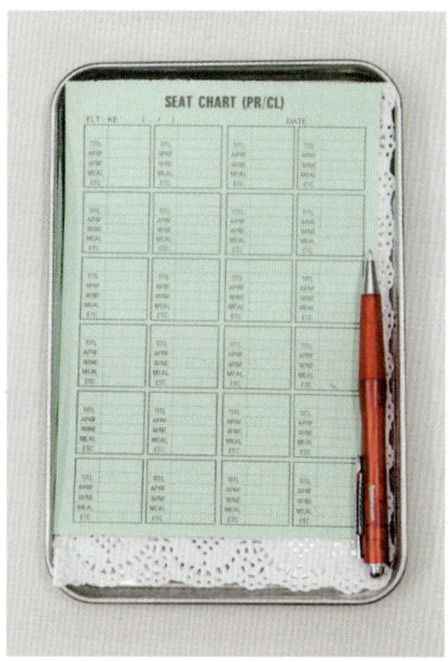

© Lee Chi Min / CENGAGE

① 승객에게 주문을 받기 전에 해당 노선에서 서비스할 Meal 내용을 숙지한다.

② Serving Tray 위에 Order Chart를 준비한다.

③ 비빔밥이 서비스되는 노선일 경우 Order Chart 아래에 비빔밥 취식 안내지를 같이 준비한다.

▶ 서비스 방법

① 준비한 Order Chart를 이용하여 앞쪽 승객부터 눈높이 자세로 Main Dish를 주문받는다.

② 당일 제공되는 Main Dish의 종류를 간략하게 소개하고 승객이 주요리를 결정하지 못한 경우 요리의 재료, 조리법, 맛 등을 소개하며 결정을 돕는다.

③ Beef Steak(Portion Type)의 경우 익힘 정도(Rare, Medium, Well-done)를 주문받는다.

④ 비빔밥을 주문하는 외국인 승객에게는 비빔밥 취식 안내지를 1부씩 제공한다.

(3) Hot Towel

▶ 서비스 준비

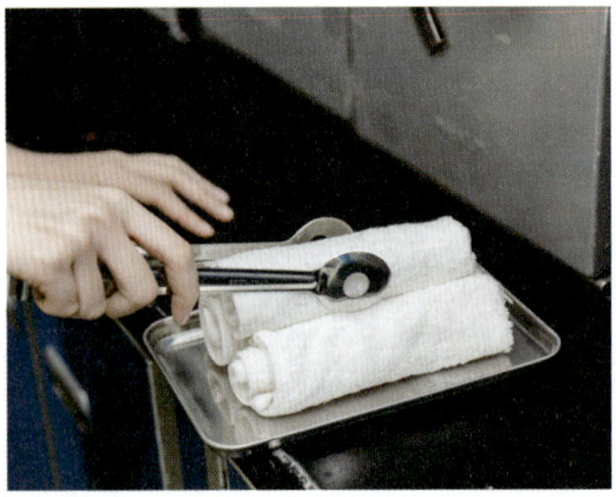

© Lee Chi Min / CENGAGE

© Lee Chi Min / CENGAGE

① Towel을 뜨겁게 Heating한다. (Med 20~25분)

② Towel 서비스용 Tray에 Heating된 Towel을 승객 수에 맞게 가지런히 담아 준비한다.

③ 제공하기 전에 습기와 온도를 확인하고 Eau De Toilette를 Spray한다.

▶ 서비스 방법

① Towel은 Towel Tongs를 이용하여 둥글게 만 상태로 제공하며, 회수 시는 승객이 직접 담을 수 있도록 유도하거나 Tongs를 이용하여 회수한다.

② Tongs은 이용하지 않을 때는 Tray 아랫부분에 놓아 둔다.

© Lee Chi Min / CENGAGE

© Lee Chi Min / CENGAGE

(4) Basic Tray

▶ 서비스 준비

© Lee Chi Min / CENGAGE

① 깨끗한 Table Cloth를 상단에 접어 깔고, Chilling한 Mineral Water를 Tumbler Glass에 부어 Glass Rack째 Setting한다.

② 양식 Basic Tray 안에는 Condiment Set을 Setting한다. (인천/방콕 구간 이상의 중·장거리 노선)

③ 1인용 Cup Type Dressing이 Bulk로 탑재된 경우, Large Tray에 적정량을 준비하여 Cart 내부 상단 1열에 Setting한다.

④ Food Cover를 제외한 Vinyl Wrap은 Galley에서 미리 제거한다.

▶ 서비스 방법

① Aperitif가 1/2 정도 진행되었을 때 준비된 Basic Tray Cart를 이용하여 서비스한다.

② Basic Tray 오른쪽 상단에 Tumbler Glass를 올리고 Tray Setting 상태를 정리하여 승객 Table 위에 놓아 드린다.

③ Appetizer(또는 Salad)에 Food Cover가 씌어 있는 경우, 서비스 직전에 Tray를 정리할 때 제거하여 서비스한다.

④ 제거한 Food Cover는 Cart 맨 하단의 Basic Tray부터 서비스하여 여분의 공간에 생긴 Cart 안에 넣거나, 1인용 Cup Type Dressing 서비스용 Tray가 Cart 상단에 준비된 경우 Dressing을 안쪽으로 넣어 Food Cover로 Meal Cart 상단이 지저분해지지 않도록 유의한다.

⑤ 1인용 Cup Type Dressing이 탑재된 경우 승객에게 Basic Tray를 제공한 후 종류별로 소개하고 주문을 받아 서비스한다.

(5) Bread

▶ 서비스 준비

① 'Do Not Re-Heat'라고 명기된 Bread를 제외한 모든 Bread는 별도로 정해진 Heating 기준을 따라 Heating하며 따뜻하게 서비스될 수 있도록 서비스 직전에 꺼내어 준비한다.

② Heating하지 않는 Bread도 Chiller 등에 장시간 보관되어 차갑지 않도록 서비스하기 전에 미리 꺼내 두어 냉기를 없앤다.

③ Bread Basket에 Linen을 깔고 Bread를 종류별로 담은 후 Bread Tongs를 준비한다.

④ Garlic Bread/Foccacia 등 향기 강한 Bread는 Linen으로 따로 감싸 다른 Bread에 그 향이 배지 않도록 한다.

© Lee Chi Min / CENGAGE

© Lee Chi Min / CENGAGE

▶ 서비스 방법

© Lee Chi Min / CENGAGE

① Bread는 종류를 소개하고 승객이 자리에서 직접 보고 고를 수 있도록 Basket의 위치를 낮추어 보여 드린다.

② 유기농 Bread 제공 시 반드시 안내해 드린다.

③ Tongs로 Bread를 집을 때는 Tongs의 끝부분으로 Bread의 위나 아래를 집어 Bread의 모양이 손상되지 않도록 한다.

④ Cheese Course까지 Refill한다.

⑤ Heating한 Bread는 계속 따뜻하게 제공될 수 있도록 Oven이나 Warmer에 보관한다.

(6) Soup

▶ 서비스 준비

© Lee Chi Min / CENGAGE

© Lee Chi Min / CENGAGE

① Soup 상태를 확인한 후 안 뜨거운 경우 Hot Cup에 끓여서 준비한다.

② Soup이 짠 경우에는 물이나 우유로 간을 조절한다.

③ Serving Tray Large에 Bowl Small을 이용하여 6인분씩 준비한다.

▶ 서비스 방법

Soup 종류를 소개하여 양식 취식 승객에게 서비스한다.

(7) Salad

▶ 서비스 준비

© Lee Chi Min / CENGAGE

▶ 서비스 방법

① Dressing과 Garnish를 소개하고 주문을 받는다.

② Small Ladle을 이용하여 Dressing을 야채 위에 'S'자 형으로 끼얹는다.

③ 1인용 Cup Type Dressing의 경우 용기째로 서비스한다.

④ 주문받은 Anchovy Garnish를 보기 좋게 Topping한다.

⑤ Dish-up한 Salad Plate를 승객 Table에 놓아 드린 후 소금과 통후추를 주문받아 Salt Shaker와 Pepper Mill을 이용하여 직접 뿌려 드린다.

(8) Main Dish – 양식

양식과 한식은 별도의 Cart를 이용하여 준비 및 서비스한다.

▶ 서비스 준비

© Lee Chi Min / CENGAGE

① Main Dish를 종류별로 Heating 기준에 맞추어 Heating한다.

② Cart 상단에는 서비스 직전에 Heating한 Main Dish를 Setting한다.

③ Cart 중단에는 Ready-Made Sauce/고추장(In Soup Bowl)/Extra Cutlery Tray/Serving Tray & Casserole Tongs와 승객의 Main Dish 주문 내용을 기록한 Order Chart를 준비한다.

▶ 서비스 방법

① Main Dish 서비스 직전에 Extra Cutlery Tray를 들고 나가 승객 Table을 보고 부족한 Cutlery를 보충한다.

② Order Chart를 참조하여 승객의 Main Dish를 확인한 후 음식명, 재료, 요리

방법 등을 소개하며 Main Dish를 서비스한다.

③ Main Dish Casserole은 Casserole Tongs를 이용하여 집은 후 Serving Tray에 받쳐 승객 Tray에 놓아 드린다.

④ 승객이 원하시면 Ready-Made Sauce 및 고추장을 서비스한다.

⑤ Ready-Made Sauce류 중 Horseradish, Mustard는 Tea Spoon을 이용하여 승객의 Main Dish Casserole이나 승객이 원하는 곳에 적정량을 덜어 드리고, Hot Sauce, Ai Sauce, Worcestershire Sauce는 뚜껑을 열어 병째 Table에 놓아 드린다.

⑥ Main Dish 서비스 후 Bread, Wine, Mineral Water를 Refill한다.

© Lee Chi Min / CENGAGE

(9) Main Dish – 한식(비빔밥)

▶ 서비스 준비

© Lee Chi Min / CENGAGE

① Cart 상단에는 Warming한 Rice Bowl에 햇반을 담아 비빔밥용 나물과 함께 가지런히 Setting한다.

② 비빔밥용 국은 Warming한 Soup Bowl에 담아 Large Tray에 Tray Mat를 깔고 6인분씩 준비한다.

▶ 서비스 방법

© Lee Chi Min / CENGAGE

① Serving Cart에 준비해 온 밥과 나물을 승객 Basic Tray에 내려놓는다.

② 준비한 국을 비빔밥 취식 승객 Table에 내려놓는다. 한식과 함께 서비스되는 국은 뜨거워야 한다는 점을 고려하여, 반드시 서비스 직전에 준비하여 Large Tray를 이용해서 따로 서비스한다.

③ Main Dish 서비스 후 Bread, Wine, Mineral Water를 Refill한다.

(10) Basic Tray 회수

▶ 서비스 준비

① Meal Cart 상단에 Table Cloth를 깔고 빈 Glassware Rack을 준비한다.

② Cart 내부 상단에 Condiment Set 회수용 Large Tray를 준비한다.

© Lee Chi Min / CENGAGE

▶ 서비스 방법

① 승객이 다 드셨는지를 확인한 후 의향을 묻고 Basic Tray를 회수하여 Cart의 상단부터 채운다.

② Cheese가 서비스되는 구간에서 Bread Plate는 승객이 계속하여 드실지 의향을 물은 후 회수한다.

③ Condiment Set는 미리 준비한 Condiment Set 회수용 Tray에 따로 회수한다.

④ Basic Tray 회수 시 Water Glass와 Wine Glass는 승객의 의향을 물어 회수한다.

© Lee Chi Min / CENGAGE

(11) Dessert – Cheese/Fruit/Cake(떡)를 함께 서비스하는 경우

▶ 서비스 준비

© Lee Chi Min / CENGAGE

① Cart 상단에는 Cheese & Fruit Tray, Cake/떡 Bowl을 Setting한다.

② Cheese & Fruit 서비스용 6″ Plate를 적정량 Setting하고 Salad Tongs를 준비한다.

③ Port Wine과 Wine Glass, Cocktail Napkin을 Setting한다.

④ Linen을 접어 Fork, Knife를 담아 준비한다.

⑤ Cart 중단에는 Wine 서비스용 Line, Extra 6" Plate, Extra Cake/떡 Bowl을 준비한다.

▶ 서비스 방법

© Lee Chi Min / CENGAGE

① 다양한 종류의 Dessert가 준비되어 있음을 소개하고 주문받는다.

② Cheese & Fruit은 주문받은 대로 Salad Tongs를 이용하여 6″ Plate에 담는다.

③ 승객 Table 오른쪽에 Knife, 왼쪽에 Fork를 Setting한 후 Cheese & Fruit과 Cocktail Napkin을 서비스한다.

④ Cheese & Fruit 서비스 후 Cheese와 잘 어울리는 Port Wine을 권유하여 서비스한다.

⑤ Cake 혹은 떡을 주문받은 경우, 승객 Table 오른쪽에 Fork를 Setting한 후 Cocktail Napkin과 Cake/떡을 Bowl째 Table 중앙에 서비스한다. 떡은 한식 취식 승객에게 우선 권하여 주문받는다.

3) 일반석(Economy Class) 기내식 서비스 내용

(1) Towel – Refreshing Towel

▶ 서비스 준비

① Refreshing Towel은 Chilling하지 않고 탑재된 상태 그대로 준비한다.

② Towel Basket에 담당 Zone의 승객 수만큼 담아 준비한다.

© Lee Chi Min / CENGAGE

▶ 서비스 방법

① 기종별로 정해진 Service Flow에 따라 제공한다.

② 회수 시에는 승객이 직접 Towel Basket에 담을 수 있도록 유도하거나 승무원이 회수하며, Towel Basket에는 적정량을 담아 2~3회 반복 회수한다.

(2) Towel – Cotton Towel

▶ 서비스 준비

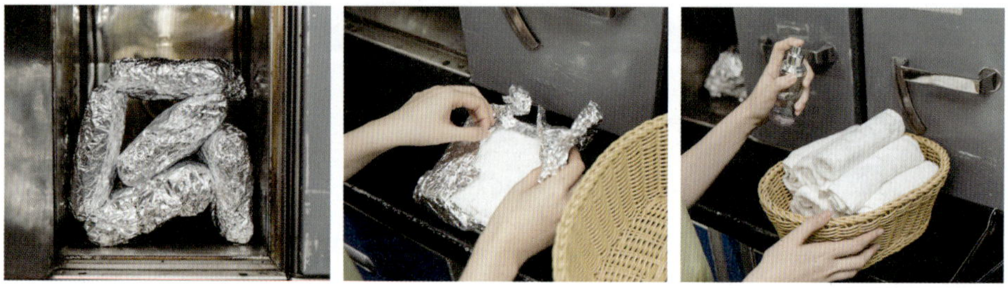

© Lee Chi Min / CENGAGE

① Oven을 이용하여 Med 20~25분 정도 뜨겁게 Heating한다.

② Heating된 Towel을 Basket에 적당량을 담고, Eau De Toilette를 Spray하여 준비한다.

③ Towel은 Basket당 30개(3Pack) 정도 담는 것이 적당하며 최대 40개(4Pack) 이상을 넘지 않도록 한다.

▶ 서비스 방법

© Lee Chi Min / CENGAGE

① 기종별로 정해진 Service Flow에 따라 서비스한다.

② 손바닥으로 Towel Basket의 아랫부분을 받치고 Tongs를 이용하여 둥글게 말린 형태로 서비스한다.

③ Towel Tongs는 사용하지 않을 때는 Towel Basket 아래에 놓아 둔다.

④ 서비스할 때 뜨거운 Towel에 승객이 화상을 입지 않도록 안내한다.

⑤ 회수 시에는 승객이 직접 Towel Basket에 담을 수 있도록 유도하거나 Tongs를 이용하여 회수하며 Towel Basket에는 적정량만을 담아 2~3회 반복 회수한다.

⑥ 회수된 Towel은 기내에 장착된 회수용 Can에 넣거나 회수용 Bag에 담아 빈 Meal Cart에 보관한다.

(3) Meal Tray

▶ 서비스 준비

© Lee Chi Min / CENGAGE

© Lee Chi Min / CENGAGE

① Entree는 종류별 Heating 방법을 따라 Heating한다.

② Entree Setting 시 First Service용 Meal Cart의 상단에 놓은 Dry Ice는 탑승 후 적정 시점에 제거하여 음식물이 얼지 않도록 하고, Tray의 물기는 Paper Towel 등을 이용하여 닦아 낸다.

③ Galley Duty 승무원은 Entree Setting과 Aperitif의 서비스 소요시간을 고려하여 Entree가 최적의 온도를 유지할 수 있도록 Entree Setting 시점을 적절히 조절한다.

④ Aperitif 서비스가 Tray Basis로 이루어지는 경우 Galley Duty 승무원은 음료 서비스 준비가 완료된 후 Entree Setting을 실시한다.

⑤ Entree Setting 시에는 Galley Curtain을 Close하여 승객에게 보이지 않도록 한다.

⑥ Setting 시 Entree는 내용물의 변형을 막기 위하여 포개어 놓지 않는다.

⑦ Entree를 Galley 바닥에 놓지 않는다.

⑧ 훼손된 Entree Tin Foil은 완전히 제거한 후 새것으로 교환하여 Setting한다.

⑨ Entree Sauce 등이 Tray에 묻지 않도록 주의한다.

⑩ Tray 위의 내용물이 흐트러진 경우 원래의 위치로 정리하여 Setting한다.

⑪ Air Chiller가 장착되어 있는 경우 Meal Setting이 끝난 Meal Cart를 보관할 때는 Air Chiller를 미리 Off시킨다.

⑫ 각 구역의 승객 인원과 성향을 고려하여 와인을 미리 오픈해 브리딩한다.

⑬ 식전 음료를 서비스할 때 담당 구역 승객이 선호하는 음료를 지속적으로 제공할 수 있도록 와인, 맥주, 주스류 등 각종 음료, 소스류 등을 Cart에 준비한다.

⑭ 식사 서비스 카트를 준비한다.

▶ 서비스 방법

© Lee Chi Min / CENGAGE

© Lee Chi Min / CENGAGE

① 서비스 시점 및 기종별로 정해진 Service Flow에 따라 제공한다.

② Aperitif Service가 종료된 후 Used Cup 등을 회수하고 Galley와 Aisle을 정리 정돈한 후 Meal을 서비스한다. 담당 Zone별로 Aisle Duty 승무원은 담당 Aisle을 전담하여 서비스한다.

③ Galley Duty 승무원은 Galley에서 잔여 Meal Setting을 종료하고, Aisle Duty 승무원을 도와 Meal Tray를 서비스하며 적정 시점에 Aisle별로 Meal Cart 상단의 부족한 기물을 보충한다.

④ Meal Tray를 제공할 때는 승객의 Table을 펴고 Entree의 종류와 내용을 설명한 뒤 Meal을 주문받는다.

⑤ Meal Cart를 이용하지 않고 개별적으로 Meal Tray를 제공할 때는 2개 이상 포개어 들지 않도록 한다.

⑥ Galley 담당 승무원은 담당 Zone과 각 Aisle의 Service 진행 여부를 확인하고, Cart에 Meal Tray가 부족할 경우 여유 있는 Cart에서 Meal Tray를 전달하는 등 Meal Service가 동시에 종료될 수 있도록 조절한다.

(4) Meal Tray Collect

▶ 서비스 준비

© Lee Chi Min / CENGAGE

식사 트레이를 회수할 식사 카트 상단에는 핸드타월, 리필하기 위한 생수, 주스, 커피, 차, 그 밖의 음료(승객이 식사 중 즐겨 찾는) 등을 컵과 함께 준비한다.

▶ 서비스 방법

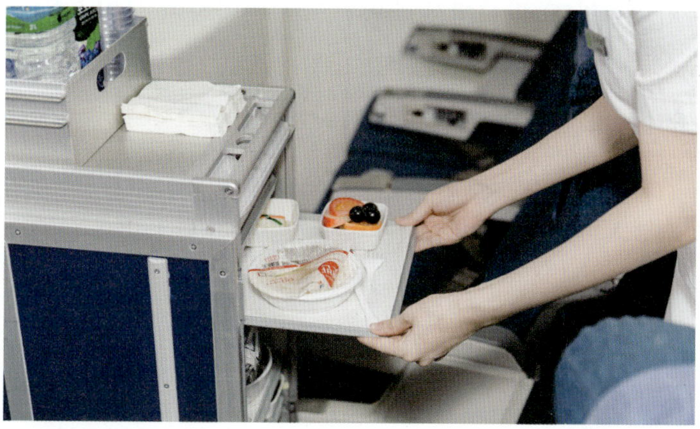

© Lee Chi Min / CENGAGE

① 식사 트레이 회수는 승객의 90% 이상이 식사를 끝냈을 때 시작하며, 그 전에 식사를 일찍 끝낸 승객의 식사 트레이는 개별적으로 회수한다.
② 각 구역(Zone), 각 통로(Aisle)의 회수 속도는 승객의 상황에 따라 달리하여 승객이 충분한 여유를 가지고 드실 수 있도록 한다. 회수할 때는 반드시 승객의 의사를 묻는다.
③ 서비스 때와 반대로 통로 쪽 승객부터 회수하고 창가로 진행한다. 통로 쪽 좌석 승객이 식사 중일 때는 방해가 되지 않도록 유의한다.
④ 기내식 서비스와 동일한 순서로 회수하며, 깨끗하지 않은 승객의 테이블은 준비해 온 타월로 닦는다.
⑤ 기내식 카트를 이용하여 회수할 때는 카트 상단 안쪽부터 넣는다.
⑥ 식사 트레이를 회수할 때 한 번에 한 개씩 회수하며 포개어 회수하지 않는다.

4) 기내 한정식 서비스 내용

한식 정찬은 Course별로 양식과 구분되는 음식을 제공하는 일등석만의 특화 서비스이다. 한정식은 전채와 주요리, 반찬, 후식으로 구성되는 한국 전통 상차림이다. 제철 식재를 선별하고 건강을 고려하여 한국의 전통 조리법으로 요리하며, 승객의 미각을 북돋우고 균형 잡힌 식사를 제공할 수 있도록 한다.

(1) 기내 한정식 서비스 기본원칙

모든 기내 한정식은 기내주방(Galley)에서 개별적으로 준비하여 서비스한다. 먼저 Large Basic Tray에 전채요리, 죽, 샐러드 요리를 코스로 진행하다가, 비빔밥을 포함한 모든 주요리는 Large Tray에 Cotton Tray Mat을 깔고 한상차림으로 준비하여 제공한다. 비빔밥과 한정식용 Cutlery는 한식 수저와 받침대를 사용하고, 기타 한식 서비스용 Cutlery는 Soup Spoon과 Chopsticks를 Linen Napkin으로 감싸서 준비한다.

▶ 서비스 준비

© Lee Chi Min / CENGAGE

① 밥, 국, 죽, Main Dish 서비스용 Chinaware를 Warming한다.

② 햇반, 한정식용 Main Dish를 Heating하고, 국을 Hot Cup에 끓인다. (국은 1Jar 당 2인분)

③ 죽이 Plastic Jar에 탑재된 경우 Jar의 뚜껑을 열어 Vinyl Wrap을 씌운 뒤 Microwave Oven에 넣고 2분 30초간 데운다. 죽이 Vinyl Pack으로 포장된 경우 Oven을 이용하여 데운다.

④ Large Basic Tray에 Cotton Tray Mat를 깔고 반찬을 미리 준비해 둔다.

⑤ Main Dish Course 직전에 Large Basic Tray에 밥, 국, Main Dish를 얹어 준비한다.

▶ 서비스 방법

① 식사가 시작됨을 알리며 Table을 펴고 3절로 접혀 있는 Table Cloth를 Table 중앙에 놓아 드린 후 펴 드리고 Tableware를 Setting한다.

② Course별로 한정식용 Appetizer, 죽을 서비스한다.

③ Salad Course에서는 양식 취식 승객과 동일하게 Fork와 Knife를 준비해 드린다.

④ Main Dish Course 제공 시 한식 수저와 받침대를 먼저 Tray Table에 놓아 드린다.

⑤ Dessert 서비스 시에는 한정식용 Dessert를 서비스한다.

(2) 비빔밥

▶ 서비스 준비

© Lee Chi Min / CENGAGE

① 밥그릇, 국그릇을 Warming한다.

② 햇반을 Heating(Low 15분)하고, 국을 Hot Cup에 끓인다. (국은 1Jar당 2인분)

③ Large Tray에 Cotton Tray Mat를 깔고 반찬/나물/김/참기름/고추장을 미리 준비해 둔다.

④ Main Dish Course에서 준비한 Large Tray에 밥, 국을 얹어 준비한다.

▶ 서비스 방법

① Main Dish Course 시작 전에 한식 수저와 받침대를 승객 Table에 Setting한다.

② Main Dish Course에서 준비한 Large Tray를 승객 Table에 Tray째 서비스한다.

③ 승객 Table 위의 Tumbler Glass/Wine Glass를 Large Tray 오른쪽 상단으로 올린다.

④ Dessert 서비스 시에는 한식용 Dessert를 서비스한다.

(3) 도가니탕/꼬리곰탕

▶ 서비스 준비

① 우동 Bowl, Soup Bowl을 Warming한다.

② 도가니탕/꼬리곰탕 국물을 Hot Cup에 부어 끓인다.

③ Hot Cup의 국물이 끓으면 도가니/꼬리를 넣어 한 번 더 끓인다.

④ Large Tray에 Cotton Tray Mat를 깔고 반찬류와 양념장, 한식용 Cutlery를 미리 준비해 둔다.

⑤ 우동 Bowl에 도가니탕/꼬리곰탕을, Rice Bowl에 밥을 담아 Main Dish Course 서비스 직전에 준비한 Large Tray에 Setting한다.

© Lee Chi Min / CENGAGE

▶ 서비스 방법

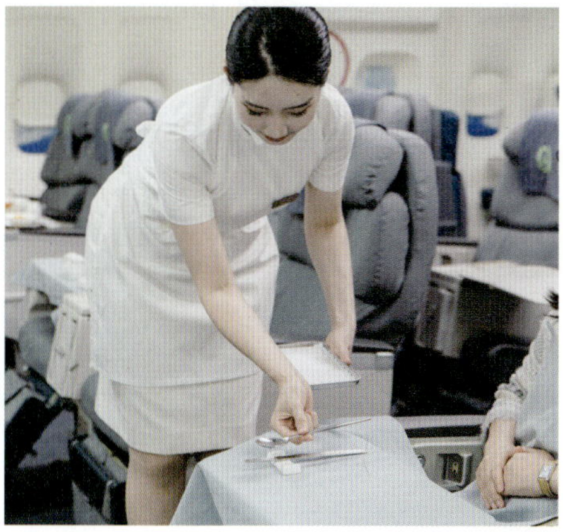

© Lee Chi Min / CENGAGE

© Lee Chi Min / CENGAGE

① Table Cloth Spread & Tableware Setting Course에서 도가니탕/꼬리곰탕 취식 승객에게 한식용 Cutlery를 Setting한다.

② Main Dish Course에서 준비한 Large Tray를 들고 나가 승객 Table에 Tray째 서비스한다.

③ 승객 Table 위의 Tumbler Glass/Wine Glass를 Large Tray 오른쪽 상단으로 올린다.

(4) 북엇국

▶ 서비스 준비

① 우동 Bowl, Rice Bowl을 Warming한다.

② Hot Cup에 물을 8부 정도 부어 끓인다. (4인 기준)

③ Hot Cup의 물이 끓으면 Instant 북엇국 Pack을 넣어 잘 저은 후 2~3분간 더 끓인다. (북엇국 1Pack은 2인 기준)

④ 북엇국이 끓으면 콩나물과 두부를 넣고 한 번 더 끓인다.

⑤ Large Tray에 Cotton Tray Mat를 깔고 반찬류와 고춧가루 등을 미리 준비해 둔다.

⑥ 우동 Bowl에 북엇국을, Rice Bowl에 밥을 담아 Main Dish Course 서비스 직전에 준비한 Large Tray에 Setting한다.

▶ 서비스 방법

① Table Cloth Spread & Tableware Setting Course에서 북엇국 취식 승객에게 한식용 Cutlery를 Setting한다.

② Main Dish Course에서 준비한 Large Tray를 들고 나가 승객 Table에 Tray째 서비스한다.

③ 승객 Table 위의 Tumbler Glass/Wine Glass를 Large Tray 오른쪽 상단으로 올린다.

(5) 죽

▶ 서비스 준비

© Lee Chi Min / CENGAGE

① 한식 Soup Bowl을 Warming한다.

② Hot Cup에 물을 부어 끓인 다음 Instant Pack을 넣고 5~7분간 중탕한다. (죽 1Pack은 1인 기준)

③ Large Tray에 Cotton Tray Mat를 깔고 반찬류와 붕어간장을 미리 준비해 둔다.

④ 한식 Soup Bowl에 죽을 담아 Main Dish Course 서비스 직전에 준비한 Large Tray에 Setting한다.

▶ 서비스 방법

① Table Cloth Spread & Tableware Setting Course에서 죽 취식 승객에게 한식용 Cutlery를 Setting한다.

② Main Dish Course에서 준비한 Large Tray를 들고 나가 승객 Table에 Tray째 서비스한다.

③ 승객 Table 위의 Tumbler Glass/Wine Glass를 Large Tray 오른쪽 상단으로 올린다.

(6) 냉국수

▶ 서비스 준비

① 냉국수 국물은 냉장고나 얼음을 이용하여 차갑게 보관한다. (국물 양: 1병당 2인분)

② Large Tray에 Tray Mat를 깔고 반찬류와 양념장을 미리 준비한다.

③ 국수를 차가운 물로 가셔 낸 다음 우동 Bowl에 담는다. 색깔별로 고명을 올린 다음 국물을 붓는다. (얼음 3~4개를 띄워 시원한 맛을 더한다.)

④ 냉국수를 Main Dish Course 서비스 직전에 준비한 Large Tray에 Setting한다.

▶ 서비스 방법

① Table Cloth Spread & Tableware Setting Course에서 냉국수 취식 승객에게 한식용 Cutlery를 Setting한다.

② Main Dish Course에서 준비한 Large Tray를 들고 나가 승객 Table에 Tray째 서비스 한다.

③ 승객 Table 위의 Tumbler Glass/Wine Glass를 Large Tray 오른쪽 상단으로 올린다.

(7) 온면

▶ 서비스 준비

① 온면 고명을 Warming한다. (Warmer에서 Low 15분)

② Hot Cup에 온면 국물을 부어 끓인다. (국물 양: 1병당 2인분)

③ Large Tray에 Cotton Tray Mat를 깔고 반찬류와 양념장을 미리 준비해 둔다.

④ 국수를 뜨거운 물로 가셔 낸 다음 우동 Bowl에 국수를 담고 색깔별로 고명을 올린 후 국물을 붓는다. (사리 세 다발이 1인분)

⑤ 온면을 Main Dish Course 서비스 직전에 준비한 Large Tray에 Setting한다.

▶ 서비스 방법

① Table Cloth Spread & Tableware Setting Course에서 온면 취식 승객에게 한식용 Cutlery를 Setting한다.

② Main Dish Course에서 준비한 Large Tray를 들고 나가 승객 Table에 Tray째 서비스한다.

③ 승객 Table 위의 Tumbler Glass/Wine Glass를 Large Tray 오른쪽 상단으로 올린다.

(8) 라면

▶ 서비스 준비

© Lee Chi Min / CENGAGE

① Hot Cup에 뜨거운 물을 붓고 끓인다.

② 끓는 물에 면과 수프를 넣고 젓가락으로 잘 저어 면이 풀어지게 한 후 5~6분 정도 끓인다. (일회용 용기 라면은 1~2분 정도만 끓인다.)

③ 매운 고추는 반드시 승객의 의향을 여쭌 후 라면에 넣어 끓인다.

④ 반찬은 종류별로 가지런히 담는다.

⑤ Soup Spoon과 Chopsticks를 Linen Napkin으로 감싸 준비하거나 한식 수저 세트를 준비한다.

⑥ 우동 Bowl에 끓인 라면을 담고 Garnish류(게맛살 또는 새우 2~3개, 파 또는 고추 적당량)를 Topping한다.

▶ 서비스 방법

© Lee Chi Min / CENGAGE

① Large Tray에 Cotton Tray Mat를 깔고 단무지, Water, 한식용 Cutlery, 라면 등을 준비하여 라면 취식 승객 Table에 Tray째 제공한다.

② 승객이 밥을 원할 경우에는 Rice Bowl에 담아 준비한다.

(9) 오미자 배화채/수정과

▶ 서비스 준비

① 오미자 배화채/수정과를 Chilling한다.

② 오미자 배화채/수정과 전용 Bowl과 Saucer를 준비한다.

③ 오미자 배화채/수정과 전용 Bowl과 Saucer에 오미자/수정과를 8부까지 담는다.

④ 오미자 배화채에는 꿀에 절인 배와 잣을, 수정과에는 잣을 띄워 Saucer에 받치고, Tea Spoon을 함께 준비한다. 잣은 홀수로 3~5개 띄운다.

⑤ Saucer에 Tea Spoon을 같이 준비한다.

▶ 서비스 방법

① Serving Tray에 오미자 배화채/수정과를 준비하여 들고 나가 서비스한다.

② 오미자 배화채/수정과 서비스 시 잘 어울리는 두텁떡, 증편 등을 권유한다.

참고문헌

- 고형욱(2006), 와인견문록, 노브16
- 구스(2019), 알아두면 쓸데있는 신비한 맥주사전, 렛츠북
- 김기재(2005), 성공 비즈니스를 위한 와인 가이드, 넥서스
- 김상철, 구자억, 김명수, 김창호, 박경숙, 배현수, 이광일, 이종필, 최영준, 황성원(2012), 서양조리, 지구문화사
- 김선희, 조영신, 양정미, 인옥남, 최현식, 이효선, 정희용(2017), NCS기반 항공기 식음료론, 백산출판사
- 김세한, 정수식, 박경태, 김동수, 송수익, 함형만(2012), 새로운 고급 서양조리, 백산출판사
- 김영찬(2013), 글로벌 매너와 에티켓, 백산출판사
- 김준철(2004), 와인. 알고 마시면 두 배로 즐겁다, 세종서적
- 김준철(2006), 와인 인사이클로피디아, 세종서적
- 김진, 이광일, 우희섭, 김윤성(2007), 조리용어사전, 광문각
- 김혁(2004), 김혁의 프랑서 와인 명가를 찾아서, 세종서적
- 레카 사린, 라잔 카푸르(2016), Chai, 인도홍차의 모든 것, 한국티소믈리에 연구원
- 민계홍, 박효남(2012), 서영조리실무, 기문사
- 박인주, 김화진(2011), 항공기식음료개론, 새로미
- 박혜정(2019), 항공기내식음료서비스, 백산출판사
- 박혜정, 서성희(2008), 항공운송실무, 백산출판사
- 베탄 페트릭, 존 톰슨(2014), 1%를 위한 상식백과, 써네스트
- 손진호, 이은희(2004), 매혹적인 와인의 세계, 예경
- 양정미, 조영신, 김선희(2019), NCS기반 항공객실업무론, 센게이지러닝
- 오경화, 한정혜(2005), 정통테이블세팅, 백산출판사

- 외식용어해설(2004), 21세기 외식정보연구소, 백산
- 이석현, 김상진, 김종규, 박한(2013), 쉽게 풀어 쓴 양조학, 백산
- 이영희, 이지민(2015), NCS기반 항공객실서비스실무, 센게이지러닝
- 이영희, 이지민, 양정미(2006), 항공기식음료론, 연경문화사
- 이정학(2008), 호텔식음료실습, 기문사
- 이종한, 문석배, 이상태(2010), 칵테일 실무, 형설
- 이지민, 윤승희(2016), NCS기반 항공객실서비스론, 센게이지러닝
- 정규엽(2001), 호텔·외식·관광마케팅, 연경문화사
- 조안 해리스(2006), 블랙베리 와인, 문학동네
- 채영철, 조한용, 이재규(2014), 호텔·외식조리 실무론, 형설출판사
- 최영호, 이정주(2019), 바텐더실무, 지식인
- 최주호, 김광수, 최성철, 안종기, 박기만(2015), 칵테일의 이해, 형설
- 케빈 즈랠리(2018), 와인바이블, 한스미디어
- 크리시 스미스(2018), 티 아틀라스, 한국티소믈리에연구원
- 히로세 유키오, 마루오 슈조, 호시다 히로시(2014), 커피학 입문, 광문각
- Jancis Robinson, Julia Harding, Jose Vouillamoz(2012), Wine Grapes, Allen Lane

- 대한항공 Cabin Crew Manual
- 대한항공 First class·Prestige class Menu(2020)
- 대한항공 First class·Prestige class Wine list(2020)
- 대한항공 기내지 Morning Calm(2019)
- 대한항공 상위클래스 Food & Beverage(2000)
- 대한항공 캐빈 서비스업무 교본
- 아시아나항공 Prestige class·Economy class Menu(2015)
- 아시아나항공 객실승무원 업무규정집
- 아시아나항공 직무훈련 교재
- 진에어 기내지_magaJIN(2020)
- 캐세이퍼시픽항공 First class·Business class Menu(2011)
- 캐세이퍼시픽항공 First class·Business class Wine list(2011)
- 티웨이항공 기내지_t'way(2020)

- 경주교동법주 www.kyodongbeobju.com
- 국가직무능력표준 www.ncs.go.kr
- 국제민간항공기구 www.icao.int
- 국제항공운송협회 www.iata.org
- 네이버지식백과 www.search.naver.com
- 대한항공 www.kr.koreanair.com
- 루프트한자항공 www.lufthansa.com
- 문배주양조원 www.moonbaesool.co.kr
- 문화콘텐츠닷컴 www.culturecontent.com
- 싱가포르항공 www.singaporeair.com
- 아시아나항공 www.flyasiana.com
- 에미레이트항공 www.emirates.com
- 에어라인밀스 www.airlinemeals.net
- 영국항공 www.britishairways.com
- 와인오케이닷컴 www.wineok.com
- 위키백과 ko.wikipedia.org/wiki/
- 전주 이강주 www.leegangju.co.kr
- 제주항공 www.jejuair.net
- 진에어 www.jinair.com
- 캐세이퍼시픽항공 www.cathaypacific.com
- 케이엘엠네덜란드항공 www.klm.com
- 타이항공 www.thaiairways.com
- 티웨이항공 www.twayair.com